手托"天地人"，杯里有乾坤。
一吹一啜间，兀自长精神。

陈仪平 绘

初晓冬 著

巴乡物语 上册

重庆大学出版社

图书在版编目（CIP）数据

巴乡物语：上、下册 / 初晓冬著. -- 重庆：重庆
大学出版社，2021.9
ISBN 978-7-5689-2923-3

Ⅰ.①巴… Ⅱ.①初… Ⅲ.①文化史－研究－重庆
Ⅳ.①K927.19

中国版本图书馆CIP数据核字（2021）第166589号

巴乡物语（上、下册）

BAXIANG WUYU

初晓冬 著

策划编辑：贾 曼

责任编辑：夏 宇　　版式设计：贾 曼
责任校对：关德强　　责任印制：张 策

*

重庆大学出版社出版发行
出版人：饶帮华
社址：重庆市沙坪坝区大学城西路21号
邮编：401331
电话：（023）88617190　88617185（中小学）
传真：（023）88617186　88617166
网址：http://www.cqup.com.cn
邮箱：fxk@cqup.com.cn（营销中心）
全国新华书店经销
重庆升光电力印务有限公司印刷

*

开本：889mm×1194mm　1/16　总印张：35.75　总字数：741千
2021年9月第1版　2021年9月第1次印刷
ISBN 978-7-5689-2923-3　定价：199.00元（上、下册）

序

　　己亥岁末，适值本人开讲的 100 讲之《巴国传奇》在重庆华龙网上热播之际，受好友苏教授大椿先生荐引，其高足初晓冬携其新作《巴乡物语》邀我为其作序。作为一名倾尽数十年心力从事研究和传播巴文化的工作者，欣见巴文化的研究和传播代不乏人、代有其人，亦颇感振奋，既是巴文化的盛事，也是巴文化的幸事。

　　晓冬在重庆巴人博物馆工作。出于对这一行的热爱，他充分利用工余节假的休息时间披览文献，发掘真谛，最终为广大读者奉献上了一场独具特色的巴文化饕餮盛宴。

　　《巴乡物语》一书不同于普通文化书册，作者以一个文博人的视角，以考古发现和存世文献为依托，用全新的故事演绎叙述形式，一边做研究一边做科普。通过场景植入的方式引导读者把巴文化"代"入一个又一个奇妙的世界。该书既有说明叙述，又有阐发创建。既系统讲述了巴文化的前世，又描画了巴文化的今生。全书引经据典，细致入微，条分缕析，深入浅出，读来让人既似曾相识，又耳目一新。

　　要讲好巴人的故事，就必须先讲好巴人和巴国。在重庆，历来有"三千年江州城，八百年重庆府"之说。可以说，没有巴国也就没有其后的重庆。因为正是在这里，才建立起了国祚延续了 730 年之久的巴（子）国。

　　三峡对巴人乃至巴文化的重要性，晓冬在书中开宗明义地予以了说明和强调——自古以来，长江流域就是中华古代文明的第二大摇篮。而在长江中上游的三峡地区，则在古代华夏文明的发展中起着至关重要的作用。因此可以毫不夸张地说，没有三峡就没有巴人。

　　也正是以这一方占据了天时地利的地方作为基点，顽强的巴人通过不断地奋斗，其后更是广布于今渝、鄂、川、陕、湘、黔、滇七省市，形成了广大的泛巴地区。正是在这种地域扩展中，其文化不断地与周边少数民族文化相融汇，形成当时长江中上游地区有着重要影响的巴文化源流。巴人及其文化的发展，既是长江流域大自然的恩赐，也是巴人自身自强不息的结果。

在这里，既有新石器时代的先巴文化，也有夏商周时期的早期巴文化和春秋、战国时期的晚期巴文化，还有秦、汉时期向汉文化过渡的末期巴文化遗存。正是借助三峡丰富的自然资源（鱼、盐、丹砂等）、独特的自然环境、得天独厚的地理环境以及艰苦卓绝的生存环境，造就了巴人，造就了巴国，造就了巴文化，也造就了其后千年文化历史名城——重庆。正是三峡的地域特点以及巴文化的独特性，才使得它在中华民族多元一体的格局中占据了重要的地位，成为中国古代历史奔流长河中一股不可或缺的飞腾澎湃的激流。

而对于广大学者们来说，巴文化不仅是个宝藏，还是个难得的地域文化富矿。正是在这个富矿中，作为一个有情怀的巴文化学人，晓冬利用他的学识和胆识，以敢为人先的勇气和勤奋，把巴文化东鳞西爪的点与线，集合成一个宏观的"视界"。正是通过他的发掘、研究和整理，使得巴文化一下鲜活了起来，并成了一个整体。为了发掘这一"遗珍"，晓冬为之所付出的艰辛也是可想而知的——埋首于浩如烟海的故纸堆中，博观约取，方才会有今日的厚积薄发和许多创新研究之成果。

作为异军突起的后起新秀，《巴乡物语》一书对巴人的历史和文化进行了全方位深入的探讨、研究、论证和整理，使读者对这一文化有了一个全面而系统的认知。该书的问世，对现代三峡库区文明的进一步探索与研究，对该地区的人类生态、环境、人口、民俗研究等，都有十分重要的意义。尤为难能可贵的是，晓冬在推出他的文博研究工作成果的同时，还兼顾了时下重要的科普工作，这也使得以往看上去冷冰冰的文博变得丰满，变得有血有肉有情还有了温度。他用心地使一项文博研究成果兼具科普读本的功用，这更是一项对巴文化研究大胆的尝试和有益的范例。

"重庆人生活在大山大川之间，大自然的熏陶、险峻的自然环境，孕育了重庆人坚韧顽强、开放包容、豪爽耿直的个性和文化。

早在原始部落时期的巴人，就凭其坚毅、劲勇的精神确立了自己的立足之地。战国时期，巴国将军巴蔓子向楚王借兵平内乱，答应事成之后割 3 座城池酬谢，平定内乱后他却不忍割城归楚，为了不食言，他割下自己的头颅献给楚王。他的行为感动了两国，楚王'以上卿礼葬其头'，巴国'以上卿礼葬其身'。清人王尔鉴题写墓志铭: '头断头不断，万古须眉宛然见; 城许城还存，年年春草青墓门。'宋代末期，蒙古铁骑围攻重庆合川钓鱼城，打响了长达36年的钓鱼城保卫战，战斗中蒙古大汗蒙哥被流弹击中身亡，引起欧亚各战场蒙古众王回师争夺汗位，改变了欧亚战场格局……"

2018年3月10日，习近平总书记对重庆代表团说的这番话对我们当今研究巴文化又开启了新的视角和新的门路，拨云见日，如沐春风。

总的来看，对巴人历史和文化的研究，还是有着许多需要进一步探讨的地方，在一些方面还有着深入研究的必要，可谓是任重而道远。这不仅是学者们的机遇，也是巴文化的机遇。时代呼唤人才，人才也要赶趁时代的东风。在此希望更多有热情又有才情的年轻人，加入巴文化的研究、创作、传播这一序列中来，让这一优秀的文化在社会主义新时代进一步发扬光大。

然则，学无止境，期待晓冬再接再厉，奉献更多优秀科普书籍以飨读者，不惜笔墨，直追先贤，止于至善而已。是所望也，殷殷期之。

重庆师范大学文学院教授
重庆市孔子儒学研究会会长　鲜于煌
己亥冬月

《巴乡¹物语²》自序

（一）

尘封千年始见光，巴乡遗存尚留芳。

喜有东西能说话，更赖妙笔铸华章。

（二）

裁言取语费思量，撷英拾瓦自主张。

尽心网罗作一处，一任世人话短长。

【再读随记】

　　写这本书的初衷，并不是为了著书立说，而是为推广巴文化撰写讲义。最终随着研究的不断深入，《巴乡物语》的成书却成了这种偶然之下的必然。

　　本书旨在让更多的人知道、了解、认同并喜爱巴文化，加入巴文化的学习、研究和传播之列，最终为巴文化的创造性传承及发展提供助力。

　　通过对巴文化的寻本溯源，弄清楚她是谁，从哪里来，将有助于清晰地思考和把握向何处去的问题。

　　是为序！

——丁酉蒲月初晓冬自署于重庆筑耕书屋

1　巴乡：巴人的故乡。狭义上的巴乡即重庆，广义上的巴乡则指泛巴地区。
2　物语：原为故事或杂谈。这里指用东西来说话。

前　言

　　《巴乡物语》的成书，旨在唤起重庆文化记忆，本书所撰写重庆文化的历史变迁可上溯到200多万年前的巫山人时期。《巴乡物语》所展现的文化面貌，也是对重庆文化根源的一次重新审视。

　　按：1984年，龙骨坡古人类遗址在巫山被发现。龙骨坡遗址的发现，除了威胁云南元谋人是中国境内最早出现的人类记录之地位，甚至有可能挑战人类起源于东非大裂谷的统治观点。

　　龙骨坡遗址的发现，表明巫山所在的三峡地区，应该是中国乃至亚洲最早人类生活的地域，而这一地域人类的上限，也绝不止于所发现的这群巫山人，而是更为久远。他们绝不会是一个偶然的、孤立的存在，而是人类在巴渝地区生活的一个节点、一段影像和一篇写照。这个发现是一座人类文明进程的里程碑，也是重庆文化的根源。

　　巴渝大地长达25亿年的地质历史，自寒武纪、奥陶纪、志留纪、泥盆纪、石炭纪、二叠纪、三叠纪、侏罗纪、白垩纪、古近纪（古新世、始新世、渐新世）、新近纪（中新世、上新世）、第四纪（更新世、全新世），从生命起源到恐龙称霸，从哺乳动物繁盛再到人类崛起……经历了从海洋到湖泊，最终成为陆地的宏大地质变迁。

　　今日重庆文化之繁茂正是因为巴渝大地独具特色的山水风貌这个特有的原因。在这里，人类能演进到今天，至少需要500万~700万年的时间。在这里，先民们从巫山走来，沿长江繁衍，孕育出了巴渝大地的原生山地文明。就此野外考古都已给出了充足的证据。

　　数百万年间，这种山地文明深深沁入巴渝每个成员的潜意识中，是之后巴文化的重要源头与不竭的源泉，也是巴渝大地最基本的文化记忆，而从华夏大地的宏观结构来看，山地面积约占国土面积的2/3，山地人口约占总人口的1/2。我国的各个主体地域文化正是建立在相互依存的山地形态基础上所形成的多样山地文化。

《巴乡物语》的成书，实则还希望为巴蜀文化的城墙添上一砖。鉴于重庆文化的复杂与多元，要写好一部叙事宏大的书册并不容易。

为了讲好重庆文化故事，也为了方便讲述，作者从重庆保存相对较好的一些原生态文化现象入手，采用立体构图、条块分割、集中叙事、前后对比的方式，全方位（各版块各自独立成文，看似不相统属，其内容却多有关联）地展现巴渝地区的前世与今生。就这样，重庆的古往今来（从天地间的桑田之变，到人世间的改天换地）便像画卷一样铺展开来。

按：《巴乡物语》不同于其他文史书籍，运用了类似游记的叙事方式，系统地展示了重庆文化的脉络，使得龙骨坡、玉龙公园、铜梁遗址……不再是一个个孤立的点。重庆文化的人文主线一旦清晰起来，重庆的文化自然也就跟着活了起来。也只有这样，才能为重庆文化立起来、火起来增加动力。

让我们沿着前人的足迹，顺着《巴乡物语》的笔触，探寻巴渝大地的前世今生！

2021 年 6 月

目录

第十八部分　巴人胜迹

图片目录

第一部分

重庆印象

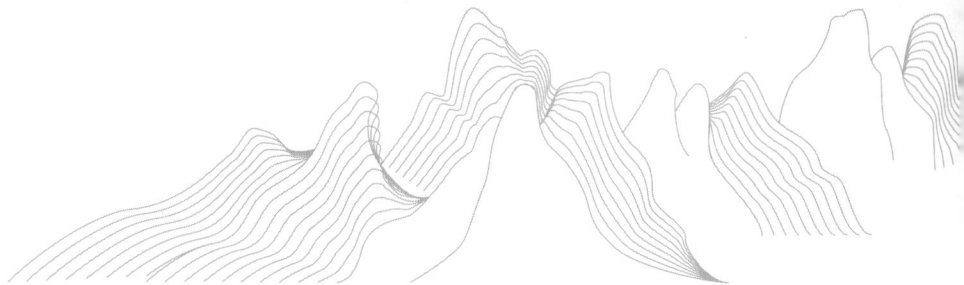

重庆，

有山、有水、有人，更有文化。三千年江州城，八百年重庆府，一百年解放碑，岂是浪得虚名。

重庆，

可以是空间的，也可以是时间的。可以是单极的，也可以是多维的。可以是点，可以是线，可以是面，也可以是体。天地万有、人间百态，无不面面俱到。

重庆，

可以是现实存在，可以是记忆留存，可以是计划愿景，也可以是内心感受。虚实相应，亦幻亦真。

重庆，

是一个聚落，是一园风景，更是一处宴客厅，时刻准备招迎那来自地北天南、五湖四海的胜友高朋。

重庆，

就是这样，一个复杂却也简单，特殊而又神秘的存在。想了解重庆吗？那就跟我来吧！

滋味　　　　立体世界，万家灯火。

幸福生活，简单快乐。

【再读随记】

过去，有人问我对重庆的印象，于是便有了上面这四句。

那

那坡	那坎	那山	那水	那景
那桥	那梁	那地	那路	那城
那人	那事	那诗	那歌	那情
那泉	那雾	那雨	那花	那名
那车	那船	那楼	那光	那灯
那美食	那言子	那美女	那温度	那民风

……

【再读随记】

这首《那》，又名《重庆那个卡卡》。

重庆是个好地方！

重庆是个该去的地方！

重庆是个值得去的地方！

重庆你一定（必须）得去！

……

一直想写一篇关于重庆的赞歌，可每次一拿起笔，万千的美好却一起涌来，根本无从下手。

有些城市、地区，或许用一句话，甚至一个词就能够概括下来，比如说山东就是一山一水一圣人，比如说成都就是一盏盖碗茶，比如说苏州就是水榭亭台，比如说大西北就是茫茫戈壁滩……

当然，我上面的概括可能不够准确，主要就是说这么个意思吧。

那么用什么来概括重庆、代表重庆呢？用吊脚楼？抑或用火锅？……其实都不像！仔细想想，实在是找不到真正适合的东西来指代。

最后，就只剩下了一连串的咏叹！

名正言顺　　　重庆，既是当代中国高速发展的一个写照，也是中国西部的一块金字招牌。重庆，这个令人惊羡的名字，她让我们联想到靓丽的风景，不朽的传奇，还有美好的愿景。

2018年3月，在十三届全国人大一次会议重庆代表团全体会议上，首次把重庆二字拆解为"千里广大"四个字，以"重庆行千里，可以致广大"来祝福并鞭策重庆。时至今日，这句既代表着机遇和地位，同时也代表着使命和责任的"行千里、致广大"，在重庆已得到了广泛的认同。

另：

关于重庆名称的由来，历来有三种说法：

第一种说法与宋光宗有关。因光宗皇帝曾藩封在恭州，是为一庆；其后又由恭州承嗣天子大位，是为二庆。借由双重喜庆之瑞，故此美其地名曰重庆。

第二种说法还是与宋光宗有关。在光宗即位时，其祖母宪圣慈烈皇后（称寿圣皇太后）、父亲孝宗（称太上皇）均临视了登基庆典。恭州这片福地因此被命名为重庆府，即是以志其事。

第三种说法则与重庆所处的地理位置有关。以其地介于绍庆府（治今重庆彭水）和顺庆府（治今四川南充）之间，因此被称为重庆。

《蜀中广记》："重庆者，以介乎顺、绍二庆之间也。"

三都之地

重庆素有三都之地之称。这里不仅曾是巴国的都城，大夏国的国都，还一度被作为抗战时期的战时首都。

另：

1357年，元末义军领袖明玉珍率大军从巫峡出发，攻克夔州（今重庆奉节）、万州，进而袭取重庆。1362年，明玉珍称帝，建都重庆，国号大夏。

西部重镇

重庆控扼长江和嘉陵江，与湖北、四川、陕西、湖南、贵州等省接壤，地理位置极为重要，既是军事重镇，也是商贸重镇。

性格城市

重庆就像这里的地形和建筑一样，既层次分明又错落有致。在连绵起伏的崇山峻岭之中，长江穿城而过，并与嘉陵江在此亲切交汇。

说重庆是个有性格的城市，相信没有人会反对。她是一座独具特色的魅力之城，既古老又年轻，既厚重老成又充满朝气、活力四射，正可谓美丽与智慧并重，传统与现代完美契合。

一座有性格的城市，并不在于她是否拥有拔地而起、直冲云霄的高楼大厦，也不在于她是否拥有五光十色、撼人心魄的迷人胜景。一座城市的魅力，在于她那浓浓的凡尘烟火和世俗气息，在于人们对她的执着向往和终始不渝的爱恋。

是什么造就了重庆的城市性格呢？大山大川的自然熏陶、大风大浪的军事锤炼、大开大合的社会流动以及大仁大义的民俗传承——独特的地理和人文，使得重庆独具一种不同于其他大都市的不凡气质。

高山使之有了棱角，大水使之有了灵性，美女使之有了色彩，火锅使之有了味道……于是，这些因素交织着，成就了这个城市的大气和包容，也使之成为普罗大众的快乐家园……

两江兴市

过去，依山而立、傍水而兴的城市，其初创、发展乃至兴盛，都是与这些江河分不开的。古老的重庆，境内江河纵横交错，而长江（长江干流自西向东横贯重庆全境，流程长达 665 公里）和嘉陵江更是在这里合流，习水而居的当地人，借助这些水岸，因地制宜地建起了数量众多的码头，云集南来北往的客商，重庆也因两江而兴旺发达起来。

重庆境内除长江和嘉陵江外，还有涪江、渠江、乌江、綦江、阿蓬江和大宁河等众多河流。随着航运的发展，在这些江河岸边形成了许多大小和功能不一的客运码头、货运码头或专用码头。

码头是城镇形成的基础，是现代城市的母体。码头最初的功能是满足通商和航运的需要，久而久之，码头成了集市贸易、集散货物的场所，兵家扼守的要津，三教九流活动的地方，官家抽取捐税的关卡。

另：

重庆的码头真可谓是星罗棋布，旧时有"七十二码头"之说，如朝天门码头、嘉陵码头、月亮碛码头、翠微门码头、东水门码头、望龙门码头、太平门码头、储奇门码头、金紫门码头、南纪门码头、菜园坝码头、铜元局码头、黄葛渡码头、龙门浩码头、海棠溪码头、玄坛庙码头、弹子石码头、王家沱码头、梁沱码头、大佛寺码头、唐家沱码头、明月沱码头、九龙坡码头、几江码头、白沙码头、长寿河街码头、西沱码头、白帝城码头……

清代，在重庆享有盛誉的古巴渝十二景（金碧流香、黄葛晚渡、桶井峡猿、歌乐灵音、云篆风清、洪崖滴翠、海棠烟雨、字水宵灯、华蓥雪霁、缙岭云霞、龙门浩月和佛图夜雨）中，与码头相关的不下 5 处。

码头集镇

码头是舟楫船舶的避风港，也是人流、物流和信息流的集散地。重庆周边许多场镇的形成与发展也是与码头分不开的，因为码头的商品交换带来了码头的繁荣，于是便逐渐形成了集市和场镇。

綦江东溪镇，建于唐高祖武德二年（619年），曾是丹溪县治所在地，自古以来就是重要的水陆贸易商埠。东溪的水码头，经綦江可通长江，销往黔东的食盐即由东溪转运。

沙坪坝磁器口镇，始建于宋咸平年间。明代，逐步成为嘉陵江边重要的水码头。清初，瓷器成为这里的主要产业。民国时期，重庆成为战时首都，因为水运方便，磁器口镇便成为嘉陵江中上游各个州、县和沿江支流的农副土特产的集散地。

北碚偏岩镇，于清乾隆二十四年（1759年）建场，场镇依山傍水，黑水滩河经胜天湖流经偏岩。历史上，偏岩曾是一座工商古镇，人烟阜盛，车水马龙。

老城记忆

由于重庆地处长江、嘉陵江交汇处，水运交通成了重庆对外交流的黄金通道，因此重庆因水而生，因码头而兴，因商贸而盛。抚今追昔、寻本溯源，水驿站和老城门是重庆的老掌故中一个始终都绕不过去的话题。

巴蜀的水驿，始于汉初，当时称驿传，负责将官府所征粮食用船只运往指定地点。

唐代以后，驿传渐趋完备，于是有了成建制水驿的设置。水驿以传递军情为主，兼担负着接待官方宾客的任务。水驿跟陆驿一样，也是30里一置。驿有驿长、驿夫和船夫。每驿则根据事务繁简配备两三只或四五只驿船不等。

唐宋时期，伴随着经济重心的南迁东移，长江峡路水道变得越发重要。为了便于管理，官府在重庆至宜昌段的三峡水道上设置了朝天水站、涪州水站、万州羊渠驿、云安万户驿、夔州瞿塘驿、巫山神女馆、巴东万年驿、归州周平驿、峡州覆盆驿、夷陵水馆等水驿。

继之而来的元朝则有样学样，在该水道上设置了水驿14处（朝天水站、木洞水站、涪州水站、咸淳府水站、梅沱小水站、万州水站、云阳水站、夔府水站、巫山水站、万流水站、巴东水站、建平水站、黄牛庙水站、凤楼水站）。到了明代，水驿站点由元代的14处增至28处。清代，又将明代的这 28 处水驿裁并为 13 处（朝天水驿、长寿水驿、东青水驿、万县水驿、云阳水驿、奉节水驿、巫山小桥水驿、火烽口水驿、巴东水驿、建平水驿、归州水驿、白沙水驿和东湖水驿）。如今，这些水驿站点早已不复存在，只依稀留下了一些老地名。

过去，重庆老城门有"九开八闭"之说（重庆实现内外交通的城门原有 17 道。其中除通远门通陆路外，其余各门均面江而开）。九座开放的城门是专供力夫担两江之水入城的水门。八座关闭的城门，据传原本也是开放的，只因城内火灾频发，便将这八道城门统统封闭，以应八卦克制火星之相，从此八门遂成为摆设。

随着现代城市的发展建设规划，许多老城门被拆除，留下的多是些老照片或历史的斑驳记忆。

码头众生

码头是一个江湖，也是一幅民俗风情的长卷。这里百物聚散，三教九流、千役百工……

江河船工。过去，根据舟船大小配有船工数人到数十人不等，由船老板、驾长、桡手、号工及烧火等组成。这些背井离乡的船工们长年累月漂泊在外，风餐露宿，战惊涛、斗恶浪，还时常要忍饥挨饿，生活十分艰苦。在这种艰难恶劣的环境下，铸就了船工们吃苦耐劳、顽强拼搏、积极奋进和团结协作的精神。

码头劳工。这是随着码头搬运业的兴起而出现的一种特殊职业群体。一种是固定在码头上，专门为船只装货或卸货；另一种是以码头为中心的挑夫（俗称"棒棒"）。

川江纤夫。纤夫是指那些专以纤绳帮人拉船为生的人。据统计，清末时川江民船纤夫达 200 余万人。天热时，他们一丝不挂，赤身裸体拉纤，成为当地的一道奇景。2008 年，出身船工之家、曾跟随父亲拉过纤的吴秀兰，在重庆江北大竹林老街建起了一座纤夫博物馆。

另：

船工禁忌。行船人的禁忌很多，大体上包括语言禁忌和生活禁忌两大类。新人上岗，船老板先要告知禁忌事项。在这些禁忌中，有的属于封建迷信，有的则类似于礼仪规范。比如"帆布"要说"抹（mā）布"，"雾"要说"罩子"，"陈"要说"烟"，"成"要说"跷脚"，"程"要说"禾口"，"筷子"要说"篙（音 háo）杆"，等等。

川江号子。川江号子是川江流域船工为统一动作和节奏，由号工领唱，众船工帮腔、合唱的一种民间歌唱形式，为民歌中的一朵奇葩。

川江号子分撑篙号子、竖桅号子、起帆号子、拉纤号子、闯滩号子、下滩号子等数十种类别。

江湖行帮

有人的地方就有江湖。

码头是江与湖的交汇处，为了争夺利益和维护利益，这里自然也是江湖行帮组织最为活跃的地方。

船帮

清光绪年间，以重庆为中心形成了三大木船帮派。以朝天门为界，长江上游的船帮称上河帮，长江下游的船帮称下河帮，嘉陵江为小河帮，各大帮内又分为若干个小帮。

这些船帮都设计有属于自己的标记——船顶旗标。如万县帮的旗标为镶红色鸡冠形的正方形红旗，上加两根青色飘带。涪陵帮的旗标为镶蓝边的长方形红旗，上加银白色蜈蚣条带。

船帮，最先是由船民自发组成的自治性组织，拥有自己的组织规约和祭祀习俗等。船帮的帮规或行规，各帮不一。有的侧重对内的约束管理，有的侧重对外的行为规范。

通常情况下，船帮相约设定的规则对规范管理、约束帮内船民、应付突发及重大事件具有一定的积极意义。

另：

部分船帮行规：

船只停靠码头以插草为标，以确定码头归属。

黎明开航，入夜停航。

船只停靠码头：小船在里，大船在外；重船在里，轻船在外。

新船下水或新年第一次开航，船民要举行祭祀活动。

行船一律右行。让道顺序为：小船在先，大船在后；重船在先，轻船在后；上水船在先，下水船在后；客船在先，主船在后等。

会馆

重庆地处长江与嘉陵江交汇处，水陆交通便利，商贸经济活跃，繁荣时期会馆（同乡组织）、公所（同业组织即行业会馆）达上千座。最著名的当属八省会馆，其中尤以江西会馆和湖广会馆规模最大。

会馆，属于旧时代的封建团体。会馆主要有三类：同乡会馆、商人会馆和科举会馆。中国的会馆始于明朝初年，兴盛于清代，衰微于民国时期。巴渝地区的会馆，以同乡移民会馆为主，通常以"迎神庥（xiū）、联嘉会、襄义举、笃乡情"为号召。

除同乡组织的移民会馆外，还有同业组织的行业会馆，如船帮会馆等。船帮会馆由船帮组织修建，费用由船工和水手集资或从船上每件货运中抽取一定的费用。江津白沙镇的紫云宫、塘河镇龙门号都曾是船帮会馆。会馆内供奉有船工保护神，以祈求神灵保佑风平浪静，行船安全。

在整个重庆范围内，至今仍保存有各类会馆近百处（最早的会馆建于明代）。其中有 69 处为移民同乡会馆（包括湖广会馆 22 处，江西会馆 13 处，四川会馆 16 处，福建会馆 3 处，广东会馆 6 处，山西会馆 4 处，陕西会馆 5 处），分别分布在渝中、江北、巴南、渝北、江津、綦江、铜梁、酉阳等地。这些保存下来的会馆，为我们了解、研究那一段历史提供了重要的实物例证。

另：

重庆会馆建筑规模最大最集中的地方，在渝中区下半城沿长江一线的朝天门、翠微门、东水门、人和门、储奇门、金紫门内，也就是今天湖广会馆所在的那一带。如陕西会馆（朝天门内，原陕西路 6 号一带）、福建会馆（朝天门内，原沙井湾 9 号）、江西会馆（东水门内，陕西路五巷、六巷）、湖广会馆（东水门内，今芭蕉园 1 号）、广东公所（东水门内，今芭蕉园 1 号）、齐安公所（东水门内，今芭蕉园 1 号）、江南会馆（东水门内）、山西会馆（人和门内人和湾街，今邮政局巷 22 号）、浙江会馆（储奇门内，今解放东路 398 号）和云贵公所（金紫门内绣壁街，今解放西路 100 号）10 个会馆，俗称八省会馆。如今，这里除了仅存的湖广会馆、广东公所、齐安公所（今统称湖广会馆建筑群），其他会馆都已因各种原因先后毁失殆尽，消失在了历史的尘埃中。

行会

民国时期，随着商品经济的发展，以商业行帮为纽带的各种行会或行业公所层出不穷。其作用主要是协调内部纷争，平衡各方利益以及抱团取暖，跟对手谈判，等等。

过去，重庆行业公所很多都设在下半城。如成立于 1931 年 9 月 25 日的重庆市银行公会，位于渝中区打铜街。重庆棉纱业公会、匹头绸缎公会、干菜业公会等都集中在白象街。重庆储奇门城门内外街巷，处处有药材坐贾行商，是中药材帮活跃的地方。

另：

渝中区是一座山，两路口、七星岗、较场口等都在山上，所以叫上半城，而大溪沟、一号桥、储奇门、南纪门等则是在山脚且靠近江边处，所以叫下半城。凯旋路则是连接上半城和下半城的主干道。

袍哥　　　袍哥是清末发源于四川、重庆，流传于西南地区的秘密社会组织。辛亥革命后，袍哥成为公开组织，广泛活动于城镇乡村，对社会各方面都有极为重要的影响。

辛亥革命后，川渝各地哥老会发展迅猛。各码头的船帮会首一般由袍哥大爷担任，他们掌红吃黑，船民大小事情均需仰仗他们出面斡旋。码头上的各业人员，为了获得安全保障和业务关照纷纷加入袍哥，川江流域于是成了袍哥的世界。

1949年11月30日，重庆解放。各地袍哥纷纷向人民政府登记自新，组织解散。从此，袍哥组织退出了历史舞台。

另：

由于袍哥是民间秘密结社，所以内部流行许多行话隐语（这些隐语暗号，又称切口，是袍哥独自的语言系统。自己人听起来心知肚明，外人听起来如云山雾障，不知所云），在交流过程中具有强烈的排他性和隐秘性。以下列出的便是部分至今仍存活于方言中的切口：

操——在社会上混；

嗨——加入袍哥组织；

引进——介绍参加袍哥；

佺（kōng）子——未加入袍哥组织的人；

扎起——大力相助或袒护；

跑滩——在江湖上行走，无固定职业；

公口——码头；

坐堂——开会；

落教——按袍哥规矩办事；

点水——出卖同伙；

放黄——失信爽约；

肉票——人质；

草边——哨棚；

广棚——土匪聚点；

拉稀——中途逃脱，不负责任；

摆带——指说话不算数，欺骗兄弟伙；

穿灶——调戏妇女；

困沱——没事干；

倒油——赔礼道歉；

挂彩——负伤出血；

天棒——无法无天的人；

臊皮——伤了面子；

识向——会看风向；

涮坛子——开玩笑；

结梁子——结下仇怨；

盘海底——初次见面利用隐语问答，试探对方身份；

打平伙——共同摊派伙食钱；

散眼子——散漫无组织；

拉肥猪——绑票；

吃讲茶——发生争执的双方请人评理；

矮起说——自我深刻检讨；

生毛子——乡巴佬，不懂江湖规矩的人；

丢海誓——赌咒发誓；

镇堂子——能服众，在堂口上说得起话。

交通枢纽　　1890 年 3 月 31 日，中、英签订《烟台条约续增专条》，重庆也因之沦为列强在中国的第 20 个通商口岸。重庆被迫开埠后，外国领事馆相继在重庆建立。

列强为了控制重庆，不仅向当地倾销煤油、棉布等商品，还掠夺路矿权和长江航运权。仅在 1908—1925 年就有 20 余家外国轮船公司的数十艘轮船先后进入川江航运。

列强的侵略，刺激了码头的发展，也在客观上刺激了民族工商业的发展。为经营川江航运，四川也陆续成立民营轮船公司 14 家，投入轮船

24 艘，这使得重庆不仅成为对外贸易的口岸，同时也成为西南地区最大的水陆交通枢纽。

另：

五四运动后，大批青年从重庆出发，投身赴法勤工俭学运动（既是为了寻求救国图强、改造社会的知识和真理，同时也是受到了当时工读思潮的影响），如：

1919 年 6 月 19 日，陈毅等 60 余人从朝天门乘蜀通轮，取道上海赴法勤工俭学；

1919 年 12 月 9 日，聂荣臻从朝天门码头启程赴法国留学；

1920 年 8 月 28 日，从重庆留法勤工俭学预备班毕业的邓希贤（邓小平），与 83 名同学一起从朝天门码头启程赴法国留学。

支援抗战

1937 年 11 月至 1946 年 5 月，作为抗战时期政治、军事、经济和文化中心的重庆，既是抗日民族统一战线的政治舞台，也是世界反法西斯战争远东的指挥中心。

在这期间，中共中央南方局暨八路军驻重庆办事处也设在重庆。周恩来、郭沫若等积极宣传中共的抗日主张，开展统一战线工作，大力推动群众性的抗日救亡运动。

随着抗战的全面爆发，日军以三路重兵进攻华北。沿海和长江沿岸等交战区的机关、团体、学校、工厂和医院等单位纷纷内迁。先后迁来重庆的企业就有 243 家，兵工厂 10 余家，同时迁来的还有上百万吨的物资、数万名兵工员工以及上百万的避难国民。

为了保家卫国，共计有 30 万川军、300 万壮丁分批奔赴抗日战场，无数的枪支弹药、军用物资也从这座城市被运往抗日前线。为了支持抗战，长江成为名副其实的黄金水道，航运也始终起着强有力的支撑作用，重庆繁忙的码头见证了这一光荣的历史。

另：

出川抗战的第 23 集团军、第 29 集团军、第 30 集团军即是从朝天门、万县、涪陵码头顺流东下的。一批抗战将领的灵柩，也是经由长江运抵朝天门码头的。如第七战区司令长官刘湘、第 33 集团军总司令张自忠、第 122 师师长王铭章等。

担负起运送抗战物资主要任务的民生公司，顶着日机轰炸，投入了全部运力，更是付出了牺牲 100 余名职工、损失 16 艘船只的高昂代价。

大美巴渝

重庆是一座因水而生、因码头而兴的城市，在独特的地域文化中孕育成长。历史的沉淀和现代的交融，造就了巴渝独特的人文精神和地理风貌。

激流勇进

一方水土养育一方人。高山大川造就了重庆人激流勇进、敢为人先的性格。不一样的重庆，给世人留下了不一样的人物志：

邹容（1885—1905 年），重庆巴县人，宣传革命，号召推翻清朝统治，著有《革命军》一书。

杨闇公（1898—1927 年），重庆潼南人，中共四川省委第一书记兼军委书记。

周贡植（1899—1928 年），重庆巴县人，1920 年与邓希贤（邓小平）一道赴法勤工俭学，四川及重庆地区农民革命运动领导人。

赵世炎（1901—1927 年），重庆酉阳人，1920 年赴法勤工俭学，与周恩来等一起创建了中共旅欧支部。

刘伯承（1892—1986 年），重庆开县人，中华人民共和国元帅。

聂荣臻（1899—1992 年），重庆江津人，中华人民共和国元帅。

陈子庄（1913—1976 年），重庆永川人，著名国画大师，被誉为中国的凡·高。

罗广斌（1924—1967 年），重庆忠县人，与杨益言合著的《红岩》闻名中外。

施光南（1940—1990 年），重庆南岸人，1990 年被文化部授予"人民音乐家"称号。

……

吃苦耐劳

"棒棒"挑起了一座城！

重庆是一座山城，短途运输需要大量的临时搬运工。那些靠着一根竹棒和两条绳索活跃在码头、街头的搬运工，就是人们口中俗称的"棒棒"。

他们是山城一处独特的风景，也是重庆不灭的记忆。20 世纪 90 年代，电视连续剧《山城棒棒军》播出后，赢得了良好的收视率和口碑，也让更多人知道了这个特殊的群体。

2014年4月27日下午，在重庆万州视察的李克强总理来到港口码头和群众亲切交谈。李克强总理曾对"棒棒"们深情地说："你们很了不起，每一分钱都是流汗挣来的，是中国人民勤劳的象征。"

另：

改革开放后，数十万农民工涌进重庆主城，他们肩挑背扛，爬坡上坎，给这座城市带来了喧嚣和活力，也成为山城的一大别样景观。

在这群劳动力大军中，我们很多人都曾受益于他们的辛勤付出，而我们甚至都不知道他们是谁。谨在此登录几人，以作纪念：

张其林，四川渠县人，1986年前即来到重庆街头当"棒棒"。他一边劳作，一边写打油诗，被农民工们亲切地称为"棒棒诗人"。

田庆华，1986年来到重庆黄桷坪当"棒棒"，同时还兼职四川美术学院的模特。

刘晓萧，1992年辍学后在重庆街头当"棒棒"。1998年，创立了山城棒棒军服务公司。

谢忠德，被大渡口区政府授予见义勇为称号。2004年，在重庆"11·3"抢劫案中，"棒棒"谢忠德因挺身而出抓抢匪而被刺成重伤。

郑定祥，一个质朴的好人。2011年元旦，58岁的"棒棒"郑定祥在万州城挑货途中与货主走散。为了找寻货主，在妻子病重住院、自己生病发烧的情况下，他足足花了14天才找到货主。面对记者的采访，他说："我缺钱不一定就缺德。"

……

妙趣横生　　凡是来过重庆的人，都知道重庆话是一门有趣、易学的方言。从广义上来说，重庆话为西南官话。而狭义上的重庆话，则专指重庆人的"展言子儿"。

重庆言子儿，是在重庆传统方言、歇后语、口头禅等基础上归纳提炼而成并赋予了地方特色的民间精言妙语。

重庆言子儿，于片言只语间寓妙义，于谐趣幽默里见智慧。下面谨择其一二以飨读者。

雄起：加油、不心虚、勇敢向前。

下课：出局，撤职，辞职，下岗，下台，倒台。

㸆（pā）耳朵：怕老婆的人。

方脑壳：脑子笨，不灵光，脑筋不会转弯。

空了吹：没有根据、不可信的话。

行（háng）势：了不起，有实力。

扎（音 zǎ）起：支持，鼓励，帮忙，制止捣乱。

撇脱：简单，随意，方便。

提劲：有气势，振奋人心。

墩笃：高帅。

霸道：舒服，安逸，厉害，勇敢，蛮不讲理。

捡炮和：捡便宜、图方便。

幺不倒台：得意洋洋、不得了的样子。

扭到费：盯住不放，胡搅蛮缠，不依不饶。

遇缘：巧遇，碰巧，凑巧。

嘎嘎：肥肉。

灯儿晃：无所事事。

逮猫儿：捉迷藏。

干燥：脾气火暴。

莽子：傻瓜、愣头青。

找些歌来唱（找些话来说）：无中生有，编故事。

安逸：安闲，舒适。

搁平：和解，私了。

梭边边：逃避，躲开。

哦豁：感叹，惋惜，无奈。

乱劈材：乱来，不按规矩行事。

踏屑：鄙视，贬低，轻蔑。

打横耙：耍赖，倒打一钉耙。

千翻儿：调皮。

打望：打量，观望。

稀得好：幸好。

冒皮皮：吹牛，自吹自擂。

猫刹：凌厉，迅猛。

惊抓抓：大惊小怪。

巴适：舒服，实在，安逸。

王撮（音 cuǎ）撮：不做正事，什么也不会。

抓麻麻鱼：浑水摸鱼。

摸脑壳：打平伙，AA 制。

丁丁猫：蜻蜓。

背时：倒霉，运气不好。

理麻：过问，清查，处理，修理，被说教。

鱼摆摆：鱼的昵称。

卡卡角角：角落。

日白、扯把子：吹牛。

堂客：老婆。

装莽：装傻，装蒜。

哈哈儿：马上，形容时间很短。

莫搞豪：不懂事。

啷个呦台哦：怎么得了。

鸡公屙屎头节硬：先硬后软，先严后松。

鸡脚杆儿上刮油：斤斤计较，吝啬，对缺少钱物的人实施榨取。

扯谎俩白：撒谎。

宠卵起火：趁火打劫。

抵拢倒拐：沿着路一直走到底再转弯。

憨吃傻（音 hā）胀：暴饮暴食。

惊风火扯：一惊一乍。

捞肠寡肚：没有胃口。

皮搭嘴歪：仪容不整。

先人板板：祖宗牌位。

想精想怪：不切实际。

牙尖舌怪：搬弄是非。

夜明珠蘸酱油——宝得有盐有味。

进茅厕（si）不带草纸——想不开。

叫花子挑醋担儿——穷酸。

解放碑的风飘飘——不摆咾（lǎo）。

解放碑上的钟——群众观点。

较场坝的老鸹——飞起吃人。

老太婆吃腊肉——扯皮。

十五个驼子睡一床——七拱八翘。

丰都城拉二胡——鬼扯。

癞疙宝（癞蛤蟆）吃豇（音 gāng）豆——悬吊吊的。

火葬场走后门——专烧熟人。

包罗万有　　重庆的旅游资源相当丰富，目前仅 AAAAA 级景区就多达 8 处（大足石刻、巫山小三峡、江津四面山、酉阳桃花源、万盛黑山谷、武隆喀斯特景区、云阳龙缸风景区和南川金佛山神龙峡）。这些景观集山、水、林、泉、瀑、峡、洞自然景观于一体，各具特色。

面对重庆多如牛毛的旅游去处，很容易让人眼花缭乱，甚至无所适从，且不说外围，就单是一个主城区就够得忙活上一阵子的：

想要逛街购物、休闲观光、亲近自然、缅怀英烈、参禅问道、怀旧凭吊、艺术陶冶……喜欢闹热追逐人潮汹涌的，您可算是来着了，值得一去的地方实在是太多了！可以去解放碑、三峡广场、南坪步行街、杨家坪步行街、观音桥步行街，可以去朝天门广场、南滨路、洪崖洞、一棵树、山城步道、中央半岛温泉、海棠晓月温泉、白市驿天赐温泉、北温泉、南温泉，可以去鹅岭公园、广阳岛、金刀峡、缙云山、南山植物园、歌乐山森林公园、铁山坪森林公园，可以去红岩村、白公馆、渣滓洞、曾家岩 50 号、重庆黄山抗战遗址博物馆、桂园、史迪威将军博物馆，可以去罗汉寺、华岩寺、涂山寺、老君洞道观，可以去重庆人民大礼堂、湖广会馆、通远门、巴蔓子墓、磁器口古镇，可以去三峡博物馆、重庆市规划展览馆、坦克库艺术中心、重庆美术馆、画家村、国画院，可以去老舍故居、梁实秋雅舍、徐悲鸿旧居、三毛故居、施光南故居……

除开上述这些传统景点，江北区的江北嘴中央公园、渝北区的悦来中央公园、民国街、园博园、方特科幻公园等一众新兴景点也值得一去。当然，喜欢徒步的朋友，还可以去追踪那踩不完的山城步道。

其实，重庆的好去处可远不止这些。话不多说，您还是自己来体会吧……

麻辣醇香　　重庆夏季炎热冬季湿冷，气候比较潮湿。特殊的地理环境造就了当地特殊饮食习惯的传承和发展。重庆菜比较鲜明的特色就是麻辣，而其中最具代表性的则是火锅和江湖菜。麻辣美食是重庆人孜孜不倦的追求，所谓"辣是一种性情，麻是一种态度"。

重庆火锅，源自嘉陵江畔的一众码头上，船工、纤夫们粗放的餐饮方式。旧时，船工、纤夫们经常聚集在码头，弄一口瓦罐，盛上水，放些廉价的牛下水、蔬菜，再添加辣椒、花椒，煮好就成了一餐饭，既饱了肚皮又能御寒祛湿，可谓是一举三得。因此也就有了"菜当三分粮，辣椒当衣裳"之说，这种"大杂烩"就是重庆火锅的雏形。到了民国，重庆火锅开始在饭店、餐厅登堂入室，逐步规范化、高尚化。如今火锅已俨然成为重庆的一张名片。

重庆江湖菜，则是相对于正宗的传统菜式而言的。它植根于民间，以一种菜系为基础，师承多家，不拘常法地重复烹饪、复合调味、中菜西做、老菜新做、北料南烹，看似无心，实乃妙手天成，从而收到出奇制胜的效果。如毛血旺、来凤鱼、辣子鸡、啤酒鸭、泉水鸡、邮亭鲫鱼等。

重庆江湖菜既继承传统，又推陈出新，颇有些土、粗、杂的味道。现代重庆人思想活跃，在饮食上喜欢标新立异，追怪猎奇，以吃感觉、吃风味、吃麻辣为时尚，哪里有新、奇、怪的饮食，哪里就会成为热点。满足重庆人的"五香嘴"，重庆江湖菜功不可没。

天翻地覆　　随着社会的发展和进步，历史上的码头、港口已化为一个个永恒的瞬间，留在了人们的记忆深处，定格在了摄影师的相机里。它们有的已不复存在，有的则发生了翻天覆地的变化，但功能设施更加齐全。

这里列举几处重要的码头和港口作为代表，从中可以了解重庆的今昔变化。

朝天门码头，位于嘉陵江与长江交汇处，城门原题有"古渝雄关"四个大字，曾是重庆十七座古城门之一。南宋偏安临安后，时有钦差自长江经该城门来传圣旨，故得此名。1927年，修建朝天门码头，将旧城门拆除。

菜园坝码头，位于重庆市渝中区的长江北岸。1891年，重庆在被辟为通商口岸后，这里逐渐繁荣起来。1952年，成渝铁路建成通车，菜园坝地区成为重庆火车站的铁路港口。

江北嘴码头，位于重庆嘉陵江与长江交汇处北岸，因泥沙淤积，江岸形成沙嘴而得名。1891年，重庆开埠后，江北嘴码头成为重庆重要的对外通商口岸。如今，江北嘴已跃升为长江上游经济带商务中心区。

铜元局码头，1905年4月14日，重庆建立了第一家大型机械化工业企业重庆铜元局。铜元局沿江岸兴建，江边码头也随厂而名，成为铜元局的专用码头。如今这里已改建成了环境优美的融侨公园。

九龙坡码头，位于重庆市九龙坡区东部的长江北岸。1938年10月，建成九龙坡码头。抗战期间，九龙坡码头承担了抢运军工器材的重任，为支援抗战发挥了重要作用。1950年，九龙坡码头经过改建，成为重庆第一座水运、铁路联运的机械化码头，为成渝铁路的建设立下了汗马功劳。如今，九龙坡老码头的遗迹已经被江水淹没。

磁器口码头，以出产和远销瓷器而得名，位于重庆市沙坪坝区东部嘉陵江南岸。因磁器口优越的地理位置，自古以来就是嘉陵江下游的天然良港和商贾云集的物资集散地，素有"小重庆"之称。如今，磁器口码头已失去水路码头的作用，转向旅游和商业方向发展。

弹子石码头，形成于清乾隆年间。20世纪初，弹子石是长江南岸有名的水码头。今天，弹子石码头附近已建成一个大型综合体项目——长嘉汇。

储奇门码头，曾是西南地区最重要的药码头，在码头一带，历来是山货、药材行业的集散地。"文化大革命"中储奇门码头曾被改名为"大庆路码头"。今天，储奇门码头已建设成了现代化的立交桥。

……

日新月异

时光转瞬就来到了1997年，重庆设立直辖市，古老而厚重的西部重镇立即焕发出勃勃生机。连片的楼群拔地而起，商业聚落纷纷萌生，一座座高桥架山跨河、通联四方……

每一个人、每一个细胞都被激活。地尽其用、货畅其流、人尽其才……中国速度在这里得到了很好的体现和诠释。

通过二十余年的不懈努力和拼搏奋斗，一个宜居、宜业、宜游的全新的现代化都市正日趋成熟。重庆，这个城市之光正在通过倾力打造集高新技术产业、高质量城市管理、高品质人民生活于一体的城市构想而成为一个典范，成为令世人向往和欣羡的人间天堂。

洪崖洞[1]
遣兴

滨江[2]胜迹夸[3]江州[4]，四街八景[5]眼底收。

面江可望大剧院[6]，回眸就见吊脚楼[7]。

显山露水一水岸[8]，捕风捉影全镜头[9]。

一态[10]交叉放异彩，三绝[11]变相抓眼球。

奇景更有相亲会[12]，周末周日来压轴。

抖音[13]造成人潮涌，移步艰难使人愁。

朝天扬帆

圆梦孰与执牛耳，带路我当作龙头。

如今，在中国特色社会主义昂首迈入新时代的大背景下，中央适时提出了"一带一路"倡议以及长江经济带、京津冀协同发展等区域发展战略。

中西部唯一的直辖市、国家中心城市、国际大都市，长江上游地区的经济、金融、科创、航运和商贸物流中心，西部大开发重要的战略支点、"一带一路"和长江经济带重要联结点以及内陆开放高地……顶着多项桂冠的重庆，在这新一轮的经济发展机遇中，也势必有了更多的使命担当。伴随承载着中国梦的长江经济带的扬帆远航，重庆也势将勇立涛头、振翅高飞。

---

1. 洪崖洞：位于重庆市解放碑沧白路，地处长江、嘉陵江两江交汇的滨江地带，是洪崖门外岩石下方悬崖边的一个巨大的石窟。相传古代有个神仙，号洪崖仙人，常年居住在此，洪崖洞便因此得名。目前，洪崖洞已被建成一个别具一格的"立体式空中步行街"。
2. 滨江：靠近江边。
3. 夸：夸耀。这里为出众。
4. 江州：重庆古称。
5. 四街八景：四街指动感酒吧街、巴渝风情街、盛宴美食街、城市阳台异域风情街。八景指洪崖滴翠、两江汇流、吊脚楼群、洪崖群雕、城市阳台、巴文化柱、滨江好吃街、嘉陵夕照。
6. 大剧院：重庆大剧院位于江北嘴 CBD。
7. 吊脚楼：吊脚楼为半干栏式建筑，多依山靠河就势而建。
8. 一水岸：指拟建的水岸观景平台。
9. 全镜头：指一旦登上水岸观景平台，一众美景将尽收眼底。
10. 一态：指文化休闲业态，由餐饮休闲、文化休闲、运动休闲、购物休闲和旅游休闲等八部分构成。
11. 三绝：指吊脚楼、集镇老街、巴文化。
12. 相亲会：也称相亲角。指像赶集一样的由媒人或者是婚姻中介所发起的相亲集会，只不过时间和地点较为固定。
13. 抖音："抖音造成人潮涌"原为"节假造成人潮涌"。抖音是一款可以拍短视频的音乐创意短视频社交软件。抖音可对人造成精神性和生理性双重成瘾，如果不能及时制止和疏导，其所造成的危害将是巨大而严重的。

巴渝神鹿

展开中国地图，一眼就能看到重庆，像一只美丽、欢愉的小鹿，奔腾跳跃于锦绣山河之间。

提到鹿，自然而然就会让人联想到那首脍炙人口的不朽诗篇——《鹿鸣》："呦呦鹿鸣，食野之苹。我有嘉宾，鼓瑟吹笙。"

按说，能代表重庆的吉祥物，不应是天上飞的、水里游的，不应是虚幻的、抽象的，也不应是外来的，而应是脚踏实地、现实存在且具象的，就生活在重庆的山间、河谷和湿地。所以，鹿无疑就是这个吉祥物的不二之选。何况在重庆，很早就与鹿有着不解之缘，因为那个美丽的传说——白鹿饮泉。

巴渝神鹿作为大重庆的吉祥物，代表着坚守、包容、开放、奋进、拼搏、团结、阳光、美丽、谦逊、祥和、温良、闲适、和谐、幸福、安康、快乐、忠诚、热情、自由、责任……

第二部分

薪火相传

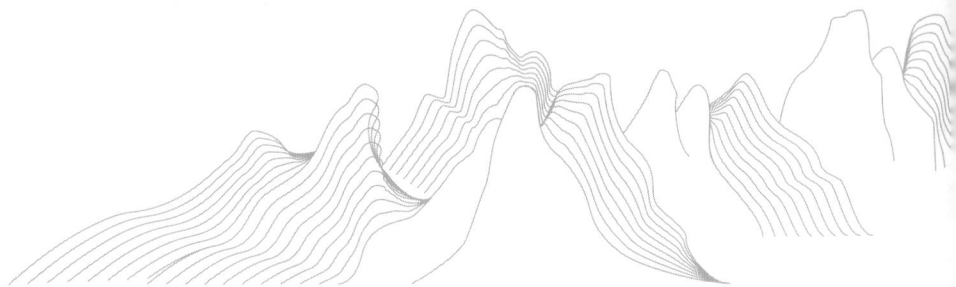

在这里，人们把挣钱不叫挣钱，而叫找钱。人们讲现实，讲利益，讲经济，精明而不耍奸使诈。在这里，很少有宰客现象，更不用担心会有人排外……

人们讲究享受，但不懒惰；讲究竞争，而不争竞。挑剔而不弯酸，干精火旺而不无理取闹。这就是重庆，前卫而不失厚重，发达而不失质朴。

重庆人内在的灵魂属性是什么？又是因为什么会有磁器口、洪崖洞和十八梯这样的形态存在？

其实，洪崖洞、磁器口和十八梯等所渲染的，仅仅是山城老百姓渝式生活的表（象的生活状）态。了解重庆，了解重庆人需从巴文化开始……

漫说巴渝

世间最能够代表重庆的两个字，除了重庆，还有巴渝。巴是巴地先民的精神符号，渝是重庆人家园的空间形态。正是这种人文与空间的有机结合，才形成了今天有血有肉的重庆。

世人（其中也包括当地人）大多只知有渝而不知有巴。殊不知，巴才是纵情于山水的渝式生活和血性激情的山城精神最具代表的基因。

如今的重庆，渝（即由朝天门、洪崖洞、十八梯、磁器口、北滨路、南滨路等所汇聚起来的两江四岸的山水生活，成为重庆最广为人知的形象写照）依然活跃在生活，巴更是被请进了高堂（即大屋子，这里指博物馆）。

有魂才称人，有人才有家。要唤醒重庆的巴人魂，要提升重庆的"逼格"，什么时候都不能缺少巴文化这门重要的文化课。

《论语·子张》："文武之道，未坠于地，在人。贤者识其大者，不贤者识其小者，莫不有文武之道焉。"

巴国探源

巴国的祖先开蒙于洪荒，《山海经》《左传》《世本》《华阳国志·巴志》《水经注》和《后汉书·南蛮西南夷列传》等都曾有着明确的记载，一笔一画无不书写着巴文化的厚重与悠远。

早期的巴人活动于巫山、鄂西一带，其后随着巴人外迁，各自发展，逐步演变成一个包括巴蛇部巴人、白虎部巴人、鱼凫部巴人和弓鱼部巴人等在内的庞大族系。

其中的白虎部巴人更是以巴为名，建立起了一个部落联盟式的国家——巴国。鼎盛时期，其范围东起鱼复（今重庆奉节），西到僰（bó）道（今四川宜宾），北达汉中，南及黔涪，影响广布于今天的渝、鄂、川、陕、湘、黔等地，形成了广阔的泛巴地区。在这一时期，强大的巴国可谓是如日中天。

到了战国晚期，随着国力的衰退，加之受到强势崛起的楚人的压迫，巴人的生存空间被不断挤压。公元前316年，巴国并入了秦国版图。

重庆，是巴人历史命运的起点。见证了巴文化的萌生、发展、繁荣和没落，并保存了最多的巴文化精华。

重庆，也是巴人历史命运的转折点。随着巴国的陨落，这段岁月也渐渐被历史尘封……

巴国魂

巴文化是一部有血有肉、不屈不挠、生生不息的巴人奋斗史。是巴人在自身的民族繁衍、历史发展的进程中，在巴地高山大川的自然基础上，创立并与汉文化、楚文化、蜀文化等相互交会、碰撞、融合而成的一个包含多层次、多方面内容的区域文化形态。

巴文化是一种山地文化，也是古代巴人及巴属领地进步和开放的标志。在巴文化的孕育过程中，巴人也铸就了自己的文化之魂。虽历经岁月变迁、生存挑战、战争洗礼，巴人始终保持着耿直、热辣、坚忍的性格——质直好义、豪放率真、骁勇善战、开放包容、顽强不屈、忠义两全。

一脉相承

巴文化是重庆文化最为本源的代表。重庆人的重情重义与巴人魂（巴文化）中的耿直、热辣与坚忍是一脉相承的。

重庆人古道热肠、心直口快，说话干脆利落，做事不拖泥带水、不斤斤计较，像极了巴人的耿直——质直好义、豪放率真；重庆人热情似火，富有江湖气息，待人真诚不排外，像极了巴人的热辣——骁勇善战、开放包容；重庆人不甘落后，吃苦耐劳，不怕压力，勇于斗争，像极了巴人的坚忍——顽强不屈、忠义两全。

通过对比，不难看出山城人骨子里的那份豪爽与干练、火辣与热情，正是得益于这种精神的世代延续。

重庆人的生活空间（大山大水不夜城）和文化性格（重情重义重庆人），既是重庆的两个方面，又是一个有机的整体。而有巴有渝才有重庆的生活（渝在生活）和精神（巴为市魂），则是其中最深的因果。要了解重庆，理解重庆人，只有从这几个方面去探寻，才能对重庆和重庆人有一个立体而全面的认知。

重庆人文精神

2018年3月10日，习近平总书记在全国人大参加重庆代表团审议时的重要讲话指出：

"坚韧顽强"是重庆人文精神生生不息的精神"主线"；

"开放包容"是重庆人文精神活力涌动的时代"主题"；

"豪爽耿直"是重庆人文精神绵延至今的性格"主调"。

第三部分

壮哉三峡

长江三峡是地球上最具造化伟力，最富人文情怀的大河峡谷。它以雄奇壮丽、悠远深邃的景观，成为万里长江的标志性河段，它以绵延不绝、积淀厚重的历史，成为长江文明最华丽的乐章。

　　《水经注·江水》："自三峡七百里中，两岸连山，略无阙处。重岩叠嶂，隐天蔽日，自非亭午夜分，不见曦月。至于夏水襄陵，沿溯阻绝。或王命急宣，有时朝发白帝，暮到江陵，其间千二百里，虽乘奔御风，不以疾也。春冬之时，则素湍绿潭，回清倒影，绝巘多生怪柏，悬泉瀑布，飞漱其间，清荣峻茂，良多趣味。"

大爱无声

长江的三峡流域之所以能成为我国古代文明的一大摇篮，既与当地得天独厚的气候条件有关，也与当地丰富多样的动植物有关，更与当地无与伦比的矿产资源有关，这些都是形成早期三峡文明的自然和物质基础。

人们常说，一方水土养育一方人。这句话深刻地揭示了环境对人所产生的深刻影响。一方面，我们应看到社会环境对人精神世界的作用；另一方面，我们还应看到自然环境对人精神世界的作用。一定社会环境的形成，虽不全为自然环境所决定，却必定受到它的影响与制约。可以说，三峡地区的自然环境对三峡文化的形成产生了影响，也对峡区居民性格的形成产生了影响。

山水画廊

滚滚长江，波澜壮阔、曲折回转，自青藏高原一路向东，不舍昼夜，穿峡越谷，浩浩荡荡，气势磅礴。而在长江上游神秘的北纬30°线附近，有一处奇秀壮丽的山水画廊，这就是长江三峡。长江三峡西起重庆奉节白帝城，东至湖北宜昌南津关，全长193千米，沿途两岸奇峰陡立、峭壁对峙。

三峡不仅是长江上的一颗璀璨明珠，而且也是中国古文化的发源地之一。换言之，三峡不但以其雄奇壮美，成为长江的标志性河段，更以其古老文明绵绵不尽的人文情怀，成为长江文明最华彩的乐章，成为世界上最富人文渊薮的大峡谷。

随着三峡考古的不断开展和深入，长江三峡的神秘面纱也正在被一层层揭开……

另：

巴人是古代开发三峡地区的最重要的成员，三峡的神秘就是那撩人的巴人之谜。

在公元前长达上千年的那段漫长岁月里，巴人为开发大巴山脉、巫山山脉、武陵山山脉三大地区，对开发清江流域、沅水澧水流域、汉水流域、乌江流域、嘉陵江流域等众多江河做出了重要贡献。

三峡奇观

长江三峡是瞿塘峡、巫峡和西陵峡三段峡谷的总称。

瞿塘峡，西起奉节白帝城，东抵巫山大溪河口，全长约8公里，是三峡中最短，却最为雄奇的一个。历来有"纵将万管玲珑笔，难写瞿塘两岸山"之说。湍急的江流，涌入夔门，在紧逼的峡谷中奔腾咆哮。舟行其间，有"峰与天关接，舟从地窟行"之慨。

巫峡，西起巫山县大宁河口，东抵巴东县官渡口，全长 42 公里。巫峡又名大峡，以幽深秀丽著称。整个峡区奇峰突兀，怪石嶙峋，峭壁屏列，绵延不断，宛如一条迂回曲折充满诗情书意的画廊，处处有景，景景相连，是三峡中最可观的一段。峡内耸立着著名的巫山十二峰。舟行其间，大有"万峰磅礴一江通，锁钥荆襄气势雄"之势。

西陵峡，西起南津关，东抵香溪口，全长 75 公里，是三峡中最长的一个。西陵峡以险著称，峡中乱石林立，险滩环生，是长江航运中最为艰险的江段。整个峡区峡中有峡，大峡套小峡，滩中有滩，大滩含小滩。自西而东依次为兵书宝剑峡、牛肝马肺峡、崆（kōng）岭峡、灯影峡四个峡区，以及青滩、泄滩、崆岭滩、腰叉河等险滩。其中，香溪以东的崆岭滩更是有着"鬼门关"之称。中华人民共和国成立后，经过多年的整治，才彻底结束了"三峡千古不夜航"的历史。

三峡坐标

三峡地区西起重庆，东至宜昌，北傍大巴山脉，南抵武陵山与大娄山，立身在北纬8°~32°，东经 106°~112° 区间，总面积约为5.67万平方公里，96% 以上都是丘陵和山地。

造化三峡

三峡是露天的自然博物馆。见证了沧海桑田之变的断层褶皱、奇峰异岭，尽显造化之奇。

三峡是摊开的历史书。化石与石器记录了三峡地区人类及其文化起源、演变的漫长历程与清晰脉络。

三峡形成

长江三峡的形成，是强烈的造山运动所引起的海陆变迁及江河发育的结果。

起先，地壳隆起。印支运动、燕山运动、喜马拉雅运动等构造运动，对三峡地区地质构造的发展和地貌轮廓的奠定具有重要意义。

跟着，长江剧烈下切。三峡地区巨厚的石灰岩地层在流水的侵蚀和重力作用下，形成了三个狭窄陡峭的大峡谷，而砂岩等不易被溶蚀的地层则形成了宽阔平缓的河谷。

另：

印支运动：在距今约 2.5 亿年前的三叠纪早期，中国的地形东高西低，南海北陆，现在的三峡一带是当时的古地中海海滨。在距今约 2.2 亿年前的中三叠世末期，大巫山地区的海岸地壳在印支运动中上升，古地中海大规模地向西后退，现今位于长江三峡东段的黄陵背斜露出于海平面上。在它的西部和东部，分别出现了东、西古长江的雏形。

燕山运动：在距今约 7000 万年前的燕山运动中，四川盆地和大巫山地区隆起，大巫山地区的厚层岩石被挤压成弯弯曲曲的褶皱和断层。这次造山运动形成了今天大巫山地区的七曜山、巫山、黄陵这三段山地背斜。这三段背斜隆起以后，其东西两个坡面上发育的河流，各自形成相反的流向。

喜马拉雅运动：在距今约三四千万年前的喜马拉雅造山运动中，长江流域的地面普遍间歇上升，于是出现了西高东低的地形。在三峡背斜隆起以后，其两侧的河流，即西部的古长江和东部的古长江，就在河流的下切作用和溯源侵蚀中相互靠近。由于此时中国已形成西高东低的地势，所以东坡的河流比西坡陡，其溯源侵蚀能力也比西坡强。经过千万年的切割，尤其是第四纪以来，地壳上升速度加剧，河流强烈下切，大巫山地区的三段背斜终于被切穿，形成了三个狭窄陡峭的大峡谷，于是东西两条古长江贯通一气，形成了今天的长江。

三峡地质

三峡地区的地质构成可以分为三种。一种为砂岩、泥岩类。该种地质易于剥蚀和风化。主要分布在云阳以西和宜昌附近。一种为碳酸盐岩类。该种地质易于溶融。主要分布在云阳至巴东的山地中，还有川东条形山脉的轴部。一种为侵入岩类。主要分布在黄陵庙背斜及神农架一带。

另：

砂岩、泥岩类。砂岩类以距今 1.4 亿年前的侏罗纪系砂岩和泥岩以及距今 2 亿年前的三叠纪系上统砂岩为主。泥岩类则以距今 0.65 亿年前的白垩纪系砂岩为主。

碳酸盐岩类。碳酸盐岩类主要以距今 2.3 亿年前的三叠系下统和距今 3.9 亿年及 2.4 亿年前的志留系、二叠系的灰岩、白云岩、泥灰岩等构成。

侵入岩类。侵入岩类主要以几亿年前的活动岩浆侵入地壳内部的碎屑岩体中所形成的深成岩或浅成岩，包括花岗岩、石英闪长岩、石英正长岩和辉绿岩等。

三峡地貌

三峡地区的地形以重庆奉节为界，分作东西两段。东段自奉节至宜昌，包括巫山、巫溪、巴东、秭归及兴山等地面，长约160公里，主要为古代碳酸盐类岩石所构成的褶皱山地，平均海拔在1000米。西段则从奉节至重庆巴南，包括云阳、万州、丰都、涪陵、武隆、长寿诸区、县，并旁及开县等地面，长约440公里，主要为由中生代内陆湖相沉积所构成的丘陵地带，海拔高度为400~500米。

上述两个地段的复杂地貌又可分为川东平行岭谷、四川盆地边缘山地和川鄂山地三大地形区域。

川东平行岭谷包括三种地貌。第一种，位于方斗山和华蓥山之间的重庆至达州市的平行岭谷。主要由20余条东北向平行排列的隔挡式褶皱低山构成，伸展至300公里以上，海拔多为600~1000米。第二种，位于涪陵至万州间的低山与丘陵。海拔为300~1000米，以低山为主，丘陵次之，仅在山间槽谷或盆地中出现少数平原。第三种，位于云阳与开县一带的低中山与低山。分布在大巴山东段之南和万县至奉节顺长江以北的地面，海拔为300~1400米，以低中山为主，其次为低山，丘陵与平原很少，大都分布于河流两侧，是川东农地的主要分布区。

四川盆地边缘山地包括两种地貌。第一种，大巴山中山地形。该山地位于盆地边缘，由西向东呈向北突出的弧形，为渝、鄂、川、陕四省市的界山。这些山地西起嘉陵江河谷，东至巫溪县，绵延川陕鄂省界500余公里，并由西向东渐次升高，出现不少海拔在2500米以上的高峰，然后，又由东而南，层层下降。山岭海拔则由2000~2400米逐次降至1000~1400米，由于受侵蚀基准的影响，这些山岭大都成不对称山体，北坡一般平缓。但在渝东北境内，特别是大宁河一带，因河流剧烈下切，造成坡陡谷深，其相对高度有时竟可达2000米左右，导致沿河阶地分布零星而狭窄。第二种，巫山大娄山中山地形。这些中山山体虽然幅度不大，但较大巴山低缓，山岭海拔多为1000~2000米，呈东北向条状排列，有七岳山及南部的金佛山、石柱山等，海拔虽达2250米，但顶部都较平坦，尤其在川鄂边境一带，因为海拔1000米以上的夷平面生成，故构成山原地貌景观。

川鄂山地。川鄂山地为三峡峡区的所在地，同时这里也是我国第二地形阶梯向第三地形阶梯下降的过渡区，全长约192公里。长江穿行其间横切巫山，形成了举世闻名的长江三峡。

三峡气候

三峡地区所以能成为长江文明的发源地，与这里的气候有着密切的关系。

三峡地区处于我国中亚热带湿润气候区，地带性特点总体表现为冬季阴冷，夏季炎热，雨量充沛，四季分明，同四川盆地、长江中下游平原并无多大差别。

三峡地区气候受峡谷地形影响十分显著，其中巫峡谷深峡长，迂回曲折，显示出典型的峡谷气候特征，可作为三峡气候的代表。

由于峡谷深邃，因而谷底接受日照时间短。冬天仅中午前后两三个小时可见阳光，夏季日照也仅五六个小时。

三峡地区暑热异常，海拔400米以下的沿江台地，热量资源较为丰富，暖季长，霜冻少，适合农作物栽培。而在周围山地，气温则随着海拔高度的递增而显著下降。海拔800米以上的农田有夏季热量不足、冬季出现冻害的现象。

三峡地区年平均降水量通常在1000~1400毫米，多集中于七、八月。因受地形地貌影响，三峡地区内气候变化异常明显，春夏之交，天气变化无常，朝云暮雨；夏季时常雷鸣电掣，大雨倾盆；秋多晴日，天高云淡；冬季则淫雨霏霏，连日不开。此外，三峡地区内季节性干旱也颇为频繁。盛夏时降雨量并无增加，部分地区还连晴高温，雨水不足，造成伏旱，旱情一般随海拔的升高而减轻。

三峡地区气候的另一个显著特点则是多雾。峡谷地形封闭，湿气蒸郁，极易成云致雾，雾天大多出现在冬季，往往持续多日不散。

三峡土壤

三峡地处我国二级阶梯与三级阶梯的相交之地，三峡上下两岸，均分布有大量的阶地。三峡的高山风化物和植物腐殖质相当丰富，水流把高山风化物和植物腐殖质冲积到这些阶地上，在阶地上形成肥沃、疏松的土壤。由于土壤疏松，加之雨水充沛，很适宜植物生长。这也形成了三峡地区动植物资源丰富的这一特点。

三峡生态

三峡地区四季分明，冬季阴冷，夏季炎热，垂直分带明显的气候特点，造就了当地物种多样、资源丰富的三峡生态圈。

植物资源

三峡地区，植物资源丰富，具有物种多样性、基因多样性和生态系统多样性的优势，是我国不可多得的植物聚宝盆。仅收录入《中国长江三峡植物大全》中的维管植物就有 5582 种（包括种下等级），分属于 242 科 1347 属。当前，已被列入国家植物保护名录的有 150 种，珍稀濒危植物有 51 种。

另：

在古代，三峡地区拥有极为丰富的森林资源。川东地区曾是重要的用材林取给区，也是皇木的供给区。

当地的土特产也十分丰富，这里不仅是重要的产茶区，同时还盛产柑橘。而荔枝、辛蒟（扶留藤）、芳蒻（魔芋）、给客橙（金橘）、葵（冬苋菜）、巴戟（巴豆）、天椒（花椒）、桃枝（棕竹）、灵寿（杖竹）等，也都是古时三峡地区的著名特产。除此而外，当地出产的生漆、油桐、皮革、榨菜、桑、麻等也久负盛名。

《汉书·地理志》："巴、蜀、广汉本南夷，秦并以为郡，土地肥美，有江水沃野，山林竹木疏食果实之饶。"

《茶经》："茶者，南方之嘉木也。一尺、二尺乃至数十尺。其巴山、峡川，有两人合抱者，伐而掇之。其树如瓜芦，叶如栀子，花如白蔷薇，实如栟榈，蒂如丁香，根如胡桃。"

《史记·货殖列传》："蜀、汉、江陵千树橘……"

《华阳国志·巴志》："其果实之珍者，树有荔支，蔓有辛蒟，园有芳蒻、香茗、给客橙、葵；其药物之异者有巴戟、天椒；竹木之瑰者有桃支、灵寿。"

动物资源

目前，三峡地区仅收录入《中国长江三峡动物大全》中的动物就有 629 种。其中，兽类 114 种（8 目 23 科）、爬行类 57 种（3 目 18 科）、两栖类 50 种（2 目 10 科），鸟类 408 种（17 目 59 科）。有国家一级保护动物 10 种，国家二级保护动物 54 种。

此外，三峡地区独特的水域环境，为水生动物特别是鱼类的生存和繁衍提供了天然的处所，再加上长江多种鱼类每年冬季都要溯流而上到三峡繁殖，因此三峡的鱼类资源也十分丰富。有统计表明：三峡有鱼类140余种。三峡正是因为鱼类的多样性而被誉为我国淡水鱼类的摇篮，鱼类基因的宝库和经济鱼类原种基地。

另：

三峡地区在古代野生动物就十分丰富。三峡出"灵龟"，三峡考古中屡见龟甲。三峡产鹿，此地至今仍有许多鹿科动物。三峡出猿猴，猿声自古以来就是三峡地区的一大特色……而犀、犛（máo）、兕（sì）、象、蛇、蚕、山鸡、白雉等动物在文献中也多有记载。还有就是三峡地区曾是华南虎的重要栖息地。

《国语·楚语》："巴浦之犀、犛、兕、象，其可尽乎……"

《水经注·江水》："每至晴初霜旦，林寒涧肃，常有高猿长啸，属引凄异，空谷传响，哀转久绝。故渔者歌曰：'巴东三峡巫峡长，猿鸣三声泪沾裳。'"

三峡人文

自200万年前，欧亚大陆迄今最早的远古人类——巫山人出现在三峡地区，三峡的历史就增添了人文的内涵。

三峡地区独特的森林、河流与灌丛相嵌的生态环境，既是远古人类、动植物繁衍生息的家园，也是它们进化、演替的舞台。

三峡地区丰富的古生物化石资源，有力地证明了人类的演化及其文化的发展，与地貌的改变、动植物群的演替始终相伴相随，共同构成了三峡历史不可分割的重要组成部分。

山水之间

长江三峡，山高水急、沟深林密。云深处，农家炊烟袅袅；栈道上，商旅脚步匆匆；险滩前，纤夫号子昂扬；溪河畔，浣女倩影婀娜……

世世代代，三峡人都与山水为伴。在千百年的繁衍生息、辛勤劳作中，逐渐形成了独特的生活方式和文化习俗，锤炼出坚韧宽厚如山、旷达豪放似江的性格。

三峡民居

依山傍水、因地制宜的三峡民居，非常注重建筑的实用性，具有鲜明的地域特征。房屋式样自然和谐，朴中出智，拙中藏巧；结构丰富多彩，框架多为穿斗式、干栏式、抬梁式；用材选料则多为砖石竹木。

三峡栈道　　　峡江两岸，岸立千尺，绝壁夹江，沟谷隔绝。

　　　　　　　　为了便于通行和沟通周遭村落，三峡人在峡江两岸开凿出了绵延数百里，规模宏大的栈道和纤道。

　　　　　　　　这些古道充分展示了三峡人战天斗地和征服自然的伟力，也成了三峡航运发展史上永久的记忆。

三峡舟楫　　　船是三峡人移动的家园，是当地不可或缺的风景，是彰显三峡人独特个性的标志，也是他们横绝江河和赖以生存的主要工具。

　　　　　　　　自古以来，百舸千帆穿行于水湍流急、滩多浪稠的峡江上，高调书写着三峡人的披荆斩棘和锐意进取。

　　　　　　　　可以说，三峡舟楫不仅经历了惊涛骇浪的航程，记录了风云变幻的时代，更见证了三峡人不屈不挠的奋斗精神。

三峡风流　　　三峡是诗的长廊，文人墨客纷至沓来，瑰丽诗篇千古流传……

　　　　　　　　三峡是自强者的秀场，巴渝儿女忠肝义胆，时代菁英各领风骚……

　　　　　　　　三峡更是文明的宝库，这里有神秘的巫文化、无双的水文文化、独特的巴文化……

　　　　　　　　三峡文化因子，植根于山水之间，播撒在大江南北，风传到四面八方。

水文题刻　　　三峡库区拥有堪称世界第一大古代石刻水文记录走廊，仅在重庆段就有江津莲花石、朝天门灵石、江北耗儿石、巴南迎春石、涪陵白鹤梁、丰都龙床石、云阳龙脊石七大枯水题刻。

　　　　　　　　而在这些题刻中，被誉为世界第一古代水文站的涪陵白鹤梁最为引人注目。为了向世人展示这座水下碑林的风采，2009 年，在这道长达1600 米，宽约 15 米的天然石梁上，建成了水下博物馆。

　　　　　　　　三峡地区众多珍贵的水文题刻，不仅为今天的长江水利、航运提供了可靠的历史水文依据，并在历史地理、语言文字、民风民俗、书法艺术等诸多方面为后人留下了一份宝贵的文化遗产。

原始信仰　　　三峡地区，山崇水富、云遮雾绕的自然环境造就了原始信仰——巫文化的发育繁盛。时间跨越数千年，巫文化仍然被长久地保留了下来。三峡地区广为流传的傩戏表演，就是对这种古老文化的传承和延续。

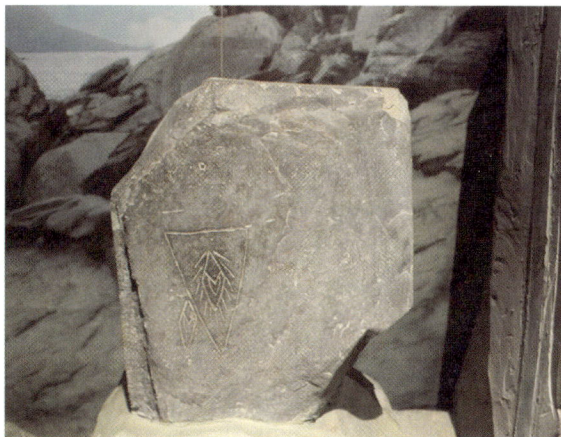

云阳大梁岩画

来源：长江云阳段一处礁石堆上
年代：不详
藏址：重庆中国三峡博物馆

该岩画以阴刻的方式刻画，画面古朴自然，充满着原始、神秘的气息。

宗教文化

继三峡地区巫文化的原始信仰之后，儒、道、释也先后在当地传播开来。

在丰都名山，相传西汉中散大夫王方平、东汉和帝外戚阴长生曾弃官来此修道成仙。

东汉末年，道教开始传入重庆。

两宋时期，先是程颐在重庆涪陵北岩的点易洞中写出理学代表作《易传》，其后朱熹更是继承和发展了他的学说，形成了我国古代哲学史上有名的程朱理学。

而丰都玉溪坪出土的唐代铜佛像、忠县临江岩石刻、大足石刻等众多佛教文物，则是佛教在三峡地区盛传的实物见证。

摇钱树座

来源：丰都镇江汉墓
年代：东汉
藏址：重庆中国三峡博物馆

该摇钱树座为灰陶、覆斗形，上绘黑色纹饰，底部涂橘红色，侧面阴刻隶书"延光四年五月十日作"。摇钱树杆残长5厘米，上铸有佛像，高发髻，着袒右袈裟，右手施无畏印，是国内目前出土有明确纪年、时代最早的佛像之一。

文物保护

三峡的文物保护工作，是一项广为世界关注的文明工程，创下了专业工作者参与人数、资金投入量等多项世界纪录。

自1992年以来，全国逾100家文物考古和保护机构、超过5万人次参加了三峡库区文物考古及研究工作。计有1087处文物点（含4处单列项目）被列入三峡工程库区文物保护规划。其中，重庆库区752处，湖北库区335处。在上述文物点中，地下文物点（古遗址、古墓葬）共计723处，规划发掘面积187.4万平方米，勘探面积3163.2万平方米，出土文物24万余件（其中珍贵文物6万余件），同时对364处古建筑、石窟寺、石刻、桥梁等地面文物，采取了异地重建、原地加固、切割、留取资料等保护措施。

三峡寻梦

早在1919年，孙中山先生在《建国方略——实业计划》中最早提出了在长江三峡建设水坝的构想。

中华人民共和国成立后，毛泽东同志描绘了"截断巫山云雨，高峡出平湖"的宏伟蓝图。

改革开放后，邓小平同志和党的第三代领导集体决定在时机成熟时启动三峡工程建设。

1992年4月3日，全国人大七届五次会议通过了兴建长江三峡工程的历史性决议。

在经历了"百年企盼，四十年论证，三十年争论"之后，三峡工程于1994年12月14日正式奠基动工。

文明工程

三峡工程（坝址位于湖北省宜昌市西陵峡中段的三斗坪中堡岛）是世界上最大的水利枢纽工程，也是治理和开发长江的关键性骨干工程，具有防洪、发电、航运等十大综合效益。

狭义的三峡工程是指三峡水利枢纽工程，即三峡大坝，包括挡水泄洪建筑物、水力发电建筑物和通航建筑物三大部分。广义的三峡工程包括枢纽工程、输变电工程和移民工程三大部分。

三峡工程采用"一级开发，一次建成，分期蓄水，连续移民"的建设方案与"明渠通航、三期导流"的施工方案，总工期为17年，分三阶段完成。

三峡工程 大事记

1992 年 4 月 3 日，全国人大通过《关于兴建长江三峡工程的决议》；

1993 年 8 月 19 日，国务院发布《长江三峡工程建设移民条例》；

1994 年 12 月 14 日，三峡工程正式开工；

1997 年，三峡文物古迹抢救保护工作全面实施；

1997 年 11 月 8 日，三峡工程胜利实现大江截流；

2003 年 6 月 1 日，三峡工程开始蓄水；

2003 年 6 月 16 日，三峡双线五级船闸试通航取得成功；

2003 年 7 月 10 日，长江三峡工程首台机组 -2 号机正式并网发电；

2005 年 6 月 18 日，重庆中国三峡博物馆正式开馆；

2006 年 5 月 20 日，三峡大坝全线达到设计高程 185 米；

2009 年底，三峡库区完成搬迁安置移民 139.76 万人；

2010 年 10 月 26 日，三峡工程成功蓄水至 175 米。

三峡移民

三峡工程按正常蓄水位 175 米方案，20 年一遇回水水库面积达 1084 平方公里，淹没陆域面积 632 平方公里，涉及重庆、湖北两省市 20 个区市县，共 277 个乡镇、1680 个村、6301 个组。其中，全淹或基本全淹的县城有 8 座（重庆巫山巫峡镇、奉节永安镇、万州沙河镇、开州汉丰镇、丰都名山镇；湖北秭归归州镇、兴山高阳镇、巴东信陵镇），大部分淹没的县城 1 座（重庆云阳县云阳镇），部分淹没的市区和县城 4 座（重庆万州、涪陵、忠县忠州镇、长寿城关镇）。

三峡工程，总计完成移民搬迁 131.03 万人，复建房屋 5054.76 万平方米，完成迁建城市 2 座、县城 10 座、集镇 106 座，搬迁工矿企业 1632 家。其间，山东、浙江、江苏、上海、广东、四川、湖南、江西、福建、湖北、安徽等十余个省市对口支援三峡库区资金 240 余亿元，并接收了 100 余万名外迁移民。

三峡移民，绝不是一个简单的经济账，而是一本政治账、情感账。同时，三峡百万移民更代表了一种新的精神——顾全大局的爱国精神、艰苦创业的拼搏精神、舍己为公的奉献精神、万众一心的协作精神。

另：

水利工程的移民问题，历来被国际上公认为是世界级难题。作为举世无双的社会性大工程，在三峡工程论证过程中，争论时间最长、国内外舆论焦点最多的是移民问题，就算是到了三峡工程建设阶段，实施起来最棘手、难度最大、任务最艰巨的也还少不了移民问题。

根据水利部长江水利委员会1991—1992年三峡库区淹没实物指标调查和《长江三峡工程建设移民条例》（1993年8月19日国务院公布施行），计划1997年前迁移11.56万人，1998—2003年迁移53.21万人，2004—2006年迁移34.98万人，2007—2009年迁移21.13万人。全库区规划农村移民生产安置人口40.5万人，在库区淹没涉及县内安置32.2万人，出县外迁安置8.3万人。

1999年5月，国务院召开三峡工程移民工作会议，鼓励和引导更多的农村移民外迁安置，对农村移民安置规划进行了调整和完善。全库区农村移民外迁安置人数由原来规划的8.3万人增加到12.5万人。重庆市10万人（巫山1.7万人，奉节1.7万人，云阳3.6万人，开州1.1万人，忠县1.9万人），在本市非库区县安置2万人，投亲靠友自主分散安置1万人，出市外迁安置7万人（四川省9000人，江苏、浙江、山东、湖北、广东省各7000人，上海市、福建省各5500人，安徽、江西、湖南省各5000人）。湖北省2.5万人，全部在本省非库区县安置。

三峡工程建设的关键在移民，移民工作的重点在重庆。据统计，重庆库区综合淹没实物指标占三峡库区总量的84%，淹没陆地面积占总量的75%，搬迁安置人口占总量的88%，还建房屋占总量的74%，搬迁工矿企业占总量的86%。

截止到2009年底，重庆库区累计完成移民投资747亿元，搬迁安置移民111.9万人，复建房屋4292万平方米，迁建2座城市、7座县城、94座城镇，搬迁工矿企业1400家，百分百完成专业项目复建、文物保护、生态环境保护、库区清理和地质灾害防治、高切坡防护等移民安置规划任务。

世纪工程　　　三峡工程，凝聚着中华民族的百年梦想，彰显了中国人民卓绝的勇气和智慧。

三峡工程，运用并丰富了世界先进科学技术、理念，创造了三峡水利枢纽工程文明和三峡文化遗产保护文明。

三峡工程，体现了三峡百万移民舍家为国的可贵品质，培育了伟大的三峡移民精神。

第四部分

巴渝纪事

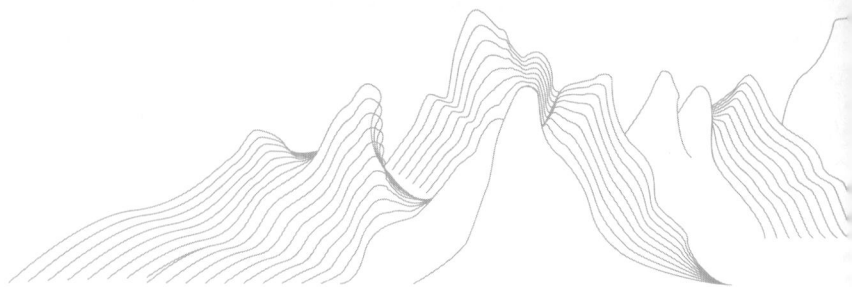

有人说，天地无言，自有大美。

　　有人说，高山大川，山水交汇处，自然孕育着蓬勃诗意。

　　巴渝大地，二水东来，万峰东去，山纵水绕……正是一处这样的神奇所在。

　　经过亿万年的海陆变迁，在这里形成了，既有高山耸峙，又有平畴延展；既有大江奔涌，又有涓流潺潺的奇特山水格局，壮阔的人间胜景。

　　正是依托着巴渝大地这钟灵毓秀的山水灵气，一代又一代的风流人物在这高山大水之间留下了许多传奇……

涂山之会

禹因治理洪水有功，受帝舜禅让而继承帝位。禹在确立王权后，就在有崇氏部落所在地——嵩山之阳建立了阳城（今河南登封告成镇）作为都城，其后又迁往阳翟（今河南禹县）。国号夏，封尧子丹朱于唐，封舜子商均于虞。

帝禹在建都阳翟后不久即开始南巡，并召集夏和夷的部落首领于涂山（今安徽蚌埠怀远县）盟会，史称涂山之会。涂山之会是中国夏朝建立的标志性事件，也是华夏翻开新的历史篇章的里程碑。

这次大会，各方诸侯都带着贡物来朝贺，巴蜀亦应邀参加。

涂山大会之后，各方诸侯为表达对帝禹的敬意，便常来献金（即青铜）。后来，帝禹就命人用九州所贡之铜，铸造了九个象征九州的大鼎——九鼎，即冀州鼎、兖州鼎、青州鼎、徐州鼎、扬州鼎、荆州鼎、豫州鼎、梁州鼎和雍州鼎。

历史上与禹有关的涂山计有三处。娶妻生子在江州涂山，大会诸侯在九江涂山，巡狩崩葬在会稽涂山。

《春秋左传·哀公七年》："禹合诸侯于涂山，执玉帛者万国。"

《后汉书·郡国志》："至于涂山之会，诸侯承唐虞之盛，执玉帛亦有万国。是以《山海经》称禹使大章步自东极，至于西垂，二亿三万三千五百里七十一步。"

《华阳国志·巴志》："会诸侯于会稽，执玉帛者万国，巴蜀往焉。"

《史记·外戚世家》："夏之兴也以涂山……"

重庆南山

重庆南山古称涂山，位于重庆市南岸区，是一座背斜山。西汉年间，该山上曾建有禹王祠和涂后祠。

在南山上，数十座山峰临江拔地而起，从渝中半岛隔江遥望，恰似一道拱卫山城的绿色屏障。南山也一度被称为重庆的肺叶，是登山爱好者的绝好去处。

《水经注·江水》："江之北岸有涂山，南有夏禹庙、涂君祠，庙铭存焉。"

涂山氏女

涂山氏女名女娇，夏禹之妻，夏启之母。

出身西羌（今四川汶川绵虒）的禹，接替父亲鲧继续治理洪水，来到江州（今重庆），娶重庆南岸涂山氏女，就是后世传说的涂后。

婚后四天禹即因治水而离去。临行前，涂山氏女建议说："水性阴，故趋下，宜顺其性分流，疏浚入漕，不可一味筑堤。"禹听从了她的这一意见，治水 13 年，终获成功。

《尚书·虞书·皋陶谟》："娶于涂山，辛壬癸甲，启呱呱而泣，予弗子，惟荒度土功……"

《楚辞·天问》："禹之力献功，降省下土四方。焉得彼涂山女，而通之于台桑？"

《华阳国志·巴志》："及禹治水，命州巴、蜀，以属梁州。禹娶于涂山，辛、壬、癸、甲而去，生子启，呱呱啼，不及视，三过其门而不入室，务在救时，今江州涂山是也，帝禹之庙铭存焉。"

《水经注·淮水》："禹娶涂山氏女，不以私害公，自辛至甲四日，复往治水。"

《吴越春秋·越王无余外传》："禹三十未娶，行到涂山，恐时之暮，失其度制，乃辞云：'吾娶也，必有应矣。'乃有白狐九尾造于禹。禹曰：'白者，吾之服也；其九尾者，王之证也。涂山之歌曰：'绥绥白狐，九尾庞庞。我家嘉夷，来宾为王。成家成室，我造彼昌。天人之际，于兹则行。明矣哉！'禹因娶涂山女，谓之女娇。"

呼归石

相传大禹曾来到今天的重庆一带并娶南岸涂山氏女为妻。婚后四天，大禹便因治水而匆匆离去。为了治水，三次经过自己的家门，甚至听见儿子启在屋里嚎哭大禹也没能回去。

多情的涂山氏女经常站在江边的一块大石头上，等待大禹归来。天长日久，涂山氏女便化作了一块石头，和她站立的石头融为一体。人们为了纪念涂山氏女，便把这块石头叫作呼归石。后来，人们根据这个传说在涂山上建起了纪念大禹和涂山氏女的庙宇——大禹庙和涂后祠。

2008 年，为保障长江航道通行，不得不炸掉了这块呼归石。如今，在正对呼归石的南滨路江边，打造出了一个同心廊，吸引了众多情侣前往满挂同心锁。有诗为赞："槛外长江日夜流，江隈（wēi）挂锁意何求？此情愿似长江远，更比金坚比水柔。"

另：

呼归石，也称夫归石，一说乌龟石（疑因发音变化讹传而来），原址在朝天门水域弹子石和野猫溪的中间地带，与朝天门河嘴、江北沙嘴成对峙之态。该石长 120 米、宽 80 米，顶高 167 米，下面是一道石梁，上游紧连一片 400 米的礁石群，伸入江中 150 米。

涂山氏

夏族的始祖神即为涂山氏，涂山氏也是大禹妻子所属的氏族。

夏王朝初建，夏后启就给巴人部族指派了管理者孟涂。孟涂是夏启的重臣，不排除就是涂山氏的酋长。

孟涂莅讼

约公元前 21 世纪，孟涂受夏后启的委派在巴地出任祭司（即大巫师）并主持诉讼。生前居今湖北秭归之丹阳，死后埋在今巫山县南。

孟涂到底是哪里人氏，一时是众说纷纭。因为他是受夏王朝任命的官员，所以很多人把孟涂认作是从外地"空降"过来的，从而忽略了过去的王朝以夷制夷的一贯做法。所以，孟涂应该不是中土人氏，反倒更像是当地的本土人士。

为什么这样说呢？因为孟涂十有八九是涂孟的句式倒装。涂就是涂山氏，讲的是出身。孟则是老大，说的是昆仲的排序，这也是古人名字常见的起法。

《山海经·海内南经》："夏后启之臣曰孟涂，是司神于巴。人请讼于孟涂之所，其衣有血者乃执之，是请生。居山上，在丹山西。丹山在丹阳南，丹阳居属也。"

《竹书纪年》："八年，帝使孟涂如巴莅讼。"

《水经注·江水》："其城凭岭作固，二百一十步，夹溪临谷，据山枕江，北对丹阳城。城据山跨阜，周八里二百八十步，东北两面，悉临绝涧，西带亭下溪，南枕大江，险峭壁立，信天固也。楚子熊绎始封丹阳之所都也。"

《巫山县志》："孟涂祠在县南巫山下。"

巴将蔓子

在渝中区的七星岗，埋葬着一位重庆家喻户晓的人物——巴蔓子。在过去那些烽火连天的年代，巴将军"刎颈存城、忠信两全"的故事更成了巴渝大地千古传颂的英雄赞歌。

公元前 4 世纪，巴国发生内乱。时巴国衰弱，无力平叛。情急之下，巴国将军蔓子请救于楚，并许诺割让三座城池作为酬答！事毕，楚使前来索城，要求兑现承诺。

此时摆在巴蔓子面前的是个大难题，割让国土是为不忠，不履行承诺则为无信。面对两难之选，因此有了巴蔓子"许诺，为大丈夫之言。然，巴国疆土不可分，人臣岂能私下割城。吾宁可一死，以谢食言之罪"的悲壮。

使臣没有完成接收三城的任务，只得将巴将军的头颅带回去复命。楚王闻说后不禁深为感动："假使我们能有巴蔓子这样忠义的将军，又何必在乎那几座城池呢！"于是下令以上卿之礼埋葬了巴将军的头颅。巴国也为他在江州举行了国葬。

千百年来，巴蔓子刎颈存城、忠信两全的故事在巴渝大地上广为传颂。这种牺牲小我顾全大我的精神，也早已深深地植根于重庆人的灵魂深处，成为历代志士仁人所追求的一种非常崇高的精神品质，并一次次用自己的实际行动向世人作出着诠释。

如今，巴蔓子所代表的这种精神品质，不仅属于重庆人民，也是整个中华民族宝贵的精神财富。有了这样精神品质，个人才可以在激烈的社会竞争中找到一席之地，民族才能够在激烈的国际竞争中屹立于民族之林。

盐神扶嘉

扶嘉，朐（qú）忍（今重庆云阳）人。他创制的白兔井历经2000余年依然卤水丰溢，是中国最古老、使用寿命最长、保存最完好的大口径浅井。

扶嘉本姓巫（约前250—前180年），通晓天文地理，兼善占卜之术。早年曾沿江而下，游历吴越，在沛县与刘邦相识，畅谈天下事，深受刘邦敬重。

公元前206年，刘邦被封为汉王，领巴蜀、汉中等地，两人又再次相遇。此时的巫嘉，力劝刘邦自故道入关中平定三秦。据此不难看出，扶嘉是一个很有政治头脑的人，尤其是在刘邦遭项羽挤兑，偏居汉中一隅之时，定三秦之策，无疑为刘邦指点了迷津。

公元前202年，刘邦打败项羽，建立汉朝，封巫嘉为掌管刑狱的廷尉，为九卿之一，食邑朐忍（今云阳、万州、开州及梁平、湖北利川部分地区）。并以其匡扶之绩，赐姓扶。

扶嘉不仅有着敏锐的政治头脑，还有着卓越的经济意识，并且颇有实干家的风采。在他的带领下，借助熟知地脉的特长，挖掘出了朐忍第一口盐井——白兔井。正是由于他首创的开井吸卤煮盐之法，从而结束了用天然盐泉或盐岩制盐的历史，标志着云阳盐业由天然盐泉、盐石煮盐步入到凿井取卤制盐的新阶段。扶嘉也因此被后世尊为巴渝盐神、井盐鼻祖，亦有龙君、白兔神之称，建龙君宫祭祀。

就冲其领导当地百姓致富，为百姓办实事，尤其是对我国井盐业的发展所做出的重大贡献来说，扶嘉的名字都不应该被磨灭，为他建庙修祠歌功颂德实不为过。

另：

云安古镇位于长江支流汤溪河畔，是三峡库区历史文化古镇之一。2000余年前的第一口盐井——云安白兔井就坐落在这里。随着三峡库区蓄水，云安古镇连同白兔井在内80%的建筑都沉入了水中。只有在三峡库区水位下降期间，白兔井才会偶尔再次露出真容。

据考古发现，云安盐井不下500口，整个古镇就坐落在这些盐井之上。许多盐井在使用若干年后，或因卤水改道，或因卤水变淡，或因山洪浸灌就会被废弃。只有白兔井，历经2000余年仍卤水丰沛。1987年，因盐厂选用万县高峰浓卤，白兔井才完成了它的使命。

宋代四川井盐产地及分布情况如下：

成都府路有陵井监、绵州、邛（qióng）州、眉州、简州、嘉州、雅州、汉州、嶲（guī）州，共9州。

潼川府路有资州、遂州、梓州、果州、普州、昌州、泸州、淯（yù）井监、富顺监、荣州、戎州、渠州、合州，共13州。

利州路有朗州、蓬州，共2州。

夔州路有夔州、忠州、达州、万州、黔州、开州、云安军、涪州、渝州、大宁监，共10州。

《蜀中名胜记》："按扶嘉，胊忍人也。初，嘉母于汤溪侧遇龙，后生嘉，巧发奇中。高祖为汉王，与嘉相遇，献定三秦策。高祖以其志在扶翌，赐姓扶氏，为廷尉。"

《云阳县志》："嘉既神悟前知，能晓地理脉水泉，尝观所居汤溪形胜为之语云：'三牛对马岭，不出贵人出盐井。'嘉没之后，盐井溢焉。故盐监人相传嘉为井神。"

清·袁汪枢《续修高祖庙记》："按嘉……与张韩等比肩事主，劝定三秦，有勋烈，独恨史遗其名。夫位廷尉则有其爵矣，食封胊忍则有其地矣，赐姓名则有其人矣，奈何逸之。今盐厂以龙名宫而祀嘉其中，以舞阳侯哙附其旁，而祀高帝于此村。"

三国枢机

三国时期，三峡是吴蜀交锋的前沿，夷陵之战、刘备托孤等重大事件都发生在这里。魏灭蜀后，又是从这里开始伐吴。

《晋书·王濬传》："太康元年正月，濬发自成都，率巴东监军、广武将军唐彬攻吴丹杨，克之，擒其丹杨监盛纪。"

唐·刘禹锡《西塞山怀古》："王濬楼船下益州，金陵王气黯然收。"

张飞古道

张飞古道位于重庆市北碚区，从观音峡上东阳镇，经禅岩、西山坪绕过温塘峡，由草街子、麻柳镇进入牛鼻峡到合川，沿着嘉陵江延伸数公里，与金刚碑古镇、北泉风景区和澄江镇隔江相望。

该线路是过去往来渝合（重庆到合川）的必经之路。传说为张飞从这里北上阆中时所开通。

断头将军

建安十七年（212年），刘璋慑于北方曹操和汉中张鲁，遣法正于荆州迎刘备入益州（今四川）。当时担任巴郡太守、镇守江州的严颜知道后叹息道："这是独自坐在没有出路的深山里，放出老虎来护卫自己啊。"

时事发展一如严颜所料，建安十八年（213年），刘备与刘璋决裂。因军师庞统中箭身亡，不得已，刘备急传诸葛亮、张飞和赵云等领率荆州兵入川。

严颜在顽强抵抗张飞一路进攻的战斗中兵败被俘。面对张飞"何不早降"的责问，严颜表现得大义凛然："我们只有断头将军，绝无投降将军。"张飞被他的英雄气概感动，义释之并待以优礼。

张飞义释严颜后，严颜并没有投降，而是选择了守节——在成都城破的消息传到临江（今重庆忠县）后自杀死节，用行动践行了断头将军的誓语。至今，忠县石宝寨还留有记述严颜的文字。

贞观年间，唐太宗李世民以巴蔓子、严颜二将军"意怀忠信"为临江赐名"忠州"。这也是中国大地上唯一一个以"忠"命名的州县。

《三国志·蜀书·张飞传》："飞呵颜曰：'大军至，何以不降而敢拒战？'颜答曰：'卿等无状，侵夺我州，我州但有断头将军，无有降将军也。'飞怒，令左右牵去斫头，颜颜色不变，曰：'斫头便斫头，何为怒耶！'飞壮而释之，引为宾客。"

《四川通志》："汉严颜墓，在州新西门外。"

花灯坟墓群

花灯坟墓群位于乌杨镇将军村长江右岸的山包（梁）上，顺江排下，绵延约2公里。该墓地疑为三国蜀汉时期严颜的家族墓地。

花灯坟墓群于1978年施工中被发现。1987年，枞（cōng）树包、将军包墓地被确认，分别被命名为花灯坟墓群、将军村墓群。1994年，北京大学考古学系在枞树包墓地发现4座大型土冢，并作了初步钻探和试掘。

花灯坟墓群自2001年、2002年考古发掘获得重大收获后，于2008年又实现了进一步的突破。此次考古发掘总面积约1万平方米，清理出两汉至六朝时期墓葬104座。出土了大量陶、铁、铜器，以及一定数量的鎏金铜饰件、料器和石器等。

另：

考古发掘显示，忠州境内存在大量的汉代墓葬，其中比较著名的有翠屏山崖墓群、花灯坟墓群、老鸹（guā）冲墓群、石匣子墓地、仙人洞墓地、土地岩崖墓群。这些汉墓墓葬形制多样，出土文物丰富，几乎涵盖了两汉四百年的历史，对认识峡江地区汉代社会、经济、文化面貌具有重要意义，也为研究中原文化在峡江地区的传播提供了重要的实物资料。

在西汉王朝立国之初，由于倡导以孝治天下，再加上自西汉中期以来，社会的进一步富裕繁荣，致使厚葬之风勃兴。在忠州发掘的自西汉中期到东汉时期的墓葬中，出土了大量的铜器［这些铜器以镜、釜、鍪（móu）、壶、钫（fāng）、盆、灯等生活用器为主］以及金银珠玉等饰品，便是这种厚葬之风的体现。

在忠州东汉时期墓葬中出土有乐俑、舞俑、侍俑、镇墓俑、家禽家畜俑以及楼房、水塘、水井模型等随葬品，且占有较大比重，表明该地区豪族庄园经济较为发达。

《华阳国志·巴志》："临江县，枳东四百里，接朐忍。有盐官，在监、除二溪，一郡所仰。其豪门亦家有盐井。又严、甘、文、杨、杜为大姓。"

灰陶击鼓说唱俑

来源：忠县花灯坟墓群
年代：东汉
藏址：重庆中国三峡博物馆

乌杨阙

来源：忠县将军村
年代：汉魏
藏址：重庆中国三峡博物馆

该阙于 2001 年三峡文物保护抢救工作中发掘出土，并在 2011 年 2 月 15 日被国家文物局评定为国家一级文物。复原后的石阙主阙高 5.4 米，进深 1.7 米，子阙高 2.6 米，总重 10 吨。该阙为重檐庑殿顶双子母石阙，自上而下依次由脊饰、阙顶盖、上枋子层、扁石层、下枋子层、主阙体、阙基七部分构成，阙身则雕刻有青龙、白虎等图案。
阙为古代宫殿、桐庙或陵墓前具表征意义的楼观，通常为左右成对。

白帝托孤

刘备自与东吴战败后，便一直住在白帝城。章武三年（223年）春，刘备病危，于是把诸葛亮从成都召到了白帝城永安宫。将刘禅（shàn）托付给诸葛亮，更是把身后的蜀汉政权、军国大事都托付给了他。

白帝托孤，名为托孤，义同禅让，即把蜀汉的全部都托付给了那个他曾为之三顾的人。

白帝托孤，刘备摈个人私心，尚高义之举，从而也给了让诸葛亮施展才华的机会和舞台。

白帝托孤，开创了一段天下为公的历史，也成就了一段君臣相得的佳话。

《三国志·蜀书·诸葛亮传》："先主病笃，召亮，属以后事，谓亮曰：'君才十倍曹丕，必能安国，终定大事。若嗣子可辅，辅之。如其不才，君可自取。'"

唐·杜甫《蜀相》："三顾频烦天下计，两朝开济老臣心。出师未捷身先死，长使英雄泪满襟。"

李白三到渝州

大诗人李白，一生曾三次到过渝州。唐玄宗开元八年（720年），李白来渝州拜见李邕（后者曾于开元七年至九年在渝州任刺史），不料受到冷遇，愤激之余写下了《上李邕》一诗。

李白第二次到渝州，是在开元十三年（725年）秋，时年25岁的李白，开始"仗剑去国，辞亲远游"。在峨眉游览了一圈后，即从青衣江乘舟东下，直到舟行至奉节、巫山一带方始下船（由于李白有个弟弟在奉节石马河畔经商），并在这里作了较长时间的停留。在这期间，李白写有《峨眉山月歌》《巴女词》《巫山枕障》等诗。

李白第三次到渝州，则是在被流放夜郎（今贵州桐梓一带）的途中。乾元二年（759年）三月，李白自安徽宿松经九江溯长江西上，经明月峡到达渝州南平郡（今重庆）。这也是李白第二次出入三峡，在此期间作有《上三峡》《窜夜郎于乌江留别宗十六》《南流夜郎寄内》《赠从弟南平太守之遥二首》等诗。

其后，朝廷于乾元二年（759年）二月颁布的《以春令减降囚徒制》赦令到达渝州，李白遇赦。于是乘船东下，夜宿夔州（今重庆奉节），这就是李白第二次出三峡。在这期间，写下了《宿巫山下》《早发白帝城》等诗。

唐·李白《上李邕》:"大鹏一日同风起,扶摇直上九万里……宣父犹能畏后生,丈夫未可轻年少。"

唐·李白《巴女词》: "巴水急如箭,巴船去若飞。十月三千里,郎行几岁归。"

唐·李白《巫山枕障》: "巫山枕障画高丘,白帝城边树色秋。朝云夜入无行处,巴水横天更不流。"

杜甫客居夔州

唐肃宗乾元二年(759年),再次决定换一种生活的杜甫结束了在秦州(今甘肃天水)三个月的寄居生活,携家带口由同谷(今甘肃成县)历尽艰辛,辗转来到成都。在严武(时任成都府尹兼御史大夫、充剑南节度使)等人的帮助下,于乾元三年(760年)春,在成都西郊的浣花溪畔修建茅屋居住,世称"杜甫草堂",也称"浣花草堂"。

其后,杜甫被严武荐为节都,全家寄居在夔州(今重庆奉节)。唐代宗广德二年(764年)春,严武再镇蜀,杜甫才又回到成都。并受邀做了严武的参谋检校工部员外郎。因此后人也称杜甫为杜工部。

永泰元年(765年)四月,严武猝逝,失去依靠的杜甫于当年五月携家带口告别成都,经嘉州(今四川乐山)、戎州(今四川宜宾)、渝州(今重庆)、忠州(今重庆忠县)、云安(今重庆云阳),于唐代宗大历元年(766年)到达夔州。由于盘缠用尽,只得在此停留,靠租种公田以自给。其后,由于得到夔州都督柏茂琳的照顾,杜甫甚至一度过上了衣食无忧的生活。

正是在夔州期间,杜甫创作了460余首诗,诗歌艺术取得了超前绝后的成就。夔州也因此有幸成为杜诗的收获之地,成为中国诗歌史上的重要地标。

唐代宗大历三年(768年),思乡心切的杜甫,乘舟出峡。先到江陵(今江苏南京),又转公安,于年底漂泊到湖南岳阳,泊舟岳阳楼下。由于北方战乱,不但不能北归,还被迫更往南行。大历四年(769年)正月,由岳阳到潭州(今湖南长沙),又由潭州到衡州(今湖南衡阳),复折回潭州。

大历五年(770年),因臧玠在潭州作乱,杜甫又被迫逃往衡州。原打算再往郴州投靠舅父崔湋,行到耒阳,遇江水暴涨,只得停泊在方田驿,五天没吃到东西,幸亏聂姓县令得到消息及时派人送来酒食才没有被饿死。

由耒阳到郴州，需逆流而上 200 余里，此时洪水又没有消退，加上杜甫原本就一心要北归，这时便改变计划，顺流而下折回了潭州。就在这年冬天，时年 59 岁的老杜，在由潭州前往岳阳的一条小船上与世长辞。

颠沛流离的生活、悲天悯人的情怀、对美好生活的执着向往以及对故乡的无限眷恋……无情地摧残着诗人的肉体，却极大地升华了诗人的精神，也促成了诗人重大的人生收获。

唐·杜甫《立秋后题》："日月不相饶，节序昨夜隔。玄蝉无停号，秋燕已如客。平生独往愿，惆怅年半百。罢官亦由人，何事拘形役。"

唐·杜甫《风疾舟中伏枕书怀三十六韵奉呈湖南亲友》："轩辕休制律，虞舜罢弹琴。尚错雄鸣管，犹伤半死心。"

白居易知忠州

好神佛而不归隐、性嗜酒却不乖张的白居易，有诗魔和诗王之称，在我国诗坛里曾领时代风骚。

唐宪宗元和十年（815 年），白居易被以越职言事（宰相武元衡遇刺身亡，白上表主张严缉凶手）和有害名教（白母因看花坠井身亡，白却著有《赏花》及《新井》诗）为由贬为江州（今江西九江）司马。元和十三年（818 年）十二月二十日，白居易由江州司马升忠州（今重庆忠县）刺史，元和十四年（819 年）三月二十八日到任。

白居易任忠州刺史期间，忠国家、劳民事、劝农桑，身先躬行、省事宽刑、怜老爱幼、开山修路、植树种花，与民同苦乐。政务之余，他还经常去书院视察、授课，与当地文人士子探讨和习作民间诗歌。由于酷好植树种花，白居易还因此有着忠州最早绿色市长的美誉。

初到忠州的白居易心情是压抑和失落的，然而勤政爱民的他很快便在与民同乐中逐渐爱上了忠州，其流风善政，亦传之后世。忠州人民对他感恩戴德，而忠州也让他魂牵梦绕。在任忠州刺史的短短一年零三个月里〔元和十五年（820 年）夏，白居易离开忠州〕，创作了 130 首（一说 104 首）咏叹忠州的诗文。其中，脍炙人口的有《荔枝图序》《木莲树图诗并序》《竹枝词四首》《东坡种花二首》等。为忠州人民留下了弥足珍贵的精神文化财富。

明崇祯年间，在时任忠州知州马易从的倡议下，建成了祭祀白居易的白公祠。自此以后，前来凭吊者络绎不绝。

无论忠州之于白居易，还是白居易之于忠州，都是磨不灭、割不断的记忆。忠州这块宝地给白居易提供了创作的激情和灵感，而白居易则对忠州的风土人情、自然山水、珍奇物产、风味小吃、民间歌舞等倾情畅叙着心曲。

唐·白居易《初到忠州赠李六》："好在天涯李使君，江头相见日黄昏。吏人生硬都如鹿，市井萧疏只抵村。一只兰船当驿路，百层石磴上州门。更无平地堪行处，虚受朱轮五马恩。"

唐·白居易《别桥上竹》："穿桥进竹不依行，恐碍行人被损伤。我去自惭遗爱少，不教君得似甘棠。"

唐·白居易《感春》："巫峡中心郡，巴城四面春。草青临水地，头白见花人。忧喜皆心火，荣枯是眼尘。除非一杯酒，何物更观身？"

刘禹锡知夔州

刘禹锡，在中国诗坛有诗豪之称。唐穆宗长庆元年（821年）冬，刘禹锡被任命为夔州刺史。

刘禹锡在夔州过得相当怡然，并把当地的民歌形式唱竹枝融入自己的诗歌创作中，使竹枝词成为了文人创作的诗歌体裁。

唐·刘禹锡《竹枝词九首·其二》："山桃红花满上头，蜀江春水拍山流。花红易衰似郎意，水流无限似侬愁。"

唐·刘禹锡《竹枝词九首·其七》："瞿唐嘈嘈十二滩，人言道路古来难。长恨人心不如水，等闲平地起波澜。"

李商隐过渝州

李商隐幼年丧父，年少早成，17岁即拜入幕僚，后虽因卷入牛李党争，一生沉沦下僚，但在当时名气很大，与杜牧合称"李杜"。后人为了区别李白和杜甫的合称，于是把李商隐与杜牧称为"小李杜"。李商隐又和温庭筠合称"温李"。

李商隐的格律诗当可和杜甫一较高下，现存诗约600首。在这些诗中，《夜雨寄北》无疑是非常有影响力的一首。尽管这首诗的写作地点（有说是重庆市北碚区缙云山的，有说是重庆市渝中区佛图关夜雨寺的，还有说是秦岭地区的）以及具体是写给谁的（有说是写给妻子的，也有说是写给友人的）一直都存在着争议。

唐宣宗大中五年（851年），李商隐的妻子王氏在春夏间病逝。由于李商隐多年在外游历，在很长的一段时间里，他们都是聚少离多。对于妻子，李商隐始终心有歉疚，而仕途上的坎坷，无疑更增强了这份情感。这年秋天，李商隐接受了东川节度使柳仲郢的邀请，于十一月取道渝州入川赴职（一说李商隐并没有从渝州过境，而是经由广元、绵阳那条旧蜀道去的梓州）。

唐·李商隐《夜雨寄北》："君问归期未有期，巴山夜雨涨秋池。何当共剪西窗烛，却话巴山夜雨时。"

周敦颐合州传理学

周敦颐，是我国理学的开山鼻祖，他的理学思想，在中国哲学史上起着承前启后的作用。周敦颐以他的学问和气度，吸引了很多时人来向他学习，其中最著名的是程颐、程颢兄弟。

宋仁宗嘉祐元年（1056年），周敦颐出任签佥书署合州判官。合州当时的行政区划在涪江流域，属川峡四路的梓州路管，辖石照、汉初、巴川、赤水、铜梁五县，州府就在今天的合川。他那脍炙人口的名篇《爱莲说》，就是写在这里。

当周敦颐在合州致力于兴教办学时，形成了极大的反响，苏洵、苏轼、苏辙等都曾应邀前来。后世为了纪念这位理学大师，于明嘉靖年间设立了合宗书院，这个合宗书院就是现在合川中学的前身。

此外，在合州的学士山上，还有一处养心亭。据说，这座养心亭也是为纪念周敦颐所建。明成化年间，合州知州唐珣在其旧址上重建了一座八角亭，在亭内墙壁上还彩绘有周敦颐画像。清光绪年间，地方官员又在八角亭附近修建了一座甘泉寺，并为周敦颐塑像。2009年，养心亭被列为重庆市（省级）文物保护单位。

宋·周敦颐《爱莲说》："水陆草木之花，可爱者甚蕃。晋陶渊明独爱菊；自李唐来，世人盛爱牡丹。予独爱莲之出淤泥而不染，濯清涟而不妖。"

黄庭坚白鹤梁留墨宝

宋哲宗绍圣二年（1095年），黄庭坚因《神宗实录》一书，被贬为涪（fú）州（今重庆涪陵）别驾、黔州（今重庆彭水）安置。因为这段经历，黄庭坚才有了涪翁这个自号。

今天，保存在涪陵白鹤梁水下博物馆的"元符庚辰涪翁来题刻"遗迹，被认为是黄庭坚经涪陵东归，游览白鹤梁时所题（当然也有反对的声音，认为该题字并非出自黄庭坚之手）。

宋哲宗元符三年（1100年），被放逐到涪州、黔州的黄庭坚遇赦，结束了他的谪居生活。蒙恩东归的黄庭坚自戎州（今四川宜宾）顺流而东。于宋徽宗建中靖国元年（1101年）二月，道经南浦（今重庆万州）的黄庭坚，应南浦太守高仲本之邀，黄庭坚兴致勃勃地赴约并一起游览了西山。

就在到达夔州后的第二天，在高仲本的陪同下，带着解禁后的欣喜和体会了西山林泉之胜的黄庭坚写下了人书俱老、炉火纯青的千古名篇《西山南浦行记》。

高仲本亲自将黄庭坚书写的《西山南浦行记》带回南浦，并找刻工将其刊刻于西山的高笋塘石壁上。这里也遂成了当时乃至后世文人墨客们游览观光的一处圣地。

该处摩崖石刻，也被后世称为西山碑。目前，该摩崖石刻收藏于重庆万州区高笋塘流杯池碑亭内。1961年公布为四川省重点文物保护单位。重庆直辖后为市级文物保护单位。

另：

《西山南浦行记》摩崖石刻纵1米，横2.6米，共21行，173字，字径10厘米左右。清代学者孙星衍、邢澍（shù）《寰宇访碑录》及况周仪《万邑西南山石刻记》都曾有著录。

而据民国《万县志》载，清咸丰年间，万县知县冯卓怀将此碑拓本寄呈其师曾国藩，被曾氏评为"海内存世，黄书第一"。

据说，受此影响，其后夔州府进京赴考的士人，都要带上一两幅《西山碑》拓本。而在当时，一幅墨拓2两纹银，一幅朱拓4两纹银。由于历代摹拓者众，碑文字迹剥落损毁严重，现仅残存129字。

宋·黄庭坚《西山南浦行记》："庭坚蒙恩东归，道出南浦。太守高仲本置酒西山，实与其从事谭处道俱来。西山者，盖郡西。渡大壑，稍陟山半，竹柏荟翳之门，水泉潴为大湖，亭榭环之，有僧舍五区，其都名名曰：'勒封院'。楼观重复，出没烟霏之间，而光影在水。此邦之人，岁修禊事于此。凡夔州一道，东望巫峡，西尽郁邬，林泉之胜，莫与南浦争长者也。寺僧文照喜事，作东西二堂于茂林修竹之间。仲本以为不奢不陋，冬燠而夏凉，宜于游观也。建中靖国元年二月辛酉，江西黄鲁直题。"

宋·黄庭坚《竹枝词二首·其二》："浮云一百八盘萦，落日四十八渡明。鬼门关外莫言远，四海一家皆弟兄。"

宋·黄庭坚《梦李白诵竹枝词三叠·其一》："一声望帝花片飞，万里明妃雪打围。马上胡儿那解听，琵琶应道不如归。"

程颐涪州传易学

程颐世称伊川先生,与胞弟程颢合称二程,是宋代理学重要的奠基人,其学术思想和教育思想,上承周敦颐、张载,下启朱熹、陆九渊。

理学十分重视对《周易》的研究,而在宋代众多的《易》学研究成果中最有影响力的,当属程颐在涪州(今重庆涪陵)完成的《伊川易传》。

宋哲宗绍圣四年(1097年)十一月,程颐因新、旧党争编管(指官员获罪谪放远方州郡,编入该地户籍,并由地方官吏加以管束)涪州。

程颐的到来,使涪陵不仅成为易学文化最重要的传播地之一,也成为了程朱理学重要的发祥地。在编管期间,程颐来到涪陵北山山腰间隐居修学,在北岩凿洞(后世称为点易洞)内点注《易经》,并于宋哲宗元符二年(1099年)著成《程氏易传》四卷,又称《伊川易传》《周易程氏传》。

作为涪州五贤〔程颐、黄庭坚、尹焞(tūn)、谯定、公式渊〕之首的程颐,虽已年过六旬,仍在北岩普净禅院开设学院,以培育人才、传播理学为己任,极大地推动了巴渝地区尤其是涪陵地区文化学术的发展。

黄庭坚曾在北岩与程颐探讨学问,并为程颐讲学地题名"钩深堂",以赞其行。宋文宗绍兴五年(1135年),涪州太守李赡在钩深堂建伊川先生祠堂。宋宁宗嘉定元年(1208年),在涪州太守范仲武主持下,大事整修钩深堂,并建致远亭、碧云亭和四贤楼、三仙楼。嘉定十年(1217年),钩深堂被扩建为北岩书院。清乾隆九年(1744年),北岩书院更名为钩深书院。清光绪二十七年(1901年),钩深书院改办为涪州官立师范中学堂。北岩办学持续了数百年,为地方和国家培养了大批的人才。今天的长江师范学院、涪陵中学、涪陵五中等多所学校,皆承其惠。

宋·朱熹《北岩题壁》:"眇然方寸神明舍,天下经纶具此中。每向狂澜观不足,正如有本出无穷。"

易学奇人谯定

谯定为涪州五贤之一,著有《易传》,又称《谯子易传》。其学融取儒、道、释三家之长,为宋代巴蜀理学四大学派之一涪陵学派的开创者。

谯定少喜学佛,后师从郭曩(nǎng)学《易》,后赴汴梁(今河南开封)(一说为洛阳)游学并拜在程颐门下,成为其门下弟子中造诣极深的易学家。

随着程颐以党论被革职编管涪州寓居于北岩的普净院,谯定与之相伴返乡,还在北岩凿了一个高4米、深2.2米、宽3.8米的山洞,并在这里协助程颐点注易经并深入学习理学。因二人联袂讲《易》于北山之穴，即今之点易洞或讲易洞，遂使程学得以在巴蜀传播，点易洞也因此名动天下。

宋哲宗元符三年（1100年）春，程颐因遇大赦得以回归洛阳，遂邀谯定同往。程颐离开涪州不久，谯定也到了京城汴梁并积极教授传播易理学，使易理学得以进一步推广和发展。

靖康初，钦宗召其为崇政殿说书（职事为皇帝讲说书史，解释经义，并备顾问）不就。建炎初，高宗又召谯定赴维扬（今江苏扬州）皇帝行宫充任通直郎直秘阁（随奉太子的侍从官之一，负责东宫书籍真本及古画墨迹等的收藏管理），谯定依然未就职且不知所终。

谯定传其学于张浚（四川绵竹人）、胡宪、刘勉之、冯时行（重庆巴县人）、张行成（四川临邛人）等，培养了一大批著名的理学家。

《宋史·谯定传》："其后颐贬涪，实定之乡也，北山有岩，师友游泳其中，涪人名之曰读易洞。"

宋·陆游《青城大面山中有二隐士一曰谯先生定字天》："寄谢谯夫子，今年一出无？万绿随梦断，百念与形枯。云护巢松谷，神呵煅药炉。凭高应念我，白首学徽租。"

大夏经纬

明玉珍，元末农民义军领袖，本姓旻（mín），因信奉明教而改姓。初归明教首领徐寿辉部。元惠宗朝至正十七年（1357年），率红巾军先后攻取川渝及黔、鄂、滇、陕、甘部分地区。

1362年在重庆称帝，建立大夏国，年号天统。

1366年，时年38岁的明玉珍病逝。葬在重庆江北区宝盖山南麓，史称睿陵。

明玉珍去世后，其独子明升（时年10岁）继位，其母辅政。其后，明太祖朱元璋进攻四川，灭大夏国（1372年，明升在铜锣峡归降），并将明升远送高丽（今大韩民国）。自此以后，明氏后裔遂在朝鲜半岛繁衍生息。

另：

据统计，明氏现有韩国后裔近四万人，朝鲜后裔近两万人，移居他国的还有小部分。每逢农历二月初六前后，明玉珍的后人都会来到重庆祭祖。

明玉珍
睿陵

1982 年 3 月，在江北上横街重庆织布厂的施工中，淹没数百年之久的明玉珍墓——睿陵被发现。

睿陵，是我国目前考古发掘的唯一一座农民义军领袖墓葬。

墓葬中出土有玄宫之碑，并金、银和丝织品等一干殉葬品。

玄宫之碑

来源：江北区上横街重庆织布厂
年代：元末
藏址：重庆中国三峡博物馆

该碑石质，色青，以独石制成。通高 145 厘米，宽 57 厘米，厚 23.5 厘米；其下榫长 21 厘米，宽 39 厘米，厚 23.5 厘米。碑首作八角形，额"玄宫之碑" 4 字，篆书，左右两侧各刻阴线盘龙一。碑文 24 行，正文每行 47 字，全碑共 1004 字，正书。

金盘

来源：江北区上横街重庆织布厂
年代：元末（14 世纪下半叶）
藏址：重庆中国三峡博物馆

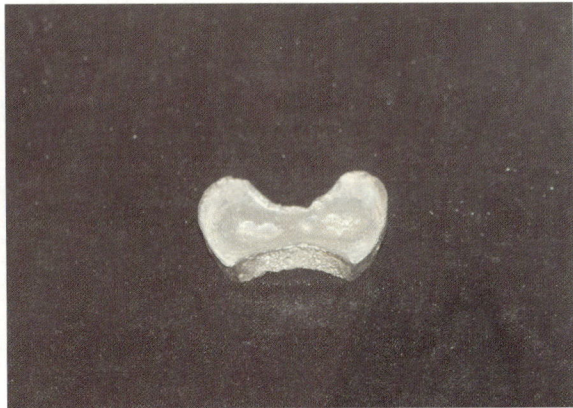

银锭

来源：江北区上横街重庆织布厂
年代：元末（14 世纪下半叶）
藏址：重庆中国三峡博物馆

公忠体国

秦良玉（1574—1648年），作为中国正史中第一位入编的女将军，先后征战于明万历、泰昌、天启、崇祯四朝，在平息叛乱、阻止分裂和维护国家统一方面做出了卓越的贡献。

出身忠州书香世家的秦良玉，自幼随其父秦葵习文练武。骑射精良、通晓词翰且胆智过人，在协助其夫马千乘（汉伏波将军马援的后裔，石砫宣抚使，俗称土司）治理军务的过程中，训练出了一支骁勇善战的地方武装。由于这支队伍的兵器是用白木制成的长矛，故又被称作白杆兵。

明万历二十七年（1599年），播州（今贵州遵义）杨应龙作乱，朝廷征白杆兵往讨。在此次大破杨应龙的战役中，秦良玉一战成名。

万历四十一年（1613年），马千乘病死在云阳狱中（一说因得罪太监邱乘云，一说为部民所讼），因其子马祥麟尚幼，秦良玉乃依照传统袭领石砫宣抚使之职。

泰昌元年（1620年），后金（清朝的前身）进犯辽东。秦良玉奉诏差遣其兄秦邦屏、其弟秦民屏率领四千白杆兵先行北上勤王。天启元年（1621年）三月，在救援沈阳对决八旗主力的浑河血战中，秦邦屏战场捐生，秦民屏重伤突围。秦良玉闻变与马祥麟亲率部众三千兼程北镇榆关（今河北山海关），成功遏阻了后金的攻势。

同年九月，带同秦屏民奉令征兵赴辽的秦良玉回乡才一天，适逢永宁（今四川叙永）宣抚使奢崇明发动叛乱。得知秦良玉回乡，其部将樊龙遂遣人通款。秦良玉斩使誓师，遣邦屏子秦翼明率兵4000人潜渡嘉陵江进驻南坪关（今重庆南川西南），扼断叛军退路；遣邦屏子秦拱明率兵400人袭击两河焚敌舟楫阻其东下；遣秦永成率兵1000人守护忠州、万县、丰都、涪州，并在山谷间列张旗帜以为疑兵；驰檄夔州，急防瞿塘上下；而后自统精卒6000人转战重庆。

天启二年（1622年），在奢崇明围攻成都甚急，各地土司都按兵不动的情况下（接受奢崇明的贿赂，不遵四川巡抚朱燮元号令），唯秦良玉一门分兵两路鸣鼓西征，沿途收复安岳、乐至、新都等地，并会同各路援兵与苦守已逾百日的成都军民里应外合大破叛军，解了成都之围。紧接着，秦良玉回师攻克二郎关、佛图关，收复了重庆。

天启三年（1623年），秦良玉再次领兵会同官兵进剿，败叛军于九节滩，收复遵义；攻破江潦四十八砦，连克永宁、蔺州（今四川古蔺）二城；拿下红崖墩、观音寺、青山墩等奢军最后的据点。奢崇明率残部逃往水西(今乌江上游鸭池河以西)，依附于安邦彦(奢崇明、安邦彦在"永宁之战"中兵败被杀，奢安之乱被平定。秦民屏亦在平叛的陆广作战中战死沙场)。至此，全川才终于平定。

崇祯二年（1629年）岁末，后金军绕道长城喜峰口入塞进围京师。奉诏勤王的秦良玉率秦民屏子秦翼明，慷慨誓众、捐资济饷、裹粮率师、千里赴义。经过连番血战，最终迫使皇太极连弃滦州、永平、迁安、遵化四城，撤围而去。崇祯帝特地于平台（又名云台。原址当在紫禁城建极殿内）召见秦良玉，并赋诗以赞其功。

崇祯七年（1634年）二月，张献忠攻陷夔州（今重庆奉节），继而包围了太平。秦良玉提兵赶到，张献忠不战而走。秦良玉率军追击，正巧赶上马祥麟自北回军，前后夹击，张献忠退走湖广。

崇祯十三年（1640年）五月，罗汝才先是进兵巫山，为秦良玉所阻遏，于是改为攻打夔州，又被秦良玉击走。败退中的罗汝才在马家寨、留马垭、水口接连遭到邀击，杀其骁将"东山虎"。秦翼明会同张令追击到谭家坪，王光恩（号"小秦王"）、惠登相（号"过天星"）投降。秦良玉追击到仙寺岭，夺得罗汝才主帅大纛（dào），马祥麟生擒其副手李万庆（号"射塌天"）。罗汝才侥幸走脱。

同年十月，张献忠接连在观音崖（今重庆巫山县东北）、三黄岭打败官军，遂从上马渡越过马渡河。秦良玉会同张令在竹箘坪展开阻击，挫败其前锋。不久，随着张令的阵亡，秦良玉亦落败，所部白杆兵亦损耗殆尽。

崇祯十七年（1644年），张献忠再次进犯夔州，秦良玉率军赶去救援，终因众寡悬殊被迫退守石砫。

迟暮之年的秦良玉，在两京先后沦陷后，依旧以保境安民为己任。张献忠在攻下成都后，四出招降四川土司，然慑于秦良玉的威名，直到败亡都始终没能染指石砫。

清顺治五年（1648年），为国征战一生的巾帼英雄秦良玉，在石砫大都督府玉音楼与世长辞，享年75岁。

另：

秦良玉府邸，原名土司署，位于石柱县城内狮子坝，始建于明洪武初年，明末为秦良玉大都督府。清乾隆三十九年（1774年），改为太保祠。嘉庆初年纳入国家祀典，地方官春秋致祭。祠有门坊、正殿、寝殿、后堂、玉音楼、柏子堂、坐隐楼、宾月楼、芹香亭等建筑。

明·朱由检《赐石砫宣慰司秦良玉（四首）》："学就西川八阵图，鸳鸯袖里握兵符。由来巾帼甘心受，何必将军是丈夫。蜀锦征袍自裁成，桃花马上请长缨。世间多少奇男子，谁肯沙场万里行！露宿风餐誓不辞，饮将鲜血代胭脂。凯歌马上清平曲，不是昭君出塞时。凭将箕帚扫蛮弧。一派欢声动地呼。试看他年麟阁上，丹青先画美人图。"

秦良玉甲胄
来源：石柱文化馆移交
年代：明末清初（十七世纪中叶）
藏址：重庆中国三峡博物馆

重庆变迁

早在3000余年前，重庆就已经有了城——江州。巴人以江州为首府，建立了巴国。

从江州城到而今的重庆市，这座母城先后曾经历过五次大规模的改造和整饬。

对于重庆主城的变迁，或许还有不同的认知，还会有更多新的发现。然而，在漫长的历史发展进程中，沧桑巨变，重庆已经大城崛起——从一座封闭的城堡，发展成为开放的战略枢纽；从古代区域性军政中心，发展成为区域性经济中心；从偏居四川东部一隅的中等城市，发展成为面向五洲四海的特大城市。

说一千道一万，重庆真正意义上的发展，还是发生在解放后的。而迎来天翻地覆、日新月异改变的，则要归功于其后的重庆直辖。

巴国都城　　　江州建城时间较早,作为巴国的都城,至迟在巴国时期即应建有城堡。这些城堡的位置就在如今的临江路、临江支路、民生路、民权路所框起的范围之内,占地面积约有 30 万平方米。其核心地带,则在现在的渝中区二十九中附近。

　　由于其后的江州城,是在原巴国都城的基础上重建的,因此随着江州城范围的确定,巴国都城的城址也就由此得到了进一步的确证——就是现在的解放碑一带。

　　另:

　　城址的范围通常是根据史料、考古,并结合古人当时的丧葬习俗综合推断出来的。由于古人的墓葬大多修建在城市之外,因此在墓葬大量出土之地,就不会是城址的所在地。过去,由于受到交通上的制约,墓葬距离城址也不会太远。借助墓葬遗址就为我们圈定了城址的范围。

仪城江州　　　有记录的第一次修整江州城,发生在公元前 314—前 309 年。秦国大夫张仪,亲自主导了这项工程的设计与实施,其范围大致在从朝天门到后来的巴县衙门所在的区域内(一说在今千厮门、小什字、东水门一线的北面,主要部分在山脊以东的长江一侧)。因张仪修筑了有史料记载的江州城,也首次让重庆有了城的概念,因此他也被称作重庆有城之父。

　　其后的西汉沿袭秦制。东汉时,曾一度将江州城的治所迁到江北嘴一带,称为北府城,而渝中半岛的老城则被称为南府城。直到东汉末年,江州城的治所才又迁回了南城。

　　另:

　　江州城最早的位置到底在哪里,是有争议的。主张"渝中半岛"说的,认为张仪所筑的江州城相沿于先秦巴子城,自然应该在易守难攻的渝中半岛的朝天嘴(在半岛尖端一带,发现多处战国到西汉的古井、陶器和瓦当等)。否定"渝中半岛"说的,则认为秦汉时期的江州城应该在江北嘴(一说刘家台),也就是今天的重庆江北城附近(2005 年 11 月初,在江北城 CBD 工地发现了大量秦汉时期的城墙、下水道和瓦当等)。

　　《水经注·江水》:"江州县对二水口,右则涪内水,左则蜀外水。"

　　《重庆府志·序》:"重庆,旧巴子国。郡自秦、汉间,环江为池,堑厓为城,东川一大都会也。"

李严大城　　三国蜀汉时期，时任江州都护的李严为加强江州城的防御能力，主导了重庆历史上的第二次扩城，史称李严大城。南线约从今朝天门以南起沿江至南纪门，北线约在今新华路人民公园、较场口一带。里面另有郡城、县城、仓城（仓城大抵在今千厮门到西水门之间。过去，千厮门一带一直是重庆主城粮仓的所在地，因而进出的运粮、运棉船只都要在此处停泊）三个小城。

李严大城是在过去旧城基础上所筑的江州城，是如今重庆下半城的雏形，其规模和明清时期的重庆城相若。对应明清时期古地图上的十七门，除通远门外，均在李严大城所圈起的城址范围之内。

这一时期，在嘉陵江南北都有城池存在。自李严扩建江州城以后，渝中半岛便成了重庆地区绝对的政治、经济加军事中心。其后，随着战乱频仍，南城的军事意义更加突出，北城则日渐式微。直到清代乾隆年间，因经济发展的需要，设立了江北厅，该地才又日渐繁荣起来。

另：

主政江州期间，李严还曾准备改半岛为全岛，即选在半岛最狭窄处，切山贯通两江，使江州城成为江心洲。在今天的鹅岭公园，靠嘉陵江一侧的"江山一览台"处，还可略窥当时"凿山成岛"的开凿痕迹。这一设想尚未全面实施，诸葛亮便将李严从江州调走了。当然，也有后人觉得，将半岛开凿为岛的工程过于庞大，当时的蜀汉应该不具备这个能力。

李严"穿城后山，使城为洲"的计划，不管因为什么原因没能达成，也没必要深究其利弊得失，但他主导扩建的江州城，却为后世奠定了1800余年的大格局。

《水经注·江水》："汉世郡治江州，巴水北北府城是也，后乃徙南城。刘备初以江夏费观为太守，领江州都督。后都护李严更城周十六里，造苍龙白虎门，求以五郡为巴州治，丞相诸葛亮不许，竟不果。"

《华阳国志·巴志》："后都护李严更城大城，周回十六里，欲穿城后山，自汶江通水入巴江，使城为州。求以五都置巴州。丞相诸葛亮不许。亮将北征，召严汉中。故穿山不逮。然造苍龙、白虎门。别郡县仓皆有城。"

抢构坚城　　重庆第三次大规模筑城发生在南宋末年。宋嘉熙二年（1238年），蒙古大军开始了他们世界性的征伐。

嘉熙三年（1239年），彭大雅（时任四川安抚制置副使兼知重庆府，驻节重庆，经营川东防务。其人曾出使过蒙古，很早即预见到蒙古一定会把南宋作为进攻目标）为了防范并抵御蒙古兵的进攻，下令全城军民不惜一切代价抢筑重庆城。此次筑城，不但将以前的夯土墙改成坚固的石基砖墙，还把重庆城的范围，向北扩展到了洪崖洞、安乐洞一线，向西推进到了临江门、通远门一线。而从临江门、较场口、南纪门以西到今天的打枪坝一线，宋代时并不在城墙内。直到明朝中叶以后，重庆主城的城墙才拓展到了今天的通远门、莲花池一带，演变成今天所能看到的"古代重庆城"的城围形势和长度。

彭大雅所改筑的重庆城，计有四个城门（一说五门，外加一处洪崖门），即薰风门、镇西门、太平门和千厮门。嘉熙四年（1240年），彭大雅命人在四门立石刊字：大宋嘉熙庚子，制臣彭大雅城渝为蜀根本。

另：

重庆地区在宋末所筑的抗蒙城址多为石城，如钓鱼城、多功城、天生城、夔州城等。而在唐宋时期，中国南方的城墙多为夯土墙，直至明代才普遍实现了包以砖石。

九开八闭

重庆第四次筑城发生在明洪武四年（1371年），为当时的重庆卫指挥使戴鼎，在宋代旧城基础上进行的大规模修筑。戴鼎城与彭大雅城大小范围相当。

也正是在戴鼎城的修筑中，首次将府衙改为面江而建，相较过去来了个90°的旋转。闻名后世的十七道城门九开八闭（开门是真正的城门，闭门则是假门）之说也自此而始。

有明一代，无论是在筑城规模还是在质量上都是最佳的，甚至到了清代，也只是在明代的基础上做了五次局部的修补。

另：

现在，重庆考古发掘出的古城墙，基本上都是明代遗迹。要了解重庆城的变迁，除了有关的史料记录，现存的城墙实物也可以作为佐证。

《巴县志》："明洪武初，指挥戴鼎因旧址砌石城，高十丈。周二千六百六十丈七尺，环江为池，门十七，九开八闭，象九宫八卦。朝天、东水、太平、储奇、金紫、南纪、通远、临江、千厮九门开。翠微、金汤、人和、凤凰、太安、定远、洪崖、西水八门闭。"

拆墙筑路

第五次主持重庆城改造的，是奉命出任重庆商埠督办公署督办，重庆市建市的首任市长潘文华。在潘文华任督办和市长开始对重庆实施旧城改造之前，全城无一条马路，滑竿、轿子是城市的主要交通工具。潘文华改造重庆的重要手段，不是筑城墙，而是筑马路，从而实现了治理模式的战略性转变。

从 1927 年开始，重庆商埠督办公署决定修建市区交通干线，并测定干线三条。一条由通远门经两路口至曾家岩，长约 6 里许；一条由南纪门经菜园坝并斜上接两路口，长约 5 里许；一条由临江门双溪沟经孤儿院至曾家岩，亦长约 5 里许。是年，由通远门经两路口至曾家岩的中区干道开始动工并于两年后建成，为重庆城的第一条公路。

潘文华改造重庆城，在重庆城市的发展史上，留下了浓墨重彩的一笔。在渝 9 年间，这位市长主导建起了山城最早的水厂、电厂、中央公园……奠定了现代重庆城市的新格局。

另：

1921 年，杨森任重庆商埠督办，拆临江门。1927 年，潘文华任市长，又拆毁朝天门、太平门、南纪门、定远门等。重庆的古城门墙主要毁在民国时期。

忠义千秋

2016 年 5 月，重庆文化符号课题组确定重庆火锅、朝天门、解放碑、长江三峡、大足石刻、重庆人民大礼堂、合川钓鱼城、巫山人、铜梁龙舞、红岩村为重庆十大文化符号。

作为重庆十大文化符号之一的合川钓鱼城，位于重庆市合川区，坐落在距合川城区以东约 5 公里处的钓鱼山上。钓鱼山之名的由来，与一则"巨神持竿投钓江中"的传说有关，当然真正使钓鱼城声名远播的，则是因为 700 余年前那场著名的钓鱼城保卫战，又称合州之战。

13 世纪是属于蒙古人的世纪，也是一个令世界恐惧颤栗的世纪——蒙古大军横扫欧亚非大陆 40 余国。时值南宋宝祐六年（1258 年），企图一举灭亡南宋的蒙古人分三路南下。在主将王坚与副将张珏的指挥调度下，昔日所向披靡的蒙古大军不仅顿兵于钓鱼城下，甚至还造成了一位战神的陨落。钓鱼城因此又被称为上帝折鞭处、东方麦加城。

蒙哥于 1259 年的意外身亡（对于蒙哥的死因，历来说法不一。一些史料中认为，系被钓鱼城守军炮矢击中，伤重不治而亡。而在《元史》

中则记载为：酷暑季节，军中痢疾流行，蒙哥染病而亡），不仅延续了南宋 20 年的国祚，同时也影响了世界历史的进程。为争夺汗位，蒙古大军的第三次西征行动停滞了下来，蒙古人的大规模扩张行动也从此走向低潮，欧洲各国以及阿拉伯世界遂得以逃过一劫。

在其后的 20 余年里，蒙古人始终没能靠武力拿下安如磐石的钓鱼城，创造了中外战争史上的一个奇迹。直到元至元十六年（1279 年），钓鱼城最后一任守将王立才以"不可杀城中一人"为条件终止了抵抗。弃城后，有 32 名将领（一说 36 名）自刎殉国。浓墨重彩地书写下忠义二字的钓鱼城之战，终于落下了历史的帷幕。

在这场长达 36 年的攻防战中，钓鱼城这块弹丸之地之所以能够牵制住强大的蒙古军队，根本在于它背后的大棋局。换言之，钓鱼城不只是现在所能看到的一个点，而是一个庞大精密、控山锁江的立体防御体系。正是借助这个山城防御体系最大限度地发挥出的多重城池防守的叠加效应，南宋军队才创造出了这一军事战争史上的奇迹。

另：

在南宋后期的抗蒙战争中，西南地区军民以重庆为中心，在东起夔门，西至嘉定（今四川乐山）的长江上游，在由北向南汇注于长江的岷江、沱江、涪江、嘉陵江、渠江等江流的沿岸，筑城结寨数十座，形成了依山为点，以江为线，层次分明的山地城池防御体系。

2004 年，重庆文化遗产研究院考古队进驻合川，在钓鱼城半岛 20 余平方公里的范围内开始踏勘、试掘与发掘。随着南宋一字城、水军码头、范家堰南宋衙署等一系列重要遗址的重见天日，一个以钓鱼城遗址为核心构建的集山、水、地、城、军、民六位为一体的大纵深防御体系便展现在了世人面前。

《舆地纪胜》："山南大石砥平，有巨人迹，相传异人坐其上，投钓江中，山以是名。"

《合川县志》："钓鱼山在州东隔江五里。《舆地纪胜》云：'涪内水在其南，西汉上流经其北，山南大石砥平，有巨人迹。相传异人坐其上，投钓江中，因以名山。'今插竿之目犹存。"

上古盐都

位于巫溪县城北宝源山麓的大宁盐泉，是已知中国最早的盐泉，距今至少已有 5000 年的历史。这里是三峡地区上古盐文化与原始巫文化的发源地，有上古盐都之称。明清时，大宁盐场跻身中国十大盐都之一，大宁食盐更是成为皇家贡品。

从西汉开始，这里形成了几条盐道，以大宁盐场为中心，向外延伸长达上千公里。以前运盐主要依靠人力背挑，川东人称之为盐背子。过去，在重庆的巫溪、巫山、云阳，湖北的竹溪、竹山，陕西的镇坪、平利等地，很多成年男子都有过这种背盐的经历。直到 20 世纪 80 年代初，随着大宁泉盐从减产到最终停产，盐背子才逐渐消失。

到了东汉，为了更好地开发大宁食盐，官府征调民工，在绝壁上修建了一条专门输送盐卤的栈道（引巫溪宁厂的盐卤水到下游的巫山县大昌镇进行熬制）。该项工程，自东汉初年开始动工，到东汉永平七年（64 年）才告完成，前后耗时 50 余年。其规模之浩大，施工之艰难，使用之长久，均堪称世界奇迹。

宁厂镇的制盐业，在康熙四年（1665 年）至乾隆三十一年（1766 年）这百年间，盐灶增至 336 座、盐锅 1008 口，号称"万灶盐烟"。

其后，无论是世事更迭，还是物换星移，这里始终一如既往地续写着传奇。直到 20 世纪 90 年代中期，传统的平锅制盐生产才被国家明令禁止，大宁盐场才终于归于沉寂。

宋·宋永孚《题盐泉》："一泉流白玉，万里走黄金。"

清·魏光烈《盐厂晚眺》："喷流千丈雪，香满一溪烟。"

清·闵文钊《游白鹿咸泉作》："岩脚石龙云喷雨，山头文豹雾藏烟。"

宝源神泉　　远古时代，渝东、鄂西一带的天然盐泉计有巫溪宝源山盐泉、彭水郁山镇伏牛山盐泉、湖北长阳县清江盐泉三处。

相较其他盐泉而言，宁厂宝源山盐泉不但是浓度较高（冬春季 4~5 波美度）、杂质含量最低的白卤，也是最易开发、蕴藏量最大的自流盐泉，年自溢含盐量达 1.6 万吨。

《舆地广记》："故比井县……有巫溪咸泉。"

巫盐　　远古时期，聚居于登葆山（即宝源山）以巫咸为首的群巫部落，借助神巫的统治，成为了这里最早的盐政管理者。巫盐，也成了巫咸赖以傲世的重要资本之一。

另：

控制着宝源山盐泉的巫咸之民，制作出的泉盐，除了自给之外，主要还是用以交换，以获得各项生活必需品。

泉盐贸易，为擅长舟楫的巴人提供了一个良好的机会，巴族顺理成章地成了运盐贩盐的专业户。他们从少数人投入到举族参与，泉盐便通过长江干流与其众多的支流向外铺展开来。在这双重交换中，巴人获得了丰厚的收益。这样一来，泉盐也成了巴族变得强大的重要物质基础。

大宁河

大宁河发源于重庆市巫溪县西北隅光头山，在重庆市巫山县境内注入长江三峡，河长 165 公里。

在大巴山地区的新构造运动中，地壳阶段性抬升，不但形成了各种梯级台地面貌，还形成了曲折幽深的峡谷、迷宫式岩溶洞穴等诸多岩溶微地貌奇观。

其后，伴随着地壳强烈地向上抬升，河床侵蚀基准面不断下降，河水不断下切，沿岩石中的节理、裂隙侵蚀，从而造就了幽深而壮美的大宁河。

盐政管理

汉武帝时，实行盐铁由国家垄断经营，并设置行政机构具体管理的方式。在中央于大司农之下设盐铁丞，总管全国盐铁经营事业，在地方于各郡县设盐官或铁官经营盐铁产销。王莽时期行五均六筦（guǎn），盐铁官营亦是其中内容。三国时期，刘备分巫县置北井县，专以盐利制荆州。

唐代宗时，刘晏整顿盐法，改间接控制为直接管理，于今天巫溪县、巫山县等地设大昌监（监治在今重庆巫溪），为唐代四场十监之一。

宋开宝六年（973 年），置大宁监，治所初期设在县城门洞（前河），后移至县城（城厢镇）。

元代四川盐茶转运司在宁厂盐场设司令（从七品）、司翠和管勺各一员管理盐务，场下再分团、灶。

明代置大宁盐课司及巡检司。

清乾隆二年（1737 年），设盐大使署，署衙在龙泉庙右侧的大金沟。

民国二十九年（1940 年），设立盐厂公署、盐业局对卤水进行管理，实行统制。就各灶户产能及卤水需求量，分配用卤定额，统一核定卤租，代收代付，灶户和卤户不直接交易。至民国三十六年（1947 年），颁布了《停配卤水各灶及分配卤水各灶表》，进一步完善和巩固了卤水统制。

新中国成立后，卤水收归国有，按需分配各灶使用，并按每担盐向政府交纳 5 分钱卤租，至 1965 年停止交纳卤租。

巫盐革新

自宋开宝六年（973 年）置大宁监后，多任盐官从分卤、输卤等方面对宁厂盐业管理、生产进行改良，使盐卤资源得到有效分配，再加上解决了笕（jiǎn）卤过河的难题，使得巫盐得到了迅速发展。

随着流水线工艺的逐渐扩大，宁厂年产雪花盐达 400 余万斤，居全蜀及西南诸省食盐产量之冠，远销晋、陕、鄂、川、黔诸地。史称利走四方，吴蜀之货，咸萃于此。

另：

在宋嘉定以前，盐户已经用笕竹头尾连缀，长达数十百丈，引卤至灶房煎煮，但还不能笕卤过河。直到盐官孔嗣宗用竹篾编成碗口粗的篾藤，架于南北两岸高处作牵引缆绳，称为绞篊（hóng）飞渡，再将首尾相连的笕竹，呈一定斜度牢牢悬挂在绞篊上，才解决了笕卤过河的难题。这种输卤方式，也一直被沿用到 1959 年上半年。

由于蒮篊需要每年更换，于是每年更换蒮篊的时间——十月初一则被称为绞篊节。这一习俗在当地延续了 600 余年。在绞篊节这一天，灶户盐商必定置办宴席，歌舞兴会。知县等官员也纷纷到场，与灶户、盐商及广大盐民一起，对过篊笕竹除旧易新。

巫盐加工

宁厂盐业初期，盐卤为公共资源。其后随着灶户增多，卤水供不应求，灶户为争盐卤，强弱相凌，狱讼不断，甚至聚众械斗。

宋淳化年间（990—994 年），大宁监鲁说为息争止讼，特地在盐泉下面设计并督造了贮卤石池，外设横木板并凿孔三十六眼，令盐卤从孔眼中流出来。各灶户从卤眼分配盐卤，并按卤眼缴纳榷税。

宋嘉定年间（1208—1224 年），盐官孔嗣宗铸龙头置于盐池上，让卤水自龙口喷出，又将贮卤池上的横木分卤板更换为铁板。

盐卤被引入灶户深达数米的贮卤井池，沉淀后由扯卤工将卤水提升起来，经笕管接入木质临时贮卤桶里。然后再导入烧垅灶上纵向排列的铁锅里。

经验丰富的照火师傅，在前面的灶膛生起柴火，依据煎煮工序，观察火候，添加薪柴，根据需要保持相应的火力。专职盐工则赤膊站在灶台上，手持长柄木瓢，将后面锅里预热的卤水逐次转入前面温度更高的锅里。煎煮过程中，通常是利用前面的余火及尾气加热后面铁锅里的盐卤。

煎煮盐卤，先要用猛火迅速煮沸，使水分蒸发掉，待渐至饱和，出现盐花和悬浮杂质时，加入豆汁（利用豆汁形成胶体的凝固作用，吸附并去除硫酸钙、石膏等杂质）。待卤面上浮起浆泡沫时，即用竹编灶筛子将其舀出，称为提浆泡。

然后用微火慢煨，下盐种（母子渣盐）以促使卤水结晶成盐粒。接着捞起盐粒并将其置于滤水槽中，再将花水（卤水久煮下豆汁后捞出的浓卤汁）均匀地淋在盐粒上，淋遍淋透（淋花水的目的是使盐粒晶莹亮泽）。

滤去残留水分，再转至烘干炕摊开烘干。最后装入篾条编制的大盐包，计重、包扎、打上商号，进入成品库房。

六耳熬盐铁锅

来源：征集
年代：现代
藏址：巫溪博物馆

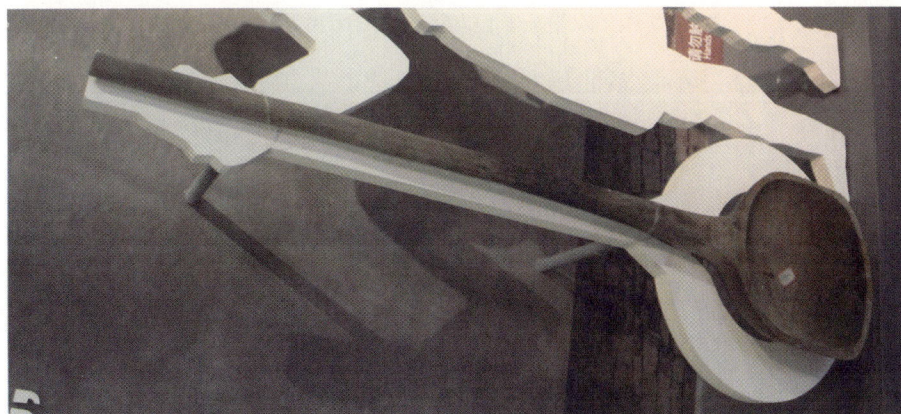

盐瓢

来源：征集
年代：现代
藏址：巫溪博物馆

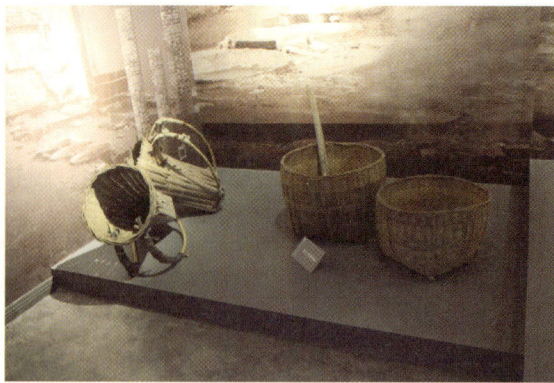

盐工生活用品

来源：征集
年代：现代
藏址：巫溪博物馆

巫盐济楚

两湖地区历来是淮盐的天下，由于淮盐产地被控制或运输通道被截断，才迫使两湖地区不得不改食川盐。

清咸丰三年（1853年），太平天国建都南京，淮盐不能上运湘鄂，清廷饬令川盐济楚。这一举措对宁厂来说，则被称为巫盐济楚。也正是在此期间，宁厂成为川东最大的食盐输出产地。

大规模的川盐济楚、巫盐济楚，在历史上出现过两次，一次发生在咸丰三年（1853年）至光绪二年（1876年），一次发生在抗战时期的1937—1945年。

巫盐古道

以大宁盐场为中心，向外延伸的巫溪古盐道，是商贸之道，是供给之道，是移民之道，是民俗交汇之道，也是行军用兵之道。

宋太祖赵匡胤入川平蜀，即是经由此道……土地革命战争时期，贺龙领导的红三军自湖北房县、竹溪经盐道入川。抗战时期，盐道又成了重庆与鄂西前线的重要军事运输线——郧宁线。

宁厂古镇

宁厂古镇位于重庆市巫溪县北部大宁河支流后溪河畔，地处大巴山东段渝鄂陕三省市结合处。2010年12月，被住房和城乡建设部、国家文物局授予第五批"中国历史文化名镇"荣誉称号。

过去，小街只有北岸的靠山部分，绵延的建筑群体大都临溪而建。

后来，后溪南岸也逐渐形成街道，这才有了夹溪而立的，人称七里半边街的宁厂古镇。

古镇依山傍水，逼仄的街道青石铺路，古香古色的吊脚楼、过街楼等古建筑和民居沿着后溪河绵延了 3.5 公里。

当地有歌谣唱道："大宁厂，岩对岩，七里房屋相对排。背依山，脚踏水，三面板壁一面岩。一条半边石板街，三人并排过不来。"

城厢镇　　城厢镇位于重庆市巫溪县东南部，素有峡郡桃源之称。古城四面环山，城东有展翅欲飞的凤凰山，南有逶迤而下的龙头岭，西有沉酣静卧的麒麟山，北有峭壁千寻的九层楼，极目远眺则可见海拔 1200 余米的云台观山峰。大宁河，由南向北，穿城而过。熊家河，则由西向东，于城南汇入大宁河。历代文人墨客，或云游大宁，或隐居峡郡，留下了许多吟咏名篇。

终成绝响　　1997 年 2 月 6 日，也就是 1996 年的农历腊月二十九（当年的除夕），大宁盐场熄灭了最后一灶炭火，自此，万灶盐烟彻底走进了历史。

宁厂的灶火熄灭了，可那曾经的人和事却带着余温。他们，依次走来，又依次离去。步履有高有低，脚印有深有浅……

山城古道　　在山城的地理版图上，无数巴渝先民不畏艰险、知难而进，开辟出了一条条向东、西、南、北蜿蜒延伸，穿梭于高山河谷，串连起四面八方的道路。

其中最有名的当属成渝古道、川黔古道、川鄂峡路、嘉陵古道。在重庆考古界，它们拥有着明星般的地位，被誉为隐藏在崇山峻岭中的地理传奇。

成渝古道　　成渝古道，是古时陆上重庆到成都的必由之路，被誉为最早的成渝高速。早在汉代，成渝古道即已经成型。其后，随着巴、蜀两地经济的繁盛、交往的频密，成渝古道作为最重要的陆路干道，遂成为了古时重庆的商贸第一大道。

成渝古道包括成渝南道和成渝北道，二者统称为成渝古道。南道为东大路（自通远门至迎晖门全长约 535.5 公里），北道为东小路（自通远门至迎晖门全长约 405.5 公里），多因重庆在成都之东，故以方位称之。

唐宋时期，成渝北道是成渝间最主要的官方驿路（驿站，大者为驿，小者称铺。是古代供传递军事情报和官府文书之人，或往来官员，途中食宿，换马的场所，起迎来送往、休息补给的作用）。到了明代，管道南移，成渝南道变身为官方驿路。到了清代，南道继续延续官方驿路的地位。至此，北道虽依然被继续使用，但南北的发展已高下立判。

如今，在走马境内尚完整保留有约 1000 米的成渝古道遗存。在这段道路上，当年马帮留下的印迹清晰可见，足见当年成渝两地经贸的繁荣。

东大路行走路线：巫山（小桥驿）—奉节—云阳—万州—梁平（梁山驿）—垫江—分水驿—朝天驿—重庆通远门—佛图关—大坪七牌坊—石桥铺—二郎关—白市驿—走马铺—璧山（来凤驿）—永川—大足（邮亭铺）—荣昌（峰高驿。明代为峰高驿，清初为峰高铺，光绪年间为峰高里）—隆昌（隆桥驿）—内江（安仁驿）—资中（珠江驿）—简阳（龙泉驿）—成都迎晖门。

东小路行走路线：重庆通远门—佛图关—六店子—小龙坎—歌乐山三百梯—高店子—西永—虎溪—璧山—铜梁—安岳—乐至—简阳（龙泉驿）—成都迎晖门。

另：

总的来说，取道东大路由重庆到成都，于路要经一岗（走马岗），一坳（丁家坳），两门（通远门、迎晖门），两关（浮图关、老关），三街子（杨家街、史家街、迎祥街。一说走马老街、来凤老街、白市驿半边街），五驿（龙泉驿、南津驿、双凤驿、来凤驿、铜罐驿。一说龙泉驿、南津驿、双凤驿、来凤驿、白市驿），五镇（石桥镇、银山镇、椑（bēi）木镇、李市镇、安福镇），九铺（石桥铺、邮亭铺、莲池铺、石盘铺、赤水铺、南山铺、山泉铺、大面铺、沙河铺）。此外，在古道沿线还设有七十二个团防，以保障出行，维护治安。

川黔古道

川黔古道，即由重庆通往贵阳的僰（bó）溪道。唐朝时，这条出川入黔的古道，比长安入蜀的路更为难走。而到了明清时期，因川黔古道被确定为官方驿道，所以得到了进一步的完善和发展，最终成为通途大道。

由于川黔古道乃川盐入黔（贵州山区自古以来就缺盐，而重庆三峡、四川川南又盛产食盐）的要道，因此，这条古道历史上也被称为盐茶古道。事实上，川黔古道不仅是盐茶古道，还是最早的一条茶马古道。到了清代，川黔古道又成了一条移民入川的重要通道。

时至今日，这条穿行于大娄山崇山峻岭之间的古道，依旧顽强地见证着古往今来。

川黔古道行走路线：重庆朝天门—南山黄葛古道—巴县百节驿—北渡驿—綦江—东溪驿—赶水铺—安稳驿—贵州桐梓县—娄山关—遵义—贵阳。

《水经注·江水》："汉武帝感相如之言，使县令南通僰道，费功无成，唐蒙南入，斩之，乃凿石开阁，以通南中。迄于建宁，二千余里。山道广丈余，深三四丈，其錾凿之迹犹存。"

《元和郡县图志》："又自江津县南循僰溪水路至南州二百三十里。"

唐·张籍《送蛮客》："借问炎州客，天南几日行。江连恶溪路，山绕夜郎城。"

川鄂峡路

川鄂峡路是古老的出渝通道，到底成型于何时现已很难考证。不过有一点是可以肯定的，峡路在很早以前，就已成为巴渝地区对外交流的重要通道。为了抵御入侵，巴人曾在峡路上设置过多道关口（一说三关，一说四关），足见这条古道对巴人的重要性。

川鄂峡路既是重要的军事通道，同时又是战场。三国时期，峡路成了吴蜀两国交兵的主要战场。宋代以前，记录在册发生在峡路上的大规模战争就有40余次，小型战斗更是不计其数。

川鄂峡路行走路线：重庆—合川—广安—渠县—大竹—梁平—分水驿—万州—云阳—奉节—巫山—宜昌—荆州—武汉。

《蜀王本纪》："……望帝以鳖灵为相。时玉山出水，若尧之洪水，望帝不能治，使鳖灵决玉山，民得安处。"

《华阳国志·巴志》："巴、楚数相攻伐，故置扞关、阳关及沔关。"

《水经注·夷水》："昔廪君浮土舟于夷水，据捍关而王巴。"

嘉陵古道

嘉陵古道历来都是水路、陆路并行的。水路由重庆沿嘉陵江一路北上，陆路则是循着下述的嘉陵古道路线行进的。

嘉陵古道出重庆城，翻过歌乐山后再转而北上，因这条驿路是通往合川的陆路正途，所以在清代又称渝合道。古道向北，不到十里路，便可到达八庙场驿站。再北行四里，便路过青木关，该关隘设于明代。

在这段长约百里的驿路上，设有十个塘站（塘，为驿站关卡，设有塘兵、营房、哨楼等。用于保护过往官民客商），即渝合十塘。

　　头塘设在佛图关、二塘设在白崖（今沙坪坝井口二塘村）、三塘设在金刚坡（今沙坪坝金刚村）、四塘设在四塘村（今沙坪坝土主镇高滩桥）、五塘设在青木关、六塘设在温汤驿（今璧山六塘镇）、七塘设在柏家庙（今璧山七塘乡石坡村）、八塘设在璧山八塘镇、九塘设在凤垭（今合川九塘乡）、十塘设在襄溪（今合川十塘乡）。古道过了重庆合川，进入今天的四川，便基本上是沿着嘉陵河谷一路北上了。

　　嘉陵古道在历史典籍里曝光率极高。楚汉相争期间，刘邦为避项羽锋芒，自行烧毁古蜀栈道。其后，又明修栈道暗度陈仓，一举占领关中。先烧后建的栈道是褒斜道，奇袭时走的小路就是嘉陵古道。其后曹操进攻张鲁，诸葛亮兵围陈仓，唐末僖宗入蜀，也都与这条古道有关。

　　到了宋代，随着重庆军政、经济中心的确立，嘉陵古道逐渐取代了金牛道、褒斜道，成为连接陕西与重庆的主干线。南宋末年，率军进攻钓鱼城的蒙古大汗蒙哥就病死在古道上的温汤驿（设置在六塘）。

　　嘉陵古道行走路线：重庆通远门—佛图关—井口二塘—歌乐山金刚坡—土主四塘村—青木关—璧山六塘、七塘、八塘—合川—武胜—南充—蓬安—南部—阆中—广元—略阳—汉中—西安。

荔枝古道　　荔枝古道，是指起始于涪陵，连接四川、陕西、湖北的古代陆上商业贸易路线。唐朝时，此道广设驿站，盛极一时，官商邮旅称便。北宋时，曾一度被荒废。明清时，此道再度兴盛，成为川陕客商往来的重要道路，《三省边防记》称其为川陕要道。

　　唐天宝年间，玄宗皇帝李隆基为满足贵妃杨玉环嗜食鲜荔枝之癖，颁旨在涪州建优质荔枝园，并修整涪州到长安的道路以置特快专递。这条长达1000余公里专供荔枝运输的驿道，便是荔枝道。

　　荔枝古道行走路线：涪陵（妃子园）—垫江—梁平—大竹—达县—宣汉（大成乡瓦窑坝折入三桥、隘口、马渡）—平昌县（岩口乡、马鞍乡）—万源市（鹰背乡、庙垭乡名扬、秦河乡三官场、玉带乡、魏家乡）—通江县（龙凤乡、洪口乡、澌波乡）—再入万源市（竹峪乡、虹桥乡）—镇巴县，定远，越九龙砦（zhài）（陈家滩）杨家河、司上、罗镇砦—西乡县子午镇，最后进入子午道，抵达西安。

另：

相传杨玉环是忠州（今重庆忠县）人，后以其父杨玄琰（yǎn）担任蜀州司户之故，在蜀州度过童年。也有说是虢（guó）州阌（wén）乡（今河南灵宝）、蒲州永乐（今山西永济）、弘农华阴（今陕西华阴）、蜀州（今四川成都）、容州（今广西容县）人的。其所食荔枝产自涪陵。当然，也有人认为那些荔枝产自四川合江，还有人坚持认为是来自岭南的。

《华阳国志·巴志》："其地东至鱼复，西至僰道，北接汉中，南极黔涪……其果实之珍者，树有荔支……"

《蜀中广记》："《方舆胜览》云：'域西十五里有妃子园，其地多荔枝，昔杨妃所嗜。当时以马递，驰载七日七夜至京，人马多毙于路，百姓苦之。'"

唐·杜甫《解闷十二首·其十》："忆过泸戎摘荔枝，青枫隐映石逶迤。京华应见无颜色，红颗酸甜只自知。"

三峡岩棺

岩棺也称悬棺。悬棺葬是崖葬中将棺木高置于临江面海、依山傍水的悬崖峭壁之上的一种葬俗。

三峡地区的悬棺，通常为战国至汉代的遗存，主要分布在奉节夔门到宜昌南津关一带，长江干流及支流两岸的悬崖峭壁上。而三峡中的悬棺又以巫溪县境内的数量最多，保存最为完好。如烂船湾、月亮洞、猫子石、棺木岩、硝洞岩、四方洞、南门湾、东门沟、九层楼等。

而在巫溪县境内，岩棺最集中的地方当属大宁河中上游段，其中的荆竹坝岩棺群，已被公布为第七批全国重点文物保护单位。据不完全统计，在大宁河的五个峡谷段中，有岩棺43具，绝壁凿龛岩棺遗址274处。

岩棺按照放置方法，可分为天然和人工两大类。天然放置的有将棺材横置在悬崖上的石缝中，将棺材插入峭壁上的自然山洞之内和将棺材码放在崖壁上的山洞和凹穴之上等几种。人工放置的有将棺材嵌入崖壁上凿好的石框之中以及先凿石孔，在石孔上插入木桩，然后再将棺木放在木桩之上等几种。巫溪岩棺一般选择利用自然洞穴、崖缝、岩墩放置棺木，棺木一般采用整木挖凿而成。

关于悬棺葬习俗的由来，历来有穴居生活说，死不落土说，弥高至孝说，灵魂普度说，追求吉利说等，众说纷纭莫衷一是。

个人以为，这些棺木在过去，极有可能只是被钉挂于略高于水面的岩壁上，而并非攀爬到数丈高的岩壁上完成的作业。其后，随着年深日久，由于地形变化造成水位下降的缘故，这些棺木便与水面相对升高，于是便造就了今日的奇观。

另：

荆竹坝岩棺群位于重庆市巫溪县大宁河支流东溪河荆竹峡西岸，在高出河面 100~140 米的绝壁之上。该墓群现存棺木 24 具，完整的为 15 具。棺木均用整段楠木挖凿而成，棺盖棺身采用子母榫相扣合，工艺粗糙。其中最大的一具棺木长约 3 米，高近 1.5 米，里面套有一副小棺，为外椁内棺形制。

1980 年，四川大学历史系发掘了荆竹坝岩棺群 18 号棺。该具岩棺为西汉晚期之物，棺木长 1.6 米，宽和高各 0.5 米。棺木的底、盖都是由整块楠木刳（kū）成，制作工艺相当粗糙，内壁的刀斧痕明显，且有焦黑痕迹。底、盖及两壁两端各有两枚不规则方孔，共八方。棺内有两具骸骨，一具年龄约十岁，为女性；另一具十四五岁，为男性，颅骨顶部有冠状凹陷。随葬品有两件蛇头状青铜带钩，长的 8 厘米，短的 3.6 厘米，另有一件青铜手镯。

《水经注·江水》："江之左岸，绝岸壁立数百丈，飞鸟所不能栖。有一火烬，插在崖间，望见可长数尺。父老传言，昔洪水之时，人薄舟崖侧，以余烬插之岩侧，至今犹存，故先后相承，谓之插灶也。"

《太平御览·礼仪部》："《神怪志》曰：'王果经三峡，见石壁有物悬之如棺，使取之，乃一棺也。发之，骸骨存焉。'"

《邵氏闻见后录》："三峡中，石壁千万仞，飞鸟悬猿不可及之处，有洞穴累棺椁，或大或小，历历可数，峡中人谓之'仙人棺椁'云。"

宋·苏轼《出峡》："忽惊巫峡尾，岩腹有穿圹。仰见天苍苍，石室开南响。宣尼古庙宇，丛木作帷帐。铁盾横半空，俯瞰不计丈。古人谁架构？下有不测浪。石窦见天囷，瓦棺悲古葬。"

第五部分

石破天惊

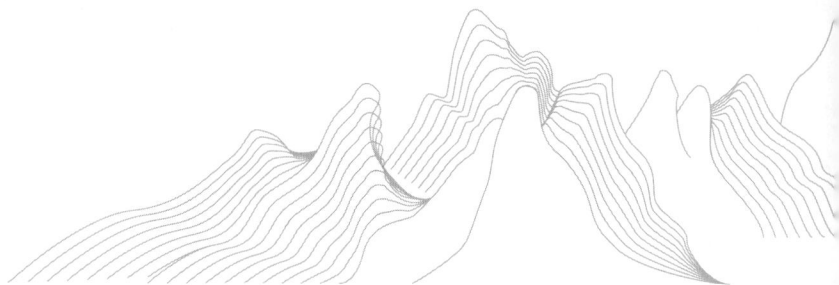

走进重庆巴人博物馆，迎面就能看到两副巨大的船棺。在这两副船棺的背后，尘封着的不仅是巴人那些鲜为人知的历史，还有他们那如歌的岁月……

1954年，随着重庆第一机制砖瓦厂厂房的修建，在巴县铜罐驿冬笋坝发现了大批铜器。随后，四川省考古所、西南博物院（重庆博物馆前身）组织专家赶赴现场进行了抢救性发掘，发现一处约有2500年历史的巴人墓葬群（一说早在1952年3月，该墓地即已在一合作项目的建设施工中被发现）。

巴人船棺葬的发现，不仅是在重庆、四川，乃至在全国都引起了极大的轰动，赶赴重庆来参观的专家络绎不绝。这次发掘在中国的考古史上写下了辉煌而浓重的一笔，因为这是在全国首次出土船棺葬，也是目前国内发现最早的一处船棺葬遗址。此后，正是基于这一历史性的发现，最终催生了重庆巴人博物馆在重庆九龙坡区的创建。

作为当代中国考古上的一个重要发现，冬笋坝巴人船棺葬的发掘出土，其意义无疑是巨大的，它为我们了解巴国的历史提供了重要的资料，对进一步研究巴人文化具有很高的史料价值，同时也拉开了全国在考古学意义上的巴文化研究的大幕。

船棺葬

所谓船棺葬，顾名思义，就是以船形棺为葬具的墓葬。船棺葬，也是我国古代一些傍水而居、长于舟楫的民族所特有的葬俗。

船棺葬分为两种，一种是将其埋入土中，另一种则是将其置于崖上。以船为棺进行土葬的民族并不多见，巴蜀先民则是个例外。自 1954 年在巴县冬笋坝和昭化宝轮院首度发掘出船棺墓葬，半个多世纪以来，考古工作者在今四川、重庆地区又先后发掘出多处船棺葬遗存。

船棺葬作为古代巴蜀地区盛行的一种丧葬习俗，在中国墓葬史上占有十分重要的地位，具有很高的史学与考古学研究价值。

巴人土船

巴人所以能在鱼盐文明中诞生并崛起，与他们所掌握的一项绝技有着莫大的关系——那就是造船和驭舟技术。在相当长的一段历史时期内，土船都是他们手中的王牌与利器。巴人船棺就是巴人土船的现实版。

巴人的先祖们的主业起初当为渔猎，而这种营生也仅能填饱肚子，是谈不上什么未来和发展的。只有拥有了造船驭舟的本事，才能有缘参与到当地一本万利的盐业中去，于是也才有了后来成功崛起的巴人。

土船所以称它为土，不是因为它是用泥做的，而是因为这种船本身就是形制简单做工粗糙的独木舟。说它简单，就是选择一整段原木，掐头去尾，削去上部再削平底部，然后刳凿成船型。说它粗糙，就是又烧又凿，边烧边凿。

这种船长约 5.3 米，宽约 1.05 米，多由直径 1 米多的大楠木制成。其制法是先将一段木头纵向削去一半，底部稍微削平，两端再斜向上削，使其成船形。再将中部挖空成舱，船舱平均长 3.9 米，宽 0.8 米。

巴人就是驾驭着这种土船，横绝江河、战天斗地、行走四方的。他们击水于滚滚江河之中，或捕鱼捞虾，获取生活资料；或挥钺舞剑，厮杀格斗；或长途转徙，扩张展拓。在他们去世以后，又用这种独木舟为葬具，或仿其形另作葬具，其上加盖，考古学上称之为船棺。

巴人的英雄后裔巴务相，也是仰仗着拥有高超的造船、娴熟的驭舟技术、精湛的剑术和超凡的勇气，才能在后来的五姓结盟中胜出。

《后汉书·南蛮西南夷列传》："又令各乘土船，约能浮者，当以为君。余姓悉沉，唯务相独浮。因共立之，是为廪君。"

风雨
铜罐驿

蜀道难，难于上青天。这里提到的蜀道，是指由关中通往汉中的褒斜道、子午道、故道、傥骆道（堂光道）以及由汉中通往蜀地的金牛道、米仓道等。而广义上的蜀道也包括联通着重庆和成都之间的通道。而说起巴东的蜀道，无论是陆路还是水路，都不能不提到一个地方——那就是铜罐驿。

铜罐驿，注定了是个有故事地方，无论是过去、现在，抑或是可期的将来……这里既有原味的老街，又有精彩的故事，虽然岁月将其华丽的盛装褪去，留下几近荒芜的街市，但依然难掩它曾经的美丽。

战国时期，巴人在这里生息繁衍创造着文明。唐宋时期，随着巴蜀地区经济的发展，成渝间的交流也空前繁盛起来。重庆作为一个山水交融的城市，陆路复杂的地形和两江黄金水道的便利形成了鲜明对比，也自然造就了水路运输的空前发达。水路运输的兴起让这里从一个小小的码头渡口蜕变为远近闻名的江上名驿（古代渝州八大水驿，在重庆境内尤以铜罐驿、鱼洞、木洞规模最为庞大）。换句话说，是重庆的黄金水道造就了铜罐驿。

起初，水路运输是由成都经绵阳，顺涪江下合川，最后到达重庆的。到了明清时期，由成都出发的船舶，只需顺岷江下乐山、宜宾、泸州即可直达重庆。而船舶从朝天门城墙外的朝天驿启程向成都进发，到达铜罐驿刚好是一天的路程，这也使得铜罐驿在重庆所有的水驿中变得尤为重要。加上这里又是连接江津、西彭、白市驿等要冲的陆上商品集散地，铜罐驿也因此实现了历史上的大满贯。

每到傍晚，铜罐驿的峡口回水沱内便会里三层外三层地靠满船舶，灯火辉煌就像一座不夜城。次日天还未亮，各路船舶就已开始陆续开拔，码头上也开启着周而复始的喧嚣与忙碌。

月落日升、时移世易，如今早已风光不再且几近荒废的古镇，只有一条机耕道和坑坑洼洼的石板路与外界相通。道路两旁被遗弃的保留完好的民居、码头上的吊脚楼宅邸、十字路口处的弧形商铺、造型别致的酒肆门面、几进几出的四合大院……无不无声地诉说着古镇当年的繁华。

另：

清咸丰年间，冬笋坝、锣鼓洞、硌（luò）五洞、仙女凼等地风靡一时的宝藏传说，引发并掀起了长达百年之久的寻宝潮。

铜罐驿宝藏的传说由来已久。据说早在一千多年前，周边峡谷的山洞、峭壁就是诸多绿林水盗藏匿赃物的场所。水驿兴盛之后，诸多往来于此的商贾也纷纷利用这里的隐秘之处，作为囤储财货的仓库。

明·杨慎《铜罐驿》："金剑山头寒雨歇，铜罐驿前朝望通。天转山形回合异，春添江色浅深同。巴农麦陇层云上，楚客枫林返照中。水底鲤鱼长尺半，寄书好到锦亭东。"

清·张问陶《大茅峡》："石斓文章出，横空半壁蹲。山容留禹凿，峡意仿夔门。洞杂精灵守，林荒虎豹尊。人烟何断续，一犬吠云根。"

清末民国·赵熙《猫儿峡》："乡中往往讳言虎，地是古志毛虫处。兹山嶙嶙唤作猫，奇哉江津此门户。高逾江面知几里，刀截悬崖无寸土。年深注水作肉色，铜锈瓜皮结钟乳。自泸州下多小山，惟少岷山天一柱。翩翩小儿穿绿衣，突遇黄斑耸肩股。大抵论山如论文，第一雄奇次媚妩。以此问猫猫不驯，铜官驿前驾飞舻。"

优哉游哉

熏一下江畔徐风，铜罐驿那鳞次栉比的老街，便是一段看不厌的风景。

呷一口盖碗老茶，走马镇那白墙青瓦的古镇，便是一个说不完的故事。

寻一处斑驳老宅，椒园村那阡陌交通的传统村落，便是一折道不尽的记忆。

有人说，乡愁是一种情结。有人说，乡愁是一种记忆。有人说，乡愁是一种味道。记得住乡愁，便是心安处。

人的成长不可逆，人的思想却能延续。本乡本土真实的村落文化，会唤起离家人的真实记忆，人们通过享受、感悟、认知，又会吸引更多的人走进这种文化，得到新奇、收获和信念。这，才是乡愁带给我们的最大力量。守护乡愁，先要留住活着的文化。只有保护传统文化，才能留住美丽乡愁……

东坡居士说：且陶陶，乐尽天真，几时归去，作个闲人。对一张琴，一壶酒，一溪云。

而我要说：现在就出发，一柄扇，一本书，一行人。

第六部分

重厘巴史

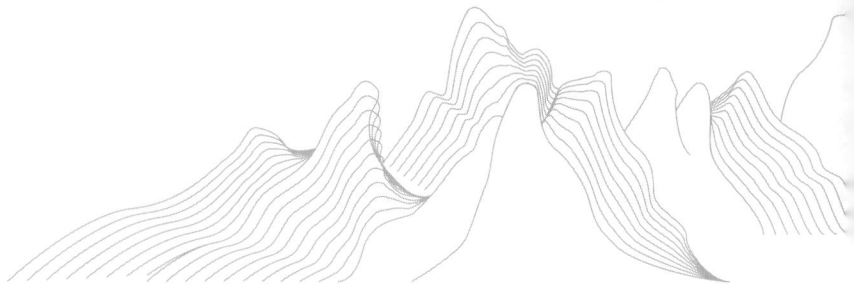

时间是由事件构成的，历史是由时间构成的。时间的基本元素是事件，是过去的事，现在的事和未来的事。而时间不是历史，事件才是。

巴人，作为一个伟大的族群，在数千年的文明进程中，有着自己鲜明的性格、文化和生活方式，当然也有着一段属于自己的独特发展历程。

通过近些年的考古发现，再佐之以文献，都无可辩驳地证实了，巴人就起自三峡（从考古学意义上讲，这里既有新石器时代的先巴文化，也有夏商西周时期的早期巴文化和春秋、战国时期的晚期巴文化，还有秦、西汉前期向汉文化过渡的末期巴文化，因此说巴人的根在三峡是确定无疑的），其后才随着时间的推移，广布于今渝、鄂、川、陕、湘、黔、滇等地。

巴人，不但勇猛顽强，能歌善舞，而且乐观向上。他们在极其恶劣的环境下与天斗、与地斗、与人斗。他们对重庆和川东地区，特别是大巴山一带经济文化的开发和发展起到了积极的推动作用。

巴人的历史，既是一部战争史，也是一部血泪史，还是一部迁徙史，更是一部奋斗史。巴人的历史通过断代大致可分为先巴时期、方国时期、巴子国时期、秦汉时期、三国时期……因在三国以后，非要强行在这民族大融合的万缕千丝中理出个头绪来，似已无这个必要了，故而略去不写。

另：

从古至今，川东地区的人民，无时无刻不在接受着残酷命运的洗礼。从秦朝至清朝，为填补战争、瘟疫和天灾造成的人员空缺，曾五次移民入川。这五次移民，既促进了川东地区土著居民与汉民族的同化，同时也加快了川东地区的开发步伐。

先巴时期

8000 年前，巴文化的基因在鄂西城背溪文化中开始孕育。

6000 年前，巴文化的性状在三峡大溪文化中开始清晰地显现。

5000 年前，南方苗蛮集团形成（其始祖为伏羲、女娲）。在苗蛮集团范围内，巴人开始出现（太皞生咸鸟）。

5000 年至 4200 年前，巴人正式诞生（咸鸟生乘釐，乘釐生后照）。

原始社会晚期，一支巴人东迁到洞庭湖北岸一带，并逐渐发展成为苗蛮集团的重要成员。因其图腾为巨蛇，故称之为巴蛇。巴蛇部巴人战胜了象部落，并将其吞并。

公元前 22 世纪，帝尧命后羿（东夷部落首领）伐巴，在洞庭湖打败了巴蛇部巴人，迁巴蛇部巴人至汉水中游（此地近于尧子丹朱部落，便于进行管理）。

公元前 21 世纪，无淫（帝舜之子）率部众南下，进入大巫山地区与巫载（zhí）民众生活在一起。

出身西羌的禹接替父亲鲧（gǔn）继续治理洪水，来到江州（今重庆），娶重庆南岸涂山氏女（即涂后）。

公元前 21 世纪后期，禹继舜成为中原华夏集团首领，于会稽大会天下诸侯，携玉帛朝者"万国"，巴蜀亦应邀参加。

方国时期

公元前 21 世纪后期，被后羿强迁至汉水中游的巴蛇部巴人又逐渐强盛起来。

帝启八年，帝启派大臣孟涂莅巴，既担任首领，又兼任大巫师、大法官（听取巴人诉讼之事）。

夏代晚期，古鱼复（今重庆奉节）一带的鱼凫巴人举族西迁到都广之野（今川西），战胜当地的柏濩族，建立起鱼凫蜀国，并创造了闻名遐迩的三星堆文化。

商代早期，弓鱼巴人从三峡出走，沿大宁河北上，经任河进入汉江，最后定居在今汉中市陈固县一带，并建立起了自己的方国——弜国。

商代早期偏晚，大巫山地区的巴、樊、瞫（shěn）、相、郑五个氏族，先后迁至夷水下游的武落钟离山定居。

商代中期，实现联合的五大氏族推举出部落酋长——廪君。这支新兴的力量在廪君的带领下沿夷水西上，吞并盐水部落，立都夷城，建立起了夷城巴国。

商代中期，商王武丁偕其妻妇好讨伐巴方（巴蛇部巴人到商代已成为重要的方国——巴方）。经过激烈的战斗，巴方破灭。

鉴于商军南下，白虎巴人遂奋发图存。白虎巴人首先吞并巫载国，夺取了郁山盐泉，然后下郁水，顺乌江到达枳（今重庆涪陵），东灭鬼国（今重庆丰都），西占江州（今重庆渝中半岛）。并以江州为中心，建立起江州巴国。

商代晚期，弓鱼巴人进一步向关中平原发展，并逐渐定居在今宝鸡一带。

商代末期，周族在太王古公亶（dǎn）父率领下迁岐。鱼凫蜀国与江州巴国皆与之交好。

周武王九年（前1038年），武王观师于孟津，大会八百诸侯（商讨伐纣事宜），巴蜀与焉（周公作《泰誓》以记其事）。

周武王十一年（前1036年），武王伐纣，巴师为消灭殷商立下了大功。

周武王十三年（前1034年），在周初第一次大分封中，武王将其宗室分封在巴地，在原江州巴国的基础上建立起巴子国（而代表着当地传统势力的五姓巴人等首领们则一方面仍作为蛮夷君长统领部属，另一方面又被任命为巴子国的高级官员）。

巴子国时期

周成王七年（前1036年），洛邑建成后，成王姬诵于洛邑大会天下诸侯，巴、蜀应邀与会。巴向成王贡献了方物（比翼鸟），蜀则贡献了文翰（一种五彩斑斓的鸟）。

周夷王二年（前884年），巴人向周天子贡献琼玉。

楚武王三十八年（前703年），爆发了巴楚与邓鄾（yōu）之战。最后，巴楚联军打败邓国，灭掉了鄾国。

楚文王十四年（前676年），爆发了巴楚那处之战。先是楚与巴联兵北上攻申，其后因楚惊扰巴师，巴遂转而伐楚，并攻占了那处城。得势的巴国军队一度威逼到郢都的南门。

楚文王十五年（前675年），巴国趁楚国内乱，再次出兵进攻楚国。楚文王亲自率军抵御巴师，结果在津乡（今湖北江陵）被打得大败，文王不得不领着败军回国。

楚成王三十八年（前634年），楚以夔子不祀楚国始祖祝融与鬻（yù）熊为由伐之，灭夔（楚国势力乃西扩至三峡西口）。

楚成王四十年（前 632 年），巴人向秦致贡，后又与楚修好。

楚庄王三年（前 611 年），爆发了巴楚秦灭庸之战。经过此战，三国联手灭掉了位于鄂西的庸国（巴国分得庸国西部领土及宝源山盐泉）。

楚共王元年（前 590 年），巴楚联姻（楚共王纳巴姬）。

楚惠王十二年（前 477 年），巴师伐楚围鄾，楚将公孙宁率师击退巴师。

约公元前 4 世纪，巴国内乱，将军巴蔓子请师于楚，许以三城（事毕，竟以头偿城）。

楚肃王四年（前 377 年），楚出兵攻巴，占领夷水。巴蜀联军伐楚，取兹方（今湖北松滋），后败还。

楚宣王九年（前 361 年），楚攻占巴黔中之地（奉节以东尽入楚之版图）。

楚威王元年至十一年（前 339—前 329 年），楚军西进，攻占枳邑（巴国国王及大贵族的陵寝所在地），攻破阳关，攻占江州，攻占垫江（今重庆合川），攻占江州。一路势如破竹。

秦惠王更元七年（前 318 年），巴国攻灭充国，迁都阆中。

秦惠王更元九年（前 316 年），秦举巴蜀，俘巴国君臣以归咸阳，巴国遂亡。

秦惠王更元九年至十年（前 316—前 315 年），秦军继续南下，攻占垫江、江州，并沿长江东下，攻占枳邑（嗣后，封巴王之子于枳，仍称巴，是为枳巴）。

秦汉时期

秦惠王更元十一年（前 314 年），秦置巴郡（初治阆中，后移治江州）。是年张仪筑江州城、阆中城，移秦民万家以实巴蜀。

秦武王三年（前 308 年），司马错率巴蜀兵十万，战船万艘，浮江伐楚，再取商於（wū）之地。

秦昭襄王四年（前 303 年），秦王嬴稷下令开巴蜀（即废井田、开阡陌）。

秦昭襄王四十六年（前 261 年），巴蜀地区爆发了波及秦、蜀、巴、汉四郡，号称白虎之患的叛乱，秦募使龙蛇巴人平定了叛乱。

秦朝时，始皇帝为巴寡妇清筑怀清台。

汉高帝元年（前 206 年），龙蛇巴人首领阆中人范目率七姓賨（cóng）人（板楯蛮）从高祖出征，为汉军前锋，在还定三秦中立下大功。

汉高帝元年至四年（前 206—前 203 年），萧何坐镇后方，巴蜀之军粮，巴渝之劲旅，被源源不断输送到前线。

汉高帝八年（前 199 年），昔巴蜀争界，历岁不决，是年，山自为裂，如各方所愿，巴蜀之民害怕遭天谴，乃息所争。

汉高帝十一年（前 196 年），淮南王英布反。乃发上郡、北地郡、陇西郡车骑，巴郡、蜀郡材官及中尉卒 3 万人为皇太子卫，驻军霸上。

汉成帝鸿嘉三年（前 18 年），广汉（今四川金堂东南）钳子（钳徒）郑躬（白虎巴人五姓之一）等 60 余人起事。

汉光武帝建武二十三年（47 年），武陵蛮精夫相单程率众起事。同年，南郡涂山蛮雷迁起事。

汉章帝建初元年（76 年），武陵溇（lóu）中蛮（今湖南常德）陈从等起事。

汉章帝建初三年（78 年），武陵溇中蛮覃（qín）儿健等反汉。

汉和帝永元四年（92 年），溇中、澧中蛮潭戎等反汉。

汉和帝永元十三年（101 年），南郡（今湖北江陵）巫蛮许圣等人，因郡吏收税不均，起兵反汉。

汉安帝元初元年（114 年），羌人首领号多率众寇略武都、汉中二郡。汉中郡官军在巴郡板楯蛮的支援下大败羌兵。

汉安帝元初二年（115 年），澧中蛮以郡县徭税失平为由，攻烧城郭，杀伤长吏。

汉安帝永初三年（116 年），零陵蛮羊孙、陈汤等千余人聚众起事，著（zhuó）赤帻（zé），称将军，烧官寺。

汉顺帝永和元年（136 年），澧中、溇中蛮争贡布非旧约，遂杀乡吏，举种反。

汉桓帝建和元年（147 年）至延熹十年（167 年），板楯蛮数（shuò）反，蜀郡太守赵温以恩信降服之。

汉桓帝建和二年（148 年），白马羌人进攻广汉蜀国，益州刺史率板楯蛮讨破之。

汉桓帝元嘉元年（151 年），武隆蛮詹山等四千余人，拘执县令，屯聚深山。永兴元年（153 年），武陵太守应奉结以恩信平定之。

汉桓帝延熹五年（162 年），武陵蛮反，车骑将军冯绲（gǔn）讨平之。

汉灵帝建宁二年（169 年），江夏蛮反，州郡讨平之。

汉灵帝光和二年（179 年），巴郡板楯蛮起兵反汉，御史中丞萧瑗

（yuàn）督益州刺史讨之，不克。

汉灵帝光和三年（180年），江夏蛮起事，与庐江郡（今安徽庐江西南）黄穰（ráng）合兵，有众十万余，后为庐江太守陆康率军讨平。同年，巴郡板楯蛮反，寇掠三蜀（蜀郡、广汉郡和犍为郡）及汉中诸郡。采用汉中计吏程苞的建议，遣太守曹谦宣诏赦之，乃降服。

汉灵帝中平三年（186年），武陵蛮反。

汉灵帝中平五年（188年），巴郡黄巾军起，巴郡板楯蛮乘势再起，攻打郡县，抄略城邑，西园上军别部司马赵瑾率军讨平之。

汉献帝建安二十年（215年），賨人李虎率五百余家归附，曹操拜李虎为将军。九月，巴七姓夷王朴胡、賨邑侯杜濩，亦带领巴夷、賨民归附。曹操分巴郡为三，以朴胡为巴东太守、杜濩为巴西太守、袁约（一作任约）为巴郡太守。其后，黄权击三巴，破之。

汉献帝建安二十四年（219年），曹操退出汉中，恐刘备北取武都氐以逼关中，遂将李虎、杜濩、朴胡、袁约、杨车、李黑等移于略阳（今甘肃天水东北）北土，复号曰巴人（一说巴氏）。同年，武陵蛮反，黄盖计破之。

汉归义賨邑侯金印

来源：奉节
年代：东汉
藏址：中国国家博物馆

该印金质，方形，驼纽，高2.5厘米，边长2.3厘米。印文为汉归义賨邑侯，字体为汉篆阴文。
清光绪十六年（1890年）前后，云阳县南境双河口夹沟坝（今属奉节）一农户挖地时，从地中掘出一个大铜洗（形似浅盆，古代的盥洗用具），洗内装有汉归义賨邑侯金印一颗，汉五铢钱万余枚。县廪生刘家佑（字保卿）得知后，以数斗米换得。此印原藏于重庆市博物馆，1959年调拨给中国历史博物馆（今中国国家博物馆）。

三国时期

蜀先主章武元年（221年），刘备起兵伐吴，吴班和冯习统军自巫县击败李异等，一直推进到秭归，五溪蛮遣使请兵。

蜀先主章武二年（222年），刘备亲统大军自秭归进兵猇（xiāo）亭，并开通从佷（hěn）山通向武陵郡的道路，派遣侍中马良抚慰五溪蛮，赏赐他们金帛并授予官爵。

蜀后主建兴五年至十二年（227—234年），诸葛亮征发涪陵郡獽（ráng）、蜑（dàn）的三千劲卒为连弩士。

蜀后主廷熙十一年（248年），涪陵属国民夷反，遣车骑（jì）将军邓芝讨平之。

蜀后主廷熙十三年（250年），涪陵大姓徐巨反，遣车骑将军邓芝讨平之，移其豪右徐、蔺、谢、范五千家于蜀。

其后略……

第七部分
文明之旅

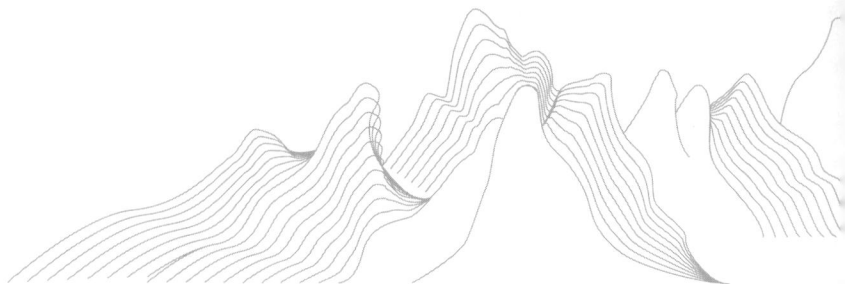

在三峡地区，旧石器时代文化流传有序，而新石器时代文化却并非完全是从这里的旧石器文化中自然生发出来的。

距今一万年前，生成于南岭北麓一带的釜文化，一路北上，到达了洞庭湖地区。又于距今 8000 年前后，进入了鄂西三峡东部地区，并在这里形成城背溪文化。在此期间，巴文化的基因开始孕育（有学者很早便已留意到了巴文化与釜文化之间的这种联系，但在过往的研究中，还是把精力放在了有着明确文献记载的东周时期的釜文化上。按照《山海经》中的说法，巴人始于后照时期，而巴人的根显然比这还要早得多）……

到了约公元前 6000 年，部分汤家岗文化融入鄂西三峡地区的城背溪文化，进而生成柳林溪文化。

约公元前 4400—前 3300 年，柳林溪文化蜕变成大溪文化。在大溪文化晚期，随着不同文化的纷纷介入，三峡地区变成了一个大熔炉。巴人的社会文明在这里不断得到熔铸和陶冶。

今天，借助考古，便颇能感受到诸多千姿百态的文化形态在三峡地区的生发及衍变。

另：

公元前 1800 年，四川盆地的三星堆文化（蜀文化）进入三峡地区，促使峡西的中坝文化演变成老关庙文化，在三峡东部则生成中堡岛文化。

公元前 1600 年，生成朝天嘴文化。

公元前 1400 年，生成路家河文化。巴人重新崛起，控制了峡区、峡西部分地区及江汉平原西部等地，形成广大的泛巴地区。

约公元前 850 年，双堰塘文化（夔文化）生成于峡区。巴人退守峡西地区，在涪陵一带形成石地坝文化。

公元前 634 年前后，楚人灭夔，楚文化进入了峡区，形成瓦渣地文化。

公元前 361 年前后，典型楚文化伴随着楚人进入三峡西部地区，至少到达了现在的忠县一带。

公元前 316 年，秦举巴蜀。在巴人进入帝国体系后，秦帝国也渐次开始对其实施改造。对巴人采取羁縻政策的同时，也充分借助巴人自身的特质控制着蜀、楚等地。

公元前 100 年后，典型汉文化加速进入三峡地区（釜文化仍在继续）。在这股滚滚洪流中，生活在这里的巴人部分被同化，部分被分化，部分则实现了转化。

巫字释义

巫字的本义是指那些能以舞降神的人。从字形上来看，巫字上下两横分别代表天地，一竖则代表天地之间的通道，而居中的两个人字则代表民众。

巫是神与人之间的一种媒介，也可以说是一种通灵的职业。从事这一职业的人则被称作巫师。他们是通达天地的预告者，也是执行者。他们所使用的通灵手段（主要包括占星、占卜等形式），被统称为巫术。而与之相关的宗教也好、风俗也罢，还有艺术等，通通都被视为巫文化。

巫文化不仅反映了先民们的思维方式、情感诉求，还间接地反映了远古的经济生产力水平。而作为一种精神现象的载体，它还开创了三峡流域后来的精神文明和族群文化。

另：

巫文化不仅是中国，也是早期世界范围内普遍存在的一种原始文化。人类学者弗雷泽认为，人类较高级的思想活动……大体上是由巫术发展到宗教，更进而发展到科学这几个阶段。

巫的内涵十分丰富，在早期社会里举凡占卜、治病、祈祷、舞蹈、驱邪等活动都可以归由巫师操纵。早期的巫师既是部落酋长，又是文明因素的创造者和积累者。虽然在巫文化中，掺杂着为数不少蒙昧、野蛮、臆测的东西，但不可否认的是，在漫长的历史岁月里，巫师们通过其所从事着的诸如卜筮、祭祀、书史、星历、医药、教育等多方面的文化和社会活动，孕育出了希望的种子，在一定程度上推动了人类文明的进步。

《说文解字》："巫，祝也。女能事无形以舞降神者也。"

巫文化

巫文化是上古时期以巫咸为首的灵山十巫，在以巫山（今巫溪宁厂古镇宝源山）为中心，创造的以占星术和占卜术为主要形式，以盐文化和药文化为主要内容的地域特色文化。巫文化主要是一种以崇尚自然、关注生死、向往拯救为主的鬼神文化。巴文化和巫文化是一脉相承的。

巫文化是上古时期人类在繁衍生息，推进社会发展中，创造的一种适应自然，改造自然的原始文化。它也是人们对万物有灵崇拜时期的文化的通称，是人类远古的文化。

当时的人们以混沌形式来认识自然和社会现象，形成了一系列思想观念、技能技艺，以此来影响和规范人们的生产生活，进而发展成一种可靠、有效的社会控制方式。

巫文化作为一种底层文化形态，产生于人类童年时期，与当时低下的社会生产力和人类认知水平相适应。这种原始、蒙昧的文化复合体，广泛地影响了中国几千年的政治、经济、文化和精神活动。

从现代科学意义上讲，巫文化蕴涵着丰富的宗教、哲学、天文、物候、医药、地理、文学、艺术等内容，并对这些领域产生最初的启发作用。简言之，巫是人类早期智者的化身，是原始社会的知识阶层。后世的医、史、儒等都是由巫演化派生出来的。

另：

正所谓巫通天下。了解了巫文化，也就找到了破解中国思想与文化的钥匙。

巫史传说

天地相通，万物有灵。人类在进入采集渔猎阶段后，随着大脑的进一步发育，也引发了人们对周围的环境进行着一系列思考。面对各种无法解释的自然现象，总觉得是有神灵在冥冥之中操纵着，这就产生了万物有灵的概念。代表人群与神灵沟通的人——巫师也就应运而生了。

家为巫史，人人皆巫。伴随着时间的推移，因血缘关系而聚集起来的氏族慢慢增多变大。各个氏族为凝聚人心，便选定一个比其他人更善于理解和运用巫术的代表出来。这个人不仅是氏族现在的巫师，又是某个祖先的再生。

颛顼改革，统一教化。到了少昊时代，社会秩序严重失衡。颛顼即位后，通过改革，实现了巫君合一。巫君合一，不单表现为有组织的歌舞，更有力的证据体现为，在长江流域的史前大型遗址中，出土了祭祀用的玉质礼器。

周因殷礼，完成转换。巫史的礼乐化过程，使得由巫史而德礼。周代之后，由巫君合一到内圣外王，即由原始的通祖先、接神明，演化为君子的敬德修业、自强不息，最终变成了圣人的参天地、赞化育。

以此观之，后世的圣就是对前世的巫的延长与放大。周公制礼作乐奠定了巫史传统的社会理性化，孔子则完成了个体的心性理性化。

延续表象，存留巫术。巫史传统在后世发展中，它的精神内核被具化成礼乐之制。其原有的仪程、表征与道教合流，演化成为各色民间宗教或迷信。这些民间宗教或迷信无不留有固化的巫术的影子。

此外，巫术中所包含的科学认知也在不断地理性化。它们最终形成各种方剂、医药和术数，尽管仍包裹着各种神秘的外衣，但在现实生活中的直接效用使之日渐成为了实用技术。

《国语·楚语》："及少皞之衰也，九黎乱德，民神杂糅，不可方物。夫人作享，家为巫史……颛顼受之，乃命南正重司天以属神，命火正黎司地以属民……"

巫祝故地

古代的巫巴山地，地势偏高，潮湿多雨，且终日云雾迷漫。正是这块神秘的土地，为巫文化的产生提供了土壤，奠定了基础。

古代荆楚和巴蜀地区自古以来就是巫文化盛行之地，特别是在巴楚交界的巫山、巫溪一带，自古及今，即以巫名郡名县，以巫名山名溪。与山俱永，与溪共长，正说明了远古巫文化在这个区域内的涵蕴化育，也体现了那种根植于血脉之中的浓重巫文化气息，并在这种氛围下衍生出浪漫的神女文化和神奇的志异故事。

巫事孑遗

辟邪。辟邪是原始巫文化的重要组成部分。人们为了不让脏东西加害于人，常有辟邪驱鬼的活动。如请端公做法事，念咒语、神诰、字符字诀，随身携带或在家中放置认为能辟邪隔鬼的物事等。

祛病。过去，巫溪民间治病的土法，很多带有浓郁的巫文化色彩，因为巫和医是不分的。有端公作法；有民间巫术，如止血、镇痛、催生、水师接骨和画九龙水（治鱼刺卡喉）等；有祖传秘方；有讨水讨茶；还有民间祈福，如喊神仙、菩萨和祖宗的名号等。

招魂。过去普遍认为，人有三魂七魄，失去了就会打不起精神，有病难愈。招魂术是端公戏中的首场法术。民间也有喊魂（北方称叫魂）的习俗。

求子。表现在洞房花烛夜时，就是祝福新人早生贵子。而对迟生育和不生育的，采用的方式则为捏泥人儿或找引窝蛋。

丧葬。巫溪的葬俗有自己的特殊性。首先是墓地的选择，要请巫师或风水师看风水。老人去世后要清洗尸体，还要请人敲一锤定音的断气锣和烧断气钱。然后设灵堂于堂屋，请道士或巫师作开路道场。入夜，丧鼓班子要闹夜、唱孝文等。黎明时分，丧葬班子打收场锣鼓。东方发白，则移灵于屋外的灵车上，下葬让死者安息。

另：

巫溪一直巫风繁盛，仪式、习俗与其他地区都有着较大的区别，而丧葬仪式中的唱孝文即为一例。

巫咸孝文，在当地又称唱夜歌、唱孝文。是流传在以巫溪为中心的巫文化区内，与传统丧葬仪式紧密相关的一项民间口头文学。其渊源可追溯到商周更替时期的巴渝歌舞。

《大宁县志》："其庶人贫户，每于殓后具酒食，邀请邻里，日坐白。夜不行祭礼，数人鸣金鼓，更互迭唱。"

无处不在

纵观巫祝故地的民风民俗、生活习惯，可以说巫文化的影子无处不在，巫文化渗透在所有人事活动中的方方面面。

宗教中的巫文化：巫作为中华民族的原始宗教，为道教的最后形成，充当了助推器。

祭祀中的巫文化：过年时的祭灶神、山神和土地神；初一、十五的祭家神；大寒节、清明节的上坟、祭祖；七月半鬼节和过年团年时请已故亲人吃饭喝酒、烧化纸币等。通过这些活动不难看出，祭祀是建立在巫文化万物有灵的基础上的。

禁忌中的巫文化：正月初一不准扫地；平时不准扛锄头、穿蓑衣进屋；不能骂天骂地骂神仙，包括骂人；父母健在不能给自己举办大型的生日宴会；禁止在孕妇家中动土、移动家具等。总之，举头三尺有神明。

生产中的巫文化：受巫文化影响，在民间普遍存在忌戊的习俗，即凡农历戊日，都不能动土。此外，在巫术中还有避风法、归蛇法，下雪山、下泥山和祈雨等，而在生产中最大的巫术仪式则为祈雨。

生活中的巫文化：在日常生活中，涌现出的巫文化习俗多到不胜枚举。如建房、婚嫁的看期、看风水等。

艺术中的巫文化：巫文化向世界展示了它丰富的艺术形态。同样的，艺术也在通过或婉约、或直白、或火辣的方式展现着巫文化。换言之，就是展现巫文化的方式不惟一途，而诗歌、舞蹈一定是其中最为重要的艺术形式之一。如流传在巫溪地区的五句子山歌和大宁河巫舞等。借助这些重要的别开生面的艺术表现形式，可以更方便世人一窥巫文化的奥秘。

另：

五句子山歌。每首只有五句，每句七言。前四句表意，最后一句写实。其唱法分平腔、高腔和伴声等唱法。平腔优美流畅，高腔高亢嘹亮，伴声婉转悠扬。

大宁河巫舞。作为流传在巫溪县大宁河流域的传统仪式舞蹈，自产生以来，就是巫术的重要组成部分。如今的大宁河巫舞，已彻底从传统巫术中脱离，成为独立发展的民间艺术。该舞蹈在大宁河流域广为流传，有着深厚的群众基础。

迎仙笛

来源：捐赠
年代：清
藏址：巫山博物馆

镇山鼓

来源：捐赠
年代：清
藏址：巫山博物馆

巫音具有严谨规范的形式和奇丽诡奇的风格，是巫师歌舞时用的音乐，在江汉平原和巴蜀大地非常盛行。乐器一般有长号、喇叭、战鼓、边鼓、钩锣、引锣、镲子等。用于演奏的喇叭比普通喇叭长且厚，发出的声音怪异低沉，又称巫音喇叭。
庄严肃穆、诡谲沉郁的巫音，更适用于祭祀、丧葬、朝山进香等活动。《吕氏春秋·侈乐》："楚之衰也，作为巫音。"

手铙

来源：捐赠
年代：清
藏址：巫山博物馆

木鱼

来源：捐赠
年代：清
藏址：巫山博物馆

点子

来源：捐赠
年代：清
藏址：巫山博物馆

甲骨文中的巴

关于巴人的记载，最早出现在甲骨里。通过年代久远的甲骨卜辞，再结合诸多典籍不难看出，巴人早在夏朝时就已经实现了部族联盟，进而脱离穴居生活，步入城邦文明时代。甲骨文中被每每提及的巴或巴方（在殷商时称作巴奠或巴甸），就是这处巴人方国的早期称谓。

如：

① 贞王从沚戡伐巴方。——《甲骨文合集》93 反

② 贞王从奚伐巴方。——《甲骨文合集》811 正

③ 贞在巴兹用。——《甲骨文合集》1824 正

④ 贞沚戡启巴王勿隹之从。——《甲骨文合集》6461 正

⑤ 贞我共人伐巴方。——《甲骨文合集》6467

⑥ 贞戡禹册乎从伐巴。——《甲骨文合集》6468

⑦ 王从伐巴方受之又。——《甲骨文合集》6471 正

⑧ 贞王从沚戡伐巴。——《甲骨文合集》6475 正

⑨ 贞王从奚伐巴。——《甲骨文合集》6477 正

⑩ 贞令帚好从沚戡伐巴方受之又。——《甲骨文合集》6479 正

⑪ 贞帚好其从沚戡伐巴方王自东尽伐戎陷于帚好立。
——《甲骨文合集》6480

⑫ 御巴于……庚。——《甲骨文合集》15113

⑬ 贞御巴于妣。——《甲骨文合集》15114 正

⑭ 戊寅卜王贞从巴。——《甲骨文合集》28148 正

⑮ 己巳贞商于巴奠。——《小屯南地甲骨考释》1059（4）

巴文化

东汉的许慎在《说文解字》中早就给出了巴字的定义：巴，虫也，或曰食象蛇，象形。当时的虫就是指蛇，而现在的蛇则是后起字。巴字的甲骨文，也形象地说明了这一点。

巴的本义就是巴蛇（尖吻蝮），即五步蛇。五步蛇是巴地一种凶悍的动物，而巴人则是个勇悍的民族。五步蛇的凶悍是由于天性，而巴人的勇悍则是源自他们的生活方式。巴人是一个典型的渔猎民族，捕鱼围猎培养了他们合作的意识，爬山涉水锻炼了他们强健的体魄，战争则锤炼了他们骁勇的性格。五步蛇与巴人之间的这些共同之处，使得巴蛇自然而然地成为巴人这个族群的统一称谓和共同标识。

当然，也有人把巴字说成是鱼的（甚至还有其他多种解析）……

不管巴字原来的真正含义到底是什么，反正用巴这个称谓来专门指代一个族群的说法，早就得到了广泛认同且已深入人心。

巴字释义

巴文化是一种地缘文化。上可溯及巴渝地区的旧石器文化与古人类活动遗迹，下可延至今日重庆及其周边地区。经过数千年的盛衰兴替，最终在这块土地上积淀为独特的文化形态、人文精神和民俗风情。

巴文化是一种方国文化。由于巴方、巴国的出现，这一大片地域才被通称为巴地，世代在此生息繁衍的各个部落也便被通称为巴族，也由此派生出了巴人、巴国、巴文化等概念。

如今，随着对巴人、巴国、巴文化研究的进一步深入，巴更是成了一个涵盖了地、族、人、国、文化等多个层次，内涵和外延都十分复杂的复合概念。

另：

中华文化是中华民族延续和发展的精神支柱，它的发展是具体的、历史的，又是多地域、多民族、多层次的立体网络。

有人认为，在秦汉以前，各个地方文化的色彩是比较显著的，于是据此把中国的文化分成了四大类型，即邹鲁文化、三晋文化、燕齐文化、荆楚文化。并认定，荆楚文化向长江下游延伸产生了吴越文化，向长江上游延伸则产生了巴文化、蜀文化。个人以为，虽然这个论断过于牵强和武断，但有一点是没有疑义的，即承认巴文化是中华文化的一个分支。

作为一条重要的支脉，巴文化是中华文化多元一体格局中极为重要的区域文化。从广义上来说，它涵盖了生活在那个特定的历史时期（巴人族群从生成、发展到成型）的巴地先民（既包括巴人，也包括同属巴地的其他各族人民）们，在社会活动过程中所共同创造的全部物质文化、精神文化及其社会结构的总和。

巴人是巴文化生成的民族主体，大巴山系及长江三峡流域特殊的自然环境是巴文化生成的自然基础。正是三峡地区独特的地形地貌，优越的气候条件，得天独厚的资源形态，上控巴蜀、下引荆襄的特殊区位，使其成了中国南方文明的策源地之一。一句话，就是环境影响了人，人创造了文化，反过来文化又陶冶了人。

兼收并蓄

　　长江三峡连接着中国中部与西部，起着咽喉通道的作用，大量南来北往的人群在重庆地区的沿江流域迁徙居住。大量各地移民的进出，在当地逐渐形成了富有特色的地域文化和各方风俗杂陈的移民文化。

　　巴文化和移民文化，二者都有着很大的包容性。这种文化的包容性，大量存在于当地的生产生活以及艺术和宗教之中。这种文化的包容性，也自然而然地对后世，产生了和产生着广泛而深远的影响。

第八部分

风水宝地

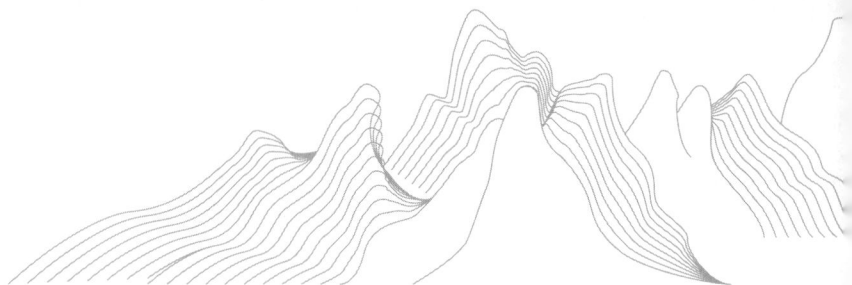

远古灵山（大巫山）是巫文化的发祥地，巫文化是巴渝文化中最古老的文化基因。

　　上古之世，由于受到各方面条件的制约，地理和地域概念是比较模糊的。地处渝鄂川陕湘交界处的这一大片山地，在过去均被笼统地称为巫山，为区别于今巫山县之巫山，我们且称其为大巫山。

　　深刻影响了巴楚文化的巫文化，就根植于这独特的自然环境、丰富的物产资源和悠久的文明沃土之中。以其对巴楚文化乃至蜀文化都产生过重要而深远的影响来看，巫文化的重要性则不言而喻。

大巴山

大巴山，古称蛇山，东西绵延500余公里，故又称千里巴山，简称巴山。

狭义的大巴山在汉江支流河谷以东，四川、陕西、湖北三省边境。广义的大巴山则是指绵延在四川、甘肃、陕西、湖北四省边境山地的总称。

大巴山脉由米仓山、大巴山（狭义）、大神农架、武当山、荆山等组成。大巴山山脉全长千余公里，为四川盆地、汉中盆地的界山，也是嘉陵江和汉江的分水岭。山脉呈西北东南走向，北临汉水，南近长江，东介汉水与大洪山相望，西介嘉陵江与摩天岭相对，东北、东南和西南分别与南阳盆地、江汉平原和成都平原相接，是古代巴人集聚的地方。

关于大巴山名称的由来，传说与伏羲和女娲有关（一说与巴人在此活动有关，山南有巴蛇洞，山北有神蛇戌）。因伏羲与女娲皆是人首蛇身，故大巴山初名"蛇山"，后为了纪念伏羲和女娲的恩师大巴，从而改名为"大巴山"。

《山海经·中山经》："岷山之首……又东四百里曰蛇山。"

大巴山形成

大巴山的形成是10余次剧烈的地质构造运动和漫长的地质演变的结果。

5亿年前，大巴山地区还是一片汪洋。其后历经几度沧桑巨变，海洋最终翻成了陆地（印支运动奠定了大巴山物质基础，燕山运动奠定了大巴山地区地貌，喜马拉雅运动则形成了大巴山现代地貌格局与景观）。

时间到了由上新世进入更新世时期（距今约540万年至258万年），地壳运动的强大应力促使秦岭、大巴山和神农架大幅度隆起，地层折曲，河流沿裂缝快速下切，形成了高山深谷，长江穿过巫山与下游贯通，三峡就此形成。

屹立于三峡北岸的大巴山，是秦岭—巴山—巫山固化以来大自然最壮丽的华章。它不仅改变了华中地区的地理面貌，同时也改变了这里的生态环境和动植物结构。

研究表明，距今1.5万年至1万年间，地球正处于260万年以来最寒冷的时期，到处覆盖着冰川。由于大巴山地处北纬30°线附近，再加上该地区多高山河谷低地的地形特点，于是这里成为一块逃脱冰川之劫的幸运之地，成为一座举世罕见的物种基因库和濒危动植物避难所。大巴山，也因此成了古老动植物的保存中心。

巫巴山地

在四川盆地与长江中游平原之间，重庆、四川、陕西和湖北四省市的交界处，是一片绵亘千里的山地，巫山和大巴山是其主要的山脉，从地形山看，该地区属于中山地带，这片地方就是所谓的巫巴山地。综观整个巫巴山地，不难发现这里地势较高，土质肥沃，鲜有水旱之灾，比较宜于渔猎和农耕，是自然界中难得的一处福地洞天。

三峡是巫巴山地的一个重要组成部分。以长江三峡大峡谷及其周边区域为基点就构成了重要的巫巴文化圈的中心。这处隶属于今渝东、鄂西地区的重要区域，正是巴人先民们的生息繁衍之地，也是巴文化的滥觞之地。山海经中所载的巫咸国、巫载国即在此域之中，廪君与盐水女神的故事也发生在这里。

过去，人们常说人杰地灵。而事实上应该是先有地灵然后才有人杰。简言之，巫巴山地为早期人类的生息繁衍提供了绝佳的天然庇佑之所，宜于渔猎和农耕的生活和劳动之处。正是这处试验场，完成了人类到更广阔的地域去战天斗地、开拓发展的一次预演。

巫巴宝藏

巫巴山地蕴含着丰富的宝藏，这里所出产的泉盐及丹砂早在上古时期便已驰誉大江南北。

盐的功用

从古至今，盐都是人类日常生活中不可或缺的东西。对酸甜苦辣咸这五味，人即使一年不碰甜酸苦辣也并无大碍，唯独食盐，只要几天不吃，就会浑身乏力，和生了病一样打不起精神来。这是因为，盐不仅参与调节人体的代谢，还有一项重要的功用，就是引领肾气。而肾气的充盈与否直接影响着一个人的精气神。当然也有人坚持认为，人类吃盐并不完全是基于生理上的需要，而纯粹是一种文化。

另外，盐还有着极高的药用价值。其性味咸寒，有清热、解毒、凉血、润燥、滋阴、通便、止吐等作用。

基于盐的上述重要功用，人们对盐的认知才会被上升到意识形态的高度。盐对古人的高度重要性是其被巫化的前提。

另：

盐字的本意是在器皿中煮卤。在商代的甲骨文和金文中找不到盐字，只有卤字。关于盐最早的解释，出自许慎的《说文解字》。清代的段玉裁在《说文解字注》中解释说："盐、卤也。天生曰卤，人生曰盐。"

意思是说，盐就是卤，自然形成的称为卤，经过人力加工的则被称为盐。

《说文解字》："盐，咸也。"

丹砂的功用

丹砂即硫化汞，是炼汞最主要的矿物原料，其晶体可作为激光技术的重要材料。丹砂也是一味药材，味甘，性凉，有毒。归心经。内服能清心、定惊、安神、明目，外用可杀菌、解毒、生肌。因此《神农本草经》称丹砂为药之上品。

旧石器时代丹砂往往被当作颜料或涂料使用，在长期的生产实践中人们逐渐发现了它的药用价值（巫师们首先掌握了丹砂的这一功用）。由于丹砂疗效宽泛，远古先民们认为它能包治百病，甚至可起死回生。

另：

汞，俗称水银。是炼丹的术士们所必须的。而这一勾当又与一干闲人，加上齐威王、齐宣王、燕昭王、秦始皇、汉武帝等一众神人追求长生，有着莫大的干系。

《山海经·海内西经》："开明东有巫彭、巫抵、巫阳、巫履、巫凡、巫相，夹窫窳之尸，皆操不死之药以距之。"

《山海经·大荒南经》："有巫山者，西有黄鸟。帝药八斋。黄鸟于巫山，司此玄蛇。"

《抱朴子内篇·仙药》："仙药之上者丹砂，次则黄金，次则白银……"

《名医别录·上品》："水银有毒……生符陵，出于丹沙。"

盐的来源

在亿万年前，大巫山地区原本是一片汪洋，由于该地区周遭隆起，部分海水无处可退，就在当地留下了一个湖盆，进而又由湖盆衍生为陆盆，浓缩后的盐结晶为盐卤、盐岩，逐渐在湖内沉积下来，形成巨大的咸化海膏盐矿区。

在其后的造山过程中，剧烈的运动使该处盆地隆起成山脉，含盐矿层随之上升，部分盐源以盐卤的形式溢出地表，成为自然盐泉，部分盐岩露出地表成为咸石或咸土。

以盐泉的形态存在的，有巫溪的宝源山、彭水的伏牛山、长阳的盐水。以咸石、咸土的形态存在的，则主要集中在云阳、万县（今重庆万州）等地。

另：

在三峡库区腹心地带有一处深埋于万州复向斜中 3000 米左右的巨大

盐矿——万县盐盆。该盐盆横跨长江两岸，呈西南东北走向，西南端起于忠县拔山寺以南，东北端止于云阳以西，西北和东南分别以云阳黄泥塘、云安镇背斜和大坪山至方斗山背斜为界。盐矿绵延近 100 公里，宽 20~30 公里，盐体展布面积 2700 平方公里，远景储量为 1500 亿 ~1600 亿吨。

三大盐泉

大巫山地区虽然有着丰富的盐泉，但从山内流出地表的却仅有三处，这就是巫溪县宁厂镇宝源山盐泉，彭水县郁山镇伏牛山盐泉和湖北省长阳县西的盐水，这也是西南地区发现得最早也利用得最早的盐资源。

三大盐泉并非由巫山诸部大家平等共享，而是由三大部落单独控制着。巫咸国占据着宝源山盐泉；巫载国控制着伏牛山盐泉；盐水部落则控制着长阳西的盐水。

《文选·蜀都赋》："于东则左绵巴中，百濮所充。外负铜梁于宕渠，内函要害于膏腴。其中则有巴菽巴戟，灵寿桃枝。樊以藩圃，滨以盐池。"

《大明一统志·夔州府》："宝源山在大宁县北二十五里，气象盘蔚。大宁诸山，惟此独雄。山半有石穴，出泉如瀑，即咸泉也。"

《通典》："按今夷陵郡巴山县清江水，一名夷水，一名盐水。其源出清江郡清江县西都亭山。"

《华阳国志·巴志》："汉发县，有盐井。"

《太平寰宇记》："伏牛山在县东一百里。左右有盐泉。州人现置灶煮以充军用。"

白鹿引泉

提起宝源山盐泉，就绕不开逐鹿得盐的传说。在今天的巫溪县城水洞子桥边，还立有一尊逐鹿得盐的汉白玉雕像。

有意思的是，伏牛山盐泉与宝源山盐泉一样，也有猎人追逐白鹿发现盐井的传说，故又称捣鹿井，后来谐音为老郁井。

另：

相传，在上古的时候，一位袁姓猎人在追踪一头白鹿时，偶然闯进了宝源山这片人间仙境。白鹿钻进山后就消失不见了，但见一淙白色的泉水，从山腰石隙中缓缓流出。猎人一路追赶，至此感到口干舌燥，手捧泉水一喝，方知这不是普通的泉水，而是盐泉卤水。此后，该猎人便搬来这里建屋搭棚，取卤制盐，这里也就成了最早的制盐基地。这就是白鹿引泉的美丽传说。

《舆地纪胜》："故老相传云：'宝山咸泉，其地初属袁氏，一日出猎，见白鹿往来于上下，猎者逐之，鹿入洞，不复见，因酌泉，知味。'意白鹿者，山灵发祥以示人也。"

灵山十巫

灵山十巫又称巫山十巫，分别为：巫咸、巫即、巫肦（bān）、巫彭、巫姑、巫真、巫礼、巫抵、巫谢和巫罗。

上古先民们聚集在大巫山地区，从而在这一带形成了氏族部落林立的局面。巫山十巫其实只是一个习惯上的说法，不只是十个，也不只是十六个，而应该有更多。

巫山诸巫，作为个人，他们既是大巫山不同氏族部落的首领，又是一群巫师，而且还是一批掌握着配药、制盐和炼丹技术的祖师。当然，作为一个个群体，巫山诸巫的名号应是各氏族部落的群体称谓。

正是这样的一个个群体，创造出了巫文化，并对其后的巴文化、楚文化、蜀文化，乃至华夏文明都造成了深远的影响。

另：

巫咸，神巫、神医，群巫之首。

巫即，神医之一。

巫肦，与巴人廪君蛮的远祖有关。

巫彭，神医之一。

巫姑，传说中的盐水女神或巫山神女。

巫真，巴人郑氏的远祖。

巫礼，掌管祭祀礼仪。

巫抵，神医之一。

巫谢，与巴人相氏的远祖有关。

巫罗，与巴人板楯蛮的远祖有关。

《说文解字》："灵，灵巫，以玉事神。"

《山海经·大荒西经》："大荒之中有山，名曰丰沮玉门，日月所入。有灵山，巫咸、巫即、巫肦、巫彭、巫姑、巫真、巫礼、巫抵、巫谢、巫罗十巫从此升降，百药爰在。"

巫咸国

说起巫文化的发源地，不是别处，正是巫咸国——后世称之为由一群巫师建立的国家。

巫咸，作为灵山十巫之首，相传其为炎帝和黄帝的帝师。一说巫咸是唐尧时人，以作筮著称，能祝延人之福疾，知人之生死存亡，期以岁月论断如神。尧帝敬之为神巫、倚之为良相，封其地为巫咸国。其实，该"国"并非始于唐尧，而是比尧时要早得多。

现在的巫溪宁厂古镇宝源山，就是当初以巫咸为首的上古十巫所从上下、升降采药、采卤制盐的灵山（登葆山），也就是真正意义上的巫山。

以巫咸为首的群巫部落聚居于登葆山，利用大自然赋予的宝贵盐源与周边部落进行交易，使得经济实力不断增强。同时，其首领巫咸又因拥有神赐百药及通神通灵的特异功能，为群巫所折服遂掌握了最大的话语权。巫山群巫遂在巫咸的带领下活跃于大巫山一带，巫咸国亦因此实力强盛、声名煊赫。

正是因为拥有着天然的盐业资源宝藏，这里也被后世誉为"上古盐都"和世界手工作坊的鼻祖。

最后，在接近商代中期时，巫咸国为庸国所灭。

《山海经·海外西经》："巫咸国在女丑北。右手操青蛇，左手操赤蛇。在登葆山，群巫所从上下也。"

《路史·后纪三》："乃命司怪主卜，巫咸、巫阳主筮。"

《太平御览·皇王部》："《归藏》曰：'昔黄帝与炎帝争斗涿鹿之野，将战，筮于巫咸。'"

《艺文类聚·山部》："晋郭璞《巫咸山赋》曰：'盖巫咸者，实以鸿术，为帝尧医，生为上公，死为贵神。'"

《太平御览·四夷部》："《外国图》曰：'昔殷帝大戊使巫咸祷于山河，巫咸居于此，是为巫咸民。去南海万千里。'"

《楚辞·离骚》："巫咸将夕降兮，怀椒糈而要之。"

《尚书·周书·君奭》："在祖乙，时则有若巫贤。"

巫䖒国

在遥远的过去，还存在过一个巫䖒国，位置就在彭水的郁山镇伏牛山一带（一说巫䖒文化区即巫䖒国，位于大溪（瞿塘峡东）与巫溪（巫峡西）之间的宽阔地带，并与大宁河谷和大溪河谷紧紧相连，涵盖了今巫山县和巫溪县的全部地域）。

尧与有苗战于丹水之浦，当尧指挥的华夏大军取得胜利后，尧便将自己的儿子丹朱分封在了这一带，作了丹水部落的酋长。到了继尧而立的舜，采取了大修武事、文教的两手策略。一方面是用战争的手段，如文献所载舜伐三苗、杀三苗于三危；另一方面则是积蓄力量，推动中原文化的南渐，加强了对三苗的文化影响渗透。

其间，舜更是派自己的儿子无淫，深入大巫山地区的巫载国来治理巫载之民。在这里，巫载国并不是一个国家，它只是氏族公社或部落联盟。国在这里仅具地域之义。

当无淫带领大批华夏族人众到达巫载国后，借助所带来的先进的农业技术和手工业技术，并充分利用当地的资源，对这里进行了一番改造。

巫载国实在是个令人神往的东方伊甸园。这里的人们，不纺纱不织布，却有衣服穿；不耕不种，却有粮食吃。百兽群处，鸾歌凤舞……

《山海经·大荒南经》："有载民之国。帝舜生无淫，降载处，是谓巫载民。巫载民盼姓，食谷，不绩不经，服也；不稼不穑，食也。爰有歌舞之鸟，鸾鸟自歌，凤鸟自舞。爰有百兽，相群爰处，百谷所聚。"

《山海经·海外南经》："载国在其东。其为人黄，能操弓射蛇。一曰载国在三毛东。"

盐水部落

湖北长阳西的盐水，即清江河畔的盐池温泉，又名盐水、盐池河、咸池河等。该水水温常年40℃，含盐比重很高，古代一直盛产食盐。盐水东下接清江半峡，长10余里，盛产淡水鱼类。

该处盐水，原为盐水部落所有。盐水部落当时尚处于母系氏族制社会。此后，已进入父系氏族制社会的廪君巴部族（也就是后来的白虎部巴人）在廪君率领下进行部族大迁徙。巴族乘船从夷水溯清江而上，到达盐阳后，与盐水部落遭遇。

盐水部落原本希望与廪君部共留共居共享当地资源，因意见未达成一致，双方遂展开决战。经过10余天惨烈的大战，盐水部落的头领盐水女神（土家人尊称其为德济娘娘）——被廪君射杀，这片有着鱼盐之利的地区遂被巴部族占有。

后人把这一段旧事讲成一个凄惨悱恻的爱情故事，其实不是，就是两个部族为了争夺生活资源而进行的部族兼并战。

文明摇篮

围绕三大盐泉，整个大巫山地区共发现旧石器时代遗迹 60 余处。而进入新石器时代以后，这里的遗址更是多到出奇。据公开的资料，巫山县发现有刘家坝、李子溪、涂家坝、安平、琵琶洲、大溪、韩家坝、东坝、西坝、江东嘴、大昌、双龙、圣泉、罗家老屋、洋溪河、林家屋等遗址；奉节县发现有老关庙、魏家梁子等遗址；宜昌市发现有杨家湾、白庙子、中宝岛、三斗坪、青水滩、荞麦岭、伍相庙、花庙堤、白狮乡、朱家沱、艾家河、茅坪、东岳庙、大坪、三家沱、朱其沱等遗址；秭归县发现有朝天嘴、龚家大沟、官庄坪、中堡、茅坪等遗址……

大巫山成为中国原始人类的摇篮，三大盐泉可以说居功至伟。无穷的泉盐、丰富的鱼类、神奇的丹砂，使大巫山成了人类生息繁衍的理想之所，成了氏族部落林立之地，巴族在这里诞生，并在这里迈入文明的门坎也就不足为奇了。

第九部分

巴人起源

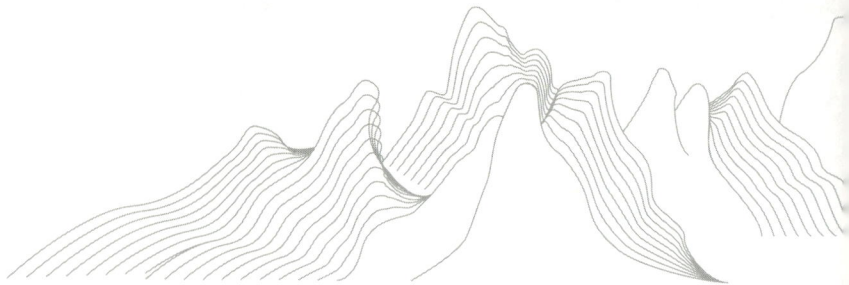

《山海经·海内经》载："西南有巴国。大皞生咸鸟，咸鸟生乘釐，乘釐生后照，后照是始为巴人。"这是目前所知道的最早记述巴人起源的文献资料。

在这里，大皞即伏羲。咸鸟、乘釐及后照则是传说中巴人的三位先祖。

巴人起源于高山大水之间，诞生于鱼盐文明之中，更是因盐而生、因盐而兴的。而咸鸟、乘釐及后照这三个名字正好契应了他们替人运盐、自行贩运以及独立煮盐的三个阶段。

如果这一传说中的事实成立，那么咸鸟、乘釐、后照，即可能是某三个具体人物的名称，也可能是三个部族联合体的称谓，同时也代表了巴人起源的三个重要发展时期。在这里，生也不是生养，而是演进的意思。

《路史·后纪一》："伏羲生咸鸟。咸鸟生乘厘，是司水土，生后照。后照生顾相，夆处于巴，是生巴人。"

圣祖伏羲

世界上的事，有时很复杂，有时又很简单，简单到让人匪夷所思。有谁会想得到，改变了一个世界的竟然会是一个看似不起眼的葫芦。

很久以前，葫芦被人们称作伏羲；再后来，伏羲就代表了一个人群；最后，伏羲又凝缩为一个符号。

伏羲，作为中华人文始祖，比炎帝、黄帝还要早得多（中华民族的早期血脉之源来自华夏、东夷和苗蛮三大族群。其中，炎帝和黄帝是华夏族的代表，而伏羲则是各族尊奉的共同先祖）。传说他出生在渝水（一说成纪），定都陈地，是中国古籍中记载的最早的王，同时还是中医学的鼻祖。

说起伏羲，这能耐可就大了——开民族文化之源（创立八卦，造书契以代结绳之政）、开历法之先（作历度定节气）、开农业之先（栽培牧草，引种菜麦）；开牧业之先（豢养牺牲以充庖厨）；开副业之先（养蚕化布改善衣着）；开渔猎之先［结网罟（gǔ）以代佃（tián）渔］；开仪礼之先（变革婚姻习俗，倡导男聘女嫁，改血缘婚为族外婚，结束了原始群婚状态）；开政治之先（以龙纪官分部治理）……这还没包括制乐作器、构架房屋等。

纪念伏羲，歌颂他的功业，造像无疑是个不错的手段。而要为伏羲造像，却只需要一个葫芦就足够了。因为伏羲的本义就是葫芦，而葫芦则代表了生生不息。

《史记·太史公自序》："余闻之先人曰：'伏羲至纯厚，作《易》八卦。尧舜之盛，《尚书》载之，礼乐作焉。汤武之隆，诗人歌之。《春秋》采善贬恶，推三代之德，褒周室，非独刺讥而已也。'"

因盐而兴

古老的氏族、部落，往往见诸神话传说。事实上，氏族、部落比起关于他们的神话传说记载通常要古老得多。也就是说，巴人的出现比书上记载的"后照是始为巴人"的论断要早得多。如果上溯，或与大溪文化峡江类型的创造者有着直接的关联，时间则甚至要上推至六千年前。

世界上从来没有所谓的纯粹的人种。所有的人种都是各部族分化、融合，再分化、再融合的结果。一个族群的定义，只不过是一个种群认同的概念而已。所以巴人也一样，绝不是一个人种的概念，而是一个特定地域环境下的广义族群概念。

在遥远的古代，大巫山地区生活着无数个大大小小的部落。由于缺乏文字的记载，他们要么留下一些遗迹，要么什么都没有留下来，就消失、淹没在了历史的长河之中。

巫山地区虽然盛产泉盐，然而相当一部分部族并不是这些资源的拥有者，他们主要还是依靠渔猎为生。这些盐业资源的控制者——巫咸之民和巫载之民们，他们除制作泉盐自给之外，主要还是用于对外进行交换的，以获得各项生活必需品。这就给了周遭那些善于驾驭舟楫和操弓射箭的部族提供了新的、良好的就业机会。

巴人的先民及他们的后裔，正是充分利用了这种天时地利人和，充分发挥自身优势，顺理成章地成了运盐贩盐的专业户。他们从少到多，由近及远，从少数人投入到举族参与。于是大巫山的泉盐，通过长江这条干流和它的众多支流以及山岭间的小道，被输送到江汉平原、豫西平原、汉中盆地、关中平原、成都平原和云贵高原等地，而外部的生活、战略物资也通过这些路径被源源不断地输送进来。这应该就是传说中的咸鸟时期。这也是为什么巫咸之民和巫载之民"不绩不经，服也；不稼不穑，食也"的原因。

通过倒买倒卖，这些部族也收益颇丰，挣了个钵满盆满。此后，他们又逐步控制并垄断了大巫山区域的大部分物流。这应该就是传说中的乘釐时期。

至此，他们已不再满足于只是小打小闹地赚取差价，于是自己开矿煮盐做起了老板，开始了生产、运输、销售一条龙服务。这应该就是传说中的后照（灶）时期。

这些在盐业中崛起的部族就是早期巴人的主要构成部分。这也是"太皞生咸鸟（驾驶独木舟的运盐人），咸鸟生乘釐（治理漕运的主事者），乘釐生后照（灶）（管理盐灶的首领），后照是始为巴人"一段传说的由来。

至此，巴人终于不再是一个无名小卒，而是一个集煮盐、运盐、贩盐于一身，拥有了一定的实力，称为巴的部落了。尤为重要的是，它得到了巫山诸部的认同。

随着时间的推移，巴人继续壮大，随着生存空间的扩大和影响力的不断增强，也因此获得了更多与区域外部族和先进文明接触、交流的机会和资本。

另：

关于巴人的起源，除开巴人起自三峡说，还有陕南汉水说、甘南天水说、长阳清江说、鄂豫丹江说、湘北岳阳说等推测。

第十部分

巴人迁徙

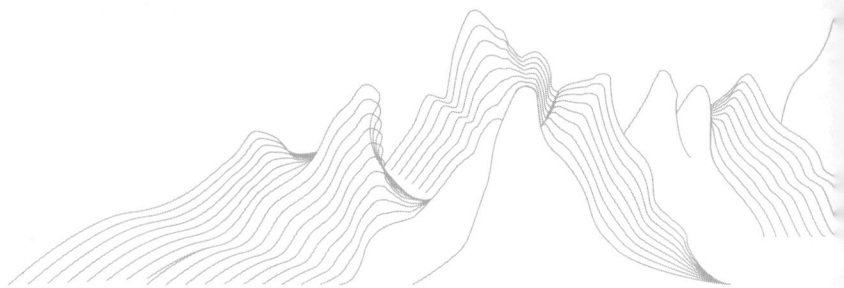

渐渐的，大巫山地区人丁开始兴旺起来，然而资源却是相对有限的。随着巴族在历史长河中的演进，部民开始膨胀、分化，于是对外迁徙也就成为了一种必然。

　　一部巴族史，就是一部战争史和迁徙史。民族迁徙，多是无奈的选择。不是因为"诗和远方"，也不是因为"世界那么大，我想去看看"，而是因为"为了生活人们四处奔波"。

　　不管是出于不得已的被动选择也好，还是出于为了更好地发展的考虑主动选择也好，总之，巴人走上了从大巫山向外的迁徙之路。当然，巴人的向外出走，分成了几个阶段，也有几支。他们有的一去便不再回头，有的则在历尽坎坷后又回到了故土。

　　选择留还是走，既与他们的生产生活方式有关，又与他们的生活起点有关。巴族不同于那些依靠农耕为生的农业部落，他们的生产生活方式主要是以捕鱼为主、狩猎为辅兼事农耕，再加之长期从事泉盐的长途贩运，所以造成他们普遍守土性不强，因此迁徙也就成了巴族的重要习性之一，这也正好对应了为什么沿江的巴文化遗址文化层一般都不厚的根源所在。

前面我们讲过，巴这个部族，是一个广义的概念。换种说法就是，不是所有的巴人，都是能得到当地鱼盐之利的幸运儿，这种人毕竟是少数。坐享其成的，容易出平庸之辈，以其能够励志的故事不多，所以这部分人多被湮灭在了历史的长河之中，实属正常……今天我们能看到的有关巴人的轶闻旧事，多是那些并不受上天眷顾的自强者的战天斗地的故事。

巴人从祖居地外迁后，各自独立发展，逐渐形成了一个庞大的族系。他们有以巨蛇为图腾的巴蛇部巴人，也称龙蛇巴人；以鱼凫为图腾的鱼凫部巴人；以弓箭射鱼为特征的弓鱼部巴人；以白虎为图腾的白虎部巴人。此后，从白虎部巴人中又分出了以鳖为图腾的鳖灵部巴人。

龙蛇巴人

巴族巴蛇部是最先从大巫山走出的一支巴人部族。以岳阳为中心，位于湘鄂交界处的洞庭湖北部地区，这里既是水乡泽国，又处在长江之滨，鱼类资源特别丰富，对擅长捞捕的巴族来说，比在巫山之中、峡江之上更能发挥其特长。他们一面贩盐捕鱼，一面从事农耕。借助鱼盐之利，有着勤劳勇敢精神的这支巴人部族很快发展起来，到原始社会末期已然成为苗蛮集团的重要成员。

他们以巨蛇为图腾，称龙蛇巴人。又因为他们本是巴人，故时人称其图腾为巴蛇。

《说文解字》："巴，虫也。或曰食象蛇。"

巴蛇食象

过去，在洞庭湖东部及其南部（即湘江流域），曾生活着一支以象为图腾的原始部落。后来，这支象部族在同巴蛇部的较量中被击败，部分部族被兼并同化，其余部族则向南退到了今日的广西境内。

《山海经·海内南经》："巴蛇食象，三岁而出其骨，君子服之，无心腹之疾。其为蛇青、黄、赤、黑。一曰黑蛇青首，在犀牛西。"

《楚辞·天问》："一蛇吞象，厥大何如？"

龙蛇巴人战洞庭

巴族巴蛇部在洞庭湖一带，充分利用了当地得天独厚的优越自然资源条件，充分发挥了巴人部族自身的优势和特长，使本部族在与周边其他部族的竞争中迅速崛起。在这一进程中，巴蛇部巴人不但击败兼并了一些其他部族，甚至一度闹到与中原的华夏族相抗衡。

洞庭湖畔这个兼有鱼盐之利，富有、强势还有点能作的巴蛇部的存在，造成了周边部族的恐慌，也引起了华夏族统治者的警惕。对于不服王化的巴蛇部，当然也包括苗蛮，在中原正处于英雄时期（军事民主制）的华夏统治者眼中是野蛮且邪恶的，一旦时机成熟，都是要坚决予以打击的。于是帝尧就派遣东夷族首领——名将羿率师加以讨伐。

巴人与后羿的洞庭之战激烈而又残酷。因羿部族善使弓箭，致使巴蛇部在此次交战中遭受到了沉重的打击，其首领战死，部族被大量射杀，他们的尸骸被集体埋葬在被后世称作巴陵的地方（今湖南岳阳）。

后羿在打败巴蛇部后，将其部族强行迁徙到汉水中游的襄阳一带，以便让丹水部落酋长——尧子丹朱能就近管理。

后羿斩巴蛇于洞庭，喻示着巴蛇部在当地的图腾被拔除了，也意味着巴族巴蛇部，在抗击以羿为首的华夏集团南征的斗争中彻底失败了，这支部落从此便从洞庭湖畔消失了。

《淮南子·本经训》："尧乃使羿……断修蛇于洞庭……"

《史记·五帝本纪》："放讙兜于崇山，以变南蛮；迁三苗于三危，以变西戎……"

喋血巴方

昔日的洞庭之战，旨在掠夺土地、人口和财富，巴蛇部巴人虽被杀伤甚重，却并未伤及元气。野火烧不尽，春风吹又生。洞庭巴族巴蛇部余部被后羿北迁至襄阳附近后，很快就走出了这次失败的阴影。他们重操旧业，通过汉水支流进出汉水，顺利地取得巫山宝源山的泉盐并行销汉水中游各地。经过几百年的发展，到商代中期，已成为江汉平原北部重要的方国——巴方。巴方的位置在汉水与丹水之间，过去的楚、邓二国之南，卢国之北。

因巴方控制的地区，正处在中原获取锡铅等战略资源及盐等物产输出的要津，且与商交恶，因此双方龃（jǔ）龉（yǔ）不断。

在武丁时期，商则充分利用了王朝处于极盛的大好形势，对周遭的部落和方国实施了碾压。当其挥师江汉时，巴方正好首当其冲。由于双方力量对比悬殊且殷商军团策略运用得当，在商王武丁及其夫人妇好（一说帚好）的联手打击下，巴方失败了。因巴方的存在已对中原构成严重威胁，所以此次打击是致命的，甚至是带有毁灭性的，巴方因此元气大伤。此战也使双方结下了世仇。

《诗经·商颂·殷武》："挞彼殷武，奋伐荆楚。罙入其阻，裒荆之旅。有截其所，汤孙之绪。"

《殷契粹编》："壬申卜争贞令帚好从沚戬伐儿方，受之祐。"

殷商甲骨卜辞中关于巴方的记载

卜辞：壬申卜争贞令帚好从沚戬伐巴方受之又

殷商甲骨卜辞中关于巴方的记载

卜辞：贞我共人伐巴方

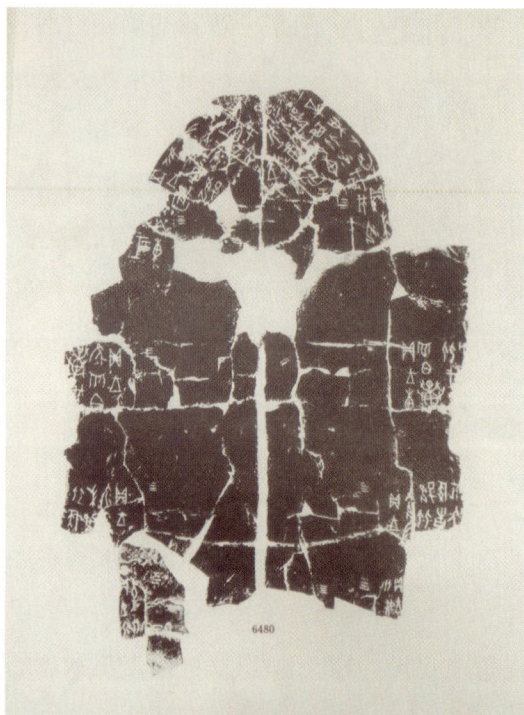

殷商甲骨卜辞中关于巴方的记载

卜辞：辛未卜争贞帚好其从沚戚伐巴方王自东尽伐戎陷于帚好立

巴蛇西迁

巴蛇部巴人在同商王朝的较量中失败后，残余的巴蛇部巴人走投无路，不得不向西逃往大巴山深处。

其后巴蛇部巴人渐次翻过大巴山进入到广袤的四川盆地，散居在从渠县到阆中一带的川北大地上，与土著賨人生活在一起，其后更成为了白虎巴国的部民。

巴蛇部巴人入川后，率先到达了渠江上游，随后再向西进入到阆中地区，并在这里定居下来。

由于賨人是当时川北地区最古老的土著，所以人们仍习惯把包括龙蛇巴人在内的，这一大片地方的人，统称为賨人或賨民。因此，賨民一词，也逐渐成为称呼龙蛇巴人的一种常见称谓。

秦时称白虎复夷，汉代称板楯蛮，有罗、朴、昝、鄂、度、夕、龚七姓，称板楯七姓，也有称巴七姓或賨七姓的。

《华阳国志·巴志》："阆中有渝水。賨民多居水左右，天性劲勇……"
《舆地纪胜》："巴西宕渠……古之賨国都也。"

弓鱼巴人

在大巫山地区，还有一支以捕鱼为生的巴人部族，他们采用弓箭弋射的方法进行捕鱼，故称弓鱼巴人。弓鱼部巴人也从事巫盐贩运。

商代早期，他们离开大巫山巴族祖居之地北上，经任河入汉水，溯流而上抵达汉中盆地，定居在今城固一带，并建立起了自己的方国——弓鱼（音鱼，也可以读作弓鱼）。

商代晚期，巴族弓鱼部将自己的势力向北推进，进入到陈仓（今陕西宝鸡）地区。弓鱼国也随之迁到了这里。

西周时，臣服于周的弓鱼国，最终为周所同化。

弓鱼国墓地

弓鱼国墓地，为西周中期弓鱼国的家族墓地，位于陕西宝鸡茹家庄，于1974—1975年被发掘。

该墓地出土的铜尖底器，与三峡地区同时期出土的陶器很相似，另有一件铜人则与三星堆出土的铜器相似。此外，还出土有柳叶形剑和虎形玉器。

陕西考古

自20世纪80年代以来，在汉水上游先后发现了白马石、马家营、红岩坝、何家湾、龙岗寺、阮家坝以及宝山等从新石器时代晚期到夏商时期的遗址。这些遗址早期属渭河流域龙山文化范畴，晚期则与鄂西三峡地区夏商西周的早期巴文化极为相似。当为从三峡迁来的巴人所创造。

另：

但凡夏商时期的早期巴文化遗址，无论是川东、鄂西以及川西，还是其他什么地方的，都有其代表性器物——尖底器（或为尖底杯，或为尖底罐，或为尖底钵，具体则视其地点而论）。

宝山遗址

宝山遗址，位于陕西省汉中市胥水河畔的城固县宝山镇宝山村，地处村后的一个山包顶上，占地约5万平方米，因发掘出大量烧烤坑和形制特异的陶窑群而享誉海内外。

宝山遗址是目前长江、汉江流域发现的文化遗存最丰富的殷商遗址。对比长江三峡同期文化遗存，可以初步判定与当时的巴人有着密切的联系。

宝山遗址的发掘，对于确认城固、洋县等地商代青铜器群的文化性质，进而认识汉水上游地区青铜时代文化面貌，研究汉江流域与长江三峡地区夏商时期文化的联系以及中原文化的关系等，都提供了十分重要的实物资料。

鱼凫巴人

巴族鱼凫部是以今奉节为中心的一支巴人部族，因其捕鱼时借助豢养的鱼凫（鱼鹰），故称鱼凫巴人。

鱼凫巴人在以捕鱼为业的同时，也从事巫盐贩运活动。他们贩盐主要是走西线，逆长江到达今成都平原。

夏代晚期，鱼凫部巴人开始举族西迁，他们沿着长江逆流而上，折转岷江抵达川西，最终战胜当地的柏濩族，在成都平原上建立起了鱼凫蜀国。

商代中期，进入鼎盛的鱼凫蜀国，创造出了著名的三星堆青铜文化。

在岷江未得到治理、成都平原的开垦尚在起步阶段的前提下，鱼凫巴人依仗对川西巫盐贩运与销售的垄断，加强了自己的经济、军事和政治实力。在武王伐纣的牧誓八国之中，蜀的排名仅次于庸。

到了西周中叶，朱提（今云南昭通）的杜宇率部北上，在江源（今崇州）与当地的梁利部结合后，实力大增。其后，进入成都平原的杜宇部取代了鱼凫蜀国，建立起了杜宇王朝，定都郫邑。

由于杜宇非常注重农业生产，此时的蜀国，上下一心，经济发展，政治稳定。于是，失国的鱼凫巴人便安心于此，逐渐为杜宇部所同化了。

《蜀王本记》："蜀王之先名蚕丛，后代名曰柏濩，后者名鱼凫。此三代各数百岁，皆神化不死，其民亦颇随王化去。鱼凫田于湔山，得仙，今庙祀之于湔，时蜀民稀少。后有一男子，名曰杜宇从天堕止。朱提有一女子名利，从江源井中出，为杜宇妻。乃自立为蜀王，号曰望帝、治汶山下邑曰郫，化民往往复出。"

《华阳国志·蜀志》："周失纲纪，蜀先称王。有蜀侯蚕丛，其目纵，始称王。死，作石棺石椁，国人从之，故俗以石棺椁为纵目人冢。次王曰柏灌。次王曰鱼凫。鱼凫王田于湔山，忽得仙道，蜀人思之，为立祠。后有王曰杜宇，教民务农，一号杜主。时朱提有梁氏女利，游江源，宇悦之，纳以为妃。移治郫邑，或治瞿上。"

鱼凫朝
蜀国都城

鱼凫朝蜀国都城，位于四川省广汉市南兴镇三星村，地处鸭子河南岸。古城东西长1600~2100米，南北宽1400米。城的东南西三面建有城墙与北面的鸭子河一起构成了古城的城防体系。在城内沿着中轴线，依次分布着三星堆、月亮湾、真武宫和西泉坎四处台地。

《读史方舆纪要》："鱼凫山，县东北二里，或曰即鱼涪津也。"

《四川通志》："鱼凫城在县北十里，相传古鱼凫氏所都。"

宋·孙松寿《观古鱼凫城》："野寺依修竹，鱼凫迹半存。高城归野垅，故国霭荒村。古意凭谁问，行人谩苦论。眼前兴废事，烟水又黄昏。"

鳖灵巴人

鳖灵部巴人是白虎巴人留在清江流域的一支。在白虎巴西迁川东，最后立国江州时，尚有部分成员并未同行，而是选择了在当地留守。其中一支后来以鳖为图腾，号称鳖灵。

随着时间的推移，狭窄的清江流域和贫瘠的巫山地区，已无法满足部族日益发展的形势需要，为了更好地生存和发展，鳖灵部巴人便追随着先人的脚步，也开始举族西迁。他们没有北上江州，而是选择了一条与前人不同的道路。

他们向西走来，沿清江、郁江到彭水后，再经由乌江转芙蓉江到达了今遵义地区。并在此建立了一个以鳖（bì）为名的国家（将鳖改写成鄨，表示已成地名）。因其地囊括了黔北（今遵义地区大部分）与渝南（今重庆綦江流域）的部分地块，故遵义有鄨邑之谓，綦江有鄨水之称。

在杜宇朝蜀国晚期，鄨国乘机率部向西发展，沿赤水，取道长江、岷江，到达今乐山一带，旋即又将势力向北推进到成都平原边缘今芦山县一带。待到巴族鳖灵部站稳脚跟以后，便相机进入了成都平原，先臣服于杜宇王朝，后取而代之在今川西建立起了一个庞大而强盛的开明朝蜀国（历12代亡于秦）。

《蜀王本纪》："望帝积百余岁，荆有一人名鳖灵。其尸亡去，荆人求之不得，鳖灵尸随江水上至郫，遂活，与望帝相见，望帝以鳖灵为相。时玉山出水，若尧之洪水，望帝不能治，使鳖灵决玉山，民得安处。鳖灵治水去后，望帝与其妻通，惭愧，自以德薄不如鳖灵，乃委国授之而去，如尧之禅舜。鳖灵即位，号曰开明帝。帝生卢保，亦号开明。"

《水经注·延江水》："鳖县，故犍为郡治也……县有鳖水，出鳖邑西不狼山。"

图语铜勺

来源：四川成都三洞桥
年代：战国
藏址：成都博物馆

铜勺在当时是用来勺酒的用具，这件铜勺的不同之处就在于其内的一组巴蜀图语。
该图绘有鳖、鸟、鱼三种动物。鳖居中，鸟和鱼分别居于鳖的左右上方，鳖的左右两侧饰有回纹和花蒂纹。鳖是开明王朝的图腾，鱼是鱼凫王朝（以三星堆为代表）的图腾，鸟是杜宇王朝（以金沙遗址为代表）的图腾。

巴国春秋

说到巴人、巴国、巴文化，就不能不提到白虎巴人。巴族白虎部是这几支巴人中最有影响、最具生命力的一支。正是因为白虎巴人，才把模糊的巴的地理概念，变成了一个清晰的有边界的国家概念，强化成了一个多民族融合在一起的国家。

时间回溯到大约商代早期偏晚，巴、樊、瞫（shěn）、相、郑五个氏族先后走出了大巫山祖居地，来到今鄂西清江流域长阳县郊的武落钟离山定居。随着形势的发展需要，五个氏族相约结成联盟，因巴氏的首领务相在竞争中胜出，称廪君，于是这个新兴的部落也被称作廪君巴。

结盟后的巴部落在新头领廪君的带领下，一路向西进发，趁势吞并了生活在清江流域的盐水部落，并以夷城为中心建立起夷城巴国。其后，因廪君巴的后裔崇奉白虎、以白虎为图腾，故又称之为白虎巴。

在这之后，崛起的白虎巴人更加锐不可当。他们首先攻占了今渝东南，然后顺郁水入乌江，再下乌江到达枳邑（今重庆涪陵）。然后再以枳邑为中心，先是向东拿下今万州和平都（今重庆丰都），继而向西攻取了以江州（今重庆渝中半岛）为中心的今渝西一带，向东攻下了川东，并以江州为核心，建立起了江州巴国。江州巴国囊括了川东沿江一带以及渝东南和清江流域。

再后来，由于白虎巴人在武王伐纣时襄助有功，于是周人封其宗姬于巴，替代了原来的江州巴国。因巴国受封为子爵，故称巴子国，习称巴国。

巴国从公元前1046年立国始，到公元前316年被正式纳入秦国的版图止，前后共经历了730年。

巴国虽然不在了，但勤劳、勇敢、顽强的白虎巴人及其后裔，却早已在这片沃土上书写下了不朽的传奇。

香炉石遗址，位于湖北省宜昌市长阳土家族自治县渔峡口镇，地处清江北岸，上距盐水20公里。该遗址东西长300米，南北宽100余米，总面积30000平方米。距今约4000余年。

香炉石遗址

香炉石遗址于1983年在修建隔河岩水库时被发现。经过1988年、1989年和1995年三次抢救性发掘，在遗址内采集到夏、商、周时期的石器、陶器、骨器和铜器等遗物近万件，清理出一批早商时期的巴人墓葬，同时还发现大批商、周时期的甲骨和两枚商末周初时期的陶玺。

该遗址附近即为夷城（白虎巴人最初的都城）所在地。

猪形铜磬
来源：湖北长阳官家冲
年代：商
藏址：长阳土家族自治县博物馆

该铜磬整体呈板状猪形，背脊处饰凤鸟。器身分布有10个乳钉并饰云雷纹雕饰。

海贝
来源：湖北长阳香炉石遗址
年代：商
藏址：长阳土家族自治县博物馆

牛卜骨

来源：湖北长阳香炉石遗址
年代：商
藏址：长阳土家族自治县博物馆

该卜骨整器长 42 厘米。为我国早商时期的最大卜骨之一。

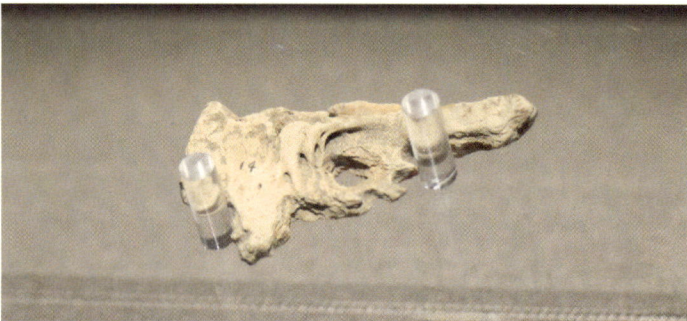

鱼卜骨

来源：湖北长阳香炉石遗址
年代：商周
藏址：长阳土家族自治县博物馆

龟卜骨

来源：湖北长阳香炉石遗址
年代：商周
藏址：长阳土家族自治县博物馆

铜削

来源：湖北长阳香炉石遗址
年代：西周
藏址：长阳土家族自治县博物馆

陶印章

来源：湖北长阳香炉石遗址
年代：西周
藏址：长阳土家族自治县博物馆

在长阳香炉石出土的两枚陶玺（陶质印章），印文均为阴刻。
两枚陶玺的发现，为中国玺印的文字记载找到了实物例证。此前，我国所发现的古玺印上限仅能达到战国。
尽管两枚陶玺的印文目前尚无法识认，却并不影响它们是古代玺印的认定。就算仅仅是用来印陶器，也应是我国古代玺印的一种或玺印的祖型。

第十一部分

巴人传奇

就像历史上的其他族群一样，巴人在崛起之前，也经历了一个漫长的摸索时期——黑暗时代，只是后来才进入了英雄时代。

巴人的世界也是断然离不开英雄的，正是因为这些英雄的出现，才迎来了巴族的强势崛起。一个人的名字，是一个族群的荣光，也是一个族群的坐标。巴人不但有了自己的名字，也终于有了属于自己的文明……

俗话说，人无头不走，鸟无头不飞。正是在这些时代精英们的带领下，巴人终于走出了他们的低迷期，从一个胜利走向一个胜利，从一个辉煌走向另一个辉煌。

另：

廪君的出现，标志着巴人继中原的尧舜禹之后也步入了英雄时代。

五姓结盟

商代中期，居住在武落钟离山（一说今湖北巴东水布垭镇三里城山）的巴氏、樊氏、曋氏、相氏、郑氏五个氏族相约结盟，改变过去单打独斗的局面开始抱团。结盟以竞技的方式在五个氏族的首领之间进行，选定的项目则是比赛驭剑和驾船。这种文明的竞争是很少见、也很了不起的，因为历史上的很多文明都并不那么文明。

比赛的结果，就是巴氏的首领务相在与其他四姓的竞争中胜出，被尊为廪君。结盟后形成的部落，因巴氏族居领导地位，故称巴部落，也称廪君巴。

廪君的祖先，并不是当地的土著，而是从大巫山迁来。在巫权时代，灵君本是神巫兼首领的意思。而廪君就来自灵君之讹，所以后世遂以讹传讹。

部落结盟，不是为了战天斗地，而是为了对付共同的敌人。这个敌人会是谁呢？它就是盐水部落！

《说文解字》："灵，灵巫。以玉事神。"

《世本·氏姓篇》："廪君之先，故出巫诞。"

《后汉书·南蛮西南夷列传》"巴郡南郡蛮，本有五姓：巴氏、樊氏、曋氏、相氏、郑氏。皆出于武落钟离山。其山有赤黑二穴，巴氏之子生于赤穴，四姓之子皆生黑穴。未有君长，俱事鬼神，乃共掷剑于石穴，约能中者，奉以为君。巴氏子务相乃独中之，众皆叹。又令各乘土船，约能浮者，当以为君。余姓悉沈，唯务相独浮。因共立之，是为廪君。"

夺占盐水

在五姓结盟力量大增的情况下，廪君便率众乘土船沿夷水（今清江）出发到达了盐阳（今湖北利川盐井寺）。

而此时的盐水为尚处于母系氏族公社时期的盐水部落控制着。他们以飞虫为图腾，靠着这里的鱼盐之利，部众甚多且实力强盛。

盐水部落对这些外来者抱持着包容的态度，对廪君表达了"此地广大，鱼盐所出，愿留共居"的意愿。然而，这并不是廪君他们所期待的，这批巫山诸部的后人，十分清楚控制盐泉对部落的发展所具有的意义。他们浮夷水西上，显然是有备而来的，目的就是为了夺取盐泉，哪里会甘心共同分享呢。

鉴于对方的实力，加上对方的弱点，廪君决定智取。廪君利用盐水部落首领盐水神女对自己的好感，对其展开感情攻势，既谈情说爱，又同床共寝，还互赠信物。坠入爱河的盐水神女把廪君赠送的一条青缕系在头上。廪君则趁其不备，瞅准机会用箭射杀了盐水神女，以武力收服其众，并乘势夺取了对盐水的控制权。这也是巴族最先控制的一支盐泉。就这样，一个强大的巴人部族也就此形成了。

《后汉书·南蛮西南夷列传》："乃乘土船，从夷水至盐阳。盐水有神女，谓廪君曰：'此地广大，鱼盐所出，愿留共居。'廪君不许。盐神暮辄来取宿，旦即化为虫，与诸虫群飞，掩蔽日光，天地晦冥。积十余日，廪君思（伺）其便，因射杀之，天乃开明。"

夷城巴国

廪君在完成夺占盐水，兼并盐水部落后，便率众乘船巡视这块新的领地。当船队顺着夷水走到今天长阳西端的香炉石这个地方时，感慨于此处的得天独厚，廪君遂决定在这里建城。

因为该城就建在夷水边，所以就因夷水命名为夷城。这个部落联盟式的国家，则被称为夷城巴国。

夷城东去武落钟离山不远，西距盐阳——原盐水部落所在地也不足 17公里，同时这里地形险要，南临清江，北靠石峰，西止大山。在此选址筑城，也从另一个侧面说明廪君深得兵家之要。

此后，在夷城巴国发生的最重大的事件，当属廪君务相的仙逝了。他的子民们坚信，他们的首领廪君已经成神并化身成了白虎，从而世世代代保佑着他的族人。于是白虎就成了这群人的图腾，于是这群人也便有了一个新的称谓——白虎巴人。

《水经注·夷水》："廪君乘土舟下，及夷城，夷城石岸险曲，其水亦曲。廪君望之而叹，山崖为崩，廪君登之，上有平石，方二丈五尺，因立城其傍而居之，四姓臣之。"

《后汉书·南蛮西南夷列传》："廪君于是君乎夷城，四姓皆臣之。"

再次西征

一统清江流域，建立起夷城巴国的白虎巴人就有了一个全新的起点，一个进一步发展的平台。有了强大的国家机器，有了众多的人力，有了取用不竭的财富之源，所有这些都极大地刺激了夷城巴国政治、经济和军事力量的增长，这也促使他们很快再次走上征程。

那么这一次，这支白虎巴人又会走向何方呢？

向东？东方是商王朝的势力范围，此时的商王朝正如日中天。向北？

北方有长江天险，一些方国牢牢控制着三峡孔道。向南？南方则多为不毛之地。现在，就只剩下一条路，那就是向西。

向西，对白虎巴人来说，既是唯一可行的，也是最好的选择。一来，那里有着与盐水同等重要的财富之源——郁山盐泉。二来，那里距清江不远，且无大山大河阻隔，很容易到达。三来，控制那道盐泉的巫羲国实力弱小，且孤立无援，易于夺取。于是，白虎巴人再次吹响了西征的号角，翻山越岭来到今彭水郁山地区，并顺利接手了这处人间天堂。

第二故乡

有句老话说得好，叫作好吃不吐籽。已经打疯了的白虎巴人，开始不断扩大战果，不断夺占更多的地盘。先是进攻到郁江与乌江的交汇处，然后再顺着乌江占领了枳邑（今重庆涪陵）。

枳邑，是白虎巴人进入四川盆地、长江流域的首个据点，也是拓展巴国领土的重要根据地，其重要性不言而喻。换言之，枳邑是除了夷城以外，巴人的第二故乡。

自古以来，中华民族就有落叶归根的习俗。而对这些巴人开拓者们来说，夷城已太遥远，于是很多巴族首领及大贵族都选择将自己的坟墓埋在枳邑这个第二故乡。

《华阳国志·巴志》："巴子时虽都江州，或治垫江，或治平都，后治阆中，其先王陵墓多在枳。"

再治平都

白虎巴人在拿下枳邑后，一面用心展开经营，一面以这里作为基地，策源其东征西讨。在率先向东拿下今万州后，又沿江直下了平都（今重庆丰都）。由于平都土地肥沃，物产丰饶，宜于耕牧，故巴族统治者将此作为牧养牲畜之地。因此，平都便成了白虎巴人的又一个重要据点。

《水经注·江水》："又迳东望峡，东历平都，峡对丰民洲，旧巴子别都也。"

《华阳国志·巴志》："其畜牧在沮，今东突峡下畜沮是也。"

定都江州

白虎巴人从枳邑出发，向西溯江而上，便到达了今重庆渝中半岛。该半岛处于长江、嘉陵江的交汇之处，仅西面背山，北、东、南三面皆环水，从而使整个地势有如江中之洲。从这里，进可以凭水路而攻，退可以据高冈而守。同时，这里出行也极其便利，向北可循嘉陵江而上，向东向西则皆可借助长江水路。

这群对山水有着特殊感情的白虎巴人，惊叹于大自然的鬼斧神工，遂毅然决定把这里选作了建都立国的地方。江州这块以山为城，环江为池，临危据险，易守难攻，且又有着水陆交通之便的地方，于是便成了白虎巴人的都城。

随着白虎巴人在江州建都，于是便诞生了一个真正意义上的国家——江州巴国。

《说文解字》："州，水中可居曰州。"

《舆地广记·夔州路》："巴县，本江州，古巴国也。"

三千虎贲

经过几代人的经营和多年的充分准备，也就是在盟津（今河南孟津县东北）观兵后的第三年，周武王姬发在太师姜尚和周公姬旦等的辅佐下，率领战车三百乘、虎贲三千、甲士四万五千人东向伐纣。

在这场决定命运的决战中，周人得到了很多西南部族的支持，其中就有巴族。周人最精锐的急先锋——三千虎贲，其重要组成便是英勇善战的巴人。正是因为此战，为巴人赢得了勇锐的名声。巴人之勇，著于典籍。

巴人参与武王伐纣，不但解除了外来的侵逼，而且密切了和中原的联系，加强了巴族与中原民族之间的经济、文化交流，这对巴人社会的发展起到了积极的作用。

《华阳国志·巴志》："周武王伐纣，实得巴蜀之师，著乎《尚书》。巴师勇锐，歌舞以凌，殷人倒戈。故世称之曰'武王伐纣，前歌后舞也。'"

巴师勇锐

历史上的巴人异常勇猛，说起这点，就不能不提那场著名的牧野之战。作为前锋，面对殷人的长戈大戟，首当其冲的就是巴人。

看到藤盾短剑，赤足草裙，戴着面具，载歌载舞而来的这群巴人，殷商大军完全没把他们放在眼里，像看杂耍一般看着他们歌舞。当殷商军队反应过来时，这群巴人已经到了眼前。

贴身肉搏，充分发挥了短兵器的特点，同时也极大地限制了长戈大戟的发挥，殷商军阵大乱。姬发趁势率军发起总攻，当然结果大家都是知道的了。

此战中,巴人跳着战舞,代表着周人冲锋陷阵。此战中,面对长戈大戟,也充分展示了巴人的勇武。战后,武王论功行赏,于是就有了位列诸侯的巴子国。从此,巴族正式以一个诸侯国的身份耀辉于史册。

巴子国

在商朝末年,巴人虽勇猛善战,然而却政治落后,这对其后续的发展是相当不利的。幸运的是,在中原多事之秋,借助王朝更迭的历史窗口期,巴人适时地搭上了这趟发展的快车——襄助周人,建功立业,为自己赢来了融入这个大家庭的机会。

同时,周王朝为了加强对巴族的领导、控制和笼络,在灭商以后,即将姬姓宗族封到了巴族聚居地,培养起了亲周的宗姬藩国——巴子国,使之成为了周王朝中的重要一员。

巴子国的建立,在白虎巴人发展史上有着十分重要的意义。首先,给了白虎巴人一个正名的机会。因为巴国是堂堂正正的姬姓国家,跻身于诸侯之列,这就为其有缘参与朝贡和会盟提供了法理上的依据。所以周成王大会诸侯于成周洛邑时,巴国亦在被邀请之列。其次,在政治上可以实行拿来主义。这种方式有利于巴人接受周朝先进的政治、经济和思想文化,促使巴族前进的步伐更快、更稳。第三,可以集中精力、心无旁骛、一心一意地把心思和精力放在内部的发展和建设上。只有当一切都准备得很充分的前提下,才可以在不远的将来趁机开疆拓土。

《华阳国志·巴志》:"武王既克殷,以其宗姬于巴,爵之以子。"

《逸周书·王会》:"成周之会……氏羌以鸾鸟。巴人以比翼鸟。方炀以皇鸟。蜀人以文翰,文翰若皋鸡。方人以孔鸟。卜人以丹沙。夷用……"

巴楚与邓鄾之战

楚武王三十八年(前703年),巴子派使臣韩服赴楚通报,欲与邓国(今湖北襄樊西北)交好。楚武王遣大夫道朔带同韩服等人前往邓国行聘。在接近邓南部边地时受到当地鄾国人的袭击。韩服、道朔被杀,财物被抢。

因鄾是邓的属国,于是楚派人责备邓国未约束好鄾国,邓不接受。最后楚派大夫斗廉率军会同巴军围鄾。邓派大夫养甥、聃甥率军救鄾。最后,巴楚联军打败邓国,灭掉了鄾国。

另:

巴楚两国,在很久以前就已经开展了广泛的交流。到楚武王熊通执政时,两国更是通使行聘,并结成了军事同盟。

巴楚那处之战

楚文王十四年（前676年），楚与巴联兵北上攻申（今河南温县东）后。因迁怒邓国又不爽巴国，于是撇开巴国独自攻灭邓国。楚人轻视巴人，却又疏于防范，终于在当年秋酿成大祸。

被激怒的巴师袭击楚国权县的那处（今湖北荆门沙洋）。因事起突然，权尹阎敖因无备而弃守，只身泅水逃走。致使巴师长驱北上，一度进逼到郢都（今湖北江陵纪南城）南门。

楚文王大怒，处死了阎敖。其族人不服，起而为乱。当年冬季，巴国乘楚国内乱，再次出兵伐楚。楚文王亲自率兵迎战，结果于次年春，在津地（今湖北江陵或枝江）被巴军打得大败，且伤及面颊。

楚文王领着败军回到郢都，因楚国有败军一律不得入城的传统，因而郢都大阍（hūn）鬻（yù）拳拒开城门。楚文王不得已，转而进攻黄国（今河南潢川），在踖（jí）陵（今河南潢川南）击败了黄国军队后迅即回兵。

不料在回军途中，楚文王暴病而亡。鬻拳在协助料理完后事自杀殉葬。巴楚两国从此关系开始恶化。

另：

伴随着楚国的日益强大，楚人也开始膨胀起来，在与巴国君臣相处时，时不时地便会流露出灼人的傲娇。这就为双方的反目成仇埋下了种子。

《春秋左传·庄公十八年》："及文王即位，与巴人伐申而惊其师，巴人叛楚而伐那处，取之，遂门于楚。"

《华阳国志·巴志》："楚子惊巴师。"

楚子灭夔

初居丹阳的楚人，筚路蓝缕以处草莽，只是这里线天斗坪，发展余地极其有限。顽强的楚人，于是选择由枝江而江陵向东发展，最后拥有了江汉大片土地，成为雄踞南方的泱泱大国。

强大起来的楚人，出于战略上的考量，开始把扩张的锋芒指向了西边。于是夔子国首当其冲。

楚成王三十八年（前634年）秋，楚以夔子不祀祝融与鬻熊为由，遣派令尹子玉（成得臣）、司马子西（斗宜申）率师灭夔，以夔子归。

夔灭亡后，楚的势力进抵到三峡西部，于是巴楚之间的纷争就开始变得不可避免了。

联秦和楚

楚成王四十年（前 632 年），晋秦联军在城濮之战中大败楚军。巴国向秦致贡，后又与楚修好。

《史记·商君列传》："相秦六七年，而东伐郑，三置晋国之君，一救荆国之祸。发教封内，而巴人致贡；施德诸侯，而八戎来服。"

巴楚秦联手灭庸之战

楚庄王三年（前 611 年）秋，楚国发生了严重的饥荒，周边的部族邦国则乘机向楚发难。此时，楚国内忧外患，形势十分严峻。此时，倘若晋等中原诸国乘虚而来，后果将不堪设想。

楚一方面加强北部边防，封锁了中原通往楚国的门户，一方面采纳大夫蒍（wěi）贾的建议，主动出兵攻打庸国（庸在当时的范围，囊括了今湖北西部的竹山县、房县一带以及重庆东部的巫山、奉节一带），以示强于敌。因为庸国一旦被打败，那些附庸者必然望风瓦解。形势果然一如蒍贾所料，楚军出兵才十五天，麇（今湖北郧县）和百濮果然就自行罢兵回去了。

楚军从庐地（今湖北南漳县东）出发，渐次进军到句澨（shì）（今湖北均县境），遣大夫卢戢（jí）黎进攻庸国。在方城（今湖北竹山县东）被庸人打败，并囚禁了子扬窗。为麻痹庸军，楚军采纳了大夫师步伴败骄敌之计，七战七走，庸人果然中计。

这时，见时机已经成熟的楚庄王亲自赶到临品（今湖北均县境），在取得了巴、秦两国的帮助，又完成与群蛮结盟的多手准备后，命子越自石溪（今湖北均县境）、子贝自仞（今湖北均县境）两路分进合击，一举消灭了庸国。

灭庸后，楚人得到了湖北西部的上庸之地，秦人得到了庸的北境之地，巴人则得到了庸的鱼邑，包括今巫溪、奉节、云阳等大片土地。宝源山盐泉（即巫溪盐泉）亦为巴所得。至此，楚与巴全面接壤，楚国势力也直抵巴的边境。

《春秋左传·文公十六年》："楚大饥，戎伐其西南，至于阜山，师于大林。又伐其东南，至于阳丘，以侵訾枝。庸人帅群蛮以叛楚，麇人率百濮聚于选，将伐楚。于是申、息之北门不启。"

《括地志辑校》："房州竹山县及金州，古庸国也。"

埋璧立储

俗话说，家有长子国有储君。立储历来为国之大事，事关国家的发展甚至政局的稳定。为了选择出合适的接班人，楚共王与巴姬可是没少费心思，只是他们合演过的一出好戏却着实有些奇葩。

楚共王虽然没有嫡长子，却有五个得宠的儿子——公子招、公子围、公子比、公子皙和公子弃疾。最后，一直为立储之事犹豫不决的共王，想到了由神来决定王位继承人的好办法。

拿定主意的共王，先是委派祭师奉持玉璧，遍祭楚之名山大川。然后，共王与巴姬又一道把这块开过光的玉璧埋进祖庙的地下。最后再招呼五个儿子依次来祖庙祭祖。

当然，事先早已定有基调：谁压到玉璧谁就做继承人。结果公子招、公子围、公子弃疾都各压到了一部分，而公子比、公子皙连玉璧的边也没能沾上……

眼见楚国的王位继承人难产，忧心如焚的屈建于是批评说："楚国内部将来一定会出很多乱子。就好比一只兔子在街上跑，一大群人去追它。一个人抓到了，其他人就都消停了。现在楚国有那么多大王喜欢的儿子，接班人又没有选定是谁，动乱难免就要发生了。世子是国家的基础，是老百姓的期望。国家没有基础，又让老百姓失望，就是断送了国家的根本。国家根本断送了，动乱自然就来了，就像兔子在街上跑一样。"共王听到屈建说的这番话，马上立公子招做了世子，但是已经为时太晚了……

《春秋左传·昭公十三年》："初，共王无冢凶，有宠子五人，无凶立焉。乃大有事于群望，而祈曰：'请神择于五人者，使主社稷。'乃遍以璧见于群望曰：'当璧而拜者，神所立也，谁敢违之？'既乃与巴姬密埋璧于大室之庭，使五人齐，而长入拜。康王跨之。灵王肘加焉。子干、子皙皆远之。平王弱，抱而入，再拜，皆厌纽。斗韦龟属成然焉，且曰：'弃礼违命，楚其危哉。'"

折戟鄾邑

楚惠王十二年（前477年），巴人进攻楚国并包围了楚国的鄾邑（今湖北襄阳）。同年三月，楚国派出了三位能干的将领公孙宁、吴由于、薳（wěi）固在鄾地击败了巴国军队。

此次战役，使巴国遭受到了惨重损失，国力大衰。不仅彻底退出了汉水流域，而且还引发了后续一系列的连锁反应。

《春秋左传·哀公十八年》："巴人伐楚，围鄾。初，右司马子国之

卜也，观瞻曰：'如志。'故命之。及巴师至，将卜帅。王曰：'宁如志，何卜焉？'使帅师而行，请承。王曰：'寝尹、工尹，勤先君者也。'三月，楚公孙宁、吴由于、蒍固败巴师于鄾，故封子国于析。"

同归于尽

过去，在白虎巴人来到以今合川为中心的地区以前，百濮最为强大。随着巴国的影响力日渐增强，巴子也把这里选作与当地和周边部族进行盟会的场所。

过去听老辈子讲，酒越喝越厚，钱越耍越薄。而事实上，酒喝多也不见得就是好事。巴王和濮王就是在一次酒喝到高潮时，盟会最终变成了战场，与会的巴王、濮王也在这场冲突中双双丧生。

事后，巴人便以此为借口挥师北上，将这片地方并入了自己的统治范围之内。进而为把巴国的势力范围向川中、川北推进，做好了铺垫。

其后，为了加强对这一区域的有效管理、控制和利用，巴人更是在原濮人居住的中心建城置邑，垫江（今合川）遂成为巴都江州北面的又一大重镇。

《元一统志》："李文昌图经云：'巴王、濮王会盟于此，酒酣击剑相杀，并墓而葬。'"

巴蜀世仇

巴人在征服濮族攻占川中之后，进一步进抵川北，通过一系列斗争，把蜀国的势力挤到了阆中以西、以北，从而完全控制了川北以及汉中。同时又在南面，攻占了蜀的鳖国之地，控制了今黔北。

其后，在楚人的进一步压迫下，被迅速挤占了生存空间的巴人，更迫切希望从西边的蜀人身上获得代偿。巴蜀两国关系经常处于紧张状态，巴与蜀仇、巴蜀世战争就变得更加势在难免了。

这种成见影响至深，乃至很多代以后，还时常以某种形式被表现出来。

《太平御览·地部》："《益州记》云：'昔巴蜀争界，久而不决。汉高八年，一朝密雾，石为之裂，今犹如之，自上及下，破处直若引绳焉，于是州界始判。'"

蔓子乞师

战国后期，巴国发生内乱，将军巴蔓子出于不得已赴楚借兵。楚则趁机开出了割让三城（据说，楚人当时所觊觎的三城中，包含有鱼邑和巫邑，而这里正是宝源山盐泉的所在之地）的出兵条件。巴蔓子答应了楚的要求，楚国于是派军队赴巴帮助平息了内乱。

事后，楚国派出使者来偿城。巴蔓子认为，身为人臣守土有责，是不能私下割让土地的，舍弃国土是为不忠。然而大丈夫生于天地之间，不履行承诺则为无信。为全忠义，巴蔓子于是选择自刎以谢楚使——用自己的生命兑现了先前的承诺。

接到回报的楚王大为感动，以上卿之礼葬其头（传说在湖北利川西部的都亭山）。巴国亦以上卿之礼葬其身。这就是重庆市九龙坡区巴国城牌坊上"重镇天开巴子国，上卿礼遇楚王城"这副楹联的由来。

习近平总书记在参加十三届全国人大一次会议重庆代表团审议，谈到重庆历史文化和人文精神时，更是高度点赞了流芳千古的巴蔓子精神。

《华阳国志·巴志》："周之季世，巴国有乱，将军巴蔓子请师于楚，许以三城。楚王救巴。巴国既宁，楚使请城。蔓子曰：'藉楚之灵，克弭祸难。诚许楚王城，将吾头往谢之，城不可得也。'乃自刎，以头授楚使。王叹曰：'使吾得臣若巴蔓子，用城何为？'乃以上卿礼葬其头；巴国葬其身，亦以上卿礼。"

首失盐水

战国中叶以后，楚国开始着力经营西南。随着楚国的步步紧逼，巴国则步步败退，接连丧失掉大片的领土。

楚国向西进兵，首先攻占了夷水（今清江流域），夺取了巴国的第一道盐泉。

楚肃王四年（前377年），巴蜀联军伐楚，攻占了楚国西面的重镇兹方（今湖北松滋），进而再一次威胁到郢都。楚很快发动反击，在兹方击败巴蜀联军。此后，楚国吸取了不设防的教训，开始向巴人学习，在清江筑扞（hàn）关以保卫其在该地的既得利益。

《史记·楚世家》："肃王四年，蜀伐楚，取兹方。于是楚为扞关以距之。"

《华阳国志·巴志》："巴、楚数相攻伐，故置扞关、阳关及沔关。"

《太平寰宇记》："废巴山县，在县南七十里，本很山县地，即古扞关，楚肃王拒蜀之处。"

再陷黔中

楚宣王九年（前 361 年），楚国又攻占了巴国的南部江山黔中之地。至此，奉节以东尽入楚之版图，巴国的第二大盐泉伏牛山盐泉也失落了。

俗话说，屋漏偏遭连夜雨。巴国接连遭受沉重打击，国势更加不振，楚师于是便大举西进了。

《史记·秦本纪》："孝公元年……楚自汉中，南有巴、黔中。"

僭号称王

巴国国君由巴子改称巴王。

另：

除了楚国早在公元前 740 年就已称王外，中原各国（包括秦）都是在公元前 369 年—前 325 年间，才先后更公、侯之号为王的。

《华阳国志·巴志》："及七国称王，巴亦称王。"

楚子灭巴

楚威王时期（前 339—前 329 年），不断尝到甜头的楚国，兵锋再次西指，很快攻占巫溪、巫山、奉节一带，并置为巫郡。至此，巴国的三大盐泉尽数落入楚人之手。巴人的东方大门也彻底向楚敞开了。

随后，楚军开始大举西进，攻占枳邑，攻破阳关，攻陷江州，攻克垫江（今重庆合川），并进入今云南和四川西南部。随着江州沦陷，垫江不保，巴国君臣北走，有如灭国。

《水经注·江水》："江水东迳阳关巴子梁，江之两岸，犹有梁处，巴之三关，斯为一也。"

《括地志辑校》："阳关，今涪州永安县治阳关城也。"

《舆地纪胜》："昔楚襄王灭巴子，封庶子于濮江之南，号铜梁侯。"

五姓东归

巴都江州不守，给人以巴国覆灭之感，后虽都阆州，实苟延残喘而已。有相当数量的巴人在江州丢失以后，并未随巴王北奔，也没有选择留在当地，而是忍痛撤离了江州一带。

在楚国吞并巴国南部以后，这些地方即沦为楚地，原来巴楚两国之间的关隘壁垒也随之消除了，这为人员的流动提供了便利。一部分白虎巴人退回了鄂西山地祖居地，还有为数不少的白虎巴人则沿着长江、乌江，经黔中之地到达了湘西五溪地区，其中就包括世人所熟知的巴族五姓（巴、樊、瞫、相、郑）。

其后，因巴族五姓在沅江五溪各据一溪，故称五溪蛮，后世亦称武陵蛮。

《太平御览·周郡部》："《十道志》曰：故老云：'楚子灭巴，巴子兄弟五人流入黔中。汉有天下，名曰酉、辰、巫、武、沅等五溪，为一溪之长，故号五溪。'"

《太平寰宇记》："五溪谓酉、辰、巫、武、沅等五溪。古老相传云：'楚子灭巴，巴子兄弟五人流入五溪，各为一溪之长。'"

都治阆中

在四川省境内，还有一个从春秋时期发源的充国，都城设在阆中。其地涵盖了今南充市全境、巴中市西南、广安市西以及绵阳市东南部分地方。这是个名不见经传，却举足轻重的国家。充国出现后，盆地内曾一度形成了巴、蜀、充三足鼎立的局势。

最初，充国是从巴国脱离出来的，但却与巴国世代为敌，两国间攻伐不断。在充国势力强盛时，曾打到过合州（今重庆合川）。

巴国最辉煌的时候，就是在其都江州之时，随着江州沦陷，垫江不保，巴国南疆亦不复为其所有，巴国统治者只好向北退守。

楚怀王十一年（前318年），巴人瞅准机会消灭了充国，北上阆中，并立都于此。

引狼入室

苴（chá）国，都城在吐费城（今四川广元昭化），是开明氏蜀国的分封国，第一代君主是蜀王杜尚（开明氏九世）的王弟杜葭萌。所以也称葭萌国。从开明十一世起，苴国与巴国交好。

由于巴国被楚国的侵略弄得很头疼，于是把代偿的目标放在了西邻的蜀国身上，这也使得巴蜀两国之间的争端变得越来越频繁。由于蜀国自开明十一世起国力渐衰，十二世蜀王杜芦非常渴望打败巴国以振奋蜀国人心，于是就有了巴蜀之间最大规模的一次战役。

苴国在这次战役中依然是靠向巴国一边，不过为了不与蜀国撕破脸皮，所以只派出了一队为巴国引路的士兵。蜀王杜芦早已得到巴苴合流的消息，于是诱敌深入，该战役最终以蜀国大获全胜，斩敌大将而告终。

由于巴蜀世仇，两国统治者之间的关系本来就非常紧张，看到苴侯与巴王这样勾肩搭背，年轻气盛的蜀王就气不打一处来，于是乘刚刚战胜巴国的余威兴兵讨伐苴国。

眼见大兵压境，苴侯急忙南奔阆中以寻求保护。然而此时的巴国已然成了一只病猫，逼不得已的巴人只好又向秦国派出了求援的使者……

《华阳国志·蜀志》："蜀王别封弟葭萌于汉中，号苴侯，命其邑曰葭萌焉。苴侯与巴王为好，巴与蜀仇，故蜀王怒，伐苴侯。苴侯奔巴，求救于秦。"

廊庙之争

当巴苴赶来告急时，秦国正在准备讨伐韩国。到底哪个该优先，秦惠王一时拿不定主意，于是便交给群臣讨论。

客卿张仪极力主张伐韩诛周，独有司马错主张应巴苴之请，出兵伐蜀。通过这件事，让我们认识了司马错——一位被忽略了的战略家和他的远见卓识。

从统一全国的总体战略出发，司马错首先从理论上阐明了统一天下的三条基本要素。接着，他又据理驳斥了张仪伐韩诛周的荒谬主张，认为这是一个将适得其反的愚蠢举动。随后，他又有理有据地向惠王分析了伐蜀所带来的好处。

一番唇枪舌剑之后，秦惠王终于下定决心起兵伐蜀。

《史记·张仪列传》："苴蜀相攻击，各来告急於秦。秦惠王欲发兵以伐蜀，以为道险狭难至，而韩又来侵秦，秦惠王欲先伐韩，后伐蜀，恐不利，欲先伐蜀，恐韩袭秦之敝，犹豫未能决。司马错与张仪争论于惠王之前，司马错欲伐蜀，张仪曰：'不如伐韩。'王曰：'请闻其说。'仪曰：'亲魏善楚，下兵三川，塞什谷之口，当屯留之道，魏绝南阳，楚临南郑，秦攻新城、宜阳，以临二周之郊，诛周王之罪，侵楚、魏之地。周自知不能救，九鼎宝器必出。据九鼎，案图籍，挟天子以令于天下，天下莫敢不听，此王业也。今夫蜀，西僻之国而戎翟之伦也，敝兵劳众不足以成名，得其地不足以为利。臣闻争名者于朝，争利者于市。今三川、周室，天下之朝市也，而王不争焉，顾争于戎翟，去王业远矣。'司马错曰：'不然。臣闻之，欲富国者务广其地，欲强兵者务富其民，欲王者务博其德，三资者备而王随之矣。今王地小民贫，故臣愿先从事于易。夫蜀，西僻之国也，而戎翟之长也，有桀纣之乱。以秦攻之，譬如使豺狼逐群羊。得其地足以广国，取其财足以富民缮兵，不伤众而彼已服焉。拔一国而天下不以为暴，利尽西海而天下不以为贪，是我一举而名实附也，而又有禁暴止乱之名。今攻韩，劫天子，恶名也，而未必利也，又有不义之名，而攻天下所不欲，危矣。臣请谒其故：周，天下之宗室也；齐，韩之与国也。周自知失九鼎，韩自知亡三川，将二国并力合谋，以因乎齐、赵而求解乎楚、魏，以鼎与楚，以地与魏，王弗能止也。此臣之所谓危也。不如伐蜀完。'惠王曰：'善，寡人请听子。'"

秦举巴蜀

尽管楚国拿下了巴都江州，但最终灭巴的却是秦国。秦国很早就有举巴蜀并汉中之心，并为之而进行了长期的准备。

巴蜀二国，蜀国较强，秦把消灭巴蜀的重点放在了对付蜀国上。演义上说，为了迷惑蜀人，秦人又是美人计，又是石牛计。通过这些手段，秦人不但麻痹了对手，又诱使其开通了石牛道。

正值秦虎视眈眈，欺凌列国之时，巴、苴与蜀的矛盾激化。公元前316年，蜀国击退巴国来犯军队，得势的蜀王起兵进攻葭萌。苴侯东奔巴国，蜀强巴弱，形势于巴、苴十分不利，于是巴以救苴为名，遣使赴秦搬救兵。

秦惠文王在充分考量伐蜀的利弊得失之后，用司马错之策，于是年秋遣张仪、司马错、都尉墨等从石牛道伐蜀，灭之。同年冬，秦军相机行事，以巡视巴、苴之地为名，俘虏了巴王。

秦军在拿下巴蜀以后，继续挥师南下，从楚国手中夺取了以江州为中心的原巴国南部土地，并在巴地设巴郡。司马错则自巴涪水（今乌江）取楚商于之地为黔中郡。至此，秦国完成了并灭巴蜀的历史任务，巴国作为一个历史的存在便寿终正寝了。

秦举巴蜀后，对巴人采取了完全不同的羁縻政策，利用巴人控制蜀、楚等地，为统一天下奠定了基础。

《战国策·楚策》："楚王曰：'寡人之国，西与秦接境，秦有举巴蜀、并汉中之心。秦，虎狼之国，不可亲也。'"

《括地志辑校》："褒谷在梁州褒城县北五十里南中山。昔秦欲伐蜀，路无由入，乃刻石为牛五头，置金于后，伪言此牛能屎金，以遗蜀。蜀侯贪，信之，乃令五丁共引牛，堑山堙谷，致之成都。秦遂寻道伐之，因号曰石牛道。"

《华阳国志·蜀志》："周慎王五年秋，秦大夫张仪、司马错、都尉墨等从石牛道伐蜀。蜀王自于葭萌拒之，败绩。王遁走，至武阳为秦军所害。其傅相及太子退至逢乡，死于白鹿山。开明氏遂亡，凡王蜀十二世。"

《华阳国志·巴志》："仪贪巴、苴之富，因取巴，执王以归……"

仪城江州　　巴国过去虽以江州为都，却是以山为城，环江为池，并未建置像样的城郭。在从楚人手中夺占江州以后，对这处具有重要战略意义的冲要之地，张仪设计并督造了新的城池，使之成为了巴郡及江州县的首府和治所。

《华阳国志·巴志》："置巴、蜀及汉中郡。分其地为一县。仪城江州。"

羁縻政策　　羁縻政策起源于秦灭巴之后，对巴人所采取的一种特殊治理策略。

在依靠武力占领巴地以后，为了充分利用并发挥该地的战略地位，秦在该地实行了较为优厚的政治经济政策，以示优宠。

对巴人贵族，不但保留了其对本族的相当支配权，如封巴王之子于枳，以及仍以巴人首领统领旧地称为君长，并享有世尚秦女的待遇等。

对巴地的民众，不但在赋税上轻于中原各地，而且统一享有爵比不更和以之抵罪的优待。不更为秦二十级爵中的第四级。巴地之民所享有的这些，较之于其他区域的民众而言，无疑是一种特殊的优待。

羁縻政策的原则是：附则受而不逆，叛则弃而不追。

另：

《史记·司马相如传·索隐》里解释说：羁，马络头也；縻，牛靷（yǐn）也。引申为笼络控制。也有人这样解释：羁，就是用军事和政治的压力加以控制；縻，就是以经济和物质利益给以抚慰。

所谓羁縻，就是在少数民族地区设立特殊的行政单位，保持或基本保持少数民族原有的社会组织形式和管理机构，承认其酋长、首领在本民族和本地区中的政治统治地位，任用少数民族地方首领为地方官吏，除在政治上隶属于中央王朝、经济上有朝贡的义务外，其余一切事务均由少数民族首领自己管理。

《后汉书·南蛮西南夷列传》："及秦惠王并巴中，以巴氏为蛮夷君长，世尚秦女，其民爵比不更，有罪得以爵除。其君长岁出赋二千一十六钱，三岁一出义赋千八百钱。其民户出幏布八丈二尺，鸡羽三十镞。"

《爵制》："自一爵以上至不更四等，皆士也。"

移民徙徒　　秦以武力并灭巴蜀以后，为了巩固其在巴蜀的封建统治，改变巴蜀戎伯尚强的局面，秦王廷大量地将秦地居民迁徙到巴蜀地区。

此后，为了加速巴蜀经济的开发，同时也有改变巴蜀地区民族构成的意图,不仅迁徙一般民户,还大量徙徒,即流放罪人。秦始皇统一中国后,继续沿袭前人的这种做法,更加大规模地把东方六国的贵族、豪富、工商业主、罪犯以及其他人物迁徙到巴蜀,利用他们组织生产的知识和经验,发展巴蜀的工商业。

《华阳国志·蜀志》:"周赧王元年,秦惠王封子通国为蜀侯,以陈壮为相。置巴郡,以张若为蜀国守。戎伯尚强,乃移秦民万家实之。"

《汉书·陈胜项籍列传》:"巴蜀道险,秦之迁民皆居之。"

奖励耕战

在积极开展移民徙徒等一系列动作的同时,秦人也着手在巴郡推行封建的赋税制度和军功爵制度,即以封建赋税制度和军功爵制度代替过去的贡赋制度和世卿世禄制度。

对于有着尚武传统和尚武精神的巴地之民而言,在当地树立军功爵制度,并使其深入人心,比之无功而授爵四级的优待政策,无疑有着异乎寻常的重要意义。

秦开巴蜀

秦昭襄王四年(前303年),开始比照秦律大规模变革巴蜀土地制度和生产关系,在巴蜀之地推行封建土地所有制。

变更巴蜀原有的土地所有制为封建土地所有制,在当时是一件带有根本性措施的大事。

《史记·秦始皇本纪》:"昭襄王生十九年而立。立四年,初为田开阡陌。"

《汉书·地理志》:"孝公用商君,制辕田,开仟伯,东雄诸侯。子惠公初称王,得上郡、西河。孙昭王开巴、蜀,灭周,取九鼎。"

白虎之患

秦灭巴以后,对原巴国贵族颇为优待,甚至允准其部分自治。也就是在置巴郡的同时,推行"以巴氏为蛮夷君长统领旧地,世尚秦女。其民爵比不更,有罪得以爵除……"的怀柔政策。

然而,巴族贵族并不甘心于保有的蛮夷君长的头衔和世尚秦女的小恩小惠,更兼怨望秦昭襄王开巴蜀,于是伺机(趁秦人东向用兵之际)裹挟一些下层民众,发动了以白虎为号召的反叛。这就是所谓的白虎之患。

这次叛乱影响巨大,一度波及秦、蜀、巴、汉四郡。

《成都记序》:"昭襄王时,又曰白虎为患,意廪君之魂也。"

《后汉书·南蛮西南夷列传》："秦昭襄王时有一白虎，常从群虎数游秦、蜀、巴、汉之境，伤害千余人。"

白虎复夷

处置白虎之患，秦国并没有劳师动众，从其他地方调集大军前来进剿，而是根据巴蜀的具体情况，采取了以夷治夷的办法，即用极高的赏格，招募当地人来平定叛乱。最后，在尚武善射的龙蛇巴人的帮助下，消灭了其中的首事分子，从而平息了这场波及四郡的叛乱。

由于龙蛇巴人平叛有功，受到顷田不租、十妻不算（即有一顷田不交租，十个妻妾也不交人口税）等优待。因这种免除赋税或劳役在古代被称为复，因此这些龙蛇巴人也获得了另一个称谓——白虎复夷。

《华阳国志·巴志》："秦昭襄王时，白虎为害，自秦、蜀、巴、汉患之。秦王乃重募国中：'有能煞虎者，邑万家，金帛称之。'于是夷朐忍廖仲药、何射虎、秦精等乃作白竹弩于高楼上，射虎，中头三节。白虎常从群虎，瞋恚，尽搏煞群虎，大吼而死。秦王嘉之曰：'虎历四郡，害千二百人。一朝患除，功莫大焉。'欲如要，嫌其夷人。乃刻石为盟要：复夷人顷田不租，十妻不算；伤人者，论；煞人顾死，倓钱。盟曰：'秦犯夷，输黄龙一双；夷犯秦，输清酒一钟。'夷人安之。"

巴寡妇清

巴寡妇清，本名巴清，巴郡枳邑枳里乡（今重庆长寿）人，是最早以自己本名记载于正史的女人。活跃在战国末至秦代早期的巴清，不仅在世时颇受秦始皇的礼遇，尊其为贞妇，就是在其去世后，仍按照她的遗愿，使之归葬于故乡，并下令为她修筑女怀清台，以为纪念。

巴清一家，因擅丹穴之利数世，积聚了数不清的资财，为当时我国南方著名的大工商业主。一统天下的秦始皇强迫六国豪强贵富共12万户迁到国都咸阳，以便于帝国的监视和控制，巴清亦在其列，并最后客死咸阳。

相传始皇陵里大量的水银就是她提供的，更说她还变卖家产以助修长城。不管这些传闻是真是假，而巴清以女儿之身跻身春秋战国七大工商巨子之列，本身就是一个传奇。

另：

春秋战国，最有影响力的七位工商巨子包括：范蠡、子贡、白圭、猗（yī）顿、郭纵、乌氏（zhī）倮（luǒ）、巴寡妇清。

《史记·货殖列传》："而巴寡妇清，其先得丹穴，而擅其利数世，家亦不訾。清，寡妇也，能守其业，用财自卫，不见侵犯。秦皇帝以为贞妇而客之，为筑女怀清台……清，穷乡寡妇，礼抗万乘，名显天下，岂非以富邪？"

《括地志辑校》："寡妇清台山，俗名贞女山，在涪州永安县东北七十里。"

宋·刘攽《女贞花》："巴妇能专利丹穴，始皇称作女怀清。此花即是秦台种，赤玉烧枝擅美名。"

警钟长鸣

巴国的最终衰亡，很多人将之归咎于盐泉的不守。盐泉的丢失，固然是一个重要的因素，但这只是一个表象，深层次的原因还是因为文化的没落和社会变革的严重不足。换言之，就是跟不上形势，未能与时俱进。哪怕是记叙一些与巴人相关的大事件，每每都不得不以其他事件攸关方作为参照，就是一个很好的明证。再对照在战国中晚期巴地与其他地区出土的同期物品，无论是在技术还是工艺上也都存在着明显的差距。

巴人在内聚力增强以后，政治上缺乏远见，国家创造力不足。再加上过度依赖资源，从而导致产业空心化，所带来的后果就是最终也守不住资源。坐吃山空，败亡也就只是时间上的问题了。所以说，内驱动的丧失才是巴国灭亡的最致命诱因。

第十二部分

巴国名族

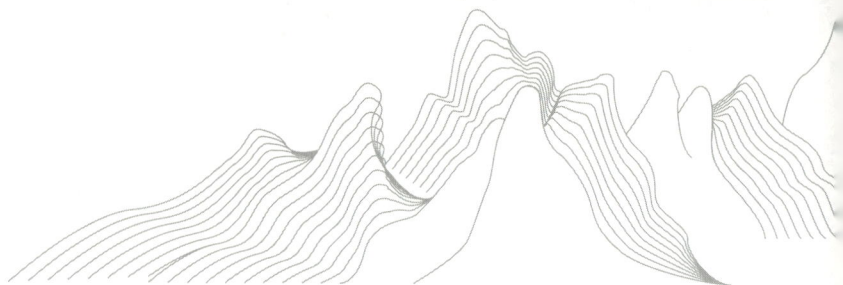

白虎巴人进据川东建立了巴国，经过几代人的努力打拼，终于扩张成了一个泱泱大国。这是一个庞大的、以白虎部巴族为主体的、部落联盟式的国家。

　　在其境内除居于统治地位的巴族白虎部外，还有着为数众多的、大大小小的氏族、部族或部落。巴国的人口成分虽然比较复杂，但有据可查、有谱可考的仍然不在少数，如濮、賨、苴、共、奴、獽（ráng）、夷、蜒（dàn）、鱼、楚等。尽管各自来源不同，但均属先秦濮越集团这一包容面十分广泛的民族系统，也是巴人后裔族源的一个重要构成部分。

　　《华阳国志·巴志》："其属有濮、賨、苴、共、奴、獽、夷、蜒之蛮。"

濮

在古代长江流域，濮是一个很大的民族，由于各个氏族和部落之间互不相属且各自为政，因此被称为百濮。濮还是一个古老的、有着悠久历史的民族，远在商代初年就与中原有着政治上和经济上的联系。

商朝末年，濮人参加了武王伐纣。

西周初年，成王大会诸侯于成周洛邑，百濮与巴、蜀、氐、羌皆与会，并贡献方物。

西周晚期，濮人乘周王朝衰落之机，联合南方的一些部族进行了一场规模浩大的反周之战。最后，周厉王亲自南征，平息了以濮人为首的二十六邦的反抗。

春秋初年，楚人进攻濮地，大批濮人被迫向西迁徙，辗转来到今嘉陵江下游定居下来。其后，白虎巴人将濮人置于自己的统治之下。部分濮人融入龙蛇巴人部族之中，成为所谓的巴七姓之一。

直到魏晋时期，原川东巴国境内还有大量的濮人居住着。以后，百濮之名便消失了。

《春秋释例》："建宁郡南有濮夷，濮夷无君长总统，各以邑落自聚，故称百濮也。"

《滇云历年传》："百濮者，犹夫百粤也。言其多，非一迹之可循，一隅之足指，故谓之百。今百粤即合浙、闽、两广而并称之，则濮亦合楚、蜀、黔、滇而以百名，想复同之耳。"

《春秋左传·昭公九年》："及武王克商……巴、濮、楚、邓，吾南土也。"

《逸周书·王会》："伊尹受命，于是为四方令曰：'臣请正东，符娄、仇州、伊虑、沤深、九夷、十蛮、越沤，鬋发文身，请令以鱼皮之鞞，鰂鰋之酱，鲛瞂利剑为献。正南，瓯邓、桂国、损子、产里、百濮、九菌，请令以珠玑、瑇瑁、象齿、文犀、翠羽、菌鹤、短狗为献。'"

《宗周钟》（铭文）："王肇遹省文武堇疆土，南或艮子敢臽虐我土。王敦伐其至戥，伐厥都。艮子乃遣间来逆邵王。南夷、东夷具见，廿又六邦。"

《国语·郑语》："……楚蚡冒于是乎始启濮。"

《史记·楚世家》："于是始开濮地而有之。"

《全汉文·蜀都赋》："东有巴賨，绵亘百濮。"

賨

賨是巴国境内一个古老的土著民族，居住在以宕（dàng）渠为中心的今川北一带。在龙蛇巴人翻越大巴山迁入其居住地后，便以先进的政治、经济和文化，将其逐步同化，变成你中有我我中亦有你的格局。后世便不再把他们区别开来，或称为巴，或称为賨，如龙蛇巴人就有巴七姓或賨七姓之称。到了汉代，则被称为板楯蛮。

白虎巴人建国川东，他们便和后来的龙蛇巴人一道成了巴国的部民。

《华阳国志·巴志》："宕渠盖为故賨国，今有賨城、卢城。"

《舆地纪胜》："巴西宕渠。其人勇健，好歌舞。邻山重叠，邻比相次。古之賨国都也。"

苴

苴（古音读巴）人是川东地区的一支土著族群，为百濮的一支，居住于汉中地区。公元前 368 年，蜀王杜尚派大军灭蒟、平周二国，封其弟杜葭萌为汉中侯置藩属苴国，都城在吐费城（今四川广元昭化区昭化镇）。

苴人始终与巴国保持着非常亲密的关系，可视同为巴国境内的一个少数民族。

《华阳国志·蜀志》："蜀王别封弟葭萌于汉中，号苴侯，命其邑曰葭萌焉。苴侯与巴王为好，巴与蜀仇，故蜀王怒，伐苴侯。苴侯奔巴，求救于秦。"

《史记索引》："苴音巴。谓巴、蜀之夷自相攻击也。"

共

共人原为东方滨海地区的越系民族。约在春秋战国时期，共人沿江西上进入川东，成为巴地族群之一。

《逸周书·王会》："具区文蜃，共人玄贝，海阳大蟹。"

奴

奴族即卢族，是一个古老的民族。卢人来自今山西境内，为舜后，属华夏民族系统。

商王武丁时，为商的属国（殷墟妇好墓曾出土了一件长 38.6 厘米、厚 0.6 厘米的玉戈，其上刻有"卢方皆入戈五"字样的铭文）。

商末，卢跟随武王伐纣，为西土八国之一。

西周时期，卢人活动于汉水中游地区，称卢戎。

春秋早期，卢戎与罗联军曾在今湖北襄阳西大败楚师。其后不久卢戎即为楚攻灭，降为卢邑。卢人的一支则辗转西迁鄂西。

春秋中叶，由于庸国日益强大，这支卢人被迫西遁宕渠，归于巴国的统治之下，成为巴国的部民。

《国语·周语》："昔鄢之亡也由仲任，密须由伯姞，郐由叔妘，聃由郑姬，息由陈妫，邓由楚曼，罗由季姬，卢由荆妫，是皆外利离亲者也。"

《尚书·周书·牧誓》："及庸、蜀、羌、髳、微、卢、彭、濮人……"

《水经注·沔水》："城在襄水之阳，故曰襄阳。是水，当即襄水也。城北枕沔水，即襄阳县之故城也，王莽之相阳矣，楚之北津戍也……其土，古鄢、鄀、卢、罗之地……又东过中卢县东，维水自房陵县维山，东流注之，县即春秋卢戎之国也。"

《春秋左传·桓公十三年》："楚屈瑕伐罗……及鄢，乱次以济。遂无次，且不设备。及罗，罗与卢戎两军之。大败之。"

《华阳国志·巴志》："宕渠盖为故賨国，今有賨城、卢城。"

獽

獽是巫山民族系统的苗裔，与巴族五姓中的相氏为同族。今万州、云阳、奉节、巴东等沿长江两岸即为古代獽人的聚居之地。这些地方都在巴国的统治范围之内。直到宋代，四川境内还有獽人居住。

《太平寰宇记》："有獽人，言语与夏人不同，嫁娶但鼓笛而已。遭丧乃立竿悬布，置其门庭，殡于别所。至其体骸燥，以木函盛置于山穴中。"

夷

夷，有广义、狭义之称。川东之夷多指龙蛇巴人族系之人，主要分布在长江干流和峡区一带。

《后汉书·南蛮西南夷列传》："时有巴郡阆中夷人，能作白竹之弩，乃登楼射杀白虎。"

蜑

蜑（又作蜒、诞、蛋）人和巴族有着直接的亲缘关系。白虎巴人中的瞫姓即是从蜑族中派生出来的。蜑族的主体生活在巫山和川江一带，常与獽、夷、賨等杂居。

《世本·氏姓篇》："廪君之先，故出巫诞。"

《华阳国志·巴志》："土地山险水滩，人多戆勇，多獽、蜑之民。"

《华阳国志·蜀志》："汉时，县民朱辰字元燕，为巴郡太守，甚著德惠。辰卒官，郡獠民北送及墓。獠蜑鼓刀辟踊，感动路人，于是葬所草木顷许皆仿之曲折。迄今蜀人，莫不叹辰之德灵为之感应。"

鱼

鱼人是巫山的一支土著民族，早期巴人流传下来的一支后裔。因以捕鱼为生，故设城置邑即以鱼名，称鱼国。此外，当地还有儵（tiáo）人，应是鱼人的一支。

春秋时期，臣服于庸。

战国后期，随着巴楚秦联手灭庸，鱼人遂转而成为了巴国的部民。

《春秋左传·文公十六年》："庸人帅群蛮以叛楚……又与之遇，七遇皆北，唯裨、儵、鱼人实逐之。"

《水经注·江水》："江水又东迳鱼复县故城南，故鱼国也。"

楚

春秋时期，楚国开始崛起。随着楚军西进，楚国百姓也跟着大批迁徙到巴国境内并与当地人杂居生活，久而久之就形成了以楚人移民和巴人部民为主体的非楚非巴的一个特殊族群。

《华阳国志·巴志》："而江州以东，滨江山险，其人半楚，姿态敦重；垫江以西，土地平敞，精敏轻疾。上下殊俗，情性不同。敢欲分为二郡：一治临江，一治安汉……"

崖脚遗址

崖脚遗址位于重庆市忠县忠州镇郑公社区，地处聋（gàn）井河与长江交汇处左侧，长江北岸的山前缓坡状沿江台地上。

1994—2000 年，在对崖脚遗址的发掘中，发现战国中期至晚期早段的楚墓达 70 余座。这些墓葬集中分布在不足 1000 平方米的范围内，也是截至目前峡江地区最西端的大型楚人墓群，而且占了这一时期崖脚墓葬中的绝大多数。该墓葬规模虽大，文化因素却相对单纯（墓葬形制、葬具以及随葬的器物都与湖北江陵楚都纪南城附近的战国中期楚墓相近），为研究战国中、晚期楚的疆域、楚巴之间的关系提供了难得的资料。

崖脚楚墓葬均为长方形竖穴土坑墓，葬具为一棺一椁。木椁通常放置在两根横铺于地的垫木上（垫木下的生土，有的还会被挖出凹槽）。木椁的底板通常由两块木板纵向拼成；挡板和壁板则直接放在底板上，平面结构呈亚字形（即木椁两端的挡板略宽，上面刻有浅槽，两侧的壁板就直接嵌入挡板上的浅槽内）；盖板通常由数块木板横铺而成，也有由整块木板制成的，四角设有连体圆弧提耳。木棺有悬底棺和平底棺之分，棺盖上铺设有竹席。墓葬的随葬品组合主要为楚式的陶鼎、壶、敦（duì）或罐、盂、豆等，部分墓葬中有青铜鼎、剑、矛、钺、镞、玉璧等。

另：

战国时期，楚为地接齐吴越韩魏秦巴等国的南方大国。盐业的发展带来了巴人部族的兴起，也迎来了楚国的觊觎。楚国境内原本无盐，为获取盐卤资源，自西周中期楚人便开始西进峡江，攻巴取盐。到战国中晚期，楚人已经占据了巴国在峡江的大部分地区。

楚人在占据南宾地区（今忠州）后，也为当地带来了多样的文化因素。在忠州境内出土的战国中晚期器物，即呈现出了多元的文化面貌。如：

1998年在崖脚墓地发掘的DM11（D区11号墓），随葬的陶罐及铜剑为楚式，双弓短骹（qiāo）铜矛为巴式，而靴形铜钺为越式。

2000年在崖脚墓地发掘的DM54，为无椁单棺木，墓圹（kuàng）为典型的巴蜀式狭长型，而随葬品却又是比较典型的楚式陶盂、豆、壶。

附耳高足铜鼎

来源：忠县崖脚遗址
年代：战国
藏址：忠州博物馆

第十三部分

巴国形胜

巴国在其鼎盛时期，疆域相当辽阔，东边到鱼复，西边到僰（bó）道，北边到汉中，南边到黔涪。囊括了今川东、川南、湘西北、贵州北部以及陕西汉中东半部，国土面积比中原的赵、魏、韩三家加起来还大。

鱼复之地，即今奉节。

僰道之地，即今宜宾。在西面，巴蜀两国，北部以涪江为界，东属巴，西属蜀；中部以遂宁、安岳、富顺一线以西为界；南部以富顺至宜宾一线以西为界。

汉中之地，西部大约以南郑为界，其东属巴，其西为蜀。而川东巴国在汉中的东境，则大约在今湖北省竹山县一带，其西属巴，其东属楚。因此，西起南郑，东到竹山，汉水流域的这大片地方都是巴国的领土。

黔涪之地，即今湘、鄂、黔交界一带。在南面，巴人不但继续保有着清江上游的老根据地，还扩展到了今重庆东南、贵州东北及湖南西北之地，即战国时楚之黔中郡。

《华阳国志·巴志》："其地东至鱼复，西至僰道，北接汉中，南极黔涪。"

《战国策·燕策》："蜀地之甲，轻舟浮于汶，乘夏水而下江，五日而至郢。汉中之甲，乘舟出于巴，乘夏水而下汉，四日而至五渚。"

巴国重镇

在巴国的历史上，江州（今重庆渝中半岛）、枳邑（今重庆涪陵）、平都（今重庆丰都）、垫江（今重庆合川）、阆中都曾作过政治中心。因此，这五处重镇也被称作巴子五都。

枳邑，曾是白虎巴人进入四川盆地、长江流域的前哨。还在夷城巴国时期，枳邑的大部分区域就已在其辖下了，在其后的西迁中，这里更被用作了创建川东巴国的基地。建国后，巴人对这个地方依然非常重视。一则它是巴国的旧壤国基，同时又是巴王陵寝的所在地。二则它的北部是巴国的腹心之地。三则它的南部东境，在春秋战国时，是对楚的前哨，直接关系到国家的安危。

平都，地处巴国的东部，是巴国的宗教中心和圣地。这里距巴国最高统治者和大贵族们的陵寝所在地枳很近。作为巴国镇抚东土的军事重镇，它既是一个象征，亦可以捍御下游。

垫江，为江州的北面咽喉，也是巴国的一大重镇，巴子经常驾幸于此。这里既是镇抚国家的战略据点，也是巴国统治者与北部诸族首领打交道的重要所在。

阆中，原属充国。在蜀人、賨人、巴人等的经营下，该地的经济、文化发展水平都相对较高。当楚国攻陷江州以后，巴国统治者向北逃窜并最终夺占阆中，随后更将其作为了巴国的治所。

《华阳国志·巴志》："巴子时虽都江州，或治垫江，或治平都，后治阆中。其先王陵墓多在枳。"

《舆地纪胜》："在巴县南五十步，东西一十五步。《地理志》云：'周武王克商，封同姓为巴子，遂都于此。地因险固以置城邑，并在高冈之上。'"

《括地志辑校》："蜀侯都益州巴子城，在合州石镜县南五里。（石镜）故垫江县也。"

置郡设县

秦惠王更元十一年（前314年），秦以原巴国之地置巴郡，郡治江州县（一说初治阆中，后方移治江州）。巴郡初辖江州、垫江、阆中、江阳、宕渠、符县（一说江州、垫江、阆中、江阳、枳县、朐忍）6县。后陆续增加至12县：江州县（今重庆渝中区）、垫江县（今重庆合川）、枳县（今重庆涪陵）、朐忍县（今重庆云阳）、阆中县（今四川阆中）、鱼复县（今重庆奉节）、宕渠县（今四川渠县）、江阳县（今四川泸州）、符县（今四川合江）、夜郎（今贵州石阡）、鳖县（今贵州遵义）和且兰（今贵州黄平）（一说 11 县）。

秦惠王后元十三年（前 312 年），秦又分巴蜀之地置汉中郡（南郑、成固、褒、上庸、房陵五县）。

另：

江州：巴县附郭，古巴子国都。秦置江州，以巴郡治焉。所辖为今巴南、江津、綦江、南川、江北、铜梁、大足、璧山、荣昌、永川等县地。县治在今重庆市渝中区的半岛近尖端部分。

阆中：阆中城，在保宁府东二十里，秦筑，亦谓之张仪城。阆中是巴国最后的都城，秦置为巴郡属县。所辖为今阆中、仪陇、苍溪、南部、西充、蓬溪、巴中等县地。县治在今阆中东文成乡白沙镇。

垫江：合川曾为巴国重镇，有别都之称，秦灭巴国，置垫江县属巴郡。所辖为今合州、武胜、铜梁、安岳、岳池等县地。县治在今合川县城关镇。

鱼腹：奉节县附郭，秦置鱼腹县，属巴郡。所辖为今奉节、巫山等县地。治所在今奉节白帝城。

胸忍：所辖为今云阳、开县、万县、梁山等县地。县治在今云阳县西复乡。

枳县：涪州城。所辖为今丰都、涪陵、武隆、南川、长寿、垫江（一部分）、綦江等县地。县治在今涪陵枳里乡。

宕渠：故城在今渠县东北。

巴县变迁

秦惠王更元九年（前 316 年），秦灭巴国。

秦惠王更元十一年（前 314 年），秦置巴郡。

汉兴平元年（194 年），分巴郡作巴郡、永宁郡、固陵郡，随后又分别命名为巴郡、巴西郡、巴东郡，故三地又被统称为三巴之地。

南齐永明五年（487 年），改江州县为垫江县。

南梁大宝元年（550 年），改巴郡置楚州。

北周武成三年（561 年），改垫江县为巴县，并废枳县入于巴县，属楚州。巴县新置时，辖今渝中、江北、沙坪坝、九龙坡、大渡口、巴南、南岸、渝北、璧山、长寿、涪陵、南川、武隆所属区域及北碚大部。

北周保定四年（564 年），划出今涪陵、武隆所属区域，置涪陵镇。

隋开皇三年（583 年），以楚州名实不符，改楚州为渝州，治巴县。

唐武德元年（618 年）、武德三年（620 年）、贞观四年（630 年）、贞观十一年（637年）、至德二年（757年），划出今长寿区、南川区所属区域及中梁山以西大部分地区，先后置永安、乐温、温山、南平、隆化、壁山诸县。唐置壁山县时，县署在今璧城街道。

唐大历十一年（776年），分壁山县西南部分地置永川县。

北宋崇宁元年（1102年），渝州改名恭州，壁山县隶属恭州。

南宋淳熙十六年（1189年），升恭州为重庆府。壁山县属之，辖双溪、多昆、含谷、王来、依来五镇。

元至元二十二年（1285年），废壁山县（以其"地广人稀"故），并入巴县。

明成化十九年（1483年），划出缙云山以西境域，复置壁山县，属重庆府。

明嘉靖十一年（1532年），壁山改名为璧山。

清乾隆二十四年（1759年），划出今江北区、渝北区所属区域及北碚区所辖嘉陵江以北地区，置江北厅。又划出祥里部分地区隶璧山县。

民国十八年（1929年），重庆建市。把巴县部分地区划为市辖区（重庆主城各区的雏形），剩余地区仍称巴县（县治所于1932年迁出市区，先后迁至人和场、马王坪、南泉，1954年最后定在鱼洞溪）。

民国二十一年（1932年），市县划界，巴县的姚公场、南城坪、海棠溪、弹子石及县城全部划入重庆市区。

民国二十八年（1939年），将重庆市的6个区改设为12个区。巴县龙隐乡（沙坪坝、小龙坎、磁器口一带）划入市区，其后迭经市县界变动和邻县县界调整，继续划出中梁山以东大量地区。

1953年，关口乡（原属北碚）划入巴县。

1994年，划出西彭、铜罐驿、陶家、白市驿、巴福、走马、金凤、含谷8个镇和石板乡，归九龙坡区；划出长生桥、迎龙、广阳3个镇，归南岸区；划出陈家桥、曾家、虎溪、西永、土主、青木关、凤凰、回龙坝8个镇和中梁乡，归沙坪坝区；划出跳磴镇，归大渡口区。当年12月，巴县撤县建区，改巴县为重庆市巴南区。

1995年，又从巴南区划出长生桥、迎龙、广阳3个镇，从九龙坡区划入李家沱、土桥街道办事处和花溪、南泉2个镇，遂成了我们今天所见到的巴南区。

另：

巴县。宋代属渝州、恭州、重庆府，为重庆府治地。元代属重庆路，为重庆路治地。明清时期属重庆府，为重庆府治地。

第十四部分

巴人特质

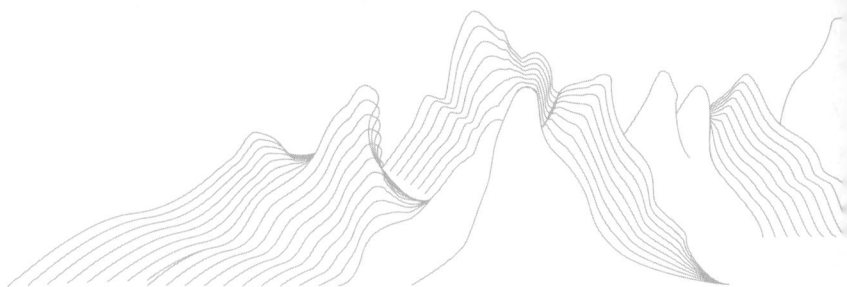

一个民族，能从上古传承到现在，不能不说是一个奇迹。历史上，有多少民族都如同一个个匆匆的过客，或被兼并，或被同化，或远遁他方……逐渐消失在历史的长河之中。唯独巴族，虽不断变换其称谓，却始终延续下来，源流滚滚，一直向前。

　　可以说，巴人及其文化的发展，既是拜长江流域的天时、地利所赐，也是巴人自身自强不息的结果。正是综合了所处的地域特点以及自身的民族特性，所以才使得巴人在中华民族的多元一体格局中占有一席之地，成为中国古代奔流的历史长河中一股飞腾澎湃的支流。

逐水而居

巴族是一个起自水边的民族，水上功夫十分精深。依据文献和考古不难发现，在巴人先后生活过的地方，总是有水出其左右。清江、汉水、长江、嘉陵江、渠江……可以说，没有水也就没有巴人。

人类对于水的驾驭，除了开渠筑堤外，船则是最好的御水工具。船之于巴人，犹如人之双腿，虽然住在崇山峻岭的山区，但由于有了船，巴人的生产、生活以及相互交往就变得容易起来。他们驾驶着土船，航行在滚滚的江河之中，或捕鱼捞虾，或挥钺舞剑或长途转徙……

船可谓是巴人的生命之舟、灵魂之舟。这也造就了巴人独特的生死观。生前，巴人的很多时间都是在舟中度过，以船为家；死后，他们则把它带进墓穴，以船为棺。

另：

巴人的城邑，主要分布在河流沿岸的平坝地带且规模较小。曾作为巴国都城的江州（今重庆渝中半岛）位于长江和嘉陵江的交汇处，平都（今重庆丰都）位于长江沿岸，枳邑（今重庆涪陵）位于乌江和长江的交汇处，阆中位于嘉陵江中游且三面环水，而垫江（今重庆合川）则处于渠江、涪江和嘉陵江的交汇之地。

渔猎为主

长江流域发达的水系蕴藏着丰富的渔业资源，靠山吃山靠水吃水，使得渔猎成为巴人最主要的生产方式，也就再自然不过了。而农者安土，渔者喜迁。以渔猎经济为主的早期巴人，依山傍水而居，捕鱼猎兽而食，随波逐流而行。

同时，巴人还学会了充分利用当地丰富的自然资源，发展出了煮盐业、冶矿业和纺织业。手工业发达，商贸往来频繁。

另：

多山的自然生态环境和原始粗放的农业生产方式，使得巴人对自然环境有着极强的依赖性。

尚武骁勇

三峡地区交通要冲的地理位置和丰富的盐业资源，使得巴人经常因争夺和保护资源而与周边部族或国家进行对抗甚至发生冲突。也正是在这种历史环境下，才形成了巴族刚猛剽悍，尚武骁勇的民族性格。

在人类即将进入阶级社会的历史阶段，由于私有制的产生，贫富的分化，人们开始以战争为职业，专事掠夺财富和人口，部族之间的和平共处已为侵凌、掠夺所代替。

当时整个中原和南方均已进入向阶级社会过渡的军事民主制时期及初期奴隶制时期，巴族就是在这个历史时期崛起并从事煮盐、运盐和贩盐事务的。因此，在他们辗转各地进行运盐、贩盐的过程中，就不得不经常与阻拦、勒索及抢掠者进行斗争。因此，在这种险恶条件下，巴族运盐、贩盐必然是一种集体的行动。只有成群结队的进出、往返，才能既保证财产的安全，又保证每个成员人身的安全。

在巴族中，男子皆是战士，人人奋勇，个个争先，为生存而战，为财富而战，或迎击来犯之敌，或夺路而进。他们几经转徙，从小到大，由弱到强，终于在今渝、鄂、川、陕、湘、黔六省市打出了一片新天地。同时，也开创了一方内涵独特的文化，在中国历史上写就了一段不可磨灭的灿烂篇章。

《文选·蜀都赋》："若乃刚悍生其方，风谣尚其武，奋之则賨旅，玩之则渝舞。锐气剽于中叶，蹻容世于乐府。"

开放包容

巴人，北与中原、南与西南夷、西与蜀、东与楚都保持着密切的政治、经济、文化交流。

在险恶的自然环境和连年的征战中，铸就了巴人崇尚武力、重情重义、开放包容的品格，使其在北承中原文化、南连滇黔文化、西面蜀文化、东接荆楚文化的复杂环境中，不但实现了相互交融，还保持了鲜明的自身特色。

第十五部分

巴士流风

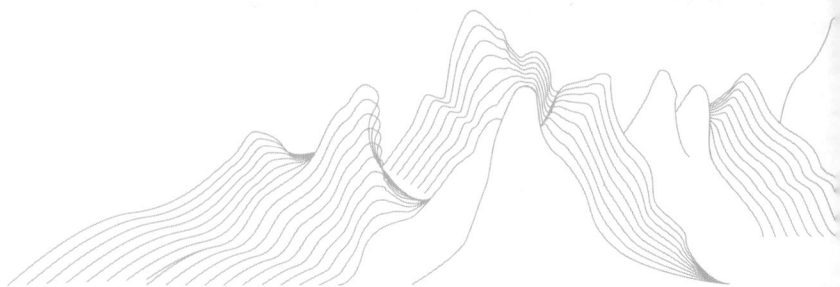

在巴渝大地上，一群怀抱着万物有灵原始信仰的先民们很早便已经生活在了这里。承前启后，还是在这片土地上，巴人先辈们又凭借着血肉之躯，顽强地拓展着生存空间。

　　巴师勇锐，是面对生死考验时的一次次艰难抉择，而与这形成鲜明对比的，则是巴人所展示出来的乐观而积极的外在。任何艰难困苦，都不能阻挡巴人忙中有闲，苦里寓乐。正是这份执着，和对这片热土的挚爱，逐渐形成让我们传承至今，最有价值的精神支柱。这种文化基因也将一直在我们的血液里面流淌。

　　人们在初次见识到巴人故物时，往往会惊讶于它的与众不同，同时也感慨于它的奇思妙想。然而，在了解了巴人遗梦，见识了土家风情（既包括实物遗存，也包括非物质文化遗存），再来触摸这些来自过去的精灵，不仅没有了先前的违和，而且还会生发出许多亲切。

巴人宗教

巴人信仰鬼教，鬼教原本是鬼国的宗教。鬼教信奉的神灵并非抽象的神祇，亦非木雕土偶，而是鬼国的统治者鬼王、鬼帝、鬼帅、鬼官，以及与人们日常生活和生产最紧密的天、地、水三种自然物，称为天官、地官、水官。

在商代，鬼国曾作为一个方国而存在，其都城设在平都（今重庆丰都）。巴族在夺占这个地方以后，鬼教便成了巴族部民笃信的宗教了。因此，丰都在巴国有着别都即陪都的崇高地位。

鬼教是一种极为粗浅的原始宗教，既无宗教组织，也无经典著作。只是由巫师们举行一些巫术而已，故又称为巫教。

到了东汉，张陵对流行在巴蜀地区的鬼教加以改良，结合黄老学说，创立了五斗米道，后世称之为天师道。因为五斗米道全面继承了鬼教，因此当时人皆直呼五斗米道为鬼道。

《华阳国志·汉中志》："汉末，沛国张陵学道于蜀鹤鸣山，造作道书，自称'太清玄元'，以惑百姓。陵死，子衡传其业；衡死，子鲁传其业。鲁字公祺，以鬼道见信于益州牧刘焉……初平中，以鲁为督义司马，住汉中，断谷道。鲁既至，行宽惠，以鬼道教。"

《后汉书·刘焉传》："沛人张鲁，母有姿色，兼挟鬼道，往来焉家……"

《方舆胜览》："白虎人事道，蛮蜑人与巴人事鬼。"

巴人占卜

巴人是崇巫尚鬼、巫风烈烈的民族，占卜文化发达，占卜形式多样，占卜选材广泛，而且传承悠远。

所谓占卜，就是通过对甲骨等进行钻凿、烧灼，以产生卜兆来请命于天，然后根据卜兆判断吉凶祸福，从而指导自己的行动。

巴人用于占卜的卜材，除了通行的龟甲、牛骨外，还有鱼骨、蓍（shī）草、灵石、雄鸡、竹、瓦等材料。这里尤为值得一提的就是巴人的鱼骨卜，这是巴人甲骨占卜的一种形式，也是巴人甲骨占卜最有特色的一种形式。

巴人选用鱼的腮盖骨进行占卜，在重庆忠县瓦渣地、万州麻柳沱和湖北长阳香炉石、宜昌朱家台、秭归石门嘴遗址的考古发掘中，都已得到了充分的证实。

《淮南子·说林训》："牛蹄彘颅亦骨也，而世弗灼，必问吉凶于龟者，以其历岁久矣。"

《华阳国志·巴志》："山有大龟，其甲可卜，其缘可作叉，世号'灵叉'。"

《文选·蜀都赋》："谯周异物志曰：'涪陵多大龟，其甲可以卜，其缘中又似瑇瑁，俗名曰灵。'"

《博物志》："龟三千岁游于莲叶，巢于卷耳之上……蓍一千岁而三百茎，其本以老，故知吉凶。"

巴人祭祀

祭祀是民俗的重要组成部分，它比一般的民俗，如吃、穿、住、用与节庆习俗，有着更强的稳定性和神圣性，因为祭祀属于图腾崇拜与信仰文化的范畴。

巴人的祭祀主要有图腾祭祀和祖先祭祀两种。

过去，巴人一直有人牲血祭的习俗，直至宋代尚可觅其遗风。只是后来，才逐渐改为象征性的由巫师破头皮滴血为祭的仪式。

此外，巴人还有一种称为獭祭彼崖的习俗。

《汉书·郊祀志》："祀者，所以昭孝事祖，通神明也。旁及四夷，莫不修之；下至禽兽，豺獭有祭。是以圣王为之典礼。"

《后汉书·南蛮西南夷列传》："廪君死，魂魄世为白虎。巴氏以虎饮人血，遂以人祠焉。"

《华阳国志·巴志》："惟月孟春，獭祭彼崖。永言孝思，享祀孔嘉。彼黍既洁，彼仪惟泽。蒸命良辰，祖考来格。"

巴人图腾

巴人在经历过万物有灵、图腾崇拜、祖先崇拜、巫术信仰阶段后，逐渐发展为多神崇拜，其中以图腾崇拜和祖先崇拜为主。图腾崇拜是一种维系和发展民族力量的精神纽带。远古巴人是一个以多种动物为图腾崇拜的民族。巴地的图腾有蛇、象、虎、虫、鱼、鸟、鳖以及螳螂等。其中为世人所熟知的则主要为白虎和蛇。

由于三峡地区盛产白虎与蛇，所以在当地对白虎、巴蛇的崇拜之风颇为盛兴。而白虎巴人更是以白虎作为宗族族徽，表达其对勇猛、力量和仁义的追崇。作为一种图腾信仰，白虎在巴人的艺术创作，乃至现实生活中的各个方面都留有深刻的烙印。

同时，祖先崇拜在巴地也十分盛行，如在土王祠、三抚宫、向王庙、八部神庙里均供奉得有巴族的祖先神灵，而普通人家则主要供奉家庭祖先灵位。

蚕纹铜矛

来源：征集
年代：战国
藏址：重庆中国三峡博物馆

鸟纹铜矛

来源：云阳李家坝遗址
年代：战国
藏址：重庆中国三峡博物馆

虎纹铜矛

来源：万州大坪墓群
年代：战国
藏址：重庆中国三峡博物馆

虎纹铜戈

来源：开县余家坝遗址
年代：战国
藏址：重庆中国三峡博物馆

鸟纹铜戈

来源：征集
年代：战国
藏址：重庆中国三峡博物馆

巴人习俗

民俗是民间的风俗习惯，是在文化传承中最贴近人们身心和生活的一种文化范式，是群体无意识的基因。诸如歌舞娱神、爆竹驱鬼、击鼓焚山、烧龙起雨、竹枝踏歌、龙舟竞渡之类的岁时习俗和民间风俗，随着时代变迁尽管会有所改易，其流风余韵却越千百年而绵延不绝。

在巴地，与各种宗教祭祀活动相关联，衍生出了繁杂多样的民间习俗，如生育习俗有送祝米、打喜等；婚嫁习俗有哭嫁、坐十友席、陪十姊妹、拦车马、升号匾、抢床等；丧葬习俗则有跳丧、踩丧、散花、送烟蒿、回灵等。

巴人歌舞

依山傍水，崇尚巫鬼的巴人，特别能歌善舞。巴人的歌舞极具特色，完全可以用绚丽来形容。其歌舞形式既丰富多彩（配合歌词的踏歌是一种主要形式）又影响深远（更是及于竹枝词、踏蹄舞、跳丧舞、摆手舞等）。

今天的土家人，依然承袭着这一传统。

唐·李群玉《自澧浦东游江表途出巴丘投员外从公虞》："巴歌掩白雪，鲍肆埋兰芳。"

元·谢应芳《水调歌头·再和寄酬袁子英萧寺》："多谢寄来双鲤，白雪阳春数曲，为我和巴讴。"

巴人民歌

巴人民歌内容丰富多彩，从生老病死到喜怒哀乐几乎都能成为歌唱的内容，可谓无事不可歌。他们以歌言情叙事、教化酬应、贬恶扬善，具有浓郁的地方特色和生活气息。

巴人的民歌，质朴而易于学唱，很早就已盛传于巴山楚水。战国时期，巴、楚两国关系密切，大量的巴人往来于巴楚之间，自然也带去了自己的民歌，据说下里、巴人（也有合在一起说下里巴人的）就是当时比较有名的通俗歌曲。

这种一人领唱，众人随声和唱的民歌，深受广大民众的喜爱，不仅在巴乡，甚至在楚国的郢都附近也流行甚广，成千上万的人都能跟着唱和自如。时至今日，巴人的这种歌唱形式，在今天的川东、鄂西一带仍以唱山歌的形式被沿袭了下来。

《文选·宋玉对楚王问》："客有歌于郢中者，其始曰《下里》《巴人》，国中属而和者数千人；其为《阳阿》《薤露》，国中属而和者数百人；其为《阳春》《白雪》，国中属而和者不过数十人；引商刻羽，杂以流徵，国中属而和者不过数人而已。是其曲弥高，其和弥寡。"

竹枝歌

竹枝，词牌名，又名巴渝辞、竹枝词、竹枝子。

唱竹枝，是巴人特有的一种歌谣形式。因唱词中反复使用竹枝二字作衬词，所以又被称为竹枝歌。

唱竹枝这种歌唱形式，以其独特的风格，很快就赢得了世人的青睐，成为人们（包括文人墨客）所共同喜爱的一种文学艺术形式。

杰出的现实主义诗人刘禹锡，除了留有"荡桨巴童歌竹枝，连樯估客吹羌笛"句外，还记录和仿作了十一首《竹枝词》，至今流传不衰……

另：

刘禹锡《竹枝》："杨柳青青（竹枝）江水平（女儿），闻郎江上（竹枝）唱歌声（女儿）。东边日出（竹枝）西边雨（女儿），道是无晴（竹枝）却有晴（女儿）。"

白居易《竹枝》："巴东船舫（竹枝）上巴西（女儿），波面风生（竹枝）雨脚齐（女儿）。水蓼冷花（竹枝）红簇簇（女儿），江蓠湿叶（竹枝）碧凄凄（女儿）。"

皇甫松《竹枝》："槟榔花发（竹枝）鹧鸪啼（女儿），雄飞烟瘴（竹枝）雌亦飞（女儿）。木棉花尽（竹枝）荔支垂（女儿），千花万花（竹枝）待郎归（女儿）。"

孙光宪《竹枝》："乱绳千结（竹枝）绊人深（女儿），越罗万丈（竹枝）表长寻（女儿）。杨柳在身（竹枝）垂意绪（女儿），藕花落尽（竹枝）见莲心（女儿）。"

《太平寰宇记》："巴之风俗……男女皆唱竹枝歌……聚会则击鼓，踏木牙，唱竹枝歌为乐。"

《唐音癸签·乐通》："竹枝本出巴渝，其音协黄钟羽，末如吴声。有和声，七字为句。破四字，和云'竹枝'；破三字，又和云'女儿'。后元和中，刘禹锡谪其地，为新词，更盛行焉。"

巴人跳歌

白虎巴人通常喜欢边唱边跳，这种连手而跳歌的艺术形式被一直延续并保存下来，成为了土家族的主要文娱活动。

土家族的摆手歌与跳歌可以说是一脉相承的。

《蛮书》："俗传正月初夜，鸣鼓连腰以歌，为踏蹄之戏。"

巴人巫舞

巫舞，是祭祀活动中的舞蹈，起源于原始宗教的祈神仪式，由专门的巫师跳唱，民间俗称跳大神。

长期以来，端公、仙娘、马脚、七姊妹等巫舞都是依附着民间传说和民俗活动而广泛传播和不断发展的。

巴人闹丧

巴人的生死观与汉人是不同的。他们认为人死了以后，是去到另一个世界继续生活了，所以通常会表现为送死如送生。一家有人过世，众乡邻不必相请，都会主动赶来帮忙。通宵不眠，称为伴亡，即陪伴亡者。

人们以歌当哭，以乐志哀，以舞寄情，形成哀而不悲，丧而不痛的氛围。凡是这种丧事通常为喜丧，也就是白喜事。所谓喜丧就是丧事当作喜事办，而且要办得热热闹闹的，叫闹丧。加之还要跳丧舞，所以又叫跳丧。川东鄂西的土家族至今还保留着跳丧的习俗。

闹丧既然是欢欢喜喜办丧事，热热闹闹陪亡人，所以只有走顺头路，即寿终正寝的人，才有资格享受跳丧。假如亡者父母尚在，除非有儿女抱灵牌，否则是不能闹丧的。

闹丧，主要包含打丧鼓、跳丧舞和绕棺三个部分。也就是说，跳丧不仅要有鼓乐、歌舞，还要有一个仪式。所谓的绕棺，通俗地讲就是绕棺而歌，类似于挽歌。歌唱的内容丰富而多彩：有歌颂先民们披荆斩棘，开疆拓土的；有歌颂祖先落籍创业的；有歌唱图腾崇拜、捕鱼射猎的；有歌唱生产生活的；有歌唱风土人情的；有歌唱姓氏族史的；有歌唱亡者生平事迹的；还有说书讲古的……不一而足。

另：

历史上的巴人虽迭遭战乱，频繁迁徙，历经坎坷，但他们从来没有对生活丧失信心。对未来始终有着美好的憧憬和不懈的追求，从而养就了他们乐观豁达的民族心性和民族气质。丧事喜办，也正体现了巴人对待死亡朴素的辩证观念。

《隋书·地理志》："始死，置尸馆舍，邻里少年，各持弓箭，绕尸而歌，以箭扣弓为节。其歌词说平生乐事，以至终卒，大抵亦犹今之挽歌。"

《蛮书》："巴氏祭其祖，击鼓而祭，白虎之后也……初丧鼙鼓以为道哀，其歌必号，其众必跳。"

《方舆胜览》："白虎人事道，蛮蜑人与巴人事鬼。伐鼓以祭祀，叫啸以兴哀。"

巴人武舞

巴族是个能歌善舞的民族，又是个崇尚武勇的民族。他们的舞蹈除了纯娱乐性的摆手跃歌外，就是勇武刚猛的战歌武舞。

这种武舞通常都是着戎装、舞干戚。和平时期，跳起武舞，既能强健身体、又能增强凝聚力。到了战时，跳起武舞，既能壮军威、提士气，又能威慑对手，瓦解敌人的军心斗志。

巴渝舞

汉高祖刘邦征发賨人从征，賨人跳起武舞，刘邦观看后认定是周武王时的大武舞，于是命乐工跟着学习，最后经过编排整理，命名为巴俞舞（又称《巴渝舞》《俞儿舞》）。巴渝舞被引进宫廷，在接待四夷使者时，常令表演，以耀武观兵。

大辞赋家司马相如曾在《上林赋》里描写过巴渝舞演出的盛大场面。至于具体怎么个跳法，现在已说不清楚了，但有几点可以肯定：第一，这是一种武舞，需要演员着戎装，手执干戚而舞。第二，这是一种集体的大型舞蹈，仅伴奏的击鼓人员就有36人之多，舞者就更不消说了。第三，这种舞是歌舞同行且歌且舞，需要千人和，万人唱的。第四，这种舞与古代巴族的原始舞蹈——武舞有着直接的渊源。第五，这种舞部分借鉴了大武舞。

巴渝舞不仅是重要的宫廷舞蹈，而且在民间也十分流行。到了唐代，经过多次改良的巴渝舞，顶盔贯甲，手持戈矛，口唱战歌的舞者只有36人了……饶是如此，依然令诗圣杜甫发出了"万里巴渝曲，三年实饱闻"的浩叹。

《后汉书·南蛮西南夷列传》："阆中有渝水，其人多居水左右。天性劲勇，初为汉前锋，数陷陈。俗喜歌舞，高祖观之，曰：'此武王伐纣之歌也。'乃命乐人习之，所谓《巴渝舞》也。"

大武舞

武王伐纣后，周王朝礼乐文明的总设计师周公姬旦，便奉武王之命，以前代大型宫廷歌舞为蓝本，同时参考巴人武舞创作了一出盛大的歌舞——大武舞。由于大武舞是由武王亲自指定，周公直接主持编导制作而成的，因此周人便把它作为周王朝天子祭祀先祖和鲁君祭祀周公的雅乐。这一歌舞在表演时，除了有庞大的乐队，还要有64人组成的舞蹈团队。

春秋时期，礼崩乐坏，作为宫廷雅乐的大武舞，也越过高墙深堑，随着乐人流落民间。本来就源于巴人武舞的大武舞，很快又被巴人所接受和吸收，并加以改良。到了高祖时期，在经过乐人加工整理后，于是就又有了闻名遐迩的巴渝舞。

另：

大武舞全舞，计有六场，名为六成。每个乐章也就是每成，均有歌诗《我将》《武》《赉》《般（pán）》《酌》《桓》与之相对应。

第一成：已集合的舞蹈队伍准备登场。开始为一大通鼓声。接着，舞者手持武器从北面出来，神情肃穆地歌唱。

《我将》歌曰：我将我享，维羊维牛，维天其右之。仪式刑文王之典，日靖四方。伊嘏（gǔ）文王，既右飨之。我其夙夜，畏天之威，于时保之。

第二成：在铎声的指引下，舞蹈队伍迅速分作两列，作激烈的击刺动作，边舞边进。

《武》歌曰：於（wū）皇武王，无竞维烈。允文文王，克开厥（jué）后。嗣武受之，胜殷遏刘，耆（zhǐ）定尔功。

第三成：舞蹈队伍作过场式的回还移动。

《赉》歌曰：文王既勤止，我应受之。敷（pǔ）时绎思，我徂（cú）维求定。时周之命，于绎思。

第四成：舞蹈队伍借助对称、稳定的队形展示出宏大的气势。

《般》歌曰：於皇时（shì）周，陟（zhì）其高山。隋（duò）山乔岳，允（yǎn）犹翕（hé）河。敷（pǔ）天之下，裒（póu）时之对，时（shì）周之命。

第五成：舞蹈队伍先分作两列，接着有条不紊地变换各种队形。最后，舞者皆坐并呈静止的低姿状态。

《酌》歌曰：於铄（shuò）王师，遵养时晦。时纯熙矣，是用大介。我龙（chǒng）受之，蹻（jué）蹻王之造（cáo）。载用有嗣，实维尔公允（tǒng）师。

第六成：尾声。舞蹈队伍重新集合。

《桓》歌曰：绥万邦，娄（lǚ）丰年，天命匪（fēi）解（xiè）。桓桓武王，保有厥士。于以四方，克定厥家。於昭于天，皇以间（jiàn）之。

全舞结束。

《白虎通义·礼乐》："武王起兵，前歌后舞，克殷之后，民人大喜，故中作所以节喜盛。"

《吕氏春秋·古乐》："武王即位，以六师伐殷。六师未至，以锐兵克之于牧野。归，乃荐俘馘于京太室，乃命周公为作《大武》。"

《春秋左传·襄公二十九年》："吴公子札来聘……请观于周乐……见舞《大武》者，曰：'美哉！周之盛也，其若此乎！'"

《礼记·明堂位》："季夏六月，以禘礼祀周公于大庙，牲用白牡……升歌《清庙》，下管《象》；朱干玉戚，冕而舞《大武》；皮弁素积，裼而舞《大夏》。"

《礼记·郊特牲》："诸侯之宫县，而祭以白牡，击玉磬，朱干设锡，冕而舞《大武》，乘大路，诸侯之僭礼也。"

《礼记·乐记》："宾牟贾侍坐于孔子，孔子与之言及乐，曰：'夫《武》之备戒之已久，何也？'对曰：'病不得其众也。''咏叹之，淫液之，何也？'对曰：'恐不逮事也。''发扬蹈厉之已蚤，何也？'对曰：'及时事也。''《武》坐致右，宪左，何也？'对曰：'非《武》坐也。''声淫及商何也？'对曰：'非《武》音也。'子曰：'若非《武》音，则何音也？'对曰：'有司失其传也。若非有司失其传，则武王之志荒矣。'子曰：'唯！丘之闻诸苌弘，亦若吾子之言是也。'"

大武戚

来源：湖北荆门车桥
年代：战国
藏址：荆门市博物馆

戚是一种类似于戈一样的武器，但带有大武铭文的戚却有着特殊的用途。1960 年，在湖北荆门车桥水库大坝发掘出一竖穴土坑墓。墓中出土有一铜戚（一说为戈），还有一把柳叶剑。该戚全长 21.7 厘米，并于援部正反两面铸有相同的图案。在浮雕中有一小人，通身鳞甲，头插长羽，脚踏日月，胯下乘龙，一手持龙，一手持双头兽。在戚的上部饰有树状图案，中有一 T 字形穿，穿两边有铭文，一面为大武，一面为辟兵，因此又称大武辟兵戚。其后，该铭文又被解读成太岁辟兵，即兵辟太岁。此外，关于铭文的释读，还有"大武弄兵""大武兵栱（gǒng）"等。

巴人曲艺

巴人曲艺整体上简单粗陋，但历史悠久、分布广泛、剧目繁多、唱法独特。

另：

多姿多彩的土家族戏剧和地方曲艺是巴人曲艺的活化石。戏剧有茅古斯、柳子戏、傩戏、高台戏、阳戏、酉剧、秀山花灯、土家族花灯词、荆河戏、辰河戏、南戏、包谷灯戏、土地戏和堂戏等。地方曲艺有花灯、长阳南曲、利川小曲、龙船调、恩施扬琴、鄂西竹琴、三棒鼓、满堂音、渔鼓、九字鞭和五峰吹锣鼓等。其中最为经典的是堂戏。

傩戏

傩戏，源于原始社会图腾崇拜的傩祭，在中国有着悠久的历史。在商代，傩祭形成了一套固定的傩仪。到了汉代，由傩仪演变成一种既娱神又娱人的巫歌傩舞。宋代前后，巫歌傩舞由于受到民间歌舞、戏剧的影响，又逐渐衍变为旨在酬神还愿的傩戏。

傩戏曾广泛流行于安徽、江西、湖北、湖南、四川、贵州、陕西、河北等地，只是在不同民族和地区中有着不同的叫法，如傩堂戏、端公戏、师道戏、僮子戏、地戏、关索戏等。

随着社会的发展和文化的演变，人们思想上的宗教意识相应减少，娱乐庆典的气氛却日益增多，最终将傩戏中的宗教成分完全去除，变成纯粹娱人取乐、供人消遣的戏剧。演员佩戴面具是傩戏区别于其他戏剧的重要特征。

现在，这种原始且特色突出的傩戏，已在中原地区消失，只是在云贵川渝鄂等地区尚有保存。

《论语·乡党》："乡人傩，朝服而立于阼阶。"

酉阳土家族傩堂戏面具

来源：土家族聚居地
年代：民国
藏址：重庆巴人博物馆

阳戏，又名脸壳戏，广泛流传于重庆市酉阳土家族苗族自治县小河镇、丁市镇、李溪镇、铜鼓及铜西村、车坝村等地。
阳戏来自傩戏，一说酬神、驱邪为阴，娱人、纳吉则为阳。
演戏的面具有山王、将军、判官等 25 种，通常以柳木、白杨木雕刻而成。演戏的道具有印、牌带、师刀、令牌等 20 余种。
演戏的服装有蟒袍、罗裙、龙凤花鞋等近 20 种。

巴乡诗歌

自古以来巴人就民风淳厚，朴质好义，敢爱敢恨……他们喜欢用诗歌、用民歌来抒发情感，表达自己的喜、怒、哀、乐、爱、欲、憎。这些诗歌、民歌成了他们精神文化的重要组成部分。

这些诗歌，有的是对人生态度的感言——视富贵为浮云，视道德如珍宝的朴实而崇高的思想境界和带有朴素唯物论的闪光世界观和人生观，有的是对尊敬父母和善待亲人的礼赞，有的是对勤政爱民者的讴歌，有的是对盘剥百姓者的挞伐，有的则是对民事民情的关切……

《华阳国志·巴志》：“川崖惟平，其稼多黍。旨酒嘉谷，可以养父。野惟阜丘，彼稷多有。嘉谷旨酒，可以养母。”

《华阳国志·巴志》：“关关黄鸟，爰集于树。窈窕淑女，是绣是黼。惟彼绣黼，其心匪石。嗟尔临川，邈不可获！”

《华阳国志·巴志》：“明明上天，下土是观。帝选元后，求定民安。孰可不念，祸福由人。愿君奉诏，惟德日亲。”

《华阳国志·巴志》：“望远忽不见，惆怅尝佽佪。恩泽实难忘，悠悠心永怀。”

《华阳国志·巴志》：“筑室载直梁，国人以贞真。邪娱不扬目，枉行不动身。奸轨辟乎远，理义协乎民。”

《华阳国志·巴志》：“肃肃清节士，执德实固贞。违恶以授命，没世遗令声。”

《华阳国志·巴志》：“狗吠何喧喧，有吏来在门。披衣出门应，府记欲得钱。语穷乞请期，吏怒反见尤。旋步顾家中，家中无可与。思往从邻贷，邻人以言遗。钱钱何难得，令我独憔悴。”

《华阳国志·巴志》：“混混浊沼鱼，习习激清流。温温乱国民，业业仰有修。”

神话传说

神话传说计有三大类，巴乡的神话传说也概莫能外。第一大类为创世类；第二大类为创业类；第三大类为造神类。

缙云飞升

重庆缙云山地处重庆市北碚区嘉陵江小三峡之温塘峡西岸，为华蓥山腹式背斜山脉分支的一段。

李商隐的一首《夜雨寄北》诗，让巴山夜雨天下闻名，而诗中的巴山据说指的就是北碚缙云山。在这里流传着黄帝曾于此山三合丹药，最后得道成仙、乘龙飞升而去的神话故事。

与之巧合的是，在浙江缙云县，同样有一座以缙云为名的山（唐天宝年间改称仙都山），也有这么一段传说。

另：

北碚缙云山古名为巴山，因山间常年云雾缭绕，色赤如霞，似雾非烟，磅礴郁积……加之古人称赤多白少为缙，故名。

《说文解字》："缙，帛赤色也。"

《蜀中名胜记》："宋《灵成侯庙碑》云：'此山出于禹别九州之前，黄帝时有缙云氏不才子曰混沌缙云氏，高辛氏亦有不才子八人，投出于巴寮以御魑魅。名基于此。'"

《四川通志》："缙云山，西接璧山界。《寰宇记》：'在县西一百三十七里。其山高耸，林木密茂，下有泉水，东西分流。'《元统志》：'山有九峰：朝日、香炉、狮子、聚云、猿啸、莲花、宝塔、玉笺、石照。香炉、狮子峰最秀。'"

清·冯经《重修缙云山崇教寺碑记》："其山巍峨数万仞，绵亘数百里，碧水合流，古柏苍松甲于天下。上有九峰，皆肖物肖形，秀绝寰区。"

《处州府志》："《东阳记》：'世传轩辕游此飞升，辙迹尚存。'"

云华夫人

云华夫人，名瑶姬，是王母第二十三个女儿，太真王夫人的妹妹。在其游历东海，经过巫山的归途中，因痴迷这里的美景，于是干脆就在这里住了下来。据说，巫山的神女峰就是云华夫人的化身，她的侍女们则化作了巫山十二峰。

由于云华夫人修炼的是徊风混合万景炼神飞化的法术，因此身形不定，瞬息万变：在人为人，在物为物，变幻无穷。今天，当你乘船畅游长江三峡时，秀丽的峰峦一定会让你产生无限的遐想。

在这里还一直流传着大禹治水的成功，在某种程度上是得到了"当地人"云华夫人的鼎力相助。

另：

大禹所治之水，普遍被认为是黄河。也有人认为该水可能只是长江上的一个支流。

《太平广记·云华夫人》："时大禹理水。驻山下。大风卒至。崖振谷陨不可制。因与夫人相值。拜而求助。即敕侍女。授禹策召鬼神之书。因命其神狂章、虞余、黄魔、大翳、庚辰、童律等。助禹斫石疏波。决塞导厄。以循其流。"

**武落
钟离山**

武落钟离山，又名佷（hěn）山，位于湖北省长阳土家族自治县龙舟坪镇西南 30 公里的清江南岸。山上有黑穴和赤穴，传说巴族白虎巴的英雄廪君就诞生于赤穴。

《晋书·李特载记》："昔武落钟离山崩，有石穴二所，其一赤如丹，一黑如漆。"

《太平寰宇记》："武落中山，一名难留山，在县西北七十八里，本廪君所出处也。"

《水经注·夷水》："东迳难留城南，城即山也，独立峻绝……东北面又有石室，可容数百人，每乱，民入室避贼，无可攻理，因名难留城也。昔巴蛮有五姓，未有君长，俱事鬼神，乃共掷剑于石穴。约能中者，奉以为君。"

白虎陇

时光荏苒、日月如梭，从五姓结盟到率部夺占盐水，再到夷水筑城，厥功至伟的廪君带领着巴人开创了一个时代。

然而，岁月终究是不饶人，廪君务相终于走完了他传奇的一生。离开了他朝夕相处的兄弟，离开了无限崇敬他的子民，离开了他亲手缔造的"国家"。他的继任者和臣民们将他安葬在了白虎陇（也有资料上写作垄）。

今天，我们见到的白虎陇是一厝直径约 40 米，高约 8 米的冠状山丘。2010 年，湖北省长阳土家族自治县斥资在白虎陇建起了一座廪君陵。

《长阳县志》："白虎陇在县西二百三十里。按：廪君之生也，出于赤穴；其死也，化为白虎，迹涉怪诞。然黄熊迹化虎乳星流，异人异事，理有固然。廪君望岩而啸，山若为崩，其有功夷水必多。生而君之，死而神之，白虎有陇，宜也。"

悬棺葬

巴人在廪君的带领下，终于过上了富足安康、快乐祥和的生活，而他自己却因积劳成疾而与世长辞。他的子民们决定为自己的首领在高山之巅举行隆重的葬礼。他们选取最大最好的楠木做成了船棺，然后由 99 个壮年男子背负着一步步向山顶进发。

就在他们到达目的地准备下棺时，谁知船棺一歪，直向山下坠去。就在人们目瞪口呆不知所措之际，奇迹发生了。船棺下落到一个洞口，竟然稳稳地悬在空中，然后缓缓地进入了洞中。

此后，凡是深受巴人爱戴的首领和英雄，都会被人们用船棺葬在悬崖下的洞穴中，以为纪念。

廪君化虎

生活在武落钟离山的巴人在其首领巴务相的带领下，从五姓结盟，夺占盐水，再到创建夷城，使这一集团正式步入了廪君时代。廪君也因此成了被巴人世代尊崇的英雄。

廪君去世后，他的子民们认为他的魂魄化身成了白虎，并从白虎垅升天了。因此，白虎也自然成了这支巴人的图腾。

另：

白虎也是汉文化中的重要内容。在中国古代的星宿学中，白虎星〔西方奎、娄、胃、昴、毕、觜（zī）、参七宿的合称〕被认为是主宰着人间兵戈的战神。

《后汉书·南蛮西南夷列传》："廪君死，魂魄世为白虎。巴氏以虎饮人血，遂以人祠焉。"

向王庙

在武落钟离山的山顶处有一座山庙，当地人称向王庙。廪君开发治理清江，被认为有大禹之德，所以土家族人把他尊为向王，并在此建向王庙，以供人顶礼膜拜。

向王庙曾被日军烧毁，今庙乃于1984年复修。

另：

"向王天子一支角，吹出一条清江河，声音高，洪水涨，声音低，洪水落，牛角弯，弯牛角，吹成一条弯弯拐拐的清江河。"从这首长阳土家人世代传唱的创世歌中，不难看出向王天子在土家族心目中的地位。

《五峰县志》："县内土家人多信奉'向王天子'，年长者尤甚。据《长乐县志》载：向（相）王庙'供廪君神像，按廪君世为巴人立者，持务相为廪㕔之王，有功于民，故今施南……等处尸而祀之，世俗相沿，但呼为向王天子。'"

向王天子显圣

很久以前，一群逃难的人跑到山上的向王庙里躲避战乱，一群匪徒也尾随而至。

正在这危急时刻，众人突然看见有一个白胡子巨人坐在高山的岩顶上，把一双腿直伸到岩下的河里去洗脚。看到这么大个巨人，坏人被吓到一哄而散，逃难的人于是得救了。

直到白胡子晚上给逃难的人托梦，人们这才恍然大悟，原来白天坐在山顶的那个巨人就是向王天子。

平都名山

去丰都旅行，鬼城是一个必去的地方，因为这就是传说中的阴曹地府，是每个人最后的归宿。所以，与其说是去旅游，不如说是来熟悉线路的！因为每个人百年之后都要到这里来，提前来熟习一下线路，也免得到时走错了路。

丰都所处的地方主要为两座山，一是名山，一是双桂山。名山原名平都山，曾为巴子别都。后来所以称名山，则是缘于苏东坡游览丰都时所写的"平都天下古名山"的诗句。

在把丰都称为鬼城的众多传说中，有两个人功不可没。这两个人，一个叫阴长生，一个叫王方平。相传从汉代起，他们曾先后在丰都县城东北角的平都山，也就是今天的名山修道成仙，白日飞升。到了唐代，有人误将这两个人的姓连在一起，称为阴王，再后来则讹传为阴间之王，于是丰都也就成了阴曹地府。

如今这里不仅是传说中的鬼城，还是集儒、道、释为一体的民俗文化艺术宝库，是长江黄金旅游线上最著名的人文景观之一。

驱魔大神

钟馗原本是陕西终南人氏，才华横溢却生得样貌丑恶。后进京应试，因文章出众被主考官韩愈和陆贽（zhì）点为头名。谁料德宗皇帝以貌取人，听信奸相卢杞谗言免其状元。钟馗一怒之下，触阶而死。德宗没料到钟馗这么刚烈，内心也感到十分愧疚，于是就封他为驱魔大神，专斩妖魔鬼怪。

钟馗受了封号，便手提宝剑，腰插笏（hù）板，一路南行来到了丰都城。阎王亲自出来迎接并叩其来意，钟馗备述他要来这里斩鬼除魔的想法。

阎王："这里鬼怪虽然不少，但是负责管理约束他们的也很多。在我们的共同努力下，此处并无一个鬼魅敢于作祟。尊神如真要斩妖除魔，阳间倒有最多。"

钟馗："阳间光天化日的，怎么会有妖魔鬼怪存在？"

阎王："尊神是只知其一，不知其二。人鬼之分，大凡只在我们的方寸之间罢了。心正的，鬼可为神；心不正的，人即是鬼。你看那些忠臣孝子，就算久历年所，人们依然把他们奉若神明。反观那些阴险之徒、奸佞之辈，哪里又能被称作是人呢？"

钟馗大悟："对呀！可不知这些鬼怪都叫些什么名字呢？"

阎王遂命令判官把这一众鬼簿给钟馗过目。钟馗看过后是一脸的错愕："没想到光天化日朗朗乾坤下竟也有这么多鬼魅，只是不知道，他们现在都身在何处？"

阎王："散落四方，居无定所，行无定踪。"

钟馗："阳间鬼魅，恐怕单凭小神一己独力难支啊！"

阎王："我这里为你准备下了文韬武略的含冤、负屈二鬼襄助，再拨三百名阴兵，归尊神调度驱使。"

于是，钟馗谢过阎王，飞身上了白泽马，带领着含冤、负屈并三百阴兵，往阳世间去驱魔降妖了。

另：

对于钟馗的由来，历来有多种说法。

一种说法认为，历史上并无钟馗其人，而是源自古代一种用于驱鬼的棒槌——终葵。由于重（zhòng）黎在从事神巫职事时，所戴的羽冠即形似终葵，故在商代约定俗成以终葵为从事巫职的标记。后来以讹传讹，终葵遂逐渐被人格化了。

一种说法认为，钟馗的原型是来自商汤时的巫相（商人事鬼，仲傀（kuǐ）为巫相亦兼驱鬼之方相）仲傀（《尚书》《左传》《荀子》中又作仲虺（huǐ）、中归、中垒）。

傀者，面具也。因面具的样式很多，所以有仲傀多首一说。另外，钟馗之馗乃九首的合文，这也合乎古人命名常以字释名的习惯（《天问》中有九首的雄虺，仲虺即仲傀的字。《山海经》中有统领众鬼的郁垒，郁垒即中垒的变称）。

还有一种说法认为，钟馗及驱鬼辟邪的观念源于上古的巫术，由重黎衍生而来。而重黎又有重回、句芒（介于天地、人神之间，负有特殊使命且生有特殊形貌的人物）等称谓。

到了商代，取其名而秉其职的则是仲虺，实际上仲虺即重回的音转。商代通行以职为氏，所以由仲虺形成的族系也被称为终葵氏。到了周代，这个神职集团又被改称方相氏。方相氏的得名与终葵氏相似，都是从神巫头部的装束引申而来的，区别在于终葵源于羽冠，而方相源自面具。也就是说，无论是上古时代的神巫重回，还是到了商周的仲虺、终葵氏和方相氏，都是钟馗的原型。

……

成神以后的钟馗，受到了广泛喜爱。每到春节、端午节，钟馗像都会被请出来。钟馗还受到历代画家们的追捧，传世的钟馗画亦不胜枚举。除了怒目圆睁的钟馗像以外，还有一种和颜悦目的钟馗像，画面上还时常会配以蝙蝠或蜘蛛，意为幸福来临或喜从天降。

钟哥秦妹　位于北碚缙云山上的缙云寺，在过去还曾被叫过相思寺。唐大中元年（847年），宣宗皇帝赐寺额为相思寺。据说是因在山中有相思岩、相思竹和相思鸟的缘故。

提起这种被称作相思鸟（也称钟情鸟）的红嘴小鸟，还有一个动人的传说。相传，这种终生出双入对、双宿双栖的小鸟，是由缙云山上住着的一对勤劳恩爱的年轻夫妻——钟哥和秦妹变身而来的。

另：

明万历三十年（1602年），神宗皇帝改相思寺为缙云寺，并赐题"迦叶（shè）道场"。

明末清初，寺院被周围百姓焚毁。而现存寺庙则为清康熙二十二年（1683年），由破空和尚主持重修的。

《蜀中名胜记》："按《感通录》：'缙云寺，即古相思寺也。'以此山有相思崖，生相思竹，形如桃钗矣。"

《四川通志》："又有相思鸟，羽毛绮丽，巢竹树间，食宿飞鸣，雌雄相应，笼其一，则一随之。"

缙云佛光　重庆缙云山的缙云寺，始建于南朝刘宋景平元年（423年），有着近1600年的历史，是重庆地区历史最悠久的寺院，也是中国唯一的古佛道场——迦叶道场。

那么，这处道场是怎么来的呢？据说，缙云寺目前所在的地方原本是迦叶悟道成佛的地方。后来，当迦叶佛再次来到缙云山时，发现真武大帝也看上了这块地方，还准备在这里布道。为此，两个就理论起来，最后谁也说服不了谁，还惊动了玉皇大帝。玉帝一问，敢情是为了这么一个山头。玉帝虽然心头不爽，可这二位都是有背景的主儿，迦叶这面是如来，真武那边为元始天尊。于是玉帝干脆做起了和事佬，还给他们俩支了个招——那就是，谁能让对方自愿离开缙云山，谁就留下来开场布道。

接受了玉帝的主意，回到狮子峰上的两人都在暗中琢磨如何才能让对方自动离开缙云山。半晌，迦叶先开口了："上仙，现在贫僧不想再斗了。只要您能从这里一脚跨到南岸山上，我就将这山头让与你！"真武一听大喜，心想这有何难。又怕迦叶反悔，就追问了一句："此话当真？""佛无戏言！"

"好！"真武大帝二话不说，当即运起法力，一步跨向南岸。由于用力太猛，在缙云山雄伟的狮子峰峰顶，至今还留有两个一尺多长的大脚印。

这厢的迦叶一看真武离开了缙云山，马上腾云驾雾赶去知会玉帝，说自己已经让真武大帝离开了缙云山。玉帝一看，事已至此，也乐得事情有了结果。于是立马判定：缙云山归迦叶！而为了安抚真武，同时又宣布，真武大帝跨到南岸落脚的那座山就归真武了。

真武大帝这才醒悟过来，可也不好再纠缠下去。再回头看看自己的落脚处，也是难得的一方宝地，于是也就安心在此处修道传教了。这就是今天所谓的真武山。

而迦叶在缙云山上布道的所在，就是现如今的迦叶道场。其后，迦叶还在山上踩下了13个脚印，借以宣示对缙云山的"主权"。

《景德传灯录》："长阿含经云。人寿二万岁时此佛出世。种婆罗门。姓迦叶。父梵德。母财主。居波罗奈城。坐尼拘律树下。说法一会。度人二万。神足二。一提舍。二婆罗婆。侍者善友。"

《蜀中广记》："宋《灵成侯庙碑》云：'……山有九峰，宝塔峰最著，亦阿育王塔八万四千之一也，迦叶尊者于九峰顶上示一十三足，又饬裂裟印文于狮子峰。'"

巴人形象

西晋时称白虎巴人的后裔为"弜（jiàng）头虎子"。所谓弜头，就是结发使上，从头部的左右斜出如角，森然挺立。发式，是决定族系的根据之一。

另：

在巴县冬笋坝出土的铜剑铜矛上，铸有带有两个尖锥状发髻的人头符号，古代中原称这种发型为"髻"或"椎髻"。

巴人服饰

巴人的生活较为素朴，依靠丰富自然资源生活的人们敬畏自然，将自己的生活高度融合在自然之中。

这种质朴厚重的原色，也充分体现到它的服饰当中，素朴、简约且实用。

另：

服饰是区别不同民族的一个重要标志。而在重大节日或特殊场合才能见到的一些民族服饰，与人们平时的日常穿着是不尽相同的。

《新唐书·南蛮传》："妇人横布二幅，穿中贯其首，号曰通裙。美发髻，垂于后。竹筒三寸，斜穿其耳，贵者饰以珠珰……男子左衽，露发，徒跣。"

巴人语言

巴人作为一个族群，到底有无自己的语言，现在已不可考。通过一些文献管中窥豹，尚可以东鳞西爪地了解一些有关巴人的语言特色。

这些有特色的语言，与其说是一种语言，倒不如说它更像是一些方言、俚语，甚至很像今天我们说的言子儿。

正是因为巴人的这种独特的语言形态，才使得巴族内部得以自由地交流文化知识、生产技能，乃至思想感情，从而最终凝结成一个强有力的民族共同体。

《蜀中广记》："巴濮之人，自呼曰阿阳。阳之言我也。"

《太平寰宇记》："《十三州志》：'朐腮，地下湿，多朐腮虫，故以为名。'"注：朐腮即蚯蚓，今呼曲蟮。

《文选·蜀都赋》："蟂螱山栖，鼋龟水处。"注：蟂螱，鸟名也，如今之所谓山鸡，其雄色班，雌色黑，出巴东。

《世说新语·排调》："姎隅跃清池。"注：姎隅即鱼也。

《太平御览·兵部》："诸葛亮《军令》曰：'帐下及右阵，各持彭排。'"注：彭排就是楯的别称。

巴人图语

巴人除了能歌善舞以外，还擅长借助图画来表达他们的情感。巴人的图画大体上可以分成三类，一类是纹样，一类是符号，一类是似汉字而又非汉字。

据不完全统计，巴人留存下来的图画，数量多达200余种。主要分布在铜兵器、铜乐器、铜玺印等器物上。比较常见的有虎纹、鸟纹、手心纹等。

另：

巴人的这些图画，开始大概来自巴人的巫师或匠作。随着巴蜀两地经贸和人员的频密往来，特别是巴人的一路向西迁徙并在川西平原建立起古蜀开明氏王朝，于是这些图画也在蜀地流行开来。

鉴于两地之间的这种特殊渊源，人们通常把先秦时期巴蜀两地遗留下来的这些图画放在一起来研究，统称巴蜀符号。

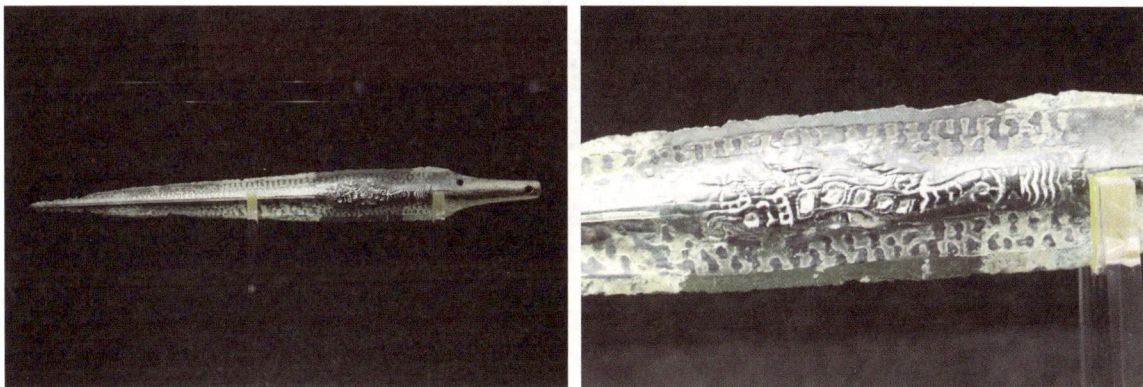

图语斑纹巴式铜剑

来源：巴县冬笋坝墓地
年代：战国
藏址：重庆中国三峡博物馆

铭文舌形铜钺

来源：巴县冬笋坝墓地
年代：战国
藏址：重庆中国三峡博物馆

旌旗纹铜矛

来源：巴县冬笋坝墓地
年代：战国
藏址：重庆中国三峡博物馆

图语铜矛

来源：征集
年代：战国
藏址：重庆中国三峡博物馆

图语铜矛
来源：云阳李家坝遗址
年代：战国
藏址：重庆中国三峡博物馆

图语铜戈
来源：巴县冬笋坝墓地
年代：战国
藏址：重庆中国三峡博物馆

巴人文字

巴人有着悠久的历史，却被误认为是一个没有文字的族群。对于巴人是否有自己的文字这一问题，至今仍然众说不一，分歧甚大。

1994 年 8 月 14 日，考古工作者在宜昌杨家湾遗址发现了大量像原始文字的陶刻符号，约有 170 余种。此外，在重庆万州、渠县以及四川郫县（今成都郫都区）、湖南常德等地出土的巴式青铜兵器、印章及其他器物上，还发现有一些特殊的符号，计有 200 余个。

这些符号，似乎有着十分强烈的表达某种含义的意味，在多种符号形成组合的情况下则显得尤为明显，如在重庆、四川以及湖南等地出土的虎纹青铜戈上。因此，有人倾向于将其认作是一种早已失传的文字。

如果这些确实是巴人留下的文字，那就足以说明巴人不但有自己独立的文字系统，而且已达到了相当高的水平。如果这些确实是巴人留下的文字，巴人文字将成为了世界上为数不多的尚待解读的古代文字之一。

铭文铜戈

来源：涪陵小田溪墓地 12 号墓
年代：战国
藏址：重庆中国三峡博物馆

铭文虎纹铜戈

来源：云阳李家坝遗址
年代：战国
藏址：重庆中国三峡博物馆

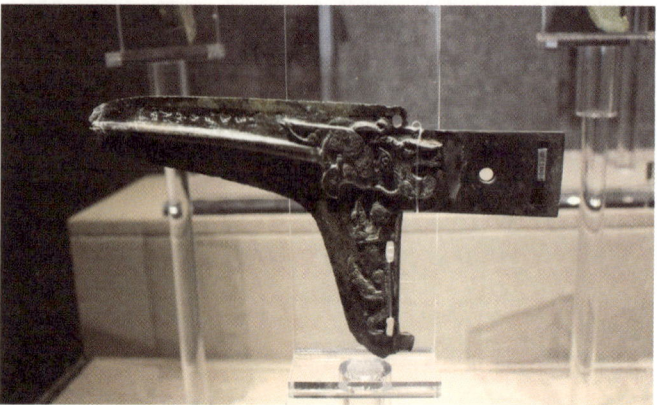

铭文虎纹铜戈

来源：万州新田镇
年代：战国
藏址：重庆中国三峡博物馆

该戈直内、有胡、长条援。器身有四个穿孔，胡下端有嵌秘的牙。戈身两侧对称饰有虎纹、星月纹，一面还铸有一行文字，已漫漶不清。

造型艺术

巴人对造型艺术的追求可以用孜孜以求来形容，并经历有明显的发展过程。

早期的艺术造型主要体现在陶器的纹饰上，与新石器时代晚期的联系较多。

晚期的艺术造型则发展到比较成熟而且有着自身鲜明特色的阶段。

该阶段的艺术造型大体上有三种，一种是平面装饰（这也是其中的主要形式），如青铜兵器；一种是平面图案佐以高浮雕，如通体错金银的犀牛型带钩；一种是立体造型，如镶嵌绿松石的鸟形尊。造型选用的题材多为动物，虎是较为常见的主题，鸟的也不少。铺地图案则以勾连云纹较为多见。

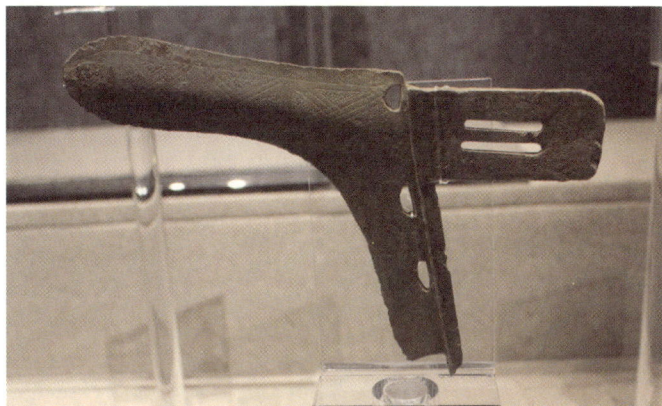

双兽纹铜戈

来源：涪陵小田溪墓地
年代：战国
藏址：重庆中国三峡博物馆

鸟形嵌绿松石铜尊

来源：涪陵小田溪墓地 10 号墓
年代：战国
藏址：重庆中国三峡博物馆

该尊长 28 厘米、宽 16.8 厘米、高 29 厘米。整体呈鸟形，鱼嘴、鹰喙鼻、兽耳、凤冠、鸽身、鸭脚。通体饰细密的羽纹，在羽纹上有规律地镶嵌有绿松石。

尊本为酒器，而该物件以其通体上下仅有鱼形嘴一孔，并不具备容器的实用性来判断，应为一礼器。

巴人建筑

巴文化是一种山地文化，巴人的居室是一种通称为干栏式的建筑。这种房屋为竹木结构，分上下两层。下层为底架，人居住在上层，这样既能防御南方的潮湿，又能避免毒蛇猛兽的侵害。

干栏式建筑与当地独特的环境和文化相适应，形成了极具地域特色的建筑文化。代表性建筑有唐崖土司皇城、土司城、大水井遗址、彭家寨、土家族山寨、鱼木寨等。

另：

在渝东南及黔东南、鄂西、湘西、桂北地区还有一种俗称吊脚楼，也称吊楼的半干栏式建筑。吊脚楼大多都巧妙借助地势，或依山靠河，层叠而上；或沿沟环谷，生动活泼；或绕弯淄脊，错落有致；或雄踞山腰，气势恢弘。

《新唐书·南蛮传》："多瘴疠。山有毒草、沙虱、蝮蛇，人楼居，梯而上，名为干栏。"

巴人墓葬

早期（夏、商、西周时期）巴人的墓葬主要有土坑竖穴墓和崖墓两种形式。晚期巴人的墓葬类型比较丰富，计有土坑墓、石坑墓、船棺葬、悬棺葬等几个大类。

战国中晚期，楚人西渐。由于有大量的移民被徙来进行开发，于是巴地也随之出现了大量的楚墓。这些按楚人习俗安排的墓葬，也不可避免地出现了楚墓打破巴墓，即侵入巴人墓地，破坏原来巴人墓制葬地规划的现象。

楚式铜剑

来源：巫山中和医院基建基地　直属库工地
　　　胡家包墓地　秀峰一中墓地
年代：战国
藏址：巫山博物馆

战国时期，巴楚之间军事争夺不断，文化互相影响，形成巴中有楚、楚中有巴的巫山东周文化格局（既具有大巫山本土文化的原汁原味，又具有楚文化的绚丽多彩）。众多战国时期巴与楚文化遗物共存的现象，就是这一局面的最有力体现。

楚式铜矛

来源：奉节永安镇遗址
年代：战国
藏址：重庆中国三峡博物馆

巴人扞关

综观巴（子）国的历史，巴人所参与过的战争，出于主动挑事的时候不多，多数时候是出于自保。究其原因，在于国力不强。巴人勇悍，也不缺战士，但为什么真正打胜仗的时候却很少呢？归根到底还是源于制度上的落后。

对巴国来说，其所面临的威胁主要来自东方。在敌强我弱的形势下，巴国只好以不断加强防御来应对危机，其中用得最多的手段就是筑设扞关，并且筑有多处，如夷水扞关、鱼复扞关等。其后，楚国则是有样学样，修筑扞关来备豫来自巴人的袭击。

《水经注·江水》："捍关，廪君浮夷水所置也。弱关在建平秭归界。昔巴楚数相攻伐，藉险置关，以相防捍也。"

《水经注·夷水》："是以法孝直有言，鱼复捍关，临江据水，实益州祸福之门。"

《华阳国志·巴志》："巴、楚数相攻伐，故置扞关、阳关及沔关。"

《史记·楚世家》："肃王四年，蜀伐楚，取兹方。于是楚为扞关以距之。"

《辞海》："古关名……即江关。春秋楚筑。在今四川奉节东长江北岸赤甲山上。东汉初公孙述东据扞关，尽有益州之地。后世亦称楚关。"

第十六部分

经贸交通

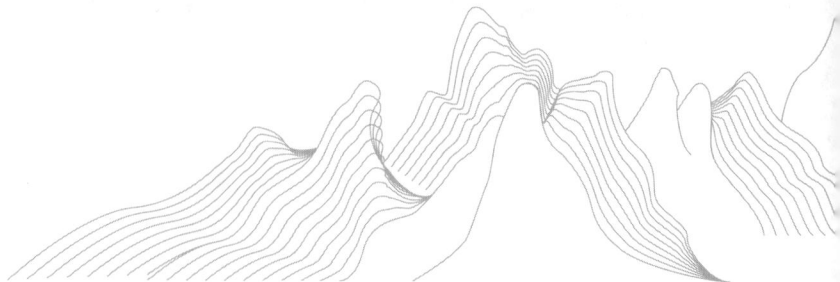

商周之际，巴人的经济仍然以渔猎、畜牧为主。到了春秋前期，巴国的农业生产则有了一个较大的发展。

　　巴国的手工业是比较发达的，不仅门类繁多，还有一些独享盛名的拳头产品。巴人的手工制作，主要表现在青铜器铸造、制丹砂、制漆、制陶和制盐等方面。考古发现的大量器物与丰富的遗迹，反映出巴人的生产活动已经达到了一个较高的水平。

商城林立

巴国物产丰饶，为巴国商业的发展提供了雄厚的物质基础。而随着农业和手工业的发展，商品经济日渐发达，一些城市也随之兴起。川东巴国沿江设立了枳邑、平都、江州、垫江、阆中等众多的城市。城市林立，也从另一个侧面反映出了当地工商业的繁荣。

商业在巴国的繁荣，其标志之一就是专门从事贸易经营的商人的大批涌现。在这些人中，不乏一些富可敌国的大工商业主。

另：

为了发展商业，巴国采取了一系列的措施。一是设市，即所谓的集散地，作为交易货物的场所。一是置关立卡，一来便于统一管理，二来方便征税，这也是巴国财政的一个重要来源。

比如，在过去叫龟亭（长江之中的一个小岛。西距重庆九十公里，北岸即今成渝铁路小南海车站东一带）今天叫小南海的地方，就曾设置过这样的一处场所，作为巴人与周围羹、僚、夷、苗诸蛮进行大宗物资交易的场所。它不是一个普通市场，而是当时的边贸口岸。从地理位置上看，这里曾是西去蜀地水运的必经之地。所以把它的管理机构设在江边，就是因为江心有小岛可控扼长江水路，十分方便对往来船只进行收税和稽查。

此外，还在江州东面长江边上筑有一城并设为关津，以便督收往来过境之税，包括长江之中舟船运载的课税。

《史记·西南夷列传》："巴蜀民或窃出商贾，取其筰马、羹僮、髦牛，以此巴蜀殷富。"

《华阳国志·巴志》："又立市于龟亭北岸，今新市里是也。"

《舆地纪胜》："在巴县东七十九里岷江岸，周回一百步，阔五尺。故老相传云：'巴子于此置津立城，因名焉。'"

管网纵横

国家要强大，经济要发展，就必须实现人尽其才，地尽其利，物尽其用，货畅其流，就离不开资源的储备，离不开手工业的发展，离不开技术的勃兴，离不开社会的稳定，离不开星罗棋布的场镇集市，更离不开孔网密布的发达交通。

巴国与外界的交通，通常是以水路为主，陆路为辅进行的。巴国的水路以江州为中心，可以说是四通八达。从江州出发，沿长江溯流而上可以到夜郎、滇国，再转岷江而上，即可直抵成都。

如果从江州溯嘉陵江而上，经垫江（今重庆合川）可达阆中、广元及汉中的阳平关。倘若在广元昭化西转嘉陵江上游支流白龙江，则可到达甘南。

如果从江州经垫江沿渠江东北行，可到南江、巴州，进入大巴山。从垫江往西，可到绵阳。

如果顺江而下，到庸国、归国，再经夷陵则可直通楚国郢都。倘若在瞿塘峡出口转飞鸟水（大溪）就可到达清江流域。

如果顺流而下到枳（今重庆涪陵）转巴涪水（乌江）然后向西，可到贵州之牂（zāng）牁（kē），再沿牂牁江东下转西江可达番禺（今广东广州）。

巴国与外界的陆路交通同样也很发达。从江州坐船到广元昭化，走阁道（嘉陵江古栈道）经明月峡过七盘关，穿宁强五丁峡，到勉县烈金坝，再往前就走到南郑了。这就是后来的金牛道。

如果走嘉陵故道，也要从江州到阆中，经大散关到陈仓，然后沿陈仓小道抵达宝鸡，进入关中。

如果走米仓道，则要从江州经垫江走渠江到南江经上两到官坝，穿米仓关到大坝，再穿巴裕关，经官仓坪到小坝，过了喜神坝、红庙堂、青树子到周家坪，再往前经姚家营、濂水河谷，便到汉中了。

过去，龙蛇巴人、卢人都是经由大巴山中的河谷进入川北的。而大巴山、米仓山中的河谷，正是穿越大巴山、米仓山最便捷的孔道。

此外，在大宁盐场周遭还有密如蛛网的巫溪古盐道（盐运山道、盐运水道、引盐栈道）通往外面的世界……

另：

伴随着巫盐的发展，在丛山峻岭间逐渐形成了多条通往陕南和鄂西的古盐道，又称"盐大路"。主要的八条为：

大宁场出西北至平利盐道行走路线：于路经谭家墩、两河口、神鹿（jǐ）坪、徐家坝、苦草坝、铜罐沟、鸡心岭、瓦子坪（交陕西平利县界）、镇坪、石砦河、谢家塆、白土岭、自珠峡、牛头店、琉璃垭、曾家坝、秋山塘、八角庙、八里关，到陕西平利县。计307.5公里。

大宁场北出至竹溪县盐道行走路线：于路经徐家坝、牛石硿（kòng）、肖家坡（交湖北竹溪县界）、界岭、马鬃岭、招风岩、老叶顶、茨（cí）

溪沟、马家坝、丰溪镇、红铜山、唐家坪、撰河塘、双竹园、义渡口、龙王垭、漫应沟，到湖北竹溪县。计 219 公里。

大宁场出东北至竹山县盐道行走路线：于路经神麂坪、土地塘、高家坡、大禾田、偏岩子、大水沟（湖北竹溪县属）、向家坝（河东交竹山县界，河西交竹溪县界）、柳林店、公子河（湖北竹山县属）、白河口、平河口、松树岭、官渡河、田家坝，到湖北竹山县。计 276.5 公里。

大宁场东出至房县盐道行走路线：于路经梯子口、关口山（交湖北竹溪县界）、张公桥、青龙坡（交湖竹山县界）、长城坡、梨树岭、红坪（交湖北房县界）、白梨树垭、上龛场、南坪、下店子，到湖北房县。计 260 公里。

大宁场出东北至兴山县盐道行走路线：接前"大宁场东出至青龙坡"，其后经长城坝、麦池垭、象鼻岭、崩磊沟（交房县界）、九道梁、安场、学堂坪、举人坪、老莺岩、白沙园、乾沟子、七里碥（biǎn）、高桥河（交湖北兴山县界）、南阳河、丰玉坪、大花坪，到湖北兴山县。计 352.5 公里。

大宁场东出至兴山县盐道行走路线：于路经大宁县、水口（交巫山县界）、大昌、后溪河、小坪、茅山岭、溪坝、八宝山、平阳坝、龚家桥、龙潭坪，到湖北兴山县。计 202.5 公里。

大宁场出东南至巴东县盐道行走路线：接前"大宁场东出至平阳坝"，其后经曾家坝、东瀼（ràng）口，到湖北巴东县。计 157.5 公里。

大宁场出东南至巴东县盐道行走路线：接前"大宁场东出至大昌"，其后经羊溪河、港圳子、八树坪、凉水井、黄草坪（与巫山县、巴东县、房县交界）、阴条岭、大九湖、小九湖、劳水河、麻线坪、下鼓坪、白林岩、青龙寨、源头河、手爬岩、平阳坪，到湖北巴东县。计 287.5 公里。

《三省边防备览·险要》："山中路路相通，飞鸟不到，人可度越。信哉！"

货币丰富

在社会经济发展的大潮下，因受到中原王朝使用海贝作为货币的影响，夷城巴国以及巫巴山地也同样在使用贝币来进行贸易。作为货币的海贝，在香炉石遗址早期巴文化层和深潭湾早期巴文化层都有出土。其后，在三峡考古中也时有发现。

春秋战国时期，随着纪地币的出现，巴人也同样铸有自己的货币——

桥形币，一种仿玉璜式的货币。币上铸有纹饰，上端有穿，主要流通于巴蜀地区。

随着巴楚之间交往的不断深化，特别是楚人的西渐，楚国的蚁鼻钱——一种类似于铜贝的货币，也开始在巴地流通。

巴国灭亡以后，秦便开始在当地执行起新的货币政策，即废巴钱而用秦钱。

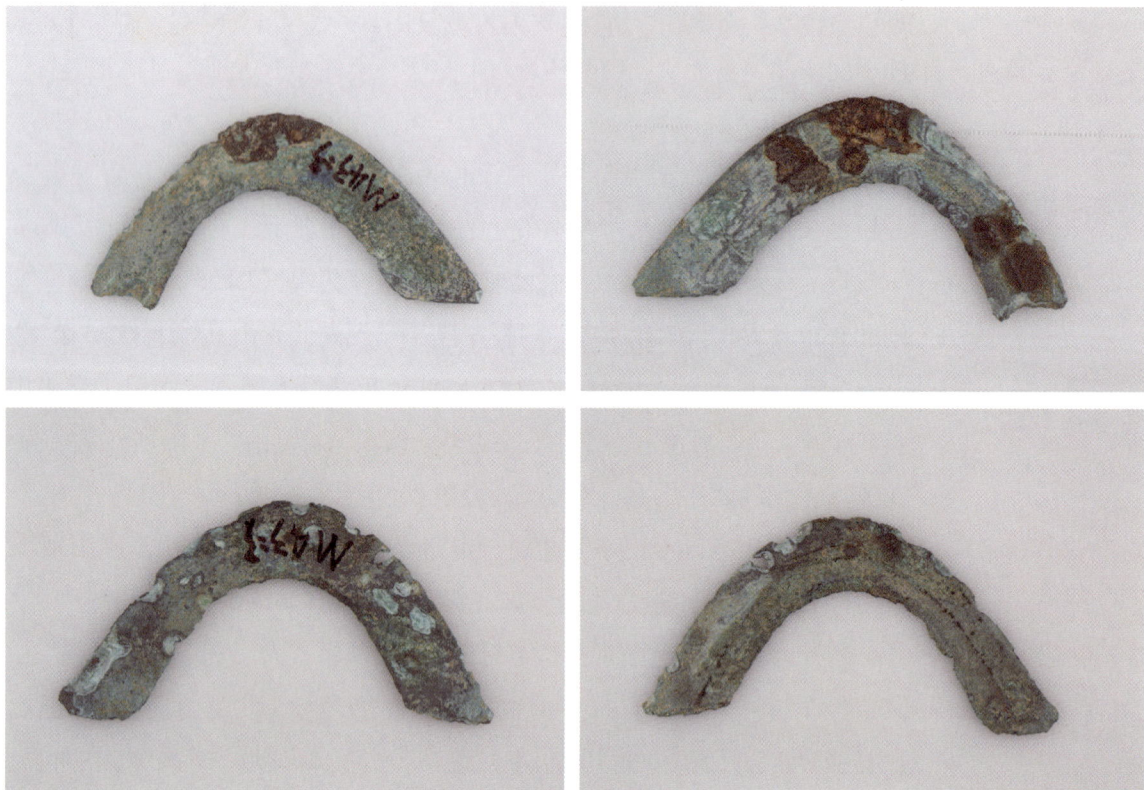

桥形铜币

来源：涪陵镇安遗址
年代：战国
藏址：涪陵区博物馆

据不完全统计，我国经科学发掘出土的桥形铜币已达 1000 余件，采集品、博物馆收藏的传世品以及各种钱币图录中的收录也都颇为丰富。

中外史学界对该类物件的研究历时已久，但看法始终未能达成一致，分歧主要集中在对其性质的认定上。有认为是货币的，有认为是装饰品的。众说纷纭，莫衷一是。

楚铜衡

来源：征集
年代：战国
藏址：重庆中国三峡博物馆

该衡配有一个木衡杆，两个铜盘，六枚环权。出土时因存放在竹笥（sì）内，故保存较为完好。
衡杆中间有提纽，两端各以四根丝线系铜盘。在第四枚环权上刻有"叙（qiān）子之倌镮"五字。六枚环权的重量分别为六铢、十二铢、一两、二两、四两、半斤。据此推算，当时的一斤应合251克。

楚郢爰陶范

来源：征集
年代：战国
藏址：重庆中国三峡博物馆

秦垣铜钱

来源：征集
年代：战国
藏址：重庆中国三峡博物馆

秦两甾铜钱
来源：征集
年代：战国
藏址：重庆中国三峡博物馆

秦、汉半两铜钱
来源：考古发掘
年代：战国—汉初
藏址：重庆中国三峡博物馆

巴人渔业

在巫山地区的峡江地带，山体高峻，江面狭窄，相较于长江中下游的开阔地，冬季温暖无风。这处大自然为鱼类提供的避风港、育儿所，每年秋季都有巨亿的鱼类洄游到此躲避严寒和繁育下一代。丰富的水产资源则为峡江两岸的居民提供了取之不尽用之不竭的食物。

巴人农业

巴国所处的区域，主要包括今四川东部和重庆地区两大部分。在川东和重庆这两处地区，有着得天独厚的地理资源优势，可用于发展以农业为主的多种经济。

早在新石器时代，川东和重庆部分地区已有了堪与中原媲美的原始农业。在缺水的山地丘陵，则因地制宜地种植有耐旱的黍、稷之类的作物。在比较平坦且有水源的地方，则辟为稻田，种植水稻。至于边远地区，生产水平则相当落后，长期停留在刀耕火种的阶段，直到唐宋时期都是如此。

巴国时期，水稻种植已达到了相当高的水准（考古工作者在云阳李家坝发现了大片的水稻遗迹。有水田、田埂及田埂中间的空缺——流水口。尤为稀罕的是，在稻田里还发现有稻窝，以及农夫的脚印和牛蹄印），而当地人更是用培育出的优质水稻，制作出了深受楚国达官贵妇们喜爱的化妆用粉。

汉代，江州出产的稻米更是成了用于专供的御米。而用这种御米制成的化妆用粉，就是驰名京师的堕林粉。

另：

巴国所处的区域，若以华蓥山为界，又可分为川中丘陵和川东平行谷岭地带。

川中丘陵内部受自然切割形成大片大山或丘陵，海拔350~450米，相对高度仅几十米。地面上覆盖着一层较厚的紫色土，在丘陵坡脚和槽谷，土层可厚达六十厘米以上，这种土质酥脆不板，结构优良，含有比较丰富的氮、磷、钾元素，十分宜于农作物的生长。而川东平行谷岭，其山高多为海拔1000~1200米，而向斜谷地海拔则一般不超过200~300米，这些向斜谷地地形为局部平原及低丘缓岗，亦为紫色土，也是从事农业的好地方。

此外，在川中丘陵和川东平行谷岭地带，热量丰富且雨量充沛，各类亚热带植物均能生长，所以在巴国历来有着丰饶的物产。

《华阳国志·巴志》："土植五谷，牲具六畜。桑、蚕、麻、苎、鱼、盐、铜、铁、丹、漆、茶、蜜、灵龟、巨犀、山鸡、白雉，黄润、鲜粉，皆纳贡之。其果实之珍者，树有荔支，蔓有辛蒟，园有芳蒻、香茗、给客橙、葵；其药物之异者有巴戟、天椒；竹木之瑻者有桃支、灵寿。"

青铜器制造

在巴国，青铜工艺是一门带有强烈民族和地方色彩的手工业，其产品如剑、钺、矛、戚、戈、錞（chún）于等的铸造质量及装饰技法都相当精良。

从商代中晚期起，巴渝地区即次第进入了青铜时代。春秋战国，更是巴人发展的重要时期，其青铜文化的发展也进入了鼎盛时期，表现为种类多、数量大、分布广，制作水平日臻成熟，器物特征鲜明突出。

从考古发现上来看，巴人制作的青铜器门类相当齐全，礼器有盘、鼎、豆、盆等，兵器有剑、钺、戈、矛等，乐器有錞于、钲、钟等，生活器具有釜、甑（zèng）、鍪（móu）、壶、盂……这些青铜器，无论是在器形、纹饰还是制作方法上，均与周边地区同时期的文化形成了鲜明的对比。总的来说，巴人的青铜器有着造型奇特、小巧朴实、喜用图腾或符号等特点。

在巴人的青铜器中，有两个比较典型的器物，一个是柳叶剑，另一个则是虎钮錞于。

另：

采铜铸器，作为巴国重要的手工业门类之一，其制品无论是从质量（能否正确地掌握青铜中的合金比例），还是从工艺上来看，都不比中原逊色。错金银和镶嵌工艺也都得到了普遍应用。比如在小田溪1号墓出土的一架14枚铜编钟以及3号墓出土的一把铜壶，精雕细镂，浑然成体，展现了工匠高超的制作技巧。

《周礼·考工记》中六剂青铜配料比例表

钟鼎之剂	六分其金而锡居一	铜85.71%、锡14.29%
斧斤之剂	五分其金而锡居一	铜83.33%、锡16.67%
戈战之剂	四分其金而锡居一	铜80%、锡20%
大刃之剂	三分其金而锡居一	铜75%、锡25%
削杀矢之剂	五分其金而锡居二	铜71.43%、锡29.37%
鉴燧之剂	金锡半	铜66.6%、锡33.4%

青铜器不同配料下熔点变化比较表

比例（%）	铜	100	95	90	80	75	70	65
	锡	0	5	10	20	25	30	35
熔点（℃）		1083	1050	1010	890	800	750	730

小田溪铜剑、铜矛与《周礼·考工记》中青铜配料对比表

	铜	锡	铝
《考工记》	83.33%	16.67%	
小田溪铜剑	82.21%	14.67%	1.28%
小田溪铜矛	82.11%	15.00%	1.50%

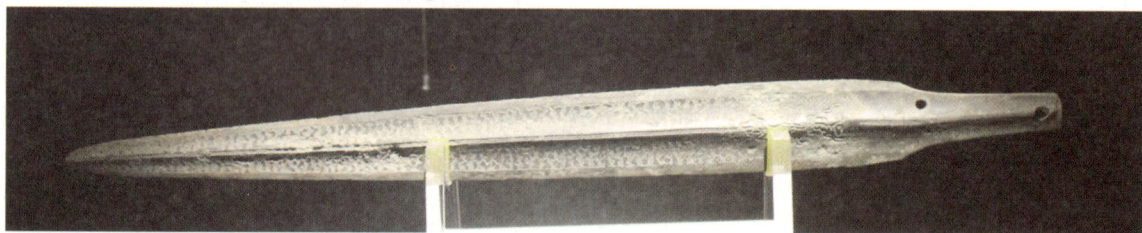

斑纹巴式铜剑

来源：涪陵小田溪墓地12号墓
年代：战国
藏址：重庆中国三峡博物馆

该剑上的斑纹又称虎斑纹，通常为均匀的斑点或条带纹，是巴人青铜剑上的一种常见纹饰，由一种特殊的锻造工艺制作而成。与普通青铜剑相比，斑纹青铜剑的制作需要更严格的材料配比和更复杂的工艺技术，成品也具有更好的韧性和更高的强度。

石剑范

来源：万州麻柳沱遗址
年代：战国
藏址：重庆中国三峡博物馆

范即铸范，就是铸造用的模具。范有黏土的，也有石质的。我国的铸造起于石范。

青铜器块范铸造法又称复合范法，就是先以黏土制作出所要铸造的器物的模型，然后将湿软的黏土敷在模型上，待其成型后再切割成数块为范。而器物上的纹饰或文字，则根据需要，有的雕刻在模型上，有的雕刻在块范上……我国从最早的青铜文化开始（相当于夏代的二里头文化时期），直到商周时形体巨大、纹饰繁复、造型别致的青铜器（其中当然也包括巴人的），基本上都是采用的这种工艺方法。

石戈范

来源：云阳旧县坪遗址
年代：战国
藏址：重庆中国三峡博物馆

巴国的军械品类不多，却形制多样，很多还铸有巴人符号。目前，在巴文化区虽未发现大型青铜武器作坊，但在多处战国遗址中出土有制作武器的石范。这些模具绝大多数以当地常见的红砂石制成。

《论衡》："今夫陶冶者，初埏埴作器，必模范为形，故作之也……"

石钺范

来源：云阳高阳
年代：战国
藏址：重庆中国三峡博物馆

石镞范

来源：云阳旧县坪遗址
年代：战国
藏址：重庆中国三峡博物馆

石镞范

来源：丰都石地坝遗址
年代：战国
藏址：重庆中国三峡博物馆

石镞范

来源：征集
年代：战国
藏址：重庆中国三峡博物馆

石环范

来源：云阳旧县坪遗址
年代：战国
藏址：重庆中国三峡博物馆

巴人制漆

制漆是巴人重要的传统工艺之一，在巴县冬笋坝的巴人墓葬中，就出土有相当数量的漆器（有漆盒、漆盘、漆奁（lián）、漆梳等种类），且多髹（xiū）以红、黑二色。

另：

在四川省博物馆编写的《四川船棺发掘报告》中描述称："巴国的制漆不仅有一般用品，而且还有高级的产品——钮（kòu）器，或加以铜足，或加以铜箍，或加以铜盖，十分富丽堂皇。"

《说文解字》："钮，金饰器口。"

卷云纹错银铜钏器

来源：涪陵小田溪墓地 12 号墓
年代：战国
藏址：重庆市文化遗产研究院

巴人制陶

巴人制陶的陶土，一般都是就地取材，陶器质地比较疏散。在陶器制作方面，由于巴人不断迁徙，所以不如长期处于定居状态的族群那样发达。

巴人特有的陶器器型、纹饰和制作手法等，成了巴人陶器的重要表征。在巴人的陶器中，有两个比较典型的器物，一个是圜（huán）底釜，又称花边圜底罐，另一个则是尖底杯。

另：

陶器的发明，是通过火的作用，使一种物质（松软的黏土）改变成另一种物质（坚固的陶器）的创造性活动。陶器的发明，极大地改善了人类的生活条件，是人类最伟大的发明（它揭开了人类利用自然、改造自然的新篇章），具有重大的划时代的意义（陶器的出现，标志着新石器时代的开端）。

早期的陶器为手制法，手制法又分为捏塑法、模塑法、泥条盘筑法等。后期比较成熟的轮制法可分为慢轮和快轮两个阶段。

陶器的制作，通常是先制作出所需陶器的形状，再在已成型的陶器表面，采用拍打、压印、刻划、镂空或附加等手法制作出纹饰。然后将做好的毛坯放置一段时间，让水分自然蒸发，再放入陶窑焙烧。温度一般为 750~950℃。

巴人重器

在三峡地区，盐的储量虽然非常惊人，但由于早期能被开发的盐矿多以自流泉的形式存在，而这些盐又需要通过晾晒和蒸煮的方法才能被析出。适应这种需要，于是尖底杯和圜底釜这两种极具地方特色的制盐工具也就应运而生了。这在三峡大考古中也已经得到了广泛的证实。

丰富的盐业资源为巴人的生存和发展提供了强大的经济基础。巴人因盐而兴，以盐立国。在巴国起兴衰亡的延绵历程中，盐是一条贯穿始终的生命线。

而巴人对盐业资源的开发利用，在铁锅被投入使用以前，仰赖的正是这两种不起眼的小物件。从这个意义上来说，它们不仅无愧于重器的称谓，更是巴人当仁不让的神器。

先来看这个尖底杯。它的外形酷似楔子。因此，它既可以放在架子上，也可以插在沙土中，以便通过阳光和风带走盐卤中的水分。

再来看这个圜底釜。我们知道，在平原地区，使用的容器基本上都是平底的。而在坑洼不平的山地上，要想容器立得住、放得稳、叠得高，最好的办法，就是为它制作一个圜底。这也是山地容器的典型特征。除了独特的圜底，圜底釜还有一圈漂亮的花边，这个花边可不光是为了好看，而是在叠放烧煮时，有利于水蒸气的散失。

除了用来制盐，尖底杯和圜底釜还被用作储盐罐，被购买者同盐一起带走，就像我们今天的甜筒冰淇淋。正所谓，细微之处见精神。所有这些设计，无处不闪耀着巴地先民们那智慧的光芒。

陶圜底釜

来源：忠县中坝遗址
年代：东周
藏址：重庆中国三峡博物馆

尖底陶杯体量小，尖尖的身子便于植入沙中或插在架子上，从而利用风能和太阳能带走水分，析出结晶盐。而花边陶釜体量稍大，其圜底比较利于受火，所以通常通过加热的方式来获得结晶盐。
用这种土法制出的盐块（约一二两）恰似一张饼。方言称饼为巴。因此有人认为，盐巴一词或来源于此。

陶尖底杯

来源：忠县哨棚嘴遗址
年代：西周
藏址：重庆中国三峡博物馆

巴人制盐

制盐是巴人的一项重要的、传统的手工业门类。盐不仅是人们生活之所必须，也是巴国兴衰之所存系。巴国得盐即兴盛，失盐即衰亡就是一个明证。

巴人制盐，通常采用晒盐、煮盐以及风力制盐三种方法。

另：

在巴地，盐的存在形式大致有两种，一种为泉盐，一种为岩盐。而其中的泉盐又分为两种，一种出于陆地上（包括山上），一种出在河床底。

陆上盐泉计有三处，分别为长阳的盐水、郁山镇的伏牛山盐泉和巫溪的宝源山盐泉。

河底盐泉计有七处，分别为奉节的白盐碛（qì）、云阳的云安井、开县的温汤井、万县的长滩井、长宁的安宁井、忠县的瀒井和涂井。为方便对这种水下盐泉资源的开发利用，时人用木桶隔开淡水汲以煮盐。

《水经注·江水》："入汤口四十三里，有石煮以为盐。石大者如升，小者如拳，煮之，水竭盐成。"

制丹砂

制丹砂，是早先被巴族近乎垄断了的一种手工业。而对丹砂的开发和利用，在巴族亦有着悠久的历史。

巨大的社会需求，极大地刺激着巴地对丹砂的开发。制丹砂也自然成了巴国的一项重要产业。这也是人们往往把丹砂称为巴砂的缘故。

另：

巴地盛产丹砂。古代巫山就因盛产丹砂而又称为"丹山"。白虎巴人的祖居地，鄂西武落钟离山的赤穴，就是一个丹砂矿穴。巫载国所在的郁山（今重庆彭水和黔江相邻一带）也盛产丹砂。丹砂的主要产地，涪陵更是成了巴国的重镇。汉末，在涪郡置丹兴县（治今黔江区城东街道楠木坪），还是因为当地盛产丹砂的缘故。

《说文解字》："丹，巴、越之赤石也。"

《逸周书·王会》："成周之会……卜人以丹沙。"

《史记·货殖列传》："而巴寡妇清，其先得丹穴，而擅其利数世，家亦不訾。"

《证类本草》："《图经》曰：'丹砂，生符陵山谷，今出辰州、宜州、阶州，而辰州最胜，谓之辰砂。'"

巴乡清酒

巴乡清酒，味美香醇，驰名遐迩，以致秦昭襄王与板楯蛮订盟时，都要以此为质。

该酒冬酿夏熟，色清味重，为酒中上品。单从巴人善酿清酒这一点上来看，就足以说明其酿酒技术之高。

另：

酿酒在我国有着非常悠久的历史，远在新石器时代，人们就已能酿酒了。汉代，对酒的品质更是有着严格的等级划分。

《说文解字》："钟，酒器也。"

《酒赋》："清者为酒，浊者为醴；清者圣明，浊者顽骏。"

《华阳国志·巴志》："盟曰：秦犯夷，输黄龙一双；夷犯秦，输清酒一钟。"

巴人蒟（jǔ）酱

酿造是巴国驰名遐迩的传统手工业，除了酿酒还有制酱，特别是蒟酱的制作。蒟酱最初是由生活在巴蜀地区的僰人发明的，他们关于蒟酱的制作方法，很快便为巴人和蜀人所掌握，而尤以巴人的制作最佳。

蒟酱不仅是调味的上品，而且还具有食疗的作用。蒟是一种药用兼食用的藤本植物，又名扶留藤。有健脾胃、通结气、助消化等功能。可以说，蒟酱的发明，是先民们对饮食世界的一项极其重要的贡献。

在酱制品的发展过程中，蒟酱就像一颗璀璨的明珠，闪耀于中华史册。汉代，蒟酱一度被远销到了今广东一带。宋明时期，蒟酱仍是地方官员进贡朝廷的奇味。其后，由于蒟酱的制作方法失传，作为一个曾经的传奇，如今则只剩下了人们口中的谈资……

另：

中国人食酱的历史，可以追溯到先秦时期。据《周礼》记载，酱制品的种类有一百多种。随着时间的推移，时至今日，酱制品的种类更是多到不可计数。

《华阳国志·巴志》："其果实之珍者，树有荔支，蔓有辛蒟，园有芳蒻、香茗、给客橙、葵……"

《太平预览·果部》："《广志》曰：'扶留藤，缘树生，其花实即蒟也，可为酱。'"

《文选·蜀都赋》："蒟，蒟酱也。缘树而生，其子如桑椹，熟时正青，长二三寸之，以蜜藏而食之，辛香，温调五脏。"

《史记·西南夷列传》："建元六年，大行王恢击东越，东越杀王郢以报。恢因兵威使番阳令唐蒙风指晓南越。南越食蒙蜀枸酱，蒙问所从来，曰：'道西北牂柯。牂柯江广数里，出番禺城下。'蒙归至长安，问蜀贾人，贾人曰：'独蜀出枸酱，多持窃出市夜郎。夜郎者，临牂柯江，江广百余步，足以行船。南越以财物役属夜郎，西至同师，然亦不能臣使也。'"

巴人制茶

巴人是我国最早种茶、饮茶的族群。最迟在商代，巴人就已开始了其种茶、制茶的营生。从考古上来看，西周以前，唯一可以明确的产茶、制茶地点就是三峡。

其后，巴国作为诸侯，对周天子纳贡，茶就是其贡品之一。在西周王廷已设有专职的浆人，专管向天子、贵族供茶汤。当时，茶分明已是一种饮料，喝茶既是一种礼，也是一种时尚。

汉代，巴人的茶树已在武阳（今四川彭山）落地生根，并迅速发展成为重要的茶叶产销地。

晋代，乐山也成了产茶、贩茶的重要基地。同时，由巴地西传的茶艺也在蜀地得到了发扬，这也是巴地对中国茶业的贡献。

而早在三国时期，巴地就已能对茶叶进行深度加工，即在茶叶中添加米汤或米糊之类的黏合剂使之成饼状。这种深加工，不但便于保存与运输，还能促进茶叶内质的转化，使之更有营养，味道愈发醇厚。

《华阳国志·巴志》："土植五谷，牲具六畜。桑、蚕、麻、苎、鱼、盐、铜、铁、丹、漆、茶、蜜、灵龟、巨犀、山鸡、白雉、黄润、鲜粉……"

《华阳国志·蜀志》："南安、武阳皆出名茶。"

《茶经》："其名，一曰茶，二曰槚，三曰蔎，四曰茗，五曰荈。（周公云：'槚，苦茶。'杨执戟云：'蜀西南人谓茶曰蔎。'郭弘农云：'早取为茶，晚取为茗，或一曰荈耳。'）"

《蜀中广记》："《广雅》云：'荆巴间采茶作饼，成，以米膏和之。欲煮饮，先炙令色赤，捣末，置瓷器中，以汤烧覆之，用葱姜芼之。'即茶之始说也。"

巴人纺织

纺织是巴国一项非常重要的手工业。巴人以之作为副业，几乎家家户户皆能操持。

秦在平定巴蜀以后，对巴地实施了以布代赋的政策，在其后的整个秦汉帝国时期，都沿袭了这个政策。其后因这种贡布制度日趋繁重，从建初元年（76年）到中平三年（186年），一共发生了16次抗捐赍布的武装斗争。

20世纪70年代前后，机织布大规模充斥市场，这种失去用武之地的古老技艺也就逐渐消失了。

另：

在巴地所产的布中，最富盛名的当属赍布。赍布包括古赍布和古幏（jià）机布。古赍布，单指用蚕丝和构皮或者苎麻作为原料生产的一种布料。古幏机布，单指用棉花作为原料生产的一种布料。古赍布的制作工艺复杂，有素纱禅（dān）衣之誉。与古赍布相比，古幏机布制作工艺就要简单得多。这两种布料在古时都曾被作为贡品使用。此外，巴国还出有一种质量上乘，价格高昂的细麻布。

《说文解字》："赍，南蛮赋也。"

《说文解字》："幏，南郡蛮夷赍布。"

《后汉书·南蛮西南夷列传》："及秦惠王并巴中……其民户出幏布八丈二尺……汉兴，南郡太守靳强请一依秦时故事。"

《风俗通义·佚文》："槃瓠之后，输布一匹二丈，是谓赍布。廪君之巴氏，出幏布八丈。"

《华阳国志·巴志》："土植五谷，牲具六畜。桑、蚕、麻、苎、鱼、盐、铜、铁、丹、漆、茶、蜜、灵龟、巨犀、山鸡、白雉、黄润、鲜粉，皆纳贡之。"

《全汉文·蜀都赋》："……箭中黄润，一端数金……"

化妆名品

堕林粉（也有本子写作休字）又名鲜粉，为巴人化妆品中的驰名产品。这种用于化妆的敷粉，很受当时上层社会的欢迎。

堕林粉是用产自江州的御米（一种稻米）加工而成的，产地就在清水穴即今重庆市南岸区莲花山下的清水溪。

《华阳国志·巴志》："县下有清水穴。巴人以此水为粉，则膏晖鲜芳；贡粉京师，因名粉水。故世谓'江州堕林粉也'。"

《楚辞·大招》："粉白黛黑，施芳泽只。长袂拂面，善留客只。"

第十七部分

巴人去处

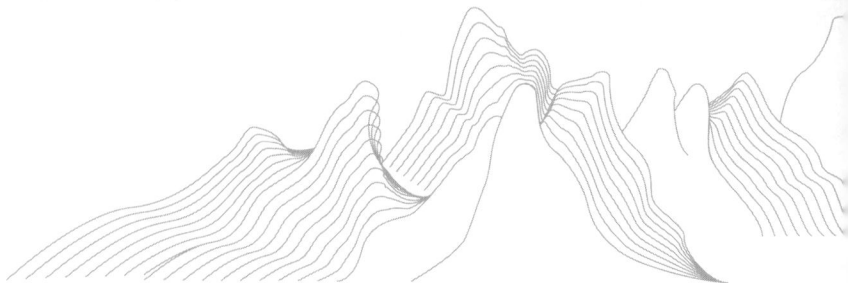

莽莽高山，浩浩长江，因山水灵性，借鱼盐之利，孕育出一个倔强的民族——巴。他们能歌善舞，勤劳勇敢，质直好义、骁勇善战……

武丁之世，巴方赫然见于殷墟卜辞。

武王伐纣，实得巴师襄助。裂土分茅，得称巴子，遂可比肩诸侯。

春秋以降，驰骋于诸侯之林，斡旋于大国之间，因机趁便，拓土开疆。北滨汉水，南邻夜郎，东窥两湖，西饮岷江，至于鼎盛。

战国末叶，举于强秦，入籍华夏，百川归流。

另：

目前，考古学界倾向于把峡江地区的釜文化看作是巴文化的源头，而今天的土家族，则是巴人的后裔。

巴蜀文化的概念起源于20世纪中期，一批据传出土于成都白马寺的青铜器。50年代，在巴县冬笋坝发现了战国时期的船棺葬，致使巴文化的研究再掀热潮。三峡文物保护工程极大地丰富了巴文化研究的实物资料，推动了对巴文化面貌和巴文化谱系的认识。在考古学家、文献学家的共同努力之下，三峡迷雾渐渐散去，巴文化的神秘面纱逐渐揭开。

水乳交融

巴人在艰苦自然环境和周遭强敌的双重压迫下，不断抗争，形成了独特的文化传统。

从西汉早期开始，随着西南地区的开发，巴文化日趋没落，具有其文化特征的物质文化逐渐消失，具体表现为随葬品中铁制农具逐渐出现，兵器数量逐渐减少。

大致到了汉武帝时期，以农耕经济为特征的中原文化进入原巴国地区，成为当地文化的主流。同时，巴文化的不少精华也渗透入汉文化中，成为博大精深的华夏文明的一条涓涓细流，一直流淌不息。

巴文化作为重庆地域文化的根，两千多年以来，虽然逐步沉淀到了巴渝文化的最底层，然而却深深地影响着本地区的文化走向。

另：

巴国虽然灭亡了，巴文化却并未就此消亡，而是在特定的族群中被完好地保存了下来。

在天下一统的大格局下，部分巴人留了下来，也有相当一部分巴人选择了离开，去了另外一个世界——传说中的桃花源。正是由于这种环境和空域上的区隔，使其被中原文化影响的过程也就放缓了很多。正是有赖于此，也确保了这些巴人的后裔在相当长的时期内，仍然保留着原有的文化传统和生活方式。

世间桃源

秦汉时期，巴人逐渐演化为板楯（dùn）蛮、武陵蛮、巴郡南郡蛮、江夏蛮等几部。此时，活动在武陵山区的，除属于巴人的武陵蛮外，还有其他少数族裔，如苗、瑶、侗等族的先民。

进入两晋南北朝，国家分裂导致社会陷于严重的大动荡之中。在这一时期，史书上把聚居在渝、鄂、湘、黔交界处的土著族裔，一律称为蛮。有西溪蛮、溇（lóu）中（今湖南临澧）蛮、建平（今重庆巫山县东）蛮、巴建蛮、豫州蛮（亦称西阳（今黄冈）蛮、五水蛮）、澧（lǐ）中蛮、武陵蛮、零阳蛮、零陵蛮等。相较于其他地区各民族的流离失所和异常频繁的流动迁徙，这处相对原始且近乎与外界隔绝的空域，则完全可以算得上是世间桃源了。

唐宋时，把聚居于渝、鄂、湘、黔交界处的土著族裔称为夔州蛮、信州蛮、彭水蛮、施州蛮、辰州蛮、石门蛮、溪州蛮、高州蛮等。宋代的史书则把这一带的少数族裔又冠以土兵、土人、土丁等名称。这些称谓的出现，标志着土家族这一稳定的共同体开始逐渐形成为单一民族。

土家作为特定的族称，是在汉人大量迁入以后才出现的，特别是清雍正十三年（1735年）的改土归流。为了将外地迁入人群与当地族群相区别，土家一词开始出现。中华人民共和国成立后，党和政府组织了五次调查，并于1956年10月，把土家族这一称谓正式予以了确认。

另：

土家族的主体是巴人的后裔。也可以说，土家族就是巴人的直系后裔。然而，土家族的形成却是多元一体的。换句话说，巴人是土家族的祖先，却不是全部。在其族源中，除了至为重要的巴人外，还有长期生活在这些区域内的土著、迁入的汉人以及其他族裔。他们长期共同生活在一起，相互融合，逐步形成了今天的具有共同地域、共同语言、共同生活方式和心理素质的土家族。

晋·陶渊明《桃花源记》："晋太元中，武陵人捕鱼为业，缘溪行，忘路之远近。忽逢桃花林夹岸，数百步中无杂树，芳华鲜美，落英缤纷……自云先世避秦时乱，率妻子邑人，来此绝境，不复出焉，遂与外人间隔。问今是何世，乃不知有汉，无论魏晋。"

板楯蛮

板楯蛮，是汉代对龙蛇巴人后裔的专属称谓。板楯蛮异常忠勇。在南蛮诸种族之中，只有他们是以木板制成的板楯而被冠名。骁勇的板楯蛮手持木质的盾牌，大呼陷阵，有如天兵下凡。

板楯蛮是川东巴国的主要族群之一，分布甚广。整个川东地区及汉中东部之南，都是板楯蛮的活跃出没之地。

在楚汉相争时期，龙蛇巴人（板楯蛮的前身）就以功勋卓著，从而受到汉高祖刘邦的嘉奖。

东汉时期，板楯蛮仍然保持着能征惯战的勇武本色，故经常被统治者征调出来东征西讨，充当维护稳定的一支奇兵。

东汉后期，由于政治极端腐朽黑暗，对少数民族的压迫尤为深重，即使忠勇的板楯蛮也不能例外。官逼民反，在走投无路的情况下，板楯蛮们也被迫一次又一次地奋起反抗，以求生存。

《释名·释兵》："盾，遁也，跪其后避以隐遁也。大而平者曰吴魁，本出于吴……隆者曰须盾，本出于蜀……以缝编板谓之木络，以犀皮作之曰犀盾，以木作之曰木盾，皆因所用为名也。"

《华阳国志·巴志》："汉兴，亦从高祖定秦有功。高祖因复之，专以射白虎为事，户岁出賨钱，口四十，故世号白虎复夷，一曰板楯蛮，今所谓弜头虎子者也。"

《后汉书·西羌传》："零昌遣兵寇雍城，又号多与当煎、勒姐大豪共胁诸种，分兵钞掠武都、汉中。巴郡板楯蛮将兵救之，汉中五官掾程信率壮士与蛮共击破之…… 桓帝建和二年，白马羌寇广汉属国，杀长吏。是时西羌及湟中胡复畔为寇，益州刺史率板楯蛮讨破之，斩首招降二十万人。"

《后汉书·南蛮西南夷列传》："桓帝之世，板楯数反，太守蜀郡赵温以恩信降服之。灵帝光和三（二）年，巴郡板楯复叛，寇掠三蜀及汉中诸郡。灵帝遣御史中丞萧瑗督益州兵讨之，连年不能克。帝欲大发兵，乃问益州计吏，考以征讨方略。汉中上计程包对曰：'板楯七姓，射杀白虎立功，先世复为义人。其人勇猛，善于兵战。昔永初中，羌入汉川，郡县破坏，得板楯救之，羌死败殆尽，故号为神兵。羌人畏忌，传语种辈，勿复南行。至建和二年，羌复大入，实赖板楯连摧破之。前车骑将军冯绲南征武陵，虽受丹阳精兵之锐，亦倚板楯以成其功。近益州郡乱，太守李颙亦以板楯讨而平之。忠功如此，本无恶心。长吏乡亭，更赋至重，仆役棰楚，过于奴虏，亦有嫁妻卖子，或乃至自颈（刭）割。虽陈冤州郡，而牧守不为通理。阙庭悠远，不能自闻。含怨呼天，叩心穷谷。愁苦赋役，困罹酷刑。故邑落相聚，以致叛戾。非有谋主僭号，以图不轨。今但选明能牧守，自然安集，不烦征伐也。'帝从其言，遣太守曹谦宣诏赦之，即皆降服。"

东汉末年，龙蛇巴人的首领杜濩、朴胡等，与汉中的张鲁政权过从甚密，被张鲁倚为腹心。建安二十年（215年），曹操亲率大军西征汉中，张鲁弟张卫以数万人马据阳平关坚守，为曹操所破，张鲁避走巴中杜濩、朴胡处。

张鲁在逃亡巴中时，刘备接受黄权的意见，以黄权为护军率部准备迎接张鲁，而张鲁最终在阎圃的劝说下北降了曹操。其后，杜濩、朴胡等也步张鲁的后尘投了曹操。曹操任命巴夷王朴胡（巴东太守）、杜濩（巴西太守）、袁约（一作任约）（巴郡太守）为三巴太守。黄权遂挥师击破巴賨夷帅杜濩、朴胡等部。

刘备控制三巴地区后，张飞受命领巴西太守坐镇阆中。曹操攻占汉中以后，遣大将张郃（hé）率军南下，进攻当时的巴西郡，张飞率师在宕渠瓦口大败张郃。曹军退回汉中后不久，即将李虎、杜濩、朴胡、袁约、杨车、李黑等迁徙到了略阳（今甘肃秦安）。

《三国志·魏书·武帝纪》："九月，巴七姓夷王朴胡、賨邑侯杜濩举巴夷、賨民来附，于是分巴郡，以胡为巴东太守，濩为巴西太守，皆封列侯。"

《华阳国志·汉中志》："时先主东下江安，巴汉稽服。魏武以巴夷王杜濩、朴胡、袁约为三巴太守；留征西将军夏侯渊及张郃、益州刺史赵颙等军守汉中，迁其民于关陇。"

《晋书·李特载记》："魏武帝克汉中，特祖将五百余家归之，魏武帝拜为将军，迁于略阳，北土复号之曰巴氐。"

在西晋末年，迁往陇右的龙蛇巴人的一部分，南下梁、益二州，建立了成汉帝国。留居陇右的龙蛇巴人，则在西晋灭亡以后，参加了反对前赵刘曜政权的武装斗争。最后，刘曜采用了游子远的安抚政策，以游子远为车骑大将军，都督雍秦征讨诸军事，最后基本上平定了这次反抗，徙巴氐20余万人于长安。

《晋书·刘曜载记》："长水校尉尹车谋反，潜结巴酋徐库彭，曜乃诛车，囚库彭等五十余人于阿房，将杀之。光禄大夫游子远固谏，曜不从。子远叩头流血，曜大怒，幽子远而尽杀库彭等，尸诸街巷之中十日，乃投之于水。于是巴氐尽叛，推巴归善王句渠知为主，四山羌、氐、巴、羯应之者三十余万，关中大乱，城门昼闭。子远又从狱表谏，曜怒甚，毁其表曰：'大荔奴不忧命在须臾，犹敢如此，嫌死晚邪？'叱左右速杀之。刘雅、朱纪、呼延晏等谏……大赦境内。子远次于雍城，降者十余万。进军安定，氐羌悉下，惟句氏宗党五千余家保于阴密，进攻平之，遂振旅循陇右，陈安郊迎。"

北魏熙平元年（516年），北魏从萧梁手中夺取了今川北一带，在北魏政权统治下的龙蛇巴人的后裔，虽然依然部分地保留有自己的聚落，自己的头领，但总体上已经实现了最后的汉化。

早在三国晚期到西晋初期，龙蛇巴人就获得了僚人的称谓。诸僚，即指龙蛇巴人诸部。北魏统治者采取以夷治夷的办法，设置巴州，让巴人自己的首领巴酋任巴州刺史，既是笼络，又利于统治。巴州所辖范围，即今四川省巴中、南江、通江、旺苍诸县一带，州治在今巴中巴州镇。

《北史·獠传》："其后，朝廷以梁、益二州控摄险远，乃立巴州以统诸獠。后以巴酋严始欣为刺史。"

《隋书·地理志》："上洛、弘农，本与三辅同俗。自汉高发巴、蜀之人，定三秦，迁巴之渠率七姓，居于商、洛之地，由是风俗不改其壤。其人自巴来者，风俗尤同巴郡。"

在唐天宝元年（742 年）至唐至德三年（758 年），渝州曾改称南平郡，所以在唐代称这一带的龙蛇巴人为南平獠，宋代称渝州蛮。

居住在东到涪陵南到綦江范围里的龙蛇巴人在唐代仅有四千户。到了宋代，这一支龙蛇巴人的人口得到了大幅增加，其分布空间也更加广阔，南达贵州北部，西达川南一带，西南与云南相接，甚至部分进入到了云南境内。

宋皇祐五年（1053 年），改宾化县为宾化砦，隶夔州涪州。渝州蛮首领李光吉、王衮（gǔn）、梁承秀三族，各有众数千家，称霸一方。宋熙宁三年（1070 年），夔州路转运使孙固等人兴师讨伐，平荡三族。以宾化砦为隆化县（今重庆南川），隶涪州。建荣懿、扶欢两寨。宋熙宁八年（1075 年），又把铜佛坝（今重庆綦江赶水）纳入管辖，建南平郡，辖南州（今綦江）、隆化二县。宋大观二年（1108 年），木攀族首领赵泰，播州夷族杨光荣各以地内属，建溱（zhēn）（今重庆万盛）、播（今贵州桐梓）二州。宋宣和三年（1121 年）废溱、播二州以其地属南平郡。至此，今綦江、南川、桐梓三县之地均归入南平郡。

南平郡的建立，结束了各部族首领独霸一方、割据称雄、相互仇杀掠夺的局面，废除了豪强农奴主强迫农民纳身的农奴制生产关系。以其地赋民，解放了社会生产力。伴随宋朝封建政权的巩固而迁入的大批汉人，又带来了先进的生产技术和科学文化，从而加速了这一地区的开发。熙宁建邑之初，就有任氏兄弟五人，自蜀中前来开荒种地，安家落户，故名五弟坝。

农业是南平郡的主要经济支柱，到南宋时期南平郡的农业发展水平，特别是水稻生产，已与蜀中内地不相上下。

手工业也相当发达，綦江地区产铁，宋朝在南平郡建广惠监，铸造铁钱。

纺织业是这一地区最主要的家族手工业，蚕桑丝织业相当发达，绢是贡品。

茶叶生产也有相当规模。宾化茶叶制于早春，是当时蜀中名贵茶叶之一。

畜牧业也比较发达，是当时出产马匹的重要地区之一。

经济的发展也促进了文化事业的发展，文人辈出。楼堂馆亭和寺院建筑亦蓬勃兴起，有来远堂、绥静堂、见溪堂、朝爽堂、江山堂、云山堂、飞云楼、塞乐园、四敦堂、万整堂、万山亭、报恩寺、青莲院等馆堂胜地。这里也因此成了宋代西南少数民族地区经济文化发展最为迅猛的地区。

龙蛇巴人，这个在历史上曾有过极大影响的族群，终于在唐、宋帝国大一统的历史环境下，完全融入汉族这个大家庭之中。

《宋史·蛮夷传》："渝州蛮者，古板楯七姓蛮，唐南平獠也。其地西南接乌蛮、昆明、哥蛮、大小播州，部族数十居之。"

《新唐书·南蛮传》："南平獠，东距智州，南属渝州，西接南州，北涪州，户四千余。多瘴疠。山有毒草、沙虱、蝮蛇。人楼居，梯而上，名为干栏。妇人横布二幅，穿中贯其首，号曰通裙。美发髻，垂于后。竹筒三寸，斜穿其耳，贵者饰以珠珰。俗女多男少，妇人任役。昏法，女先以货求男，贫者无以嫁，则卖为婢。男子左衽，露发，徒跣。"

《太平寰宇记》："大凡蜀人风俗一同，然边蛮界乡村有獠户即异也。今渝之山谷中有狼猱乡，俗构屋高树，谓之阁阑。不解丝竹，唯吹铜鼓。视木叶以别四时。父子同讳，夫妻共名，祭鬼以祈福也。"

功成身退

在楚汉相争早期，汉军中有由阆中巴人范目组建的一支精锐部队。这支部队在汉军中充任前锋，专打硬仗，战斗力极强。

刘邦受项羽之封，王（wàng）汉中，兼有巴蜀。刘邦到达封地后，为了反楚兴汉的需要，召见地方上层人士征求意见。这时，阆中巴人的部族首领范目趁势劝说刘邦征巴人、组劲旅，北定三秦。刘邦素知巴人勇武，并认定范目的意见可行，遂将征召巴人、组建新军的任务委派给范目去执行。很快，范目就利用他在巴人中的地位和声望，组建起了一支7000人的精锐。

公元前206年，范目率七姓賨人（板楯蛮）从高祖出征，为汉军作前锋并在还定三秦中立下了大功。其后，仍有部分龙蛇巴人跟随刘邦出关击项羽。

三秦既定，范目被刘邦封为长安建章乡侯。但是，范目是个有大智慧的人，他没有贪恋功名，而是选择了功成身退，希望带着巴人回到家乡。刘邦很是过意不去，改封他为阆中慈凫乡侯，他还是坚辞不受。刘邦没办法，又改封他为渡沔侯。因为这一段经历，因此时人称其为范三侯。

说起来，刘邦这人还是蛮够意思的，你越是不要，他越是要给，不但连续三次封侯，还一口气免除了阆中的罗、朴、咨（zǎn）、鄂、度、夕、龚七个姓氏的租赋，当地其余人户每年也仅需交纳賨钱四十。范目没有贪图功名利禄，反而给巴人带来了长久的福祉。

《华阳国志·巴志》："汉高帝灭秦，为汉王，王巴、蜀。阆中人范目有恩信方略，知帝必定天下，说帝，为募发賨民，要与共定秦。秦地既定，封目为长安建章乡侯。帝将讨关东，賨民皆思归。帝嘉其功而难伤其意，遂听还巴。谓目曰：'富贵不归故乡，如衣绣夜行耳。'徙封阆中慈乡侯。目固辞。乃封渡沔县侯。故世谓：'三秦亡，范三侯'也。目复除民罗、朴、咨、鄂、度、夕、龚七姓不供租赋。"

武陵蛮

楚子（即楚王）灭巴以后，一部分巴人（特别是白虎巴人五姓），率先迁徙到了渝、鄂、湘、黔的毗邻地区，渐次形成了武陵蛮。因此，在武陵蛮中有相当一部分为廪君蛮，如生活在沅江支流五溪一带的五溪蛮便是白虎巴人的直系后裔。

两汉时期，在众蛮族当中，武陵蛮发展程度较高，比较接近汉族的发展水平。政治上，行君长制，称作渠帅、精夫。单、陈、覃、潭、詹、田、高都是武陵蛮中的名族大姓。经济上，则早已过着定居的农耕生活，并从事商业活动。信仰上，以槃瓠、白虎为图腾，流行信巫鬼、崇淫祀之俗。

西汉时，武陵蛮只是偶有反抗。到了东汉，则不断起事，在前后的一百多年中，大规模的反抗活动就达九次之多。

《后汉书·南蛮西南夷列传》："顺帝永和元年，武陵太守上书，以蛮夷率服，可比汉人，增其租赋。议者皆以为可。尚书令虞诩独奏曰：'自古圣王不臣异俗，非德不能及，威不能加，知其兽心贪婪，难率以礼。是故羁縻而绥抚之，附则受而不逆，叛则弃而不追。先帝旧典，贡税多少，所由来久矣。今猥增之，必有怨叛。计其所得，不偿所费，必有后悔。'帝不从。其冬澧中、溇中蛮果争贡布非旧约，遂杀乡吏，举种反叛。"

《三国志·吴书·黄盖传》："武陵蛮夷反乱，攻守城邑，乃以盖领太守。时郡兵才五百人，自以不敌，因开城门，贼半入，乃击之，斩首数百，余皆奔走，尽归邑落。诛讨魁帅，附从者赦之。自春讫夏，寇乱尽平，诸幽邃巴、醴、由、诞邑侯君长，皆改操易节，奉礼请见，郡境遂清。"

西南溪峒诸蛮

两宋时期，活跃在今渝、鄂、湘、黔交界处广大区域内的白虎巴人后裔，被统称为西南溪峒诸蛮。

宋朝建立后，依然承袭对白虎巴人后裔传统聚居地的建制沿革，对前来归附的任以相应的职官。朝廷满足了他们做官的要求，他们也经常向朝廷输送贡赋，以示其臣属的关系。对于地方上的压榨，他们也不时地起来反抗。

在西南溪峒诸蛮中主要有彭、向、田、覃、龚五个大姓，这几大姓的分布也具有一定的地域性。其中以彭氏地位最为煊赫，世领下溪州刺史兼都誓主之职。从彭允殊首任下溪州刺史起，其家五代共六人连任此职，历时一百余年。

《宋史·蛮夷传》："楚庄既霸，遂服于楚。秦昭使白起伐楚，略取蛮夷，置黔中郡，汉改为武陵。后汉建武中，大为寇钞，遣伏波将军马援等至临沅击破之，渠帅饥困乞降。历晋、宋、齐、梁、陈，或叛或服。隋置辰州，唐置锦州、溪州、巫州、叙州，皆其地也。唐季之乱，蛮酋分据其地，自署为刺史。晋天福中，马希范承袭父业，据有湖南，时蛮猛保聚，依山阻江，殆十余万。至周行逢时，数出寇边，逼辰、永二州，杀掠民畜无宁岁。初，北江蛮酋最大者曰彭氏，世有溪州，州有三，曰上、中、下溪，又有龙赐、天赐、忠顺、保静、感化、永顺州六，懿、安、远、新、给、富、来、宁、南、顺、高州十一，总二十州，皆置刺史。而以下溪州刺史兼都誓主，十九州皆隶焉，谓之誓下。"

巴郡南郡蛮

巴郡南郡蛮，聚居在巴郡东部（今重庆及川东境）、南郡西部（约为今湖北荆州、宜昌、襄阳地区及恩施土家族苗族自治州的大部或全部地区）一带，其主体也是白虎巴人的一支。

秦汉时，巴郡南郡蛮的势力颇为强盛。为了便于统治，秦王朝率先在巴郡南郡蛮居住的地方设道，并置有道啬夫一类属官。汉承制，继续在该地设道。同时也对巴郡南郡蛮给予了高度自治的权力和优宠的赋税政策。

东汉时，为了进一步加强对这一地区的统治，打破并削弱巴郡南郡蛮的势力，曾两次徙置廪君蛮于江夏。于是在这一带就逐渐发展出了白虎巴人一支重要的、人数众多的族系。由于他们地处江夏郡，因此获得了江夏蛮的称谓。

汉代末年，他们多次起事，给东汉王朝造成了相当大的困扰。

《荆州府志》："汉置夷道县，属南郡。后汉因之。"

《后汉书·南蛮西南夷列传》："巴郡南郡蛮，本有五姓：巴氏，樊氏，瞫氏，相氏，郑氏……因共立之，是为廪君……及秦惠王并巴中，以巴氏为蛮夷君长，世尚秦女，其民爵比不更，有罪得以爵除。其君长岁出赋二千一十六钱，三岁一出义赋千八百钱。其民户出幏布八丈二尺，鸡羽三十镞。汉兴，南郡太守靳强请一依秦时故事。"

涪陵作为白虎巴人的第二故乡，本是白虎巴人比较集中的地方。随着龙蛇巴人（如龙蛇巴人的徐氏，龙蛇巴人化的白虎巴人范氏等）的纷纷南渐，并在这里生根发芽，于是这两支巴人便共同生活在这里，共同开发、互相学习、取长补短。

三国时期，这两支巴人在其酋帅、大姓的带领下，也进行过反抗蜀汉政权的斗争。而蜀汉统治者则大肆迁徙这些巴人，一来予以分化，二来则是利用他们刚猛善射的长处，借以增强蜀国的军事力量。

晋泰始五年（269年），武帝司马炎升卫将军羊祜（hù）为征南大将军，督荆州诸军事，作伐吴的准备。其参军王浚被擢升为益州刺史、龙骧将军，受命在今川东组建舰队和水军。巴郡东部的白虎巴人遂成了王浚水军的主力，并在灭吴战争中立下大功。

《华阳国志·巴志》："涪陵郡，巴之南鄙……人多戆勇，多獽蜑之民……汉时赤甲军常取其民，蜀丞相亮亦发其劲卒三千人为连弩士，遂移家汉中。延熙十三年，大姓徐巨反，车骑将军邓芝讨平之。见玄猿缘其山，芝性好弩，手自射猿，中之。猿子拔其箭，卷木叶塞其创。芝叹曰：'嘻！吾伤物之性，其将死矣。'乃移其豪徐、蔺、谢、范五千家于蜀，为猎射官。分羸弱配督将韩、蒋，名为助郡军。遂世掌部曲，为大姓。"

南北朝时期，由于南北的长期对峙，南朝统治者的注意力大多被吸引到了边境的交锋上，再加上政治、经济及军事形势的日渐衰落，内部矛盾日益尖锐，白虎巴人的后裔多次起来抗争，尤以刘宋时期最为突出。但同时，他们也不排斥与当政者合作。

南齐萧道成为了加强对白虎巴人后裔居住地区的控制和统治，遂于南朝齐建元二年（480年）分荆州的巴东、建平二郡，益州的巴郡置巴州，后又割益州涪陵郡属之。

南朝梁承圣二年（553年），西魏攻陷益州，翌年，攻下江陵。此时，白虎巴人后裔所分布的地方差不多都为北朝占领，因而他们斗争的目标便又指向了北朝。

随着受到汉族先进政治、经济和文化的影响，以及白虎巴人自身社会的不断进步，于是陆续有头领率众归附，离开山区向平原地方迁徙，这便促成了他们加速与汉族的融合。

此外，白虎巴人的后裔也有散居在汉水上游的，依然保留着固有的以虎为号的特点。

《魏书·蛮传》："正光……蛮首成龙强率户数千内附，拜为刺史。蛮帅田午生率户二千内徙扬州，拜为郡守。萧衍义州刺史、边城王文僧明，铁骑将军、边城太守田官德等率户万余举州内属……"

《南史·蛮传》："荆、雍州蛮，盘瓠之后也，种落布在诸郡县。宋时因晋于荆州置南蛮、雍州置宁蛮校尉以领之。孝武初，罢南蛮并大府，而宁蛮如故。蛮之顺附者，一户输谷数斛，其余无杂调。而宋人赋役严苦，贫者不复堪命，多逃亡入蛮。蛮无徭役，强者又不供官税。结党连郡，动有数百千人，州郡力弱，则起为盗贼，种类稍多，户口不可知也。所在多深险。居武陵者有雄溪、楠溪、辰溪、酉溪、舞溪，谓之五溪蛮。而宜都、天门、巴东、建平、江北诸郡蛮所居皆深山重阻，人迹罕至焉……豫州蛮，廪君后也……西阳有巴水、蕲水、希水、赤亭水、西归水，谓之五水蛮。所在并深岨，种落炽盛，历世为盗贼。北接淮、汝，南极江、汉，地方数千里。宋元嘉二十八年，西阳蛮杀南川令刘台。"

《南齐书·蛮传》："宋世封西阳蛮梅虫生为高山侯，田治生为威山侯，梅加羊为扞山侯。太祖即位……以治生为辅国将军、虎贲中郎，转建宁郡太守，将军、侯如故。"

《周书·蛮传》："蛮者，盘瓠之后。族类番（蕃）衍，散处江、淮之间，汝、豫之郡。凭险作梗，世为寇乱。逮魏人失驭，其暴滋甚。有冉氏、向氏、田氏者，陬落尤盛。余则大者万家，小者千户。更相崇树，僭称王侯，屯据三峡，断遏水路，荆、蜀行人，至有假道者。太祖略定伊、瀍，声教南被，诸蛮畏威，靡然向风矣……魏废帝初，蛮酋樊舍举落内附，以为淮北三州诸军事、淮州刺史、淮安郡公……魏恭帝二年，蛮酋宜民王田兴彦、北荆州刺史梅季昌等相继款附。以兴彦、季昌并为开府仪同三司，加季昌洛州刺史，赐爵石台县公。"

《周书·扶猛传》："扶猛字宗略，上甲黄土人也。其种落号曰（白）兽蛮，世为渠帅。"

隋开皇元年（581年），杨坚代周建隋后，令杨素为信州（今重庆奉节）总管，组建水师。杨素遂建立了以五牙战舰为主力的庞大舰队，并在川东征召了一批习于舟船的蜑民和其他白虎巴族的子弟。

唐武德元年（618年），李渊建唐。经李渊同意，驻守信州的李孝恭、李靖开始大造战船，并募集巴蜀酋长子弟，即川东地区的白虎巴人，组建水军。

隋唐帝国时期，在大一统的政治、经济、文化的影响下，迁居平坝地方的白虎巴人后裔汉化日深，与汉人已几无差别。而留居在湘鄂西部山区的白虎巴人后裔也依然是长兴不衰。他们无论是在信仰还是在宗教仪式上，都仍然保留着本民族的特点。如祭祖先、办丧事皆击鼓咚咚，而众人则要跳起相应的舞蹈等。

《隋书·地理志》："南郡……诸郡，多杂蛮左，其与夏人杂居者，则与诸华不别。其僻处山居者，则言语不通，嗜好居处全异，颇与巴、渝同俗。"

《蛮书》："巴氏祭其祖，击鼓而祭，白虎之后也……初丧鼙鼓以为道哀，其歌必号，其众必跳。此乃盘瓠白虎之勇也。"

《方舆胜览》："巴人好歌，名踏蹄。白虎人事道，蛮蜑人与巴人事鬼。伐鼓以祭祀，叫啸以兴哀。"

《旧唐书·李靖传》："时萧铣据荆州，遣靖安辑之。轻骑至金州，遇蛮贼数万，屯聚山谷……会开州蛮首冉肇则反，率众袭夔州……"

西南诸夷

五代两宋时期，居住在川东南的黔州、涪州、夔州沿边至贵州境内一带的少数民族被统称为西南夷部。

宋初以来，西南夷部中的龙蕃、方蕃、张蕃、石蕃、罗蕃最为著名，号五姓蕃。再加上比附于这五姓的程氏、韦氏两个部族，则被合称为西南七蕃。这七部各自成国，国有王。每三二百户为一州，州有长。国王所居，有城郭，无壁垒，官府惟短垣。

西南七蕃的经济较为落后，在经济上以农业为主，同时兼营畜牧、狩猎和家族副业。虽耕作粗放，然土广人稀，粮食生产基本能够自给，并有余粮与中原交换食盐。狩猎在当地的经济生活中也占有着重要地位。当地的土特产有马、麝香、虎皮、犀角、黄连、黄蜡、蜡烛、水银、朱砂、花席、花幕、白布、斑布等。

宋初以来，西南七蕃改变了不与中原相通的过往（在五代王建、孟昶据蜀时期），开始与中原的关系密切起来。宋王朝授予各部首领以蕃落使、将军、郎将等官职，于是这些部族首领则经常派遣庞大使团到京师汴梁贡献方物。

政治上，宋王朝对西南七蕃实行羁縻政策，由各部首领统治本部（如在黔州设羁縻州。北宋时为49个，到南宋时则多达56个。这些羁縻州大部分在今贵州境内）。

经济上，对朝贡使臣往往优于赏赐，并在沿边开展以盐易粟的商业贸易。既满足了当地对食盐的需求，又解决了各寨的军需。因此，终两宋之世，西南七藩一直与宋王朝保持着友好的臣属关系。

军事上，则双管齐下，即在黔州设寨（彭水4寨，黔江29寨）的同时，还利用溪峒投归的少数族裔组成义军。这些义军，不但维护了沿边的安宁，同时又是镇压和讨伐蜀中反叛的重要军事力量。

《宋史·蛮夷传》："黔州、涪州徼外有西南夷部……俗椎髻、左衽，或编发；随畜牧迁徙亡常，喜险阻，善战斗。部族共一姓，虽各有君长，而风俗略同。宋初以来，有龙蕃、方蕃、张蕃、石蕃、罗蕃者，号'五姓蕃'，皆常奉职贡，受爵命……六年，龙蕃、罗蕃、方蕃、石蕃八百九十人入觐，贡丹砂、毡、马，赐袍带、钱帛有差。其后，比岁继来。龙蕃众至四百人，往返万里，神宗悯其勤，诏五姓蕃五岁听一贡，人有定数，无辄增加，及别立首领，以息公私之扰。"

土客交辉

白虎巴人的后裔，在相当长的一段历史时期内，由于生活在一个相对封闭和平稳的空域内，致使其葆有着强烈的守土性以及独特的民族个性。而其他地区的居民却远没有这么幸运，动辄经历累世的动荡，人口迁徙频仍。

唐代以降，五代时期，为躲避战乱，人口大量南迁到了过去较为封闭的地区。随着人口的激增，在原本就有限的资源上，这些原住民与外来者在生存竞争上的明争暗斗就变得激烈起来。

　　长期以来，外来人户与本土居民的纷争虽少有止息，但由于双方互有长短，于是就在这二者之间形成了一种动态的平衡。其中，外来人多握有政治及军事上的优势，本地人则多掌控着资源与地方宗法。而在这五花八门的资源中，人无疑是重中之重。为了相互识别，为了相互区分，渐渐也就有了土家和客家的区别。这种土客之分，更多的还是为了维护各自的利益和相互斗争的需要。

　　居住在渝、鄂、湘、黔交界处广大地区的白虎巴人后裔，其后逐渐被冠上土人、土民的称谓。这种称谓上的变化，绝不会是一朝一夕，一时半会儿就可以形成的，应是由来已久了的，只是在宋代才始见诸文献而已。明后，特别是清代改土归流以后，就进而称为土家了，与此相对应的客家之称也在当地流行开来。

　　《宋史·河渠志》："招收土军五十人，巡逻堤堰……"

土家族

　　土家族自称毕兹卡、密基卡或贝锦卡，意为本地人，称苗族为白卡，意为邻人，称汉族为帕卡，意为外来人。通用汉文，没有本民族文字，只有极少数几个聚居区保留有土家语。1956年10月，国家民族事务委员会通过民族识别，确定土家族为单一民族。

　　截至2010年，土家族总人口为8353912人，主要分布在渝、鄂、湘、黔交界地带的武陵山区。其中，在重庆的主要分布在渝东南的黔江、酉阳、石柱、秀山、彭水等区县。在湖北的主要分布在恩施土家族苗族自治州的来凤、鹤峰、咸丰、宣恩、建始、巴东、恩施、利川等县市，宜昌的长阳、五峰两县。在湖南的主要分布在湘西土家族苗族自治州的永顺、龙山、保靖、古丈等县，张家界的慈利、桑植等县，常德的石门等县。在贵州的主要分布在黔东北的沿河、印江、思南、江口、德江等县。

　　土家族供奉白虎，崇拜祖先，信仰多神且能歌善舞。歌有山歌、民歌、摆手歌（俗称舍巴，是土家族的创世史诗。由祭祀歌和伴舞歌两部分组成）等。舞蹈有摆手舞、茅古斯及八宝铜铃舞等。乐器则有唢呐、木叶、咚咚喹（kuí）、打镏（liù）子（俗称打家伙）等。

　　土家族的传统工艺有编织、刺绣、绘画、剪纸、蜡染、雕刻等，而其中尤以织绣技术最为典型。土家织锦又称西兰卡普，是中国三大名锦之一。

土家族的禁忌很多，几乎涵盖了包括婚丧嫁娶、生儿育女、饮食起居、生产劳作等生产与生活的各个方面。

另：

服饰是一个民族的重要文化表象，是民族无声语言的艺术传承，是一个民族区别于其他民族的标志之一。在满足人们的保暖、遮羞、护身等基本需求，满足人际交往、表达情感意识、展现思想信仰等延伸需求外，还进一步反映了从原始到现代的历史、文化发展轨迹，因此服饰还被称为穿在身上的民族史诗。

随着时代的发展和社会的进步，土家族服饰虽历经变革，但仍然保留了本民族的部分传统。通常土家族男子穿琵琶襟上衣，缠青丝头帕。妇女则上穿左衽大褂（上装主要有三种样式。一种叫外托肩。无领，向右开襟，随衣襟和袖口滚两道不同的青边，不贴花条。一种叫银钩。有矮领，衣襟袖口上缀一条宽青边，青边后面再按等距离贴三条五色梅花条，衣襟前用五彩丝线钩花。一种是青、蓝布衣。皆用色织布滚边），滚两三道花边，衣袖比较宽大，下着镶边筒裤（裤装喜选青、蓝、绿色，加上白色裤腰，裤脚蓝底加青边，后边再贴三条宽度不同的梅花条）或八幅罗裙，喜欢佩戴各种金、银、玉质饰物作为点缀。而衣边衣领会绣上花纹的无领滚边右衽开襟衣，则男女老少皆可穿用。

其实，土家人的服饰并不是始终都如现在所见以朴素见长，而这种改变却有着深刻的历史渊源。过去，土家族先民向有喜斑斓服饰的审美倾向，五彩华美的服饰也曾是土家人的最爱。这种崇尚繁丽多姿的服饰习俗，一直延续到清代的改土归流。自此以后，土家族服饰男女一式的外观形式得以彻底改变，男性由穿刺花衣裙而改穿满装。妇女则上穿满装，下着汉裙，即八幅罗裙。尽管土家族服饰已不如以前那样鲜艳，但却在精神层面保留下土家族自身的民族性格，主要体现在图腾崇拜、工艺特征和独特的审美等方面。

《溪蛮丛笑》："绩五色线为方，文采斑斓可见。俗用为被或衣裙，或作巾，故又称峒布。"

《永顺府志》："土司时，服饰不分，男女皆一式，头裹刺花巾帕，衣裙尽绣花边。"

《五峰县志》："旧时，家绩白布用锅灰或化香树叶熬煮染成'吊灰布'、青布，做衣打粗穿。"

《思南府续志》："闺中妇女向织土布，阔二尺许，纱粗缕疏，乡民染深蓝色，资以蔽体。"

土家哭嫁

过去，土家姑娘的结婚喜庆之日是用哭声迎来的。

过去，不哭的土家姑娘是不能出嫁的。

所以，土家姑娘从十二三岁就要开始学习哭嫁歌。哭嫁有专门的哭嫁歌，是一门实实在在的传统技艺。所以，土家族的哭嫁，听其声是哭，究其音却是唱，品其词则意蕴丰富。

哭嫁有真哭也有假哭。不管是哪种，都是预示着在出嫁前把泪水哭干，出嫁后就再也不用流泪了。所以土家族哭嫁的阵仗可是相当的壮观的。

土家姑娘出嫁前半个月起，就要开声唱《哭嫁歌》。有的哭的时间短一点，也要三天左右，正常的半个月，厉害的甚至有一个月的。

哭嫁歌的内容很多，主要是向父母亲人朋友哭诉亲情、友情和离别之苦，也有埋怨媒人和挖苦男方的……哭诉的调子则大同小异。

另：

过去，在农村有哪家姑娘出嫁，也总是会听到一阵宛转悠扬的哭声，人们称之为"离娘泪"。意思应该也和这个差不多吧。

摆手舞

摆手，土家语称"舍巴"。原为男女齐集歌舞，祓（fú）除不祥的带有原始宗教性质的集体舞蹈。

传统的摆手舞是祭祀舞蹈，是土家族人缅怀祖先创业的艰辛，再现田园生活的恬静的大型史诗。而如今已成为纯粹的娱乐性歌舞的摆手舞，主要流传在渝、鄂、湘、黔交界的酉水河和乌江流域。主要传承地则为重庆秀山和酉阳、贵州沿河、湖北恩施、湖南湘西龙山和永顺等地。

摆手舞是歌舞浑然一体的综合艺术，其歌叫摆手歌，现流传保存下来的摆手歌有两首，一首为要吃饭就要挖土，一首为点兵歌。

另：

过去，摆手舞的举办，除部分地方选在二、三月或五、六月进行外，大部分地区均在正月初三至十七之间举行（开始结束则必须选在单日），且大多在夜晚。短则三天，长则可达七天。

届时，人们扛着龙凤大旗，打上灯笼火把，吹起牛角号、唢呐、咚咚喹，点燃鞭炮，放起三眼铳（chòng），抬着牛头、粑粑、刀头（即大块的熟肉）、米酒等供品，齐聚摆手堂。

在舞蹈开始前，要先举行祭祀仪式。然后，由一人在圈中司鼓鸣锣，男女舞众围成圆圈，随鼓点进退，变换舞姿。一般手与脚成顺向同时动作，两人一组，面面相对，扭腰旋转，踢踏摆手，翩跹进退。每舞一周或数周换一套程式。

摆手舞在人数上没有限制，套式和内容则多种多样，多用于表现征战、狩猎、劳动和日常生活等内容。狩猎舞有赶猴子、拖野鸡尾巴、犀牛看月、磨鹰闪翅、跳蛤蟆等；农事舞有挖土、撒种、纺棉花、砍火渣、烧灰积肥、织布、挽麻蛇、插秧、种包谷等；生活舞有扫地、打蚊子、打粑粑、水牛打架、抖虼（gè）蚤、比脚、擦背等。军前舞和酒会舞的动作已失传。

今天的摆手舞可分大摆手和小摆手两种，集舞蹈艺术与体育健身于一体，有东方迪斯科之称。

《永顺府志》："各寨有摆手堂，又名鬼堂，谓是已故土官阴署。每岁正月初三至十七日止，夜间鸣锣击鼓，男女聚集跳舞长歌，名曰摆手，此俗犹存。"

清·彭施铎《竹枝词》："福石城中锦作窝，土王宫畔水生波。红灯万盏人千叠，一片缠绵摆手歌。"

茅古斯

茅古斯，有的地方又称毛古斯，是一种具有人物、对白、简单的故事情节及一定表演程式的原始戏剧性舞蹈，流行于重庆、湖北以及湖南等土家族聚集区。该舞蹈曾于2008年在北京奥运会开幕式前的文艺表演舞台上亮相。

茅古斯以近似戏曲写意、虚拟、假定等手法，再现了土家族人祖先渔猎、农耕、婚姻等生活内容，既有舞蹈的雏形，又具有戏剧的表演性，融歌舞、对白于一体。在一些地区，还保留有《做阳春》、《赶肉》（即狩猎）、《捕鱼》、《抢亲》、《甩火把》等传统剧目。

按照茅古斯的主题，有的包含有生产、打猎、钓鱼、接亲、读书、接客等段落；有的则包含有扫堂、祭祖、祭五谷神、示雄、祈求万事如意等段落。而在每个段落中又包含有很多细节，如在祈求万事如意中就有打露水、修山、打铁、犁田、播种、收货、打粑粑、迎新娘等。

每逢年节或祭祀祖先，土家人通常都会表演茅古斯（赶上正月，土家族多以村落或姓氏为单位轮流举办，持续五至九天不等）或将茅古斯安排在摆手舞中作穿插性表演（在开跳摆手舞时，已事先装扮停当的茅古斯表演者们，就在舞场外不远处等待。一旦他们入场，摆手舞便要立即停止，为其让场）。此时，土家人结稻草为服（打着赤脚，身披草衣，腰围草裙，头上戴着用稻草和棕树叶拧成冲天而竖的单数草辫帽，腹前还捆有一束尺余长并用红布包头的草把），通过大跳茅古斯，祈佑人畜兴旺、五谷丰登。

另：

茅古斯，土家语称"古斯拔帕""帕帕格次"或"拨布卡"，意为祖先的故事，是舞蹈界和戏剧界公认的中国舞蹈以及戏剧的最远源头和活化石。

茅古斯世代相传，成为土家族文化艺术宝库中的一颗璀璨明珠。1959年，中央民族民间舞蹈考察团将茅古斯划入舞蹈范畴，并认定其为中国舞蹈的源头之一。2006年5月20日，经国务院批准，茅古斯被列入第一批国家级非物质文化遗产名录。

跳丧舞　　跳丧舞，又称打丧鼓，土家语则称撒尔嗬，是土家族特有的一种丧葬仪式。因其源自白虎巴人的祭祀歌舞，所以又称作白虎舞。

跳丧舞时，一人在灵柩前执鼓叫歌（无弦乐伴奏），舞者（女人不能跳丧）四至八人不等（多时可达数十甚至上百人），围着灵柩接歌起舞。

执鼓人以鼓点指挥舞蹈，以鼓点变换曲牌，脚跟鼓点鼓跟脚。舞者踩着鼓点，按照相应的舞蹈动作，时而相对击掌，时而绕背穿肘，时而扭肩擦背……舞者通常保持弯腰、弓背、屈腿，双手在胸前左右摆晃。通常，跳丧舞的鼓点和舞蹈动作，也会因地域不同而有一定的差异（如跳丧舞中巴东的四大步，建始的八字步蹲着前进等）。

击鼓者领唱，对舞者和唱，高腔俚调，边唱边舞。等唱至来潮时，掌鼓人甚至会绕开鼓座加入舞者行列。一班人跳一小节或几小节就喝上一口酒，这班人跳累了就再换一班人接着跳。这样一跳就是几个甚至十几个通宵。

另：

跳丧舞的传统动作套路有猛虎下山、双狮抢球、燕儿衔泥、犀牛望月、凤凰展翅、猴子爬岩、古树盘根、幺姑筛箩、虎抱头、牛擦痒、狗春碓、要五巾、风夹雪、一支箭、滚身子等。

跳丧舞的歌辞内容广泛，形式多呈四句七言，四、三式，上下句，也有五句子，沿袭着过去的竹枝、杨柳曲牌等传统形式。而跳丧舞的曲调有撒尔嗬、叫歌、摇丧、将军令、正宫调、一字词、节节高、螃蟹歌等数十个之多。每曲唱完，末了都要来上一句"跳撒尔嗬喂"或"解忧愁噢"。

《巴东县志》："旧俗，殁之夕，其家置酒食邀亲友，鸣金伐鼓，歌呼达旦，或一夕、或三五夕，谓之'暖丧'。"

《长阳县志》："村俗则夕奠后吊奠无人，诸客来观者群挤丧次，擂大鼓唱曲，或一唱众和，或问答古今，皆稗官演义语，谓之'打丧鼓'、'唱丧歌'。"

咂酒

咂酒是一种极富特色的酒类产品及饮酒方式的统称。作为土家族物质文明的结晶和精神文明的外化，咂酒已成为一种重要的民族文化载体。在土家族地区的很多方志上都有关于咂酒的记载。

咂酒，古称芦酒、筒酒、咂麻酒、咂竿酒、竿儿酒、钓藤酒等，通常为用高粱酿成的甜酒。制好的咂酒，要封装在坛子中储藏上一年或数年。饮用前，则要先向罐内注入开水，再以葛藤管（其后则多代之以芦管、细竹管）吸饮。

牛角

来源：土家族聚居地
年代：民国
藏址：重庆巴人博物馆

土家人旧时信奉神鬼，而他们对待神和鬼的态度却是不一样的，对神致祭，对鬼则要用巫术驱赶或捉杀。运用巫术从事祭神驱鬼的人通常是土老司（即巫师），土家语称之为梯玛。

祭祀时，梯玛手摇铜铃。铜铃全部以铜制成，中间为一尺长的手执，在手执两端各系四枚铜铃，共八枚，故称八宝铜铃。八宝铜铃象征着梯玛的宝马，铜铃两端所系五色丝线则代表马的鬃毛。

此外，在梯玛的法器中还有号角。号角为水牛角制成。很早以前它们被用于在战争中传递信号，后来才成为梯玛的法器。

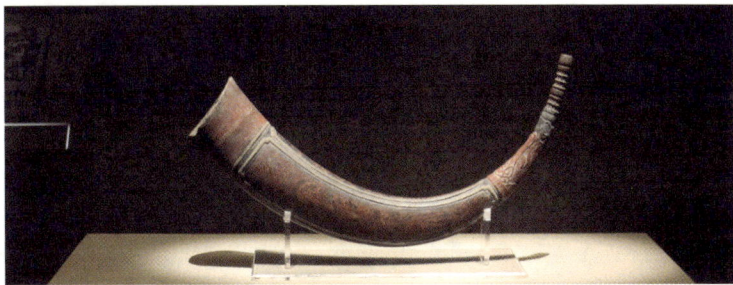

红漆龙凤纹牛角号

来源：征集
年代：民国
藏址：重庆中国三峡博物馆

螺号

来源：土家族聚居地
年代：民国
藏址：重庆巴人博物馆

法印

来源：土家族聚居地
年代：民国
藏址：重庆巴人博物馆

卦予

来源：土家族聚居地
年代：民国
藏址：重庆巴人博物馆

令牌

来源：土家族聚居地
年代：民国
藏址：重庆巴人博物馆

师刀

来源：征集
年代：民国
藏址：重庆中国三峡博物馆

师刀

来源：土家族聚居地
年代：民国
藏址：重庆巴人博物馆

第十八部分

巴人胜迹

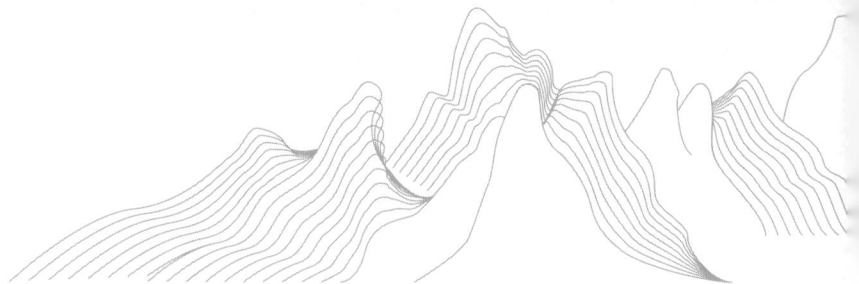

巴人在生养他们的土地上，生息、繁衍、开拓、进取……
或隐或显，不管是有意无意，都留下了一处处遗迹与一件件
遗物。

　　它们是巴人历史进程的见证，也是往事越千年最为直接、
最为生动的载体。这也难怪，到此一游的文人墨客们，争相
发出了睹物思人、感物伤怀的浩叹……

巴人船棺葬遗址

神秘的巴人船棺葬

巴人船棺葬遗址位于重庆市九龙坡区铜罐驿镇2社区冬笋坝。需要强调的是，这也是目前国内发现最早的一处船棺葬遗址。

在冬笋坝众多发掘的墓葬中，巴人船棺葬独具特色。17座船棺头部均正对长江，排列相当整齐而密集。舟楫在逐水而居的巴人生活中占据着举足轻重的地位。以船为生，以船为葬，表达了巴人视死如生的观念……

船棺长约5米，都是由直径约一米以上的楠木刳（kū）凿而成。船棺上部略呈半圆形，底部稍削平，两端底部斜削，使其翘起成船形。船棺首尾两端两边又各凿有一个大孔，当为下葬时系绳使用。

船棺分两种，一种是较为简单的独木舟，另一种则是在独木舟内另置一小棺，形成脚箱。

船棺内的随葬品很多，有剑、钺等铜兵器，有釜、盘等铜容器，还有斧、矛等铁器。说明巴国的工匠已经掌握了较高的冶炼技术。

此外，墓葬中还发现为数不少的陶制盆盆罐罐，引人注目的黑红二色漆器，甚至还有竹篾垫痕以及麻布、绢的痕迹。说明巴人的制陶、造漆、纺织技术也已相当发达。

在这些出土的器物上，很多都以虎纹作为图案，说明巴人把虎作为本民族的保护神和图腾。除虎纹外，还有龙、鸟、独角人、船以及草木等图画式的符号。

如果说，从饰有虎纹的短剑上，不难领略到巴人的勇武。那么，从独特的桥型币、铜质砝码上，则很容易感受到巴人商贸的繁荣。

……

此次考古共清理出铜器、铁器、漆器、玉器、货币和印章等各类随葬品达400余件。

冬笋坝巴人船棺葬的发现，说它可以媲美甲骨文的发现应该都不为过，它不仅对巴史的重建起到了至关重要的作用，甚至一度影响到了其后进行的三峡大考古等（考古序列）。

图语长颈铜矛

来源：巴县冬笋坝墓地
年代：战国
藏址：重庆中国三峡博物馆

兽面纹三角援铜戈

来源：巴县冬笋坝墓地
年代：战国
藏址：重庆中国三峡博物馆

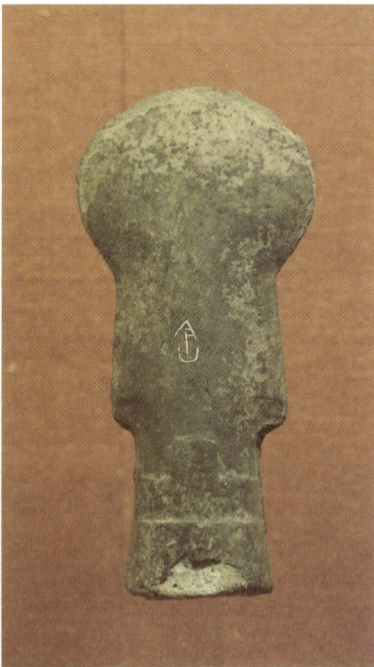

符号舌形铜钺

来源：巴县冬笋坝墓地
年代：战国
藏址：重庆中国三峡博物馆

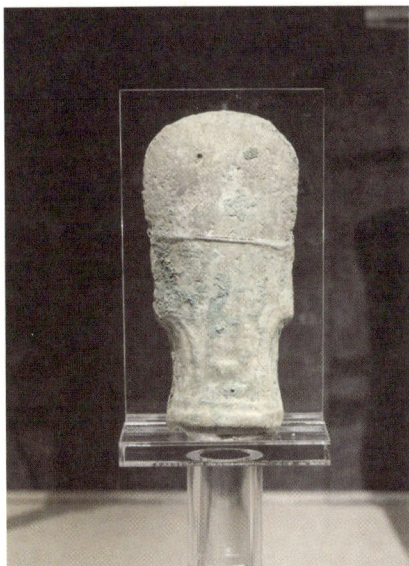

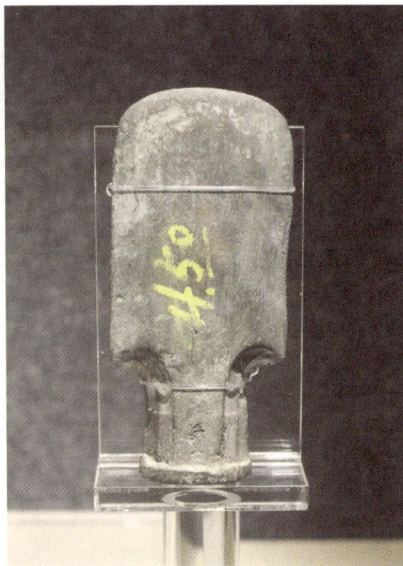

铲形铜钺

来源：巴县冬笋坝墓地
年代：战国
藏址：重庆中国三峡博物馆

铜犁铧

来源：巴县冬笋坝墓地
年代：战国
藏址：重庆中国三峡博物馆

铜凿

来源：巴县冬笋坝墓地
年代：战国
藏址：重庆中国三峡博物馆

戟纹铜斤

来源：巴县冬笋坝墓地
年代：战国
藏址：重庆中国三峡博物馆

铁斧

来源：巴县冬笋坝墓地
年代：战国
藏址：重庆中国三峡博物馆

磨制石斧

来源：巴县冬笋坝墓地
年代：战国
藏址：重庆中国三峡博物馆

磨制石锛

来源：巴县冬笋坝墓地
年代：战国
藏址：重庆中国三峡博物馆

砺石

来源：巴县冬笋坝墓地
年代：战国
藏址：重庆中国三峡博物馆

双王墓

双王墓，位于重庆市合川区，地处嘉陵江南岸 5 公里处的钓鱼山上。

在这里，巴人和濮人曾举行盟会。盟会期间，双方高歌置酒。在酒喝到高潮时，不知什么原因竟导致了巴王和濮人首领对刺双亡，而更令人不可思议的是，二人其后还被并墓埋葬在了这里。

《元一统志》："双墓在钓鱼山涪水北。各高三寻。有石羊。李文昌图经云：'巴王、濮王会盟于此，酒酣击剑相杀，并墓而葬。'新图经云：'石羊类近世葬，今所用非古。'"

巴子台

自春秋时代起，各国统治者竞相筑台，以为祭祀、饮宴和游乐之所。一时间，楚有章华台，晋有祁之宫，鲁有观台，魏有范台等。巴国于是也跟风在今重庆市忠县东一带筑了一台，后世称之为巴子台。

直到唐代，该台依然矗立在那里，供人登临凭吊。时越千年，且能登临，可以想见当年规模之大。

唐·白居易《九日登巴台》："黍香酒初熟，菊暖花未开。闲听竹枝曲，浅酌茱萸杯。去年重阳日，漂泊溢城隈。今岁重阳日，萧条巴子台。旅鬓寻已白，乡书久不来。临觞一搔首，座客亦徘徊。"

宋·易士达《巴子台》："东郊青土尚崔嵬，疑是巴王筑此台。回首当时歌舞地，六宫今尽没黄埃，"

巴蔓子墓

巴蔓子墓（过去人称将军坟），坐落于重庆市渝中区七星岗莲花池渝海大厦下方（家具店负一楼）。该墓地为拱形石洞，墓长 4.78 米，宽 5.2 米，高 2.6 米，面积约 20 平方米。墓呈六边形，全部为石封。墓碑上篆书有"东周巴将军蔓子墓"，上款"中华民国十一年二月吉旦"，下款"荣县但懋辛题"。

深埋于地下的巴蔓子墓，虽然看上去并不起眼，其所代表的精神却早已融入巴渝人民的血脉之中，撑起了这座世代被人所称颂的英雄之城。

而该座古墓能保存至今，可谓是历经劫难。在明崇祯年间，礼部尚书王应熊看上了这块地盘，企图把古墓拆掉，好在这里修花园。没成想这下犯了众怒，当地百姓群起而攻之，因此才保住了这处古墓。而到了1940 年，在日军空袭重庆时，又使它受了些小伤……

关于巴蔓子的葬地，一直有重庆市渝中区、重庆忠县、湖北利川都亭山三说。如今，巴蔓子墓到底在哪里已不重要，因为它早已化作一个传说，一个伟大的爱国主义的象征。

另：

在这次古墓保卫战前，人们一直以为这里埋葬着的是一位巴王。其后，有证据显示，这里埋葬着的不是国王，而是一位将军，所以又把它称作将军坟。

《蜀中名胜记》："郡学后莲花坝，有石麟石虎，相传为古时巴君冢。"

《巴县志》："巴处山川形胜之地，立国最古，前代名迹，较然章著。而岁月迁贸，丧乱频仍。明清之际，图经荡灭，民尟土著，故老无征。乾隆旧《志》粗有掇拾，循名则是，考迹或乖。"

怀清台

怀清台为一处专门的纪念性建筑。当一代传奇巴寡妇清在咸阳终老后，秦始皇按照她的遗愿，命人将她的遗体送回故乡安葬，并为其修筑了以示褒扬的怀清台。

怀清台遗址位于巴郡枳邑青苔山（今重庆长寿长江南岸的龙寨山）（一说位于龙溪河长寿段的一处河谷上，大致为今狮子滩到灌滩寺之间的长寿湖一带）。

《史记·货殖列传》："而巴寡妇清，其先得丹穴，而擅其利数世，家亦不訾。清，寡妇也，能守其业，用财自卫，不见侵犯。秦皇帝以为贞妇而客之，为筑女怀清台。"

《括地志辑校》："寡妇清台山，俗名贞女山，在涪州永安县东北七十里。"

《长寿县志》："怀清台，《一统志》在县南。今按，龙寨山内旧有石基，周数丈，相传为怀清台故址。"

明·金俊明《怀清台》："丹穴传赀世莫争，用财自卫守能贞。祖龙势力倾天下，犹筑高台礼妇清。"

初晓冬 著

巴乡物语

下册

重庆大学出版社

目录

图片目录

第十九部分

发现之旅

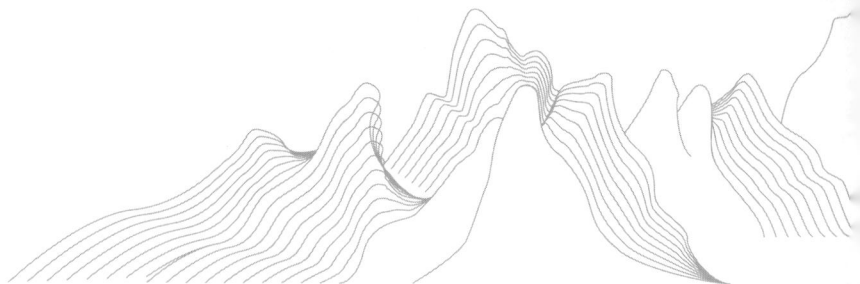

考古在历史学研究中起着至关重要的作用，它可以让一个民族的历史变得更加清晰，更加透明。人既要往前看，面向未来，也要时常回头，看看来时的路。因为，一个不记得来路的民族，是没有出路的……

历史学与考古学是广义史学的车之两轮、鸟之双翼，提供我们祖先生活的讯息，丰富我们民族的历史记忆。历史学用传世文献复原历史，由于传世文献自身的局限，要弄清楚过去，特别是人类没有文字记载的史前文明时代，则必须依靠考古来实现。历史越古老，年代越久远，文字记载就越有限，考古的重要性也就越显著。

那么什么是考古呢？所谓考古，就是根据古代的遗址、遗迹、遗物和文献研究古代事物。中国作为世界文明古国之一，很早就有学者注意到进行古代遗址、遗迹考察和古代遗物研究的重要价值。

按照研究的年代范围、具体对象、所用手段和方法等的不同，考古学可以划分为史前考古学、历史考古学、田野考古学及各种特殊考古学等分支。史前考古学的研究范围是未有文字之前的人类历史，历史考古学的研究范围则限于有了文献记载以后的人类历史，两者的界限在于文字的发明。田野考古学是以科学方法进行实地考察，获取实物资料，研究历史的考古学分支学科。与此同时，田野考古学又是考古学的基础，没有田野考古，考古学就成了无本之木，无源之水。

以田野调查发掘为基础的近代考古学，在中国兴起较迟（19世纪末至20世纪30年代，一些帝国主义国家派遣的探险家、考察队，曾潜入中国边疆地区进行活动）。20世纪20年代后期，中国学术机关开始对周口店、殷墟等遗址进行发掘，标志着中国考古学的诞生。中华人民共和国成立以后，调查发掘遍及全国各个地区，逐步建立起完备的中国考古学体系。

此外，需要特别予以说明的是：目前的考古发掘，纯粹是被动的，即只能进行抢救性的发掘，而不能进行主动性的发掘。抢救性发掘是相对主动性发掘而言的。抢救性发掘一般是由于某种特殊的原因，不得不对遗址进行清理，即被动发掘。而主动性发掘则是指为了解决一个考古学问题而进行的有目的、有计划的发掘。现在我国一般不允许主动性发掘，一是为了保护文物，二是为子孙后代留点东西。

我们应该感谢那些从事考古工作的人们，正是有了他们的辛勤付出，才让我们有幸了解过去，知道那些被尘封的历史。

另：

考古应该优先考虑的是聚落，其次才是墓葬。因为聚落最能体现当时人们生活的原态，墓葬只能作为参考，它会因观念而扭曲变形。

巴渝溯源

巴渝，地处西南一隅，这里的文化面貌，如巫山神女一样神秘。在学者们的不懈探寻下，这片土地的辉煌历史，像一幅精美的画卷被缓缓打开。

这里是人类的重要起源地之一，这里有人类最古老的艺术遗存，这里是南北方、东西部文化交流、融会的重要通道。

在这里，六七千年前，峡江两岸的新石器文化此兴彼衰，大溪彩陶、玉溪石器，传承着文明的火种。

在这里，不仅发现了我国最古老的人类——220 万年前的巫山猿人化石，而且还发现了从猿到人过渡时期的南方古猿原始类型中的纤细型牙齿化石和早期智人化石。

在三峡工程 175 米水位以下及移民迁建区，先后发现了 50 余处旧石器时代人类活动遗址和遗迹。近年来，在奉节兴隆洞又邂逅了 12 万 ~14 万年前的奉节人。

到了新石器时代，在这一大片山地内，更是氏族林立，部落棋布，呈现出一派繁荣兴旺的景象。

在时间的长河中，史前记忆无可避免地存在着盲点。而在人类的情怀里，血脉的涌动却从来都不会停滞。巴渝大地的古文化遗存，不仅得到了学界的关注，也引起了现代人强烈的共鸣。

另：

在对重庆丰都高家镇、烟墩堡、井水湾、枣子坪四处旧石器文化中期遗址的发掘中，发现了大量的动物化石和石制品，甚至还发现了露天石器加工场。

5 万 ~10 万年前，三峡的古人们以常见的河流砾石即鹅卵石为原料打制石器。从三峡旧石器的制造技术会集了华南、华北的特点来看，说明三峡地区是我国南方文化和北方文化交流的通道。

三峡考古

神秘的三峡地区是人类的起源地之一，这一地区拥有着极为丰富的文物资源。由于新三峡将淹没库区 175 米以下的广大地域，为了留住这些宝贵的文化遗产，1992 年国家文物局成立了"三峡工程文物保护工作领导小组"，组织全国各地的考古和古建筑专家奔赴三峡，开展了空前规模的抢救性考古发掘和地面文物保护工作。三峡考古时间紧、任务重，难度之大可以想见（首先是时间跨度，其次是空间分布，第三是文物保护，既要涉及地下文物的考察发掘，又要涉及地面文物的搬迁保护）。

另：

无论是从生存环境，还是从实际获得的考古学材料看，巴文化真正的源头只能在三峡地区。巴人的祖先应源自三峡之内的早期古人类，巴人起源于峡江地区的巫巴山地，而巴文化也是从这里诞生的。

三峡地区的早期巴文化必然和新石器时代文化有着直接的渊源关系，巴族就是从新石器时代生活在三峡地区的原始居民中发展而来的。而在4200~8000年前，三峡地区的文明就一直没有中断过［这个时期的文化遗存，主要有楠木园文化（7000~8000年前）、柳林溪文化（6000~7000年前）、大溪文化（5000~6200年前）、屈家岭文化（4500~5000年前）、石家河文化庙坪类型（4200~4500年前）等］。早期的巴文化，则可以据此上推到新石器时代的石家河文化、屈家岭文化、大溪文化、城背溪文化。

在三峡大考古之前，由于缺乏佐证，关于巴文化的起源问题，学界一直存在着多种说法（如鄂西清江说、汉水上游说、西羌说、三星堆说、鄂西三峡说等）。随着三峡地区考古发掘材料的不断丰富，鄂西三峡说才最终得到了学界广泛的认同与支持。

要研究巴人的起源就必须注意这一地区新石器时代的文化遗迹和遗物。只有在深入研究文献资料的同时，充分利用最新的考古研究成果和民族学研究成果，采用多学科、多方位的研究策略，才能推动巴文化研究的深入和发展。

东方人类的摇篮

重庆，特别是三峡地区，众多的旧石器时代文化遗址以其少有的序列相对完整，有力地说明了这里不仅是人类起源的重要地区之一，也是早期人类活动的重要地区之一。

另：

重庆的旧石器遗址主要有宝塔坪、北拱、草堂、长渡河、池坝岭、崔家湾、大地坪、大石洞、大周溪、稻场、范家河、丰稳坝、福利溪、复新、睿井沟、高家镇、高栀子、观武、郭家坝、果酒岩、和平村、横路（旧新石器过渡）、红庙岭、黄果树、黄金坡、江东嘴、井水湾、开县、老鹰嘴、雷坪洞、李家湾、李园坪、林家湾、龙骨坡、马王场、迷宫洞、庙湾子、南陵村、藕塘、蒲家村、桥沟湾、秦家湾、瞿塘村、冉家路口、三门洞、三塘、三坨石、桑树坪、上安坪、深渡河、石宝寨、石柱子、树人乡、双江、水田坝、孙家洞、唐家冲、唐家河、桃花溪、铜梁、万流、乌杨、武陵、武陵南、五马石、西流溪、西瀼口、下安坪、小周溪、新城、新滩、兴隆洞、烟墩堡、堰塘、洋安渡、永兴场、尤家河、鱼腹浦（旧新石器过渡）、玉米洞、玉虚洞、枣子坪、渣子门和中安坪等。

旧石器时代

人类最初使用打制的方法制造石器的时期被称为旧石器时代。这一时期人类经历了直立人（猿人）、早期智人（古人）和晚期智人（今人）几个阶段的进化，工具也逐渐从粗放、单一向着精致、复杂方向发展，并逐渐懂得了人工取火和营建住宅。其社会组织基本属于游团性质，经济尚处于渔猎采集阶段。

另：

石头在人类演化中扮演着重要角色，是人类演化最漫长阶段的文化标志。旧石器时代的文化标志为打制石器，即利用天然砾石打制加工成具有一定形状和功能的工具（如砍砸器、刮削器、尖状器、手斧、石锥、雕刻器等），以满足生产和生活需要。当然，古人类在这一阶段制造和使用的还有骨、角、竹、木等其他材质的工具。

旧石器时代石器时代早期

旧石器时代早期是人类历史的开端，时间从约300万年前至20万年前。在这个阶段，人类学会了使用火，这对进化提供了至关重要的助力。

中国是发现猿人化石和旧石器时代早期遗址最丰富的国家。那时青藏高原和云贵高原还没有抬升到现在的高度，因而和今天相比，长江三峡一带更为湿热，森林更加茂密。这样的环境非常适合古人（早期智人）的生存，在人类发展史上具有重要的地位。巫山人的发现对人类起源亚洲说是一个推动。

灵山远祖

龙骨坡遗址（起初也称作巫山猿人遗址），位于重庆市巫山县庙宇镇（大庙）龙坪村龙骨坡。地理坐标为东经109° 4′ 50″，北纬30° 21′ 25″，海拔高程830米，占地约1300平方米（一说700平方米）。

该遗址发现于1984年，先后经过三个阶段的发掘。出土了数百件包括石核、石片、砍砸器、尖状器、刮削器、薄刃斧、手镐等在内的石制品。

此外，还采集到包括人类、巨猿等灵长类在内的100余种脊椎动物化石，成为中国第四纪化石种类最丰富的地点。

龙骨坡遗址是一处更新世时期遗址，距今220万年，这一遗址的发现，动摇了国外考古界坚持认为直立人起源于非洲的说法，也证实了中国最早的人类生活在三峡地区。

另：

1985年，中国科学院古脊椎动物与古人类研究所的黄万波先生，在巫山龙骨坡发现了一件罕见的人科化石。该标本为一段带有两枚牙齿的下牙床。从其齿冠形态上看，有些性质与古猿相似，有些特征又接近能人或直立人。

该人科属于较早的直立人，被命名为直立人巫山亚种，俗称巫山人。

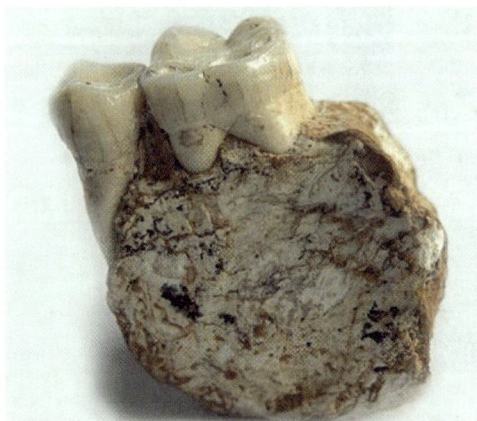

巫山人左侧下颌骨化石
来源：巫山龙骨坡遗址
年代：旧石器时代早期（早更新世早期）
藏址：重庆中国三峡博物馆

该化石为一段带有两枚臼齿的残破直立人左侧下颌骨。作为东南亚地区时代最早、性质最原始的一件古人类化石，其所处地层的绝对年龄为220万年前。

砸击石锤
来源：巫山龙骨坡遗址
年代：旧石器时代早期（早更新世早期）
藏址：重庆中国三峡博物馆

砍砸器

来源：巫山龙骨坡遗址
年代：旧石器时代早期（早更新世早期）
藏址：重庆中国三峡博物馆

尖状器

来源：巫山龙骨坡遗址
年代：旧石器时代早期（早更新世早期）
藏址：巫山博物馆

巫山人下颌骨发现处

在龙骨坡第一阶段的发掘中，便发现了"巫山人"化石。

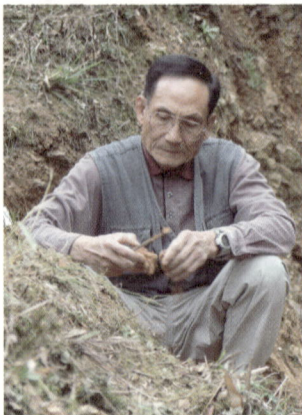

龙骨坡文化发现者

巫山人下颌骨化石发现者黄万波先生。

龙骨坡遗址碑

基于龙骨坡遗址考古成果的丰硕及重要性，该遗址被国务院确定为国家重点文物保护单位。

2007 年 11 月 12 日，由中国科学院和重庆市委、重庆市人民政府、中科院古脊椎和古人类研究所联合主办的"巫山龙骨坡——远祖之谜"文化研讨会在北京举行，标志着"巫山人"正式得到国内外学术界的广泛认可。

龙骨坡遗址简介

龙骨坡遗址发现的人类化石包括一个门齿和一段下颌骨。与人类化石一起出土的还有巨猿和 120 种脊椎动物化石，其中哺乳动物 116 种，含 25 个新种。埋藏化石的岩层为沙质黏土夹角砾，地质时代属早更新世早期，距今约 200 万年。

1997 年，研究者对龙骨坡遗址进行了第二阶段的首次发掘，在第五至第七水平层上部发现了大批石制品。经考古学家论证，这些石制品的制作粗笨、简单，代表了 200 万年前一种混沌初开的石器工业，称其为"龙骨坡文化"。也是亚洲最原始、最古老的文化。

龙骨坡文化的问世，进一步证实了 200 万年前中华大地已经有了人类的足迹，从而把中国的史前文化前推了近 100 万年。

龙骨坡遗址的堆积物还十分丰富，是龙骨坡巫山古人类研究所的科学基地，也是广大青少年爱好者、旅游者走近科学，探古寻源的课堂。

龙骨坡遗址近景

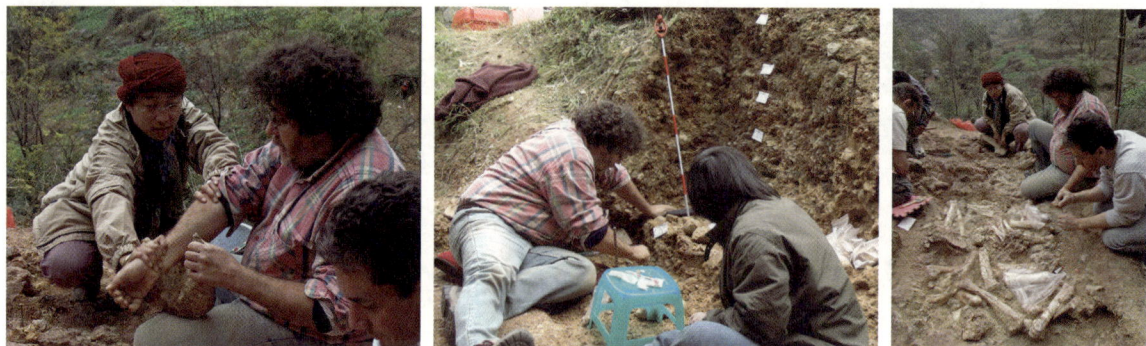

龙骨坡考古花絮

侯亚梅女士同艾立克·博伊达（法国巴黎第十大学旧石器考古学家）先生在龙骨坡遗址考古现场研究刚出土的石器。
龙骨坡遗址在第三阶段考古发掘中开展了广泛的国际合作。通过三个阶段的发掘，遗址的主要学术问题，如地层问题、
年代问题、文化问题等，都已基本得到解决，肯定了"龙骨坡遗址是最早的人类文明之一"。

人猿揖别

早期人类（人科）阶段，即已从古猿中脱离出来，初步具有了人的基本特征。该阶段发生在大约 700 万年前，是猿和人的中间环节。目前用于佐证的化石全部发现于非洲。

智人阶段，分为早期智人和晚期智人。早期智人过去曾叫古人，晚期智人又叫新人，是解剖结构上的现代人。智人可以在各种各样的栖息地中找到，这归功于他们利用技术来适应和修改栖息地的能力。该阶段发生在大约 20 万年前。

巫山巨猿

1935 年，荷兰古生物学家孔尼华从其在中国香港中药铺所购得的龙骨里，发现了一枚巨大的灵长类动物牙齿（下右第三臼齿）。因该牙齿比最大猩猩的牙齿还大，牙齿咀嚼面上的齿尖与棱脊也与猩猩有所不同，所以他认定这枚化石有别于已经发现的其他猿类化石，而是属于高等灵长类的一个新的种属，遂定名为步氏巨猿。

中华人民共和国成立后，在广西、贵州、湖北和重庆等地，相继又发现了该类巨猿的完好下颌骨和上千枚牙齿。参照这些化石，古生物学家勾画出了步氏巨猿的体貌特征及生活习性，半直立行走、高逾 2 米、身形壮硕，出没于温暖湿润且半封闭的森林或灌丛，以水果、树叶、根茎和竹子为食，能使用天然木棒和石块。

另：

在龙骨坡步氏巨猿化石出土的层位，还出土有许多石制品，器型

多为砍砸器、尖状器和手镐等。这些器物个头很大，最大的砍砸器重量超过四五公斤，这么粗重的石器似乎不是巫山人所能使用的。龙骨坡遗址这种巨猿与石器伴存的现象，自然也引起了很多猜想。

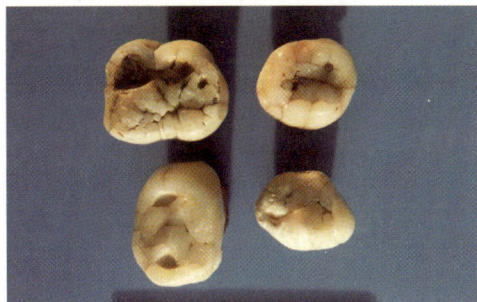

步氏巨猿牙齿

来源：巫山龙骨坡遗址
年代：旧石器时代早期（早更新世早期）
藏址：重庆中国三峡博物馆

玉龙公园旧石器遗址

玉龙公园旧石器遗址，位于九龙坡区九龙镇广厦城玉龙公园内。于2009年重庆三峡古人类研究所及九龙坡区文管所在旧石器调查过程中被发现。

经国家文物局批准，重庆三峡古人类研究所于2010年7月组织力量对遗址进行了正式发掘。在历时半年的发掘过程中，除了获得百余件人工石制品外（石器类型主要包括石核、石片、砍砸器、刮削器、尖状器等），还挖掘、清理出一个深度超过20米的迄今国内唯一的长江五级阶地标准地质剖面（重庆主城区最高的五级阶地，海拔高度329米）。

后经权威检测，确定玉龙公园旧石器遗址的年限在110万年以上。这也意味着，至迟在100万年前，重庆主城就已有了远古人类的活动。该处遗址的发现，不但刷新了重庆这座城市的历史，也使重庆一跃成了世界上城市人类活动最早的地方。

另：

玉龙公园旧石器遗址是一处重要的旧石器时代早期文化遗址，是重庆的一处重要文化地标，也是重庆史前文化演化序列中一个重要的标志性节点。该遗址不仅是一处考古遗址，其探方剖面还是一个罕见的地质剖面，涵盖了丰富的地质、地貌、古气候、古环境信息，是一处有着重要科普价值的遗址。

打制石器

来源：九龙坡玉龙公园旧石器遗址
年代：旧石器时代早期
藏址：重庆巴人博物馆

烟墩堡遗址

　　烟墩堡遗址位于重庆丰都三合镇商业二路，地处长江右岸四级台地前缘，海拔210~220米。分布面积1万平方米，文化层厚0.8~2.3米，是迄今三峡库区长江沿岸目前所发现时代最早的旧石器遗址（遗址未出土可供测定绝对年代的样品）。遗址年代应为中更新世早期，文化分期属旧石器时代早期。曾获评1996年度十大考古发现。

　　该遗址于1994年3月被发现，从1994—1998年，先后进行了4次发掘（包括一次试掘）。于 900 余平方米范围内，出土石制品 1341 件以及少量陶片（其中，石制品应为一套组合，有的石制品还能拼合，表明其基本上属原地埋藏，而新石器时代的陶片应是在二次搬运堆积时混入的）。石制品有石锤、石核、断块、石片、石砧、人工碎石和石器，以石片为主。石器又分为刮削器、凹缺器、端刮器、砍砸器、雕刻器、尖状器等，以刮削器和砍砸器为主，加工简单，属中国南方旧石器时代早期砾石石器工业。石制品以砾石为原料，主要采用锤击法打制而成，而石器则以石片石器为主，这在中国南方旧石器遗址中尚属首次发现。

此外，零台面石片（零台面石片是一种特殊的石制品类型，代表一种独特的打击石片技术）在烟墩堡遗址是个有意义的发现。因为零台面石片于旧石器时代晚期在我国西南地区得到过充分发展，并延续到新石器时代。零台面石片的出现还为摔碰法技术的起源提供了线索。

该遗址的发掘和研究在认识南北工业传统间的关系方面具有桥梁作用，也为中国南方乃至东南亚地区的旧石器文化发展的研究提供了可供对比的研究资料。

另：

获评 1996 年度十大考古发现项目的，除了重庆丰都的烟墩堡遗址，还有洛阳妯娌新石器时代聚落遗址、成都平原史前古城址群、平顶山应国墓地、四川南宋安丙家族墓地安丙墓、长沙走马楼三国吴纪年简牍、辽宁北票喇嘛洞墓地、山东青州龙兴寺佛教造像窖藏、济南长清双乳山西汉济北王陵和青海都兰吐蕃墓群。

石制品

来源：丰都烟墩堡遗址
年代：旧石器时代早期
藏址：重庆中国三峡博物馆

旧石器时代中期

大约 20 万年前，人类由直立人阶段发展到早期智人（古人）阶段，其物质文化也进入了旧石器时代中期，三峡地区依然保持着温湿的亚热带森林环境。

这一时期，遗址的数量大为增加，不仅有洞穴遗址，而且普遍出现了旷野遗址。石器为砾石工业传统，与南方地区基本保持一致。刻划艺术开始萌芽，旧石器文化的发展进入繁荣阶段。

兴隆洞遗址

兴隆洞遗址位于重庆奉节云雾土家族乡屏风村，地处七曜山西端之山原期夷平面下限，海拔高程 1100 米。该遗址系古人类洞穴遗址，洞穴内地层厚度超过 5 米。自 2001 年被发现以来，历时 9 年，先后进行了 5 次发掘（2001—2004 年）、4 次测年样品采集。地层时代属中更新世晚期，距今 12 万~15 万年。

在 2001—2003 年对遗址进行的两次发掘中，出土了早期智人牙齿化石 8 枚、石制品近 30 件，以及哺乳动物化石 50 余种。同时，还发现了几件艺术品，包括一件剑齿象牙刻（象门齿化石上、下方的钙板形成年代为 13 万年前），一个石鸮，以及一枚石哨。这些发现表明，当时的人类已开始萌生有意识的艺术实践。

另：

兴隆洞原称火炮洞，在 20 世纪 20—30 年代曾有人在此处炼硝（土炸药）。

带刻划的象牙

来源：奉节兴隆洞遗址
年代：旧石器时代中期
藏址：重庆中国三峡博物馆

砍砸器

来源：奉节兴隆洞遗址
年代：旧石器时代中期
藏址：重庆中国三峡博物馆

高家镇
遗址

高家镇遗址位于重庆市丰都县高家镇桂花村二社，地处长江右岸第三级阶地底砾层中。海拔高度 174~178 米。该遗址处于中更新世晚期，属旧石器时代早期或中期偏早阶段。

1995 年和 1998 进行了两次正式发掘，揭露面积 456 平方米，出土石制品 2500 余件，主要为各类砍砸器以及尖状器、刮削器、铲状器。其中，石器数量相对较少，石核、石片等半成品数量较大。

另：

高家镇遗址石制品分布面积广（2000 平方米以上）、堆积厚度大（文化层厚约 5 米）、石制品丰富，为一处距今 10 万年左右的石器加工场。

1995 年 10 月，中国科学院古脊椎动物与古人类研究所和重庆市自然博物馆在丰都县文管所的协助下，在对高家镇遗址实施发掘的同时，还以遗址为实习基地，开办了三峡地区旧石器考古培训班，为三峡地区培养了一批旧石器考古工作的业务骨干。

石制品

来源：丰都高家镇遗址
年代：旧石器时代中期
藏址：重庆中国三峡博物馆

冉家路口
遗址

冉家路口遗址位于重庆市丰都县镇江镇建设村二社（一说杜家坝村一带），地处长江左岸第三级基座阶地。海拔高度 169~174 米。石制品经过了短距离的搬运和扰动。处于中更新世末期或中更新世向晚更新世过渡时期，大致相当于旧石器时代之初或早期向中期的过渡阶段，与高家镇遗址相当。

2005 年，中国科学院古脊椎动物与古人类研究所和重庆市自然博物馆在丰都县文管所的协助下，对冉家路口遗址进行了第三次发掘，发掘面积 1000 平方米，共出土石制品 202 件。其中，有利用摔碰法生产的石片、石核及以此为原材加工的器物共 23 件，这也是该类技术制品在三峡地区最早、最集中的发现。

另：

冉家路口遗址的石器工业面貌既保留有南方砾石工业特色，又有北方旧石器文化特色。具有同样特点的旧石器遗址在汉水流域和洛南盆地也有发现，说明这一区域可能存在着早期人类石器技术的交流。

石制品
来源：丰都冉家路口遗址
年代：旧石器时代中期
藏址：重庆中国三峡博物馆

井水湾遗址

井水湾遗址位于重庆市丰都县三合镇新湾村二社，地处长江右岸第二级阶地后缘（属基座阶地）。遗址面积约 2000 平方米，文化层海拔高度为 158~162 米。距今约 7 万年前。地质时代为晚更新世早期，属文化分期的旧石器时代中期。

该遗址于 1994 年 3 月被发现。1998—2002 年，中国科学院古脊椎动物与古人类研究所和重庆自然博物馆联合对其进行了 5 次系统发掘，揭露面积 2121 平方米，出土石制品 910 件、动物化石 58 件和烧石 6 件。

井水湾遗址石器工业面貌，是以砾石和大石片加工的砍砸器和刮削器等为特征的中国南方砾石石器主工业传统。遗址内石制品皆为因地制宜地选取河卵石为原料进行剥片和加工石器。剥片技术为锤击法。石制品类型包括石器、石核、石片、石锤和断块等。石器以大型和中型为主，石器毛坯多为完整石片，砍砸器和刮削器则为石器的主要类型，辅之以尖状器和凹缺器。石器加工较简单，多数单向加工，且以正向为主。原料利用率低。

井水湾遗址也是一处保存很好的露天旧石器遗址。遗址内发现了不少动物化石，但较破碎，唯一能鉴定到种的只有东方剑齿象，材料包括1枚完整门齿和5枚完整臼齿，另有鹿、牛的碎牙若干。由于南方土壤偏酸性，动物骨骼保存下来实属不易，这些发现对认识华南地区缺乏地层和古生物化石依据的露天旧石器遗址具有积极的意义。

另：

井水湾遗址是三峡地区发现的最重要遗址之一，也是迄今为止发掘面积最大、投入经费最多、工作连续时间最长的旧石器时代考古遗址，出露了三峡地区第二阶地最为完整的地层剖面，文化层出土了丰富石制品、动物化石。

该遗址的使用时间节点正处在现代人类起源与文化发展的重要阶段，该遗址的发现不仅对完善三峡地区旧石器文化序列有着极其重要的意义，而且对探讨古人类于晚更新世早期在三峡地区的生存环境和与生存方式（包括古人类在三峡地区的迁徙、适应、开发和改造过程等）以及恢复三峡地区晚更新世早期地貌演化历史和地层划分有着重要的学术意义。

石制品

来源：丰都井水湾遗址
年代：旧石器时代中期
藏址：重庆中国三峡博物馆

东方剑齿象臼齿
来源：丰都井水湾遗址
年代：旧石器时代中期
藏址：重庆中国三峡博物馆

旧石器时代晚期

距今约 4 万~5 万年，人类跨入旧石器时代晚期，社会形态逐步进入母系氏族发展阶段。人类进入到晚期智人（今人），体型上和现代人已没有明显区别。石器和骨器、角器的制作技术有了巨大进步。

另：

巴渝地区自古以来就是我国南、北文化交流、融会的重要通道。在旧石器时代晚期遗址中出土的石器，砍砸器用砾石直接打制，具有南方砾石石器工业的特点。而刮削器大部分由石片制成，则有着北方石片石器工业的特征。

马王场遗址

马王场遗址位于重庆市九龙坡区九龙镇大堰村西北约 500 米处，于1983 年被发现。根据群众提供的线索，四川省重庆自然博物馆的研究人员在以该点为中心辐射 2.5 平方公里范围内陆续发现并采集到各类石器600 余件（其中大部分为打制石器），石器种类包括砍砸器、尖状器、刮削器、石核、石片等。对于这批石制品的地质年代，目前普遍认为属于旧石器时代晚期，距今 2 万~3 万年前。

令人遗憾的是，20 世纪 80 年代发现的这批马王场旧石器均是从地表捡拾的，当时并未对其产出层位作深入调查与确认。如今，时过境迁，当年的旧石器采集地已不复存在，代之以高楼大厦和工厂民居。

另：

玉龙公园与马王场近在咫尺，且同位于长江五级阶地上，其原生堆积物可视为同一时期。因此，在九龙坡区玉龙公园的原生地层中发现了类似于马王场的手斧，其学术价值可以说是不言而喻。

石质手斧

来源：九龙坡马王场遗址
年代：旧石器时代晚期
藏址：重庆巴人博物馆

砍砸器

来源：九龙坡马王场遗址
年代：旧石器时代晚期
藏址：重庆巴人博物馆

铜梁文化遗址

　　铜梁文化遗址位于重庆市铜梁县巴川镇张二塘（一说张二圹）村。遗址附近多圆形山丘，顶面较平，海拔350~400米。通过北京大学相关学者对出土乌木作碳14测定，并经中国科学院古脊椎动物与古人类研究所作孢子花粉研究确认，其年代为距今21550±310年。地质年代为更新世晚期，属文化分期的旧石器时代晚期。

　　该遗址在1976年修建西郭水库清理大坝坝基时，于距地表8米以下的晚更新世地层中被发现。通过宣传、清理、征集等工作，共收集石制品300余件，乌木（木化石）数立方米（其时，出土的乌木多已失散，只采回一个胡桃科的样品），哺乳动物化石100余件。其中，植物化石除乌木外，还有楠木、白楠、胡桃、毛椽（lái）、亮叶水青冈等树叶化石，野核桃、云山稠（chóu）、南酸枣等果实化石以及蕨类植物孢子和乔木、灌木、草本植物的花粉。哺乳动物化石有东方剑齿象、亚州象、中国犀、巨貘、水牛、犏（hé）牛、鹿、黑鹿、羊以及熊科动物等。

出土的石制品，按类型可分为石核、石片、石锤和石器四大类。石器又可再分作刮削器、尖状器和砍砸器三大类。原料主要为石英岩、燧石、闪长岩、硅质岩、石髓、砂岩和角质岩等。遗址中用于制作石器的大砾石，均出自遗址北 20 公里处涪江的高阶地上。

另：

铜梁文化遗址是迄今为止四川盆地内最早且最古老的旧石器文化遗址。在该遗址发现的石制品与涪江、沱江之间及盆地内其他地点发现的同期石制品有着较大的共性，且代表着一种新的区域文化类型。铜梁文化在国内旧石器文化和巴蜀文化中都占有极其重要的地位，起着相当重要的作用。

该遗址的发现，不仅填补了对四川盆地第四纪地层研究的部分空白，而且丰富了我国旧石器晚期文化的材料，表明了我国旧石器文化发展的不平衡性、曲折性和复杂性，同时也扩大了巴蜀地区古文化分布的区域。该遗址的发现，证明了巴蜀文化是在阶地内部的新石器文化基础上发展起来的，而不是外来文化，从而将巴蜀文化的考古资料向前推了 1000 多年，也将铜梁和重庆的历史推到了 2 万多年前的原始社会。该遗址的发现，还进一步证明了长江流域与黄河流域一样，同样是中华民族诞生的摇篮。

为了纪念这一重要发现，铜梁县人民政府还特地在西郭水库原张二塘处的大坝上设立了一处纪念性建筑——溯源亭。

石制品

来源：铜梁文化遗址（张二塘水库）
年代：旧石器时代晚期
藏址：重庆中国三峡博物馆

新石器时代

距今大约 12000 年前，中国开始进入新石器时代，至公元前 2000 年左右正式迈入青铜时代。在从 12000 年前至公元前 2000 年，这一人类开始普遍使用磨制石器的时代被称为新石器时代。

农业和畜牧业的出现是新石器时代的重要标志，它表明人类从攫取性经济逐渐转变到了生产性经济。磨制石器、陶器正是经济形态大变革时代下的重要产物，所以它们也是这一时代的基本特征。

经济的发展，刺激了人类数量的持续增长，社会组织从旧石器时代的血缘游团发展到氏族部落，原始杂交向着群婚、对偶婚进化。

技术的进步，改善了人类的生存环境，宗教意识、审美艺术继续发展，历时上万年的生息繁衍，孕育出了辉煌的古代文明。

另：

重庆地区的新石器时代遗址主要有白沙沱、宝子滩、朝阳村、朝阳河嘴、陈家坪、陈家湾、陈家嘴、大地坪、大地嘴、大沙溪、大溪、大周溪、邓家坨、东阳子、杜家院子、渡口礁石湾、耳石窝、飞机场、丰稳坝、涪溪口、干溪沟、故陵沱、观音阁、黄柏溪、黄柏镇、鸡冠石、江东嘴、姜家沱采集点、将军滩、金刚背（信号台）、聚鱼沱、老关庙、老君坡、蔺市、龙头、罗家桥、麻柳沱、南坪坝、欧家老屋、螃蟹石采集点、培石、秦家院子、人头山坡、三台石器采集点、三碰石、上中坝、哨棚嘴、石地坝、石沱河咀、水文站、丝栗包、苏和平、锁龙、太公沱、唐草湾、唐家沱、跳石、团结河嘴、瓦渣地、汪家沟、王爷庙、魏家梁子、文家湾、巫山古城、伍家湾、下陈家滩、新房后湾、薛家溪沟、洋安渡、羊坝滩、杨家湾、鱼腹浦、玉溪坪、玉溪、袁家岩、赵家溪、镇安河嘴、中坝、中坝子。

新石器时代巴渝先民的足迹

重庆地区的新石器时代文化是中国新石器时代文化的重要组成部分。因应着特殊的地理环境，重庆地区的新石器时代文化有两个独立的发展体系。

在瞿塘峡以东的巫山地区，其新石器时代一度与鄂西地区一致，后者的文化发展序列是：城背溪文化—柳林溪文化—大溪文化—屈家岭文化—石家河文化—白庙遗存。

而在巫山以东的重庆大部分地区，随着近年来三峡库区文物保护工作的开展，文化变化的先后更迭也渐趋明朗，其文化发展序列是玉溪下层遗存—玉溪上层遗存—玉溪坪文化—哨棚嘴文化。

重庆地区的新石器时代文化，既有自身比较完整的发展序列，也不断地与邻近的文化发生交流、融合。因此，峡江地区在新石器时代，作为重要的文化交流通道的作用也因此得到了延续和发展。只是，前两者与其后的诸文化遗存有无传承关系尚存争议。

另：

大巫山作为三峡东、西部新石器文化分界与交汇地带，大巫山地区的新石器文化具有年代早、文化错综复杂的特点。

在长江南岸的清江流域，发现了距今约 10000 年的桅杆坪遗存。距今约 6800~7800 年，大巫山地区分布有城背溪文化和楠木园遗存，在大昌东坝遗址，也曾调查到这一阶段的文化遗物。楠木园遗存明显可见有陕南李家村文化的影响。

距今 5300~6800 年，大巫山地区分布有著名的大溪文化。大溪遗址是迄今所见大溪文化分布最西的遗址。大溪文化彩陶具有部分中原仰韶文化的因素。

从新石器时代末期起，分布于峡江西部地区的玉溪坪文化向东扩张，魏家梁子下层即属于此类遗存。此后，中坝文化（或称老关庙文化）占据西陵峡以西的部分地区，而以东的大巫山地区，一度为白庙遗存所分布。中坝文化和白庙遗存互相渗透，三峡地区东西部文化交流日益繁盛。

鱼腹浦遗址

鱼腹浦遗址位于奉节县永安镇窑湾村，地处县城以北梅溪河入江口右岸的第二级阶地上。年代距今约 7000~10000 年，属旧石器时代向新时期时代过渡时期。

中国科学院古脊椎动物与古人类研究所和重庆市自然博物馆等单位于 1993 年、1998 年、1999 年对遗址进行了三次发掘，出土了 380 余件石制品（包括刮削器、砍砸器、尖状器等）、411 件动物化石（包括猪、狼、麂、鱼、螺等种属）及烧石、烧土。

遗址内规则分布有 12 个圆形红烧土堆群，遗物呈条带状集中分布在红烧土堆附近。在红烧土堆附近还发现了一块陶片，无论是陶质还是火候都很原始。该陶片后被考古学者称作三峡第一陶片。

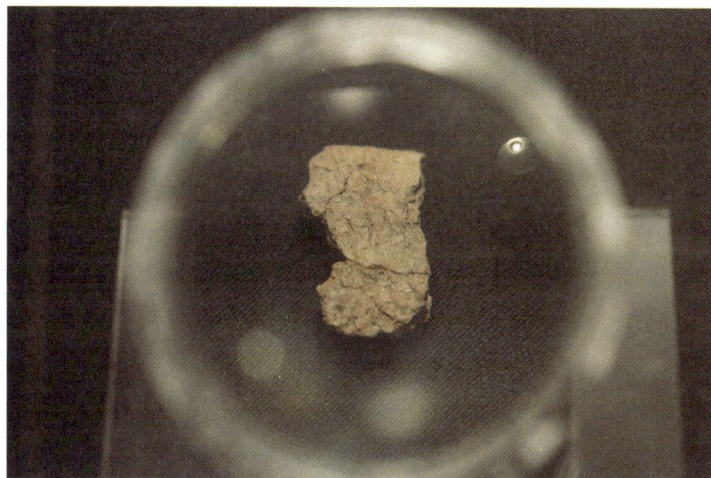

三峡第一陶片

来源：奉节鱼腹浦遗址
年代：新石器时代早期
藏址：重庆中国三峡博物馆

该陶片出土于鱼腹浦遗址下部文化层，为褐色夹砂陶片。据地层的碳14测定，遗址年代在 7560±110 年之间。这片夹砂陶片也因此成为长江上游地区最早的新石器时代标志。

烧土

来源：奉节鱼腹浦遗址
年代：新石器时代早期
藏址：重庆中国三峡博物馆

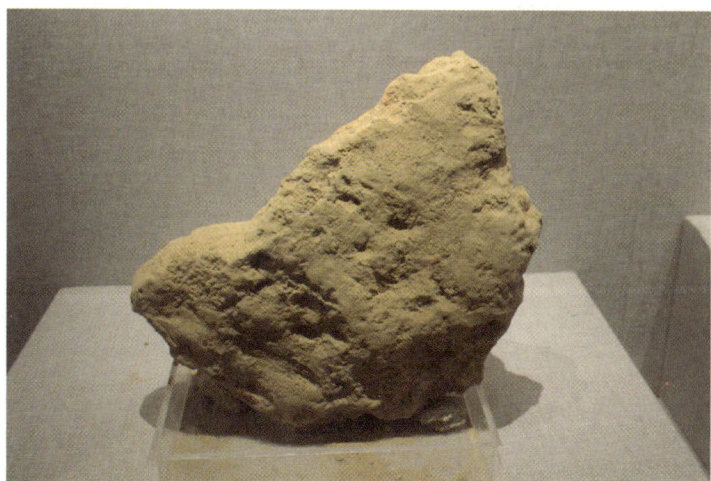

烧土

来源：奉节鱼腹浦遗址
年代：新石器时代
藏址：夔州博物馆

石制品

来源：奉节鱼腹浦遗址
年代：新石器时代早期
藏址：重庆中国三峡博物馆

玉溪下层文化

　　玉溪遗址位于重庆市丰都县高家镇川祖路居委会柏林组，地处长江右岸的一级台地上，北临长江，东北靠玉溪沟。其新石器时代遗存分为上、下两个大层。下层堆积最厚达5米，基本为骨渣层与洪水淤沙层相间，年代距今约7000年（通过对采集的骨骼样品测年，距今约6350~7844年）。

　　这一时期的生产工具多为石器。石器工业较为发达，出土石制品上万件，多为各种加工过程的副产品和毛坯。成型器形体较大，多为一次成型，仅有少量刀斧磨制了刃部。陶器数量很少，以夹砂褐陶为主。制作陶器的方法原始，多为泥片贴塑法制作。烧成温度低，器类简单，造型分为圜底器、圈足器、平底器，共有釜、罐、钵、碗四类。同时，在玉溪下层还出土了大量的鱼、蚌、田螺、鹿、羊、水牛、狼等动物骨骼，均为人们取食后的弃渣。

　　另：

　　玉溪下层的文化因素在重庆地区目前仅在玉溪遗址下层发现，与鄂西的城背溪文化、湘西的皂市下层文化存在着明显的不同。这也是三峡最早的本土新石器文化类型。

陶釜

来源：丰都玉溪遗址
年代：新石器时代中期
藏址：重庆中国三峡博物馆

陶碗

来源：丰都玉溪遗址
年代：新石器时代中期
藏址：重庆中国三峡博物馆

打制石斧

来源：丰都玉溪遗址
年代：新石器时代晚期
藏址：重庆中国三峡博物馆

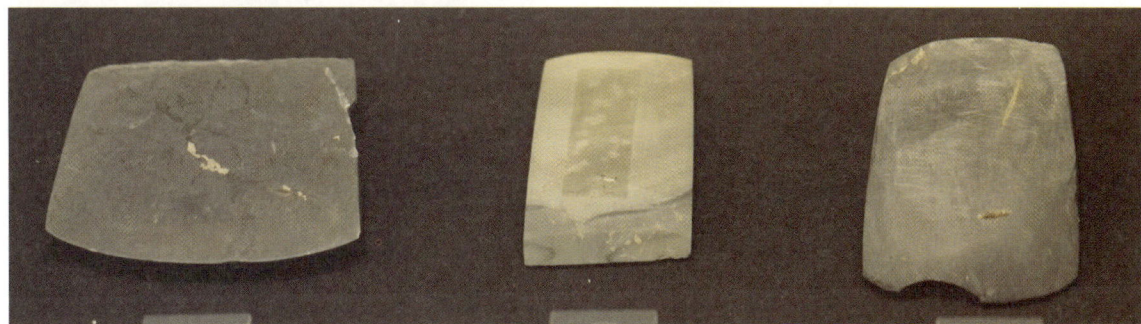

磨制石锛

来源：丰都玉溪遗址
年代：新石器时代晚期
藏址：重庆中国三峡博物馆

大溪遗址

大溪遗址位于重庆市巫山县大溪乡大溪村 3 社，地处瞿塘峡东口长江南岸大溪与长江交汇处的三级台地上。1925 年，遗址为美国自然史博物馆的中亚探险队纳尔逊一行在三峡地区考察时发现，但大溪遗址的盛名却与三峡工程密不可分。遗址地质时代距今约五六千年，属母系氏族的全盛期至父系氏族的萌芽阶段。2001 年，大溪遗址更是被评选为 20 世纪中国 100 大考古发现。

从 1958—2013 年，大溪遗址先后经过 9 次考古发掘，揭露面积上万平方米，清理古墓葬近 400 座，呈现上千个器物坑、鱼骨坑、狗坑等各类遗迹，出土了大批文物。

作为大溪文化的重要代表，从 20 世纪 20 年代以来，历经数代人的努力，围绕着大溪遗址的众多谜题才被渐次揭开——该处遗址为长江上游四川盆地和长江中游江汉平原文化进退交融的重要节点，自身经历了五六千年的发展。借助 DNA 技术，显示其族群与现代苗瑶民族最为接近……

另：

大溪文化是长江三峡与长江中游地区的新石器时代文化，分布于瞿塘峡以东的峡江东部地区及江汉平原，距今约 5300~6800 年。目前已知的大溪文化分布范围，西起瞿塘峡东口，东到武汉一带，南达洞庭湖周围，北抵荆山和大洪山南麓，横跨渝、鄂、湘三省市。在这片既有高山峡谷，也有湖泊平原的广大区域内，已发现数百处大溪文化遗址。其中具有代表性的有重庆的巫山大溪遗址、大水田遗址，湖北宜昌的中堡岛遗址等。

透过物质文化观察社会和意识形态，是认识和了解史前社会的重要途径。就考古发现而言，在大巫山地区的新石器文化中，以大溪文化所展示的文化面貌最具观赏性，堪称南方地区同时期新石器文化的杰出代表——原始工业高度发达，丧葬习俗奇特多姿，艺术品创意丰富多彩……

大溪文化原始工业

大溪文化阶段，纺织、制陶、制骨、制玉、石器等蓬勃兴起。手工业的生产水平较高，专业化生产也有了巨大的进步。以制陶为例，其工艺已相当发达，器物多以泥条盘筑法成型，较多地运用了轮修技术。细泥陶则经过专门的淘洗，有的施鲜红色的陶衣，渗碳工艺高超，形成了十分精美的外红内黑陶。骨器的加工也有着很高的水准，加工过程包括选料、下料、剖料、初步琢打成型、精修和磨制，有的还要抛光。

另：

　　大溪文化阶段的手工业，极有可能已进入了商品化生产阶段，人们利用峡内丰富的石料和动植物资源，生产出大量精美的石器和骨器，以与周边居民交换其他生活必需品。

红陶豆

来源：巫山古城遗址（人民医院）
年代：新石器时代
藏址：巫山博物馆

红陶圈足碗

来源：巫山欧家老屋遗址
年代：新石器时代
藏址：巫山博物馆

红陶钵

来源：巫山古城遗址（人民医院）
年代：新石器时代
藏址：巫山博物馆

红陶圈足盘

来源：巫山大溪遗址
年代：新石器时代
藏址：巫山博物馆

黑陶圈足碗

来源：巫山欧家老屋遗址
年代：新石器时代
藏址：巫山博物馆

骨梭

来源：巫山古城遗址（人民医院）
年代：新石器时代
藏址：巫山博物馆

骨锥

来源：巫山古城遗址（人民医院）
年代：新石器时代
藏址：巫山博物馆

骨针

来源：巫山古城遗址（人民医院）
年代：新石器时代
藏址：巫山博物馆

骨镯

来源：巫山古城遗址（人民医院）
年代：新石器时代
藏址：巫山博物馆

骨镞

来源：巫山大溪遗址
年代：新石器时代
藏址：巫山博物馆

玉环

来源：巫山古城遗址（人民医院）
年代：新石器时代
藏址：巫山博物馆

玉珏

来源：巫山大溪遗址
年代：新石器时代
藏址：巫山博物馆

**大溪文化
原始艺术**

　　大溪文化时期，人们不但注重器物的实用功能，也非常重视器物的艺术性。十分流行在实用器物上添加各种装饰纹样，彩陶则是这一艺术成就的杰出代表。大溪文化的部分彩陶有仰韶文化的影响，体现了南北文化交流的加剧。造型艺术也有一定的成就，以墨石制作的肖形人物和动物雕塑，栩栩如生，体现了高超的原始艺术水准。

彩陶片

来源：巫山大溪遗址
年代：新石器时代晚期
藏址：重庆中国三峡博物馆

太阳纹陶片

来源：巫山大溪遗址
年代：新石器时代晚期
藏址：重庆中国三峡博物馆

刻划符号陶片

来源：巫山大溪遗址
年代：新石器时代晚期
藏址：重庆中国三峡博物馆

大溪文化
原始宗教

至少在旧石器时代晚期，原始宗教就已有所萌芽，进入新石器时代后，原始宗教迅速发展，但主要还是处于万物有灵的泛信仰阶段。时人多通过巫觋（xí）开展的巫术活动参与宗教。社会的组织和管理很大部分都落在了巫觋身上，因之又有巫权时代之称。

大溪文化阶段，先民们的原始宗教又有了进一步的发展。在大溪遗址和人民医院遗址，都发现了一些可能和早期宗教活动有关的迹象。

另：

考古中人头墓和无头墓的发现，提示我们猎头习俗的盛行。随葬品底部穿孔，表明了灵魂观念在当时已深入人心。太阳人石刻、动物形人面雕则极有可能代表了当时某些巫师的形象。

大溪文化时期可能已出现了一些专司宗教的早期巫师。大溪文化中的部分墓主装饰有大量的蚌环、动物牙齿等，或许暗示了其某种特殊的身份（在近现代民族学调查中，巫师们多着奇装异服）。巨型石斧、穿孔石钺、装饰有繁复精美纹饰的支座、空心陶响球，则很可能是开展巫术或祭祀活动的道具。部分墓葬中随葬的小砾石，器物上的刻划符号，也很可能与早期的巫术存在着某种关联。由于巫师是当时社会上的知识分子，所以这种刻划符号（当时的初期文字）或许即为他们所掌握（陶器上的则可能是工匠所为）。

穿孔石钺

来源：巫山古城遗址（人民医院）
年代：新石器时代晚期
藏址：重庆中国三峡博物馆

石钺

来源：巫山古城遗址（人民医院）
年代：新石器时代
藏址：巫山博物馆

石斧

来源：巫山古城遗址（人民医院）
年代：新石器时代
藏址：巫山博物馆

直体支座

来源：巫山古城遗址（人民医院）
年代：新石器时代
藏址：巫山博物馆

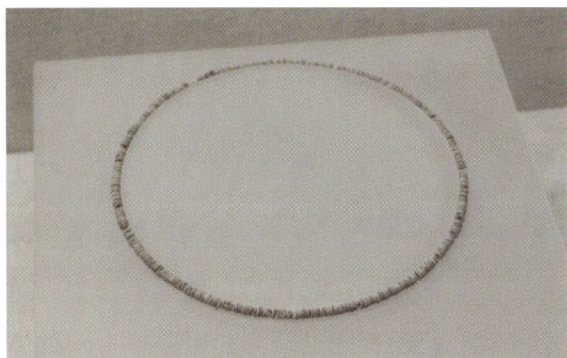

蚌饰

来源：巫山大溪遗址
年代：新石器时代
藏址：巫山博物馆

猪牙

来源：巫山古城遗址（人民医院）
年代：新石器时代
藏址：巫山博物馆

虎牙

来源：巫山古城遗址（人民医院）
年代：新石器时代
藏址：巫山博物馆

鹿角

来源：巫山古城遗址（粮食局）
年代：新石器时代
藏址：巫山博物馆

大溪文化墓葬

在大溪遗址和人民医院遗址中，均发现有数量众多的大溪文化墓葬。在这些墓葬中，有的埋有大量的陶器，有的墓主身上还戴着蚌环、熊牙和骨、玉器等各类饰品，而有的墓葬内则空无一物。

大溪文化的墓葬，从早到晚经历了四个主要发展阶段，即直肢葬和二次葬演变为跪屈葬，再到蹲屈葬，最后又变为仰身直肢葬。其中，屈肢葬是大溪文化中最具特色的一种葬式，是大溪文化中期阶段盛行的葬俗。在这些墓葬中，合葬墓同样引人注目。合葬墓既有二人合葬，也有多至五人的合葬。

另：

对于屈肢葬意义的探讨，至今仍是一个仁者见仁、智者见智的话题。一种意见认为，实行屈肢葬的均为非正常死亡者；另一种意见认为，屈肢葬是为了让死者灵魂不能危害活人；还有意见认为，屈肢葬为一种仿睡眠姿势，是为了让死者安息；也有意见认为，屈肢葬是仿照胎儿在母腹中的姿势，以便死者投胎转世……

祭祀坑

大溪文化遗址中有各种埋藏器物或埋葬动物（有的是残骨）的坑类遗迹发现，这些坑类遗迹星罗棋布地散布在墓葬之间。在圆坑的底部，还垫有一个个圜底罐、圜底釜等生活用器或打烂的陶器。因其多位于墓葬附近，因此被认定为祭祀坑。

这种祭祀坑在大巫山地区的大溪遗址、中堡岛遗址中多有发现。大溪遗址的祭祀坑数量多、种类丰富，包括器物坑、狗坑、龟坑、牛坑（整头牛或牛头）、鱼骨坑等。

乌龟壳

来源：巫山大溪遗址
年代：新石器时代
藏址：巫山博物馆

墓葬中的 原始宗教

在大溪文化发掘出的部分墓葬中，时常可见一些原始宗教和信仰的痕迹。有的墓葬中，墓主的身体上插有骨镞或骨锥，这种非正常死亡，极有可能与违背某些原始禁忌或宗教原则而受到惩罚有关；有的墓葬内仅见头骨，或许和宗教活动的猎头习俗有联系；有的墓葬中，放置有具有性提示的随葬品（如在墓主的两腿之间置放蛋壳、鹿骨、多枚相连的桶形瓶，或双乳间扣陶碗等），应与生殖崇拜有关。而在墓葬中随葬鱼的，则或许与祈求提高人们的生育能力有关。

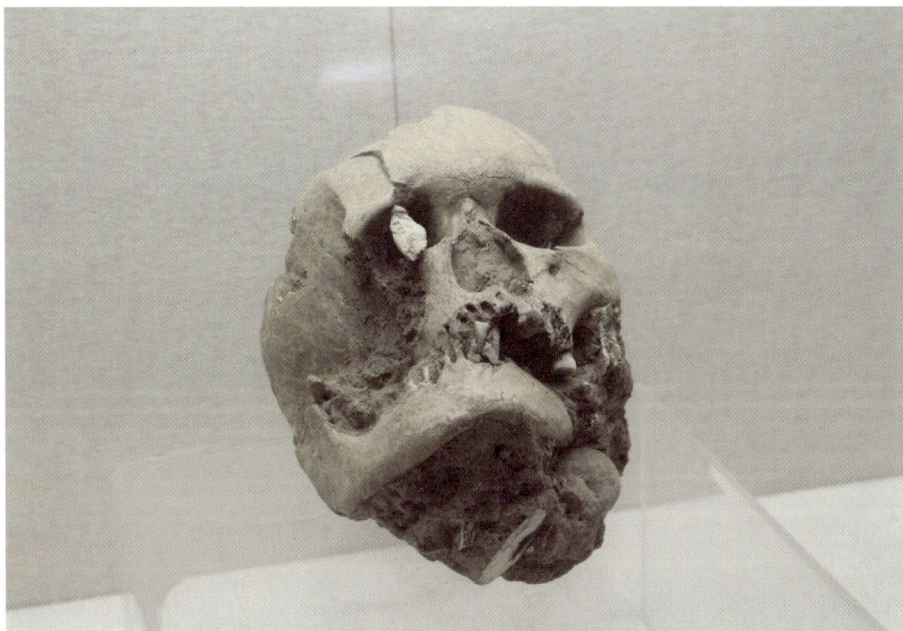

眼睑上插骨镞的头骨
来源：巫山大溪遗址
年代：新石器时代
藏址：巫山博物馆

培石遗址

培石（过去也写作碚石）遗址位于巫山县培石乡，地处巫峡峡谷区内的长江左岸一至三级阶地上。该遗址属于较典型的大溪文化遗址，为丰富三峡地区大溪文化提供了重要材料。

1999年、2000年，由南京博物院考古研究所、巫山县文管所对培石遗址进行了两次发掘，发掘面积共2000平方米。清理出灰坑1座，出土有陶、石、骨器等器物。陶器有彩陶和红衣陶。石器有扁三角形足鼎、石璜等。

石斧
来源：巫山培石遗址
年代：新石器时代
藏址：巫山博物馆

玉溪坪——哨棚嘴文化

新石器时代晚期，巴渝地区日趋繁荣，无论是在长江干流两岸，还是在嘉陵江、乌江等各大小支流地区，都有人类生存繁衍。

这一时期，巴渝地区有两种一脉相承的文化，即玉溪坪文化和哨棚嘴文化——渝东地区具有代表性的新石器时代文化。其中，后者是前者的继承和发展。至少从距今约 4600 年一直延续到夏代初期。

玉溪坪遗址

玉溪坪遗址位于重庆市丰都县龙孔镇玉溪村二社，地处长江东岸的一级台地上［从玉溪坪遗址往南的沿江地带，于路还有玉溪遗址、信号台（金刚背）遗址、石地坝遗址、秦家院子遗址、袁家岩墓群、桂花村旧石器遗址等遗址］。该遗址是三峡地区一处重要的聚落遗址，地层堆积厚达 4 米，包含有新石器时代、商周、汉、唐等多个时期的遗存。

该遗址于 1992 年由四川省文物考古研究所在丰都沿江地带调查时发现并于 1994 年进行了试掘。

2001—2002 年，重庆市文物考古所（重庆市文化遗产研究院前身）在丰都县文管所的协助下对该遗址进行了 3 次发掘。发掘面积 7000 平方米。发掘出的新石器遗存包括了玉溪坪文化和中坝文化两个阶段的文化因素，在重庆三峡地区颇具代表性，对完善重庆地区新石器文化序列有着十分重要的价值。

另：

玉溪坪文化因玉溪坪遗址新石器时代晚期遗存而得名，其影响一直辐射到湖北宜昌、四川北部等地区。距今约 4600~5000 年。

在玉溪坪文化中，石器多为通体磨光，以斧、锛、凿（圭形）较为常见，另外还有镞、矛、铲等。陶器以夹砂褐陶为主，也有部分泥质灰陶、泥质磨光黑皮陶等。造型以平底器和圈足器为主，种类则有罐、壶、钵、盘、杯和器盖等。工艺上多以泥条盘筑法成型，纹样丰富发达。

住宅分干栏式和地平式两种。

墓葬均为小型土坑竖穴，仰身直肢葬。

陶盘口深腹罐

来源：丰都玉溪坪遗址
年代：新石器时代晚期
藏址：重庆中国三峡博物馆

瓦渣地遗址

瓦渣地遗址位于重庆市忠县忠州镇红星村四组，地处紧邻㽏（gàn）井河与长江交汇处的二级阶地上。南为杜家院子遗址，北与哨棚嘴遗址隔选溪沟相望。该遗址为㽏井沟遗址群的组成部分。

遗址发现于1957年。1959年，四川省长江流域文物保护委员会文物考古队与四川大学历史系进行了首次试掘。其后，该遗址又经历了多次发掘。

2000年，为了进行产业考古和景观考古的研究，北京大学考古文博院，在遗址中选取了一个探方采用干筛的方法对出土物进行筛选，获得重要收获。该探方处地层堆积分32层，时代则被分作三期。第一期为新石器时代晚期。第二期为春秋中期偏晚至战国早期。第三期则为近现代的堆积。

筛拣出来的遗物除了陶片外，还有动物遗骸、小石片和石渣、卜骨残片、废骨料和残骨器。其中，动物遗骸属于第一期的有鱼（花鲢、鲇鱼、鲤鱼）、龟、狗、仓鼠、豪猪、牛、鹿、麝、猪。其中的猪、狗和牛为家畜。石屑共50件，均属于第一期。

另：

瓦渣地遗址因遗址地层中出土有大量陶片而被称为瓦渣地。遗址中，发现有陶窑的烧土痕迹，表明这里曾经是某种工业生产的遗存。

哨棚嘴遗址

哨棚嘴遗址位于重庆市忠县忠州镇红星村五组，地处㽏井沟河口附近长江西北岸的一级台地上，为㽏井沟遗址群的组成部分。遗址面积8000平方米，文化层厚达6~7米，可划分为20余层。地层叠压分明，构成了较好的地层编年和古文化演变发展序列，包含了新石器时代到夏商周以至汉代和南朝时期。

该遗址于1957年做文物调查时被发现。1959年，四川省长江流域文物保护委员会文物考古队与四川大学历史系进行基础实习的学生对该遗址进行了首次试掘。其后，该遗址又经历了多次发掘。

作为峡江地区最早发现的新石器时代晚期遗址之一，哨棚嘴遗址的发现，不仅对建立峡江地区考古材料的基本年代标尺有着十分重要的意义，同时又为探索川西地区宝墩文化的起源提供了重要线索。

另：

哨棚嘴文化以哨棚嘴遗址中的新石器时代末期遗存而得名。距今约4000年。该文化类型与大溪文化不同，反倒与四川盆地新石器时代文化相似。该类遗存在重庆峡江地区数量非常多，但分布范围较玉溪坪文化时有所收缩，主要是受到西边的宝墩和东边的石家河两个高度发达的文化的挤压所致。

在哨棚嘴文化中，石器以打制和磨制为主，也有琢磨和自然砾石直接使用的情况。陶器则以夹砂陶为大宗，也有少量夹岩陶、泥质陶。工艺流行花边口沿、菱格纹和附加堆纹装饰（只是不如以前繁复）。色彩以褐色为主，也有少量红陶、灰陶和黑皮陶（打磨较精致，施瓦棱纹）。器型主要有高领瓮、小口高领瓮、筒形罐、花边口沿鼓腹罐、卷沿盆、敛口钵等。

房址多为地平式建筑。

墓葬全为窄小的土坑葬，葬式为仰身直肢葬。随葬品简单而统一。

彩陶壶

来源：忠县哨棚嘴遗址
年代：新石器时代晚期
藏址：重庆中国三峡博物馆

中坝遗址

中坝遗址位于重庆市忠县忠州街道佑溪村一社，地处𥂕井沟河口东西两岸的台地上。遗址东西最长约 350 米、南北最宽约 140 米，总面积约 50000 平方米。由于受到河水的常年冲刷，使得遗址的主体部分沦为一座面积约 7000 平方米的被称为中坝的孤岛。该遗址文化堆积层厚达 12.5 米，有 68 层，无缝涵盖了新石器时代晚期、夏、商、西周、春秋、战国、汉、南朝、唐、宋、明和清五千年文明史。

该遗址的发掘，对建立从新石器时代晚期至夏商时期的年代序列（首次发现了有明确地层关系的三星堆文化—老关庙下层文化—哨棚嘴文化的地层叠压关系），以及认识和把握峡江地区古文化面貌都具有重要意义。

中坝遗址，有大地史书之誉，更是三峡库区文化历史的一部缩影。中坝遗址，不仅跻身 1998 年度全国十大考古发现之列，还被誉为三峡库区最具价值的古文化遗址之一。

另：

忠县的𥂕井河、涂井溪（在涂井溪峡谷内，仅有据可查、记录在案的古盐井就达 17 口之多），在古代就是重要的产盐地。

𥂕井河是忠州境内第一大溪河，以盛产盐卤之故，忠州早期人类聚落多分布在河的两岸（目前已发现的新石器时代晚期人类活动遗址主要有中坝遗址、瓦渣地遗址、哨棚嘴遗址、周家院子遗址、罗家桥遗址等）。从 1997 年开始，经过为期 8 年的正式考古发掘，中坝遗址大型食盐生产工业遗址的内涵被彻底明确。

陶器制盐

从新时期时代晚期到 20 世纪七八十年代，忠州的盐业生产几千年一直未曾中断过。目前，中坝遗址也是我国唯一经过正式考古发掘证实的最早的井盐生产遗址。中坝陶器煮盐遗迹的发掘不仅反映出先秦时期忠州盐业生产技术的先进，还为我国先秦盐业生产方式的研究提供了极其宝贵的实物资料。

中坝的陶器制盐，经历过晒制和煮制两个阶段。在这两个阶段，制盐技术也反映在对不同制盐工具的使用上。

晒盐阶段使用的工具为侈口深腹小平底缸与耸肩小平底罐。侈口深腹小平底缸是新石器时代晚期忠州先民储卤晒盐的主要器皿，中坝遗址新石器时代晚期地层中夹杂着大量的侈口深腹小平底缸碎片。

侈口深腹小平底缸的使用年代约在公元前3000年—公元前1600年。侈口深腹小平底缸出土地层中无木炭渣，陶片纯净，说明使用时不曾用火。晒盐时，当是将其半埋于沙土中。

耸肩小平底罐的使用年代约在公元前1600年—公元前1100年。与侈口深腹小平底缸一样，耸肩小平底罐出土时陶片纯净，地层中亦无木炭渣。其用途也应与侈口深腹小平底缸相似，夏季晒盐，冬季腌鱼。

煮盐阶段使用的工具为尖底杯（尖底杯有时也兼被用作晒盐的工具）与圜底罐。尖底杯和圜底罐的使用，开启了忠州陶罐煮盐的历史。

尖底杯和圜底罐的使用年代约在公元前1100年—公元前206年。尖底杯、圜底罐出土时陶片伴有大量的木炭渣。与此同时，在陶片堆积的地层中，还叠压出土有九座龙灶。

中坝在先秦时期的陶器煮盐，生产规模很大，盐灶构造巧妙，世所罕见，也最具特色。只是我国关于盐业生产的史料最早见于西汉，且反映的多是铁器煮盐的生产方式。

中坝文化遗址

中坝文化遗址在新石器时代晚期的遗存极为丰富，遗址和遗迹分布广泛，种类和数量繁多，地层和遗迹的叠压与打破关系清楚，前后发展脉络清晰，分期阶段性特征明确，且基本贯穿新石器时代晚期始终。

这些遗址依据出土陶器的陶质、陶色、纹饰、器物组合关系以及遗址的地层叠压和遗迹间打破关系分为三期。一期的有中坝遗址、魏家梁子遗址、老关庙遗址、麻柳沱遗址、哨棚嘴遗址、瓦渣地遗址、玉溪遗址、麻柳嘴遗址、黄柳嘴遗址。二期的有中坝遗址。三期的有中坝遗址、老关庙遗址、中坝子遗址、凤凰嘴遗址、石沱遗址。

另：

含有中坝文化因素的遗址分布以忠州、丰都、万州为中心，东及巫山，西至涪陵。

苏和坪遗址

苏和坪遗址位于重庆市万州区太龙镇向坪村八组，地处长江南岸的一级台地上。由于长期受到江水的冲刷，遗址有较大程度的破坏，现存面积约5000平方米。遗址时间跨度，从新石器时代直至明清时期。地层堆积的时代具有紧密连续性，各时期都有明确的文化层，出土遗物则具有强烈的时代特征和浓郁的地方特色。

苏和坪遗址的新石器时代文化特征与哨棚嘴一期文化、中坝下层遗存相近，属玉溪坪文化范畴，年代则在公元前 2800—公元前 2100 年。商周时期则与三星堆二期及中坝子遗址商周文化遗存第二期相近。

该遗址于 1994 年调查时被发现。1999 年，受重庆市文物局委托，由万州区文管所与重庆市博物馆联合组成考古队，对遗址进行了大规模的考古勘探及发掘。勘探面积 15000 平方米，发掘面积 3600 平方米。此次发掘共清理出新石器时代房址 2 座，灰坑 14 个。同时，还出土了一批珍贵的陶、石、骨器及人骨、兽骨，植物果实等。

另：

苏和坪新石器时代的房屋遗址是三峡地区为数不多且保存最好的新石器时代建筑遗迹，对于研究玉溪坪文化的居住形态和家庭结构具有十分重要的作用。

遗址内保存较好的一处新石器时代房址，为平面呈椭圆形、结构为单间式的地面建筑。房址残存有柱洞、门道、居住面和残墙体。柱洞直径较小（推测柱洞内过去应有竹木作为房顶的支撑）。门向朝南，门道用黄土层铺垫，有踩踏的痕迹。居住面为粉末状红烧土面，面积七八平方米。从墙体的红烧土块看，为经火焙烧的竹骨泥墙。灶位于房前，平面形状呈"凸"字形，有火膛、火道。灶壁竖直、底面平整，灶中尚存有炭屑。屋内还出土有相当数量的生活用陶器。

此外，苏和坪遗址还发现商代房址 1 座。该房址仅存 2 个柱洞和部分房屋废弃堆积。

魏家梁子遗址

魏家梁子遗址位于重庆市巫山县巫峡镇早阳乡早阳村二组，地处大宁河下游左岸与其支流白子溪交汇处的二级阶地上。遗址为巫山地区新石器时代重要的聚落遗址。

1994 年，中国社会科学院考古研究所长江三峡考古队对遗址进行了第一次挖掘。揭露面积 150 余平方米，发现有房址和墓葬等遗迹，出土了一批陶器和石器等遗物。

因该遗址的文化遗存具有独特的文化面貌，与当时三峡和川东地区已确认的新石器文化有着很大的不同，为此甚至在 1994 年的《四川省巫山县三峡工程淹没区地下文物保护规划报告中》还专门提出了"魏家梁子文化"的命名建议。当时经多次测定，初步推定该处遗址的年代约在公元前 2700 年—公元前 2000 年。

2003 年，成都市文物考古研究所、凉山彝族自治州博物馆再次对该遗址进行了发掘。清理出新石器时代的柱洞、灰坑、灶等遗迹，出土有陶（钵、碗、罐、瓶）、石（斧）、骨（锥、镞）等器物。

此次发掘涉及大溪、屈家岭、哨棚嘴等不同时期的文化因素，表明长江文明已深入影响到了长江次级河流。同时，也进一步深化了人们对大宁河流域史前文化的认识。

陶高领壶

来源：巫山魏家梁子遗址
年代：新石器时代晚期
藏址：巫山博物馆

磨制石器

磨制石器是新石器时代的重要特征之一。从打制石器进步到磨制石器，是石器制作技术的巨大飞跃。磨制石器在旧石器时代末期就已出现，但通体磨光的石器，则是到了新石器时代才得到广泛应用。

磨制石器与打制石器一样，都要经过选料、打片以及修理的过程，只是最后多了一道在砾石上加砾蘸水研磨的过程。当然，有的石器也可以直接通过选料磨制成型。

三峡地区的磨制石器，绝大多数选用江河边的砾石，打制后磨制或直接磨制。玉溪下层遗存的磨制石器数量较少，一般仅磨制刃部。玉溪坪文化、哨棚嘴文化多通体磨制，器形有斧、锛、凿、镞、矛等。钻孔技术也比较发达，用木棒或竹管加水在石器上钻磨，分别形成锥形孔和柱形孔。这种钻孔技术一般用于石铲的生产。磨制石器的大量应用也显示了农业在当时的发展程度。

磨制石斧
来源：丰都玉溪遗址
年代：新石器时代晚期
藏址：重庆中国三峡博物馆

原始制陶

陶器的产生和应用，与定居的生活和农业生产都有着极为密切的关系。陶器的出现，是新石器时代的重要标志之一，而在重庆地区所见到的陶器，最早甚至可以追溯到7000~8000年前。

新石器时代的制陶是人力改变天然物的开端，具有划时代的意义。单从社会生产领域看，新石器时代的制陶是一门工业生产技术。而从意识形态领域看，新石器时代的制陶又是一种抽象思维和艺术审美交替运作与表达的表现艺术。

以丰都玉溪遗址下层为例。丰都玉溪下层的陶器主要是采用泥片贴塑法成器，即将陶土做成泥片，层层敷贴，有的还在每一层泥片表面施以绳纹，既可使泥片结合稳固，又能达到装饰效果。陶质一般是夹砂陶，掺杂粗大的颗粒，有的还在陶器表面施一层红色泥浆。陶器烧成温度较低。玉溪下层所见陶器已经比较成熟，这也足以证明，在重庆地区应当还有较此更早、更原始的陶器存在。

大溪文化的制陶工艺十分发达。器物多以泥条盘筑法成型，较多地运用了轮修技术。其中，细泥陶经过专门淘洗，有的还施有鲜红色的陶衣。渗炭工艺也异常高超，形成了十分精美的外红内黑陶。

玉溪坪文化和哨棚嘴文化的陶器装饰工艺比较发达。有压印、拍印的绳纹和菱格纹，也有起加固作用的附加堆纹，还有各种波浪形和折线形划纹，以及瓦楞纹、戳印纹、附加泥饼纹、太阳纹等。在器物口部和底部进行装饰是其重要的特色和传统。口部一般施以绳纹形成花边，晚期出现了按压和捏塑的花边，底部一般也施以绳纹。夹砂陶器一般掺杂石英颗粒。

陶窑的发明和改进，是新石器时代制陶技术最杰出的创造。而在重庆地区，这一时期的陶窑则以玉溪坪遗址发现的最为典型。该遗址内的一处陶窑，长约2.5米，宽约1.3米。结构分窑床、火膛和火道三个部分。窑床呈不规则圆形，用来摆放陶器。火膛呈长方形，向前下伸于窑床前部，倾斜向上，形成5条纵向长条形火道，火道顶部即窑床底部。火道上设有窑箅（bì）。

原始纺织

陶纺轮在玉溪遗址上层即已被发现，说明巴渝地区的先民们，在新石器时代就已经有了纺织业。到了玉溪坪文化和哨棚嘴文化时期，纺轮开始大量出现。纺轮以陶质的为主，也有一些是石质的。

在大溪遗址还发现一种用于编织的扁体骨匕。长15~30厘米，一端带有尖刃。既可以用来织鱼网，也可以用来织细密的布。最早的原始纺织业或许只是以女性为主的自然分工，但在大溪遗址中出现的一些专门随葬大量骨匕的墓葬，则表明纺织业在当时可能已经有了初步的专业化分工。编织工具发现较少，可能与木、骨等材质不易保存有关。

缝补用具主要是骨针、尾端带刻槽的骨锥等。骨针与现今的针基本相同,有细小的针鼻。骨锥较粗大,很可能用于缝补兽皮,刻槽则利于捆线。

渔猎经济与农业

独特的地理环境和丰富的动植物资源,使三峡地区农业的起步、发展相对滞后。在玉溪下层遗存中,充满了人们食后抛弃的各种动物骨渣,说明当时的经济生活主要为渔猎。

在新石器晚期的玉溪坪、哨棚嘴等遗址中,出土的动物骨骼数量明显减少,说明渔猎经济可能已处于辅助地位。而磨光石器的增加和打制双肩石锄的出现,则是农业经济的具体体现。

峡江地区的这种山地农业与渔猎并存的经济形态,也一直持续到了青铜时代。

含水稻的陶片

来源:云阳大地坪遗址
年代:新石器时代晚期
藏址:重庆中国三峡博物馆

我国是世界上最早对野生稻进行培育种植的国家。湖南澧阳平原发现的距今约 14000 年至 18000 年的古栽培稻,证明我国是世界水稻的最早起源地。而距今约 7000 年的河姆渡居民更是种植有大量的水稻。

走向文明

在人类发展的历程中,文明是相对于原始文化的一个崭新历史阶段,它的标志主要是金属工具的铸造和应用,文字、城市、阶级分化与社会分工。在劳动剩余产品的支撑下,出现了专门从事政治、文化和精神生活的管理及知识阶层,人类社会呈现出前所未有的丰富形态。重庆地区的新石器时代文化步入文明，并不是在一夜之间发生的，而是经历了一个长期浸润的过程。

在玉溪坪文化和哨棚嘴文化时期，沿江地带的遗址星罗棋布，囿于地形的限制，这些聚落的面积普遍不大，聚落与聚落间的分化也不明显，而在由若干相邻遗址构成的遗址群之间则有了明显的差异。如在瞀井沟遗址群和高家镇遗址群这两个重要的中心聚落群，人群之间的分化已经开始。在重庆地区的大溪文化系统里，已经有了文明的萌芽。只是由于没有足够的材料作为支持，使得对其人群内部的分层情况不甚了了罢了。

巴渝地区新石器时代文化发展进程基本上是呈连续性的演化态势。而在夏代，整个四川盆地的新石器时代文化突然改变了面貌，也标志着重庆地区的新石器时代走到了尽头。

哨棚嘴文化在晚期阶段开始衰落，联系到江汉地区和成都平原古城的兴废情况，则不难推知文化发展的内在因素和外力的介入是其重要原因。在这一大背景的影响下，重庆地区的原始文化则逐步迈入文明的门坎了。

青铜时代

经过铜石混用的初级阶段，人们逐步将铜的冶炼技术应用于日常生活，这标志着人类历史已进入青铜时代。这时人类极大地提高了改造自然的能力，经济、政治和文化水平也进入了新历程。

我国的青铜时代大体为历史上的夏、商、西周、春秋等时期。即在公元前2000年前后，中国开始正式迈入了青铜时代。三峡地区的青铜时代要晚一些，商周时期的巴文化中虽然已经有青铜器的发现，但使用尚不普遍。春秋战国时期，巴渝地区的青铜文化已相当发达。

基于渔猎兼农耕经济的巴文化，是我国青铜时代发展程度最高的山地文明，与同时代农耕经济的平原文明和游牧经济的草原文明相比，其青铜文化既有着显著的差异性，又有着楚、蜀、秦等周边文化所带来的明显影响。

另：

分布在重庆库区的青铜文化遗址有河坪遗址、双堰塘遗址、蓝家寨遗址、涂家坝遗址、塔坪遗址、下沱遗址、老关庙遗址、大溪遗址、新浦遗址、平扎营墓地、李家坝遗址、三坝溪墓群、大地坪遗址、丝栗包遗址、余家坝遗址、中坝子遗址、安全墓群、苏和坪遗址、大坪墓群、老鸹冲遗址、中坝遗址、瓦渣地遗址、邓家沱遗址、石地坝遗址、玉溪坪遗址、镇安遗址、蔺市遗址、小田溪墓群、广阳坝墓群、沙梁子遗址、冬笋坝墓群、王爷庙遗址等。

商周时期遗存

商周时期巴文化的重要遗址，有巫山双堰塘、万州中坝子、万州苏和坪、忠县中坝、忠县老鸹冲、丰都石地坝、涪陵镇安等地。

这一时期，其遗物以陶、石、骨器为主，青铜器尚不普遍。陶器中流行平底、圈足、尖底、圜底器，少三足器。小平底罐、高领壶、高柄豆、灯形器、器盖为常见组合。磨制石器多为小型、规整、精心磨制的斧、凿、锛等。骨、角器以双堰塘发现的最为精致。铜器有少量的容器，更多的是镞、钩、管等小型渔猎工具和小饰件。此外，还发现有铜渣、铜矿石等冶、铸铜的遗迹。

春秋战国时期遗存

春秋战国时期巴文化的重要遗址，有涪陵小田溪、云阳李家坝、云阳平扎营、开县余家坝、巴县冬笋坝、忠县中坝、忠县半边街、万州大坪等。

这一时期，以柳叶剑、虎纹戈、圆刃亚腰钺、双耳矛为主的青铜兵器和工具的大量使用，是其显著的特点。在巴人的青铜文化中，兵器始终处于十分重要的地位。除了兵器和工具，青铜器中的礼乐器、酒器、炊饮器等也为数不少。错金银和镶嵌工艺应用普遍。玉器和琉璃珠的加工达到了相当的水平。陶器种类不多，以釜、罐为主。而与生产活动密切相关的花边圜底罐和尖底杯，则被大量发现。

此外，三峡地区作为在成都平原与江汉平原间的古代交通走廊，楚、蜀、秦的文化因素和遗物在青铜时代，一直有着不同规模和不同强度的出现。

先巴文化

要探讨巴文化，就要先探究在巴文化之前的先巴文化，即巴文化形成前的那个时期的文化形态。在早期的巴文化中，可以看到许多从新石器时代就一直遗留下来的传统。这种早期巴文化的文化特征正是此前的先巴文化所赋予的。

先巴时期的房屋遗迹

先巴时期的民居，包括洞穴、地面台式建筑和干栏式建筑三种。

洞穴。早在距今20万年的时候，三峡地区的远古人类就已经开始从丘陵和高山的洞穴向平原地带移居了。直到新石器时代末期，在一些洞穴中仍有古人类居住。如巫山错开峡西南的大脚洞遗址、长阳的深潭湾洞穴遗址。

地面台式建筑。从大溪文化时期开始，三峡地区的原始居民在建房时，会在房屋墙体底部铺垫一些起固定和防潮作用的石块（其后这一技术得到进一步发展，垒砌的高度也增加了）。而有的先民在建房时，还会在墙体基部挖出一溜（liū）沟槽，先用石块垫平，再选用大小适宜的石块在墙基上垒砌成墙体。这些被称为墙脚石的原始建筑技术，在现在的三峡地区和西南地区的一些山区都还能见到。如万州大地嘴遗址、巫山锁龙遗址、巫山魏家梁子遗址以及长阳西寺坪大溪文化遗址、宜昌中堡岛遗址、宜昌白庙遗址。

干栏式建筑。在宜昌白庙遗址，还发现了近似于干栏式房屋，当是现代土家族吊脚楼的前身。

先巴时期的陶器遗存

从新石器时代开始，就形成了陶质以夹砂陶为主，陶色以红褐陶、灰褐陶为主的传统，这种传统一直延续到了巴文化晚期。其器类则包含有圜底器、平底器、尖底器、圈足器等。

圜底器类。在圜底器类中以圜底罐和圜底釜这样的炊器为大宗，早在距今7000多年的玉溪下层文化和城背溪文化的柳林溪类型就开始普遍流行了，在宜昌路家河遗址堆积层中出土的圜底器多达上千种，这类器物在后来的大溪文化、屈家岭文化、石家河文化直至夏、商、周时期的巴文化遗址中都沿袭下来，以至成了巴文化的一种传统性器类。无论是柳林溪、大溪遗存，还是屈家岭、石家河遗存，它们的主要炊器都是圜底釜。

平底器类。从新石器时代早期以来，大口深腹罐和高领罐就是主要的盛器，并在三峡以西的新石器时代文化序列中得以一直延续。小平底罐在大溪文化时期就有发现，而从石家河文化的白庙遗存开始，大口深腹小平底罐开始大量进入峡江地区，并同釜一起并列成为最重要的炊器，甚至在陶器组合中所占的比例还要大于圜底釜，就此峡江地区先秦文化以釜、罐为主要炊器的传统开始形成了。而钵、盆这样的盛食器在城背溪文化开始出现，在大溪文化开始流行，自此以后，整个峡江地区（包括川东的新石器时代遗址）都一直非常流行这类盛食器，这类盛食器一直沿用到西周时期。

尖底器类。尖底器类在鄂西的大溪文化中就有发现，后来到了屈家岭文化、石家河文化也都有发现，三峡西部的老关庙下层文化中同样也能见到此种器型，在宜昌清水滩等大溪文化遗存中都出土有尖底器，在相当于屈家岭文化、石家河文化的宜都红花套、宜昌中堡岛、宜昌白庙等遗址堆积层，也出土有尖底器，但那时的尖底器多为大型的尖底缸。

圈足器类。圈足器在城背溪文化时期开始出现，在其后的大溪文化、屈家岭文化、石家河文化时期这一传统都得到了很好的延续，这种传统一直延续到三峡地区早期巴文化的遗存中。圈足豆（包括矮圈足和高圈足）的出现则是从大溪文化时期开始的，而圈足豆的传统也一直延续了下来。

早期巴文化

早期巴文化是从巴文化的形成到巴文化的基本定型阶段，约从新石器时代晚期到西周时期，基本上属于对外扩张期。

早期巴文化虽然受到来自中原中央王朝的影响，但并没有像其晚期那样，受到秦、楚冲击的那样强烈，所以那时的巴文化更多的是属于自己的东西，是比较原汁原味的本民族自己的文化。

早期巴文化的形成是一个继承和融合的过程，这个过程既包括了对峡江地区新石器时代文化传统的继承，又包括了对三峡地区东部和西部的融合，还包括和外来文化，如中原等文化因素的消化，逐步凝聚成为具有峡江特色的一种新的考古学文化——早期巴文化。

为了便于理解，又把处于峡江地带的从夏代（相当于中原二里头时期）一直到西周的早期巴文化遗存，以西陵峡为界分为西陵峡以西和西陵峡及其以东两个部分。

西陵峡以西地区的早期巴文化类型

在西陵峡以西地区，早期巴文化可以分为塘坊坪类型、中坝子类型、镇安类型以及双堰塘类型四种文化类型。

塘房坪类型。塘房坪文化类型的分布范围西起江津，东至巫山。相当于二里头文化的中、晚期。

该文化类型的主要遗存有塘坊坪遗址、老关庙遗址、王爷庙遗址、琵琶洲遗址、瀼井沟遗址群的中坝遗址、中坝子遗址、麻柳沱遗址。

本文化类型的陶器以夹砂陶为主，其中主要为夹细砂陶。

常见的器物有罐、釜、器盖、盆、钵、瓮、缸以及尊、豆等。其中以罐、釜和器盖为最主要的器型。

陶器主要以素面为主，纹饰以绳纹为大宗，其次为弦纹，其他有刻划纹、乳钉纹、附加堆纹、点刺纹、方格纹、太阳纹等。

中坝子类型。中坝子文化类型的分布范围主要从万州到瞿塘峡一线。相当于二里头文化期至商代前期。

该文化类型的主要遗存有中坝子遗址、哨棚嘴遗址。

本文化类型的陶器以手制为主，轮制较少见。陶质以夹细砂陶占绝大多数，夹粗砂陶较少，泥质陶少见。陶色多不纯正，以红褐或黄褐陶及灰陶占多数，还有少量红陶、黑陶、褐黑皮红胎陶。

器形以平底器为主，圈足器也较常见，还有一定数量的尖底器和三足器。器物有罐、碗、豆、灯形器、瓮、壶（瓶）、缸、杯、鬶（guī）、钵、簋（guǐ）形器、鸟首形器把、器盖等。其中以罐、碗和灯形器为主体，尤以罐最多。

陶器多素面，施加纹饰者较少，纹饰以绳纹最为常见，还有弦纹、篮纹、线纹以及压印纹、戳刺纹、雷纹、波纹、附加堆纹等。

镇安类型。镇安文化类型的分布范围东起涪陵、丰都，西至忠县、云阳，基本覆盖了当时川东古代文化发展的中心区域。相当于商代中、晚期到西周初年。

该文化类型的主要遗存有镇安遗址、哨棚嘴遗址、中坝子遗址、李家坝遗址以及新浦遗址。

本文化类型的陶器手制、轮制皆有，以手制为主，一般为泥条盘筑法，器物口部和底部再加以修整，晚期的整个器物一般都经过慢轮修整。陶器的陶质以夹砂陶为主，泥质陶为少数。陶器的颜色所占的比例以红褐、灰褐、纯红、黑灰依次排列。泥质陶的陶土一般较粗，似未经过淘洗，含有少量的细砂，主要用于制作小平底盆（罐）、高领壶、尖底杯、器盖等盛器和食器。尖底杯分为夹砂红褐陶的厚胎角状尖底杯和泥质灰陶的炮弹状尖底杯，而后者往往表面磨光。夹砂陶一般掺入一定数量的粗砂，主要用于制作深腹罐、缸、瓮等较大型的炊器和盛器。

器物以小平底盆（罐）、高领壶、炮弹状尖底杯、厚胎角状尖底杯、敛口尖底盏为主，还有少量圜底釜、深腹绳纹罐、高柄豆、灯形器、瓮、缸、簋形器、器盖、钵等。

陶器主要以素面为主，有少量的绳纹、弦纹、箍带纹等纹饰。其中绳纹多饰于罐（缸）的腹部，弦纹主要饰于高领壶的颈、腹部，少量小平底盆（罐）、尖底杯和器盖上也施绳纹，箍带纹主要见于高领壶的口、腹部。

双堰塘类型。双堰塘文化类型的分布范围主要在长江沿岸的从涪陵一直到奉节、巫山的西陵峡以西地区，基本上是川东地区所有先秦文化的发展中心区域。相当于西周中、晚期。

该文化类型的主要遗存有双堰塘遗址、塘房坪遗址、中坝子遗址、石沱遗址、哨棚嘴遗址、邓家沱遗址等。

本文化类型的陶器有夹砂陶和泥质陶两种，以夹石英砂的夹砂陶为主，也有部分夹细砂的。夹砂陶通常陶色不均匀，基本上是以红褐陶、灰褐陶、灰黑陶的面目出现。泥质陶也占较大的比重，泥质陶大致可分为灰陶、红褐陶、黄褐陶、黑皮陶等，以灰陶居多，红褐陶次之，磨光黑皮陶也占有一定的比例，其中磨光黑皮陶或磨光灰皮陶的制作颇为精致。

双堰塘西周陶器残片的可辨器物有花边口沿罐（釜）、圜底釜（罐）、鬲（lì）、豆、盆、钵、簋、筒形器、碗、尖底杯、尖底盏、尖底罐、圈足小罐、球形小罐、器盖、壶、缸、瓮、杯、环、网坠、弹丸、纺轮等种类。其中花边口沿器（釜、罐类），尖底器（杯、盏、罐）、包足鬲和各种磨光黑皮陶器（钵、豆、器盖等）最具特色。

双堰塘西周陶器上所见的纹饰也很丰富，根据加工方法可分模印纹、刻划纹、戳印纹、附加堆纹等四大类。根据纹体风格区分，模印纹可细分出粗绳纹、细绳纹、交错绳纹、分段绳纹和大网格纹、小网格纹等纹类，刻划纹可细分为单线凹弦纹、复线凹弦纹、三角纹、折角纹、射线纹和复线锯齿纹等纹类，戳印纹可细分出圆窝纹、方窝纹、谷粒纹、指甲状纹、长叶纹、方角窝纹、花卉纹、太阳纹、联圆涡纹、联角纹和长卵窝纹等纹类，附加堆纹则分条纹和泡钉纹等纹类。

这些纹饰，在实际应用上通常以相互组合的面貌出现。其中模印纹出现的频率最高，刻划纹和戳印纹组合的形式最鲜明突出，附加堆纹出现的场合相对较少。

西陵峡及其以东地区的早期巴文化类型

在西陵峡及其以东地区，早期巴文化可以分为白庙类型、路家河类型以及上磨垴（nǎo）类型三种文化类型。

白庙类型。白庙文化类型的分布范围大多在西陵峡地区及鄂西的长江沿岸，也有少数遗址分布于清江流域。相当于二里头文化早、中期。

该文化类型的主要遗存有白庙遗址、中堡岛遗址、路家河遗址、朝天嘴遗址、香炉石遗址、城背溪遗址、毛溪套遗址、红花套遗址。

本文化类型的陶器以夹砂灰（灰褐）陶为主。器形以平底器为主，圜底器、袋足器次之，少见圈足器。主要的器物有有肩平底罐、深鼓腹罐、灯形器、盉（hé）、觚（gū）（觚形器）、灯等。盛食器都是平底器，袋根部尖锥状。纹饰多见细块状竖绳纹。

路家河类型。路家河文化类型的分布范围以西陵峡地区为中心，主要沿长江沿线向东、西两个方向延伸。相当于从二里头晚期到殷墟早期。

该文化类型的主要遗存有路家河遗址、杨家嘴遗址、大沙坝遗址、三斗坪遗址、长府沱遗址、鲢鱼山遗址、朝天嘴遗址等。

本文化类型的陶器以夹砂褐黑陶为主，夹砂红褐陶次之。器形大多为圜底器，还有少量的袋足器、圈足器和平底器。纹饰以绳纹为主，还有弦纹、方格纹、圆圈纹、附加堆纹、S纹、贝纹、云雷纹等。

上磨垴类型。上磨垴文化类型的分布范围主要是鄂西长江西陵峡地区沿江的第一、二级台地以及更高的后山坡上。相当于从殷墟中期到西周中期。

该文化类型的主要遗存有上磨垴遗址、小溪口遗址、三斗坪遗址、覃家沱遗址、路家河遗址等。

本文化类型的陶器以夹砂陶为主，又以夹砂褐陶与夹砂灰黑陶为大宗，主要的器物有鼎、釜、鬲、瓮、缸、盆、豆、罐、盉、尖底杯、喇叭形器、器盖、纺轮等［同前期相比，这一时期器物的种类变化不大。鸟首形器把、高柄豆、尖底杯已不见或少见。釜、釜形鼎为常见之物，釜的最大腹径已基本上在下部。罍（léi）、簋、盆的数量有所增加。鬲、鼎、甗（yǎn）逐渐增加并朝着成为占主导地位的炊器的方向发展，而釜、罐开始逐渐减少］。有纹饰的陶片几乎要占到一半，其中以绳纹为主，另有一定数量的方格纹、弦纹、暗纹、戳印纹、附加堆纹、篮纹等。

早期巴文化遗迹

房屋遗迹。早期巴人居住的房屋遗址主要分为地面台式建筑和干栏式建筑两类，还有少量的半地穴式建筑。

墓葬遗迹。在夏、商、西周时期，巴人的墓葬主要有土坑竖穴墓和崖墓两种形式。

其他遗迹。包括水利工程、水田、窑址和储藏坑等遗迹。1997 年，福建省博物馆考古队和万州区文管所在对万州涪溪口遗址的发掘中，发现了一座竖穴储藏坑遗迹。1998 年，西北大学三峡考古队和万州区文管所联合对万州中坝子遗址进行了大规模的发掘，发现了商、周时期的水田遗迹。1999 年，湖北省文物考古研究所在对秭归大沙坝遗址进行抢救性发掘时，发现一处位于江岸斜坡上的窑址。

巴人聚落

在巴国和巴人的发展过程中，巴人一直有他们自己的政治、经济和文化中心——巴人聚落。如由李家坝、余家坝等聚落构成的澎溪河聚落群；以中坝、瓦渣地、哨棚嘴等聚落构成的㙟井沟聚落群；由塘房坪、苏和坪、黄柏溪、涪溪口等聚落构成的万州聚落群；以巫山双堰塘、锁龙、魏家梁子和奉节的新浦、老关庙等聚落组成的巫山—奉节聚落群；由中堡岛、白庙、三斗坪、杨家湾、杨家嘴、红花套、路家河等遗址组成的宜昌聚落群；由大沙坝、长府沱等聚落组成的秭归聚落群；以长阳香炉石聚落为中心的清江聚落群等。

另：

在这些聚落群中，最主要的当属云阳澎溪河聚落群、忠县㙟井沟聚落群、巫山—奉节聚落群以及清江聚落群四大聚落群。

巴人所建立的这些主要聚落群，基本上都是与当时的经济利益紧密结合在一起的，也就是为了保护盐业生产或是为盐业生产提供配套服务的。

澎溪河聚落群

澎溪河聚落群在澎溪河流域，主要由李家坝、余家坝等分布在云阳、开县一带的聚落遗址构成。

李家坝是一个带有强烈军事色彩的聚落，在战国时期这里是一个军事重镇。当然，这个聚落群的建立，同样也是因为盐业生产。

云阳的云安盐井和忠县的㙟井、涂井一样，为河底盐泉。从春秋战国时期开始，云安盐井就成了巴人的一处重要盐业生产基地。

巴人当时的东部边境为奉节，距离云阳不远。在这个地方建立要塞，既为了保护这处重要的盐泉，同时也可成为一个防止楚人向东挺进的前哨站，因此该处聚落群在巴国晚期成了一个非常重要的军事基地，也就事所必然了。

李家坝遗址

李家坝遗址位于重庆市云阳县高阳镇青树村，地处长江北侧支流澎溪河（又称小江）北岸一处东西狭长的河流台地上。是三峡工程淹没及迁建区地下文物保护抢救规划的 A 级项目，曾获评 1998 年全国十大考古新发现和国家文物局 1999—2000 年度田野考古优秀工地三等奖。

由北侧山峦南流的山涧桂家沟和施家沟，将李家坝台地分割为上、中、下坝三部分。考古工作者依据当地的地势地貌特征和文化层堆积的性质，以上坝中部的水沟为界，人为地将李家坝遗址分为三个区。Ⅰ区在上坝之西，小地名大堰塘，主要为商周至南朝时期的生活居住区和手工作坊区。Ⅱ区在上坝之东，小地名嘴上，主要为东周至汉初墓葬区……

该遗址早在 1987 年四川省文物普查时即被发现。1992 至 1993 年，四川省文物考古研究所先后对该遗址进行了复查和局部小面积的试掘，初步认定李家坝埋藏着一处大型古代遗址。1994—1995 年，四川大学考古学专业又先后两次对该遗址进行了调查、勘探和试掘，最终确认李家坝遗址是一处内涵丰富，时段长（以商周至汉代遗存为主，下及唐宋元明清各代）、规模大（面积约 10 万平方米，核心分布区域现存面积约 3 万平方米）且保存完好的大型古代文化遗存，并编制了发掘规划报告。

1997 年重庆直辖后，在重庆市文化（文物）局的领导下，四川大学考古学系在云阳县文管所的协助下，在此持续开展了连续 6 个年度的大规模发掘工作。截止到 2002 年 12 月，李家坝遗址的发掘面积，累计达 25275 平方米。共清理出商周至南朝的房屋残址 55 座、墓葬 348 座、陶窑 8 座以及数百个商周至唐宋的灰坑。出土了千余件完整或可以修复、复原的商周至唐宋时期的铜、陶、瓷、玉、石、骨器等遗物。

其中，东周时期的巴文化聚落保存得较为完整，东周时期文化遗存也最为丰富。在该遗址中，共清理出房址 10 余座，陶窑 5 座，墓葬 320 余座。同时还出土了近千件完整或可以复原的独具特色的青铜兵器、工具及其他铜、陶、石、玉、骨器等。这也是首次发现既有居住区，又有墓葬区的巴文化遗址。

李家坝东通汉江,西联蜀地,北达汉中,战略地位十分重要。作为巴人分布在澎溪河流域的一个区域性中心聚落,李家坝遗址是继涪陵小田溪遗址之后,巴文化研究领域的又一重要考古发现。李家坝东周时期文化遗存的发现,对研究巴人聚落和巴人的社会性质、生活习俗、埋葬制度,对研究巴文化并探究巴文化、蜀文化、楚文化及秦文化之间的关联性,以及巴文化融入汉文化的过程等问题,都有着相当重要的价值。

余家坝遗址

余家坝遗址位于重庆市开州区渠口镇钦云村,地处长江支流彭溪河右岸临河的坡地上,由数个小山包及平坝梯田组成。遗址主要分两大部分:一是战国中、晚期的具有巴人特征的墓群;一是宋元明时期的居址。遗址以墓地为主,整体保存较好。

1987 年,开县文物管理所根据群众提供的线索发现了这一遗址,并从群众手中征集到出土文物。1992 年,四川省文物考古研究所三峡考古队对该遗址进行了调查,确认此处为一处战国时期墓地。1994 年,山东大学考古系在制订开县地下文物保护规划时,再次调查余家坝遗址并进行了小面积发掘,在相距不远的地段发现战国巴人墓葬 3 座。2000—2007 年,山东大学考古系连续对余家坝遗址实施发掘,揭露面积 2.8 万平方米。清理出战国中晚期至西汉时期墓葬 262 座,出土文物 1339 件。其中,青铜器 629 件、陶器 574 件、玉器 70 件、漆器等其他物件 66 件。

余家坝战国古遗址(墓葬)群,是三峡库区最重要的三个巴人墓葬群之一,对重新构建巴人历史及文化具有重要意义。

瞀井沟聚落群

在瞀井沟聚落群,中坝、哨棚嘴、瓦渣地聚落各司其职。其中,中坝以产盐为主,而瓦渣地和哨棚嘴则主要负责圜底罐和尖底杯等的窑业生产。

中坝是负责盐业生产的遗址。在中坝遗址,留有一些结构特殊的窖藏、黏土坑、水槽,遗迹内壁常常有厚、薄不等的灰白色钙化物残留。有数以百计的生产作坊一类的房址,仅留有地面、密集的柱洞、水槽和用火痕迹。此外,遗址内还发现大量的类型单一的尖底杯,以及占出土陶器总量 96% 以上的花边束颈圜底釜(罐)等陶器。

瓦渣地和哨棚嘴遗址主要是负责生产花边圜底釜和尖底杯的窑业生产遗址。其中,瓦渣地主要负责圜底罐的生产,而哨棚嘴则主要负责尖底杯的生产。遗址内有各种形状的陶窑（因为窑炉建在位置较高的地方，烧窑废弃物向坡下倾倒，故而形成了陶片层层垒叠的扇面状瓦渣堆积），出土有大量的以圜底罐和尖底杯为主的陶器。在1999年对哨棚嘴遗址的发掘中，曾清理出一座烧制尖底杯的陶窑，窑灶内装有角状尖底杯上百个，附近还留有散布在地上成层的尖底杯残品。

巫山—奉节聚落群

巫山—奉节聚落群是以双堰塘聚落为中心的。该遗址在长江三峡的腹心地带，这里也是古代人类活动最频繁的地区之一。巫山县过去曾为夔子国的都城所在地，大约从西周宣王时代至春秋中期，均归夔子国管辖。而今重庆万州区以东、巫山县以西地区，从武王灭商起至西周中期，则为庸国属地。从当地历年来出土的石磬、砖石范、卜甲、铜工具、铜渣、铜矿石和较上档次的小玉饰等遗物来看，这里不仅是一处经济中心，还应当是一处政治中心。

双堰塘遗址位于巫山县北部长江支流大宁河流域中游的大昌盆地中，面积较大、地势平阔且土质优良。1994年，通过对双堰塘遗址发掘标本的测定，再结合遗物器形特征分析，其年代基本被框定在西周中期至西周晚期范围内。

双堰塘遗址的聚落规模非常庞大，虽然破坏严重，但依然出土了大量的陶、铜、铅、骨、角、石和玉器等遗物，同时还发现有一些诸如坑洞、沟槽、小型墓葬、陶窑、石灰窑、灶膛和红烧土堆积以及砾石堆积等遗迹。在该处出土的这些陶器上，无论是从陶质陶色、纹饰风格到器形器类等方面，都表现出非常浓郁的巴文化特色。与此同时，这些陶器又有着明显的不同。如尖底杯的形态多为粗腹鼓肚形而鲜见瘦腹羊角形，花边唇沿器多为大型器，而陶鬲则流行柱状高实足尖高裆包足刮棱形态。同时，还出现了一些圈足小罐和球形小罐等新器形，刻划纹和戳印纹也更为发达。尤其是出现了大量的包足陶鬲，这在夏商西周时期的巴文化中都是比较罕见的。

这一切表明，传说中的不绩不经、不稼不穑的巫山先民们在巫峡僻地的大宁河流域，至迟在西周时期便已掀起过一个早期开化、开发和开放的高潮并达到了相当高的文明。

另：

在双堰塘遗址，还发现有一处水利工程的遗迹。这一遗迹，分布在大宁河边，沟槽和坑洞呈直线排列。其后，通过对北区的发掘揭露，发现该处的地层堆积普遍呈现东厚西薄的趋势，且土层底部均坐落在砾石面上，砾石面更是呈现东低西高的走向。

结合一些探方由东南向西北分布一组单排的坑洞和沟槽现象分析，可以初步判定，历史上的大宁河在此地区流经的主河床，曾发生过重要的地理环境变迁或摆动（即该遗址北发掘区的文化层之下，可能是大宁河古河床地段。换句话说，就是北发掘区一带的古文化层是坐落在大宁河古河床之上的。依此类推，现金昌福公路以西的大宁河河滩和主河床一带，曾是遗址分布的重要区域。从尾后发掘新发现的坑洞和沟槽所处的位置看，由此一部位向东南和西北大致直线延伸的地带，极可能是大宁河古河床的右岸，其左岸可能在现北区东部的红土岗一带）。而从坑洞和沟槽又恰恰呈一直线和单排排列以及坑洞内罕见木炭等现象分析，初步推测这些坑洞和沟槽的功能和用途当与水边拦河设施最为密切。这也是重庆地区发现的最早水利工程。

清江聚落群

在清江聚落群，有香炉石、桅杆坪、西寺坪、南岸坪等一系列遗址，这些遗址都围绕着盐阳（今湖北长阳）的盐泉。

清江聚落群是早期巴人的一个重要中心聚落。其中的香炉石遗址即古代的夷城所在地（该地为一个被清江环绕的半岛式地形，易守难攻，是一个非常理想的居住地。在香炉石遗址，出土有大量的卜骨、卜甲，制作精细的骨匕等骨器以及陶印章）。巴人在这里建立夷城，最主要的目的还是在于控制盐水盐泉，并利用清江这条与长江相连的天然运输线，将盐运销出去。可以说，是盐水盐泉孕育了清江聚落群。同时，这里还是白虎巴人西进的第一站。

早期巴文化遗物

早期巴文化的遗物很丰富，有陶、铜、骨、角、牙等器类。

陶器是当时社会生活中使用最多、最普遍的器物，按其使用情况，分为饮煮器、盛储器、饮食器及杂件四类。

炊煮器有釜、甑（zèng）、鬲（lì）、鬶、盉等。巴文化的特色，也是它区别于其他文化的根本内容，就是炊煮用器主要是釜，盛物主要用罐，因而被称为釜罐文化。巴文化原本不用鬲，只因在西周后期受到东面日益崛起的楚文化影响，故出现鬲。巴文化原本也无袋足器类，故不用鬹，因受到中原的影响，故在早期巴文化中鬹的发现并不鲜见。盉的形制与鬹相近，盉带嘴而鬹带流，但用途迥异，盉所烧之水主要作泛（xuàn）酒之用。

盛储器有缸、瓮、盆、壶、尊、罐等。瓮是一种比较大的容器，一般特征为口小腹大。作为罐来说是专指口径腹径在十多厘米的花边罐，那种口径在 20 多厘米以上的则称为釜。

饮食器有碗、盘、钵、豆、杯、尖底盏、觚形器、盂、簋等。簋，宽沿外侈，腹缓内收为凹底，圈足。

杂件有纺轮、网坠、灯形器、器盖、鸟首形器把等。在三峡地区，早期巴文化的纺轮非常多，样式也很丰富，反映出当时家庭纺织业的兴盛和人们对衣着方面的重视。早期巴文化的网坠形制差别不大，基本上为管状。灯形器的用途至今尚未弄清，可能是放置灯盏或灯碗的高灯座，因其外形像灯，故名灯形器。该器物为中间贯通的无底筒状物，上部多为喇叭形，也有碗缸形，下为喇叭形圈足，个别有肩，若覆杯状，中为竹节形细柄。鸟首形器把是早期巴文化特征器物，实为舀水器勺或枓（dǒu）的柄。而所谓鸟首，则应为鱼凫首。巴人中的一支以鱼凫捕鱼，后辗转到川西，取柏（bó）灌〔一说柏濩（huò）〕族而代之，建立了鱼凫国。因鱼凫（即鱼鹰）为其图腾，故在不少器物上都有鱼凫的图案，作为鱼凫国中心的三星堆遗址便有许多鸟首形器把出土。

青铜器按其使用情况，分为工具、生活用具及兵器三类。

工具有斧、锥、凿、刮刀、鱼钩等。斧为銎（qióng）首，斧身一侧无肩，一侧有肩，故成偏刃。锥首或圆或偏，下为锐尖。凿为长条形，鸭嘴形扁弧刃。刮刀为戈援形，片状，单面折角成脊背，有锋边刃。

生活用具有针、簪、削等。

兵器有剑、弩、矛、钺、戟、戈、镞等。

骨器按其使用情况，分为工具、生活用具及兵器三类。

工具有锥、凿、锯、刀、铲等。

生活用具有簪（zān）、笄（jī）、步摇、针、佩饰等。簪与笄，一般来讲二者差别不大，如果非要强行区别，可将无帽者称簪，有帽者称笄。

兵器有镞、矛等。

角器仅见角锥。

牙器则有牙锥、牙饰两类。

晚期巴文化

巴人经过夏商的发展，于西周初年受封子爵，成了西周王朝的嫡系。春秋时期逐渐达到鼎盛的巴国，北朝天子，西抗蜀国，东则与楚国联姻。过从甚密的两家，经常合兵行动，遂经常见于经传。

春秋时期，两度称霸中原的楚国就不断向巴地渗透。楚文化西渐的势头虽然很猛，但正赶上巴文化的鼎盛时期，其主导地位依然得以保持。战国以降，巴国政治日益腐朽，当内乱到来时，向以能打著称的巴师也不得不向楚国借兵。以此为节点，楚国由军事渗透向武装进攻转化。巴地连连失守，黔中地区失守，巫山地区失守，最后连都城江州都不保，江州以东，其人半楚。

公元前 316 年，就在巴国君臣北窜阆中后不久，秦军挥师南下，灭掉巴蜀，并乘势把楚国的势力赶出盆地。其后，又在黔中与楚展开拉锯战，并最后占领了该地。楚文化便完全退出巴地了。

秦对巴人实行了比较和缓的民族政策，并利用巴族上层的影响，共同管理巴郡，故巴文化得以保留下来。汉初承秦制，又使得巴族及其文化得到了某种程度的延续。

其后，经过几十上百年的发展，汉文化迅速在全国普及开来。从战国延续下来的地方文化，在强大的汉文化影响下纷纷融入汉文化之中。晚期巴文化也在这一大潮下，逐渐失去自己的个性和特点，成为了汉文化的一部分。

另：

在楚、秦、蜀等强邻的包围之中，巴人经常处在作战状态。而巴人沿长江由东向西以及沿嘉陵江由南向北的迁徙，主因还是来自楚国的压力。战国晚期，与楚的连番战斗大大削弱了巴国国力，最后在与蜀国的缠斗中为秦所趁。

秦国在巴、蜀采取着不同的政策，镇压蜀而笼络巴。此后，秦人将楚的势力逐出渝东，并以巴地作为攻楚的前沿阵地。

晚期巴文化分期

依据墓葬的形制，随葬品的器类、组合及形态变化，可将三峡地区战国中期至西汉晚期的巴文化划分为四期六段（其中，第一期分为两段，第四期分为两段）。

第一期，包括第一段和第二段，时代上限为战国中期，下限为战国晚期。本期墓葬的形制主要有船棺葬、狭长形土坑竖穴墓、长方形土坑竖穴墓三种。船棺葬和狭长形土坑竖穴墓多分布于重庆的西部地区，以冬笋坝为代表，而长方形土坑竖穴墓则分布广泛，以李家坝墓地为代表，多为一棺一椁。

在冬笋坝这一时期的墓葬中，晚期巴文化的因素占主要地位，随葬品中陶器多为釜、罐、豆组合（原报告中对釜和圜底罐未做区分），铜器中有柳叶形剑、圆刃钺、弓耳矛、无胡戈、釜甑、鍪等典型器物，外来文化因素较为少见。

在李家坝墓地则多以晚期巴文化的青铜兵器、容器，与带楚文化色彩的陶器共同作为随葬品，晚期巴文化因素占有一定比例，但并未占绝对主导地位。

在忠县崖脚、云阳故陵等地还发现有文化性质较为单纯的楚墓。

在巫山、奉节等地区，这一时期的墓葬多为长方形土坑竖穴墓，随葬器物多为鼎、壶或鼎、敦（duì）、壶组合，文化面貌接近湖北江陵地区战国晚期楚墓，巴式剑等兵器是仅能见到的极少的晚期巴文化因素。

第二期，即第三段，时代为战国晚期至秦汉之际。船棺葬依然存在于重庆西部地区，但狭长形竖穴土坑墓数量相对增加，分布范围有所扩大，长方形竖穴土坑墓的主流地位开始渐渐显露出来，分布范围也有扩大。

在这一时期的冬笋坝墓葬中，船棺葬、狭长形竖穴土坑墓和长方形竖穴土坑墓并有，随葬器物组合大致与上期相同，器形变化也是一脉相承，晚期巴文化因素比第一期略有下降，但仍处于主导地位。新出现了靴形钺、长胡四穿刃内戈、改装形有格铜剑、半两钱等外来文化因素，铁器的数量也略有上升。

在云阳及其附近地区，这一时期文化因素的构成比例发生了较大变化，晚期巴文化因素占绝对主导地位，楚文化因素迅速淡出，青铜兵器的数量锐减，陶器多为典型晚期巴文化的釜、罐、豆组合。

第三期，即第四段，时代为汉武帝之前的西汉早期。船棺葬和狭长形竖穴土坑墓双双消失，长方形竖穴土坑墓成为主要形式，在巫山附近地区则出现带有斜坡墓道的竖穴土坑墓和悬棺葬。

在这一时期，墓葬中的铜器数量进一步减少，铜兵器锐减尤甚，而铁制工具和农具的种类与数量有较大增长，铜容器中的釜、鍪等以及陶器中的釜、矮柄豆、圜底罐等器物仍保持了一定的晚期巴文化色彩。

在三峡西部地区，这种色彩还较为强烈，但新的文化面貌已经显露出来，如随葬品中出现了陶灶、井、小罐等明器，平底器数量增长较快、种类日渐丰富。

第四期，包括第五段和第六段，时代上限为西汉中期，下限为新莽之前的西汉晚期。竖穴土坑墓的长宽比例有渐小之势，有的墓坑近方形，重庆西部地区的大型墓葬带有斜坡墓道，而在巫山附近地区带斜坡墓道的刀字形土坑墓已较为流行。

从随葬器物来看，整个三峡地区情况较为趋同，多以日用陶器和仓、灶等明器为主，铜器数量较少，铜兵器已经完全绝迹，晚期巴文化因素仅能在铜釜、铜鍪，铁鍪，陶釜、陶圜底罐等器物上看到一些余绪。总的来说，无论是随葬品的组合，还是各种器类的形态均已经融合到汉文化之中了。虽然这一时期三峡地区的考古学文化面貌还带有一定的地方特色，但是已经不再是一支独立的考古学文化，而只是汉文化的一种地方类型了。

晚期巴文化分区

三峡地区以奉节为界可划分为较明显的两个自然地理单元，奉节以东主要是平均海拔1000米的褶皱山地，奉节以西多为海拔500米左右的丘陵地带，丘陵地带越向西延伸越趋于平缓，晚期巴文化的区域性判别与这种地貌差异大致吻合。

针对这种文化面貌的差别，再结合重庆地区的自然地貌特征，可将峡江地区划分为西部、中部、东部三个区域。

西部区。主要指涪陵以西的地域，包括涪陵、重庆主城（包括九龙坡区铜罐驿镇冬笋坝）等地区，其地理特征以低山和丘陵为主，地势较为平坦开阔。

中部区。主要是指丰都至奉节之间的沿江地域，包括忠县、万州、开县、云阳等地区，这一区域多分布有平行岭谷，地势已较为狭窄。

东部区。主要指奉节以东的地域，包括奉节、巫山等地，这一区域为长江三峡的瞿塘峡、巫峡、西陵峡所在地，南北向的高山阻隔，水流湍急，地势陡峭。

晚期巴文化遗迹

建筑遗迹。晚期巴文化遗迹发现甚少，仅云阳李家坝、忠县中坝等少数遗址发现有灰坑、灰沟、房址遗迹。

墓葬遗迹。晚期巴文化的墓葬遗址，也是晚期巴文化中最重要的遗迹。在原巴国范围内，晚期巴文化的发现很普遍，尤其在三峡考古大会战中发现的遗址、墓葬非常多。如巴县冬笋坝墓地、重庆临江支路西汉墓地、涪陵小田溪墓地、涪陵镇安墓地、涪陵易家坝墓地、忠县崖脚墓地、开县余家坝墓地、万州大坪墓地、云阳李家坝墓地、巫山麦沱墓群、江东嘴墓群等。

小田溪墓群

小田溪墓群位于重庆市涪陵区白涛街道小田溪村二社，地处乌江西岸的一级台地上。该台地为乌江下切而形成的山前与河谷交接平台，东临乌江，南隔小田溪与陈家嘴遗址相望。小田溪与乌江交汇北侧近 8 万平方米的台地范围内，就是涪陵乃至周边地区至今发现规模最大的战国时期巴国贵族墓群。2002 年，由国家文物局、故宫博物院通过论证，最终确定 13 号墓葬为当时的巴王陵墓。

该墓群自 1972 年被发现后，先后经过 5 次集中发掘（1972 年，四川省博物馆、重庆市博物馆清理墓葬 3 座。1980 年，四川省文物管理委员会清理墓葬 4 座。1984 年，涪陵市文物管理所清理墓葬 1 座。1993 年，四川省文物考古所清理墓葬 1 座。2002—2003 年，重庆市文化遗产研究院等清理灰坑 1 座，墓葬 13 座），共出土文物 680 余件。除有一般的生活用器、兵器、工具、炊器外，还有价值连城的重器。其中，由 14 枚错金钮钟组成的编钟，是迄今巴人文化考古史上罕见而又最为完整的编钟乐器。

小田溪墓群的发现与研究，为寻找巴国这个迷失王朝的历史开辟了一条小径，但要深入地了解它的真实面貌，还需要一代又一代考古工作者们继续不懈努力，才能够还原那一段历史的本来面貌。

另：

2005 年，重庆市文物考古所、重庆涪陵区博物馆组成的考古队对陈家嘴遗址进行了考古发掘，共发掘了 2000 平方米，清理出灰坑 67 个、灰沟 12 条和墓葬 15 座，出土了青铜器、铁器、石器、陶器等文物 150 余件。2007 年，重庆市文物考古所、重庆涪陵区博物馆组成的考古队再次对陈家嘴遗址进行了发掘。发掘出的 18 座战国墓都是顺着乌江而埋，与 2005 年发掘的 15 座墓葬连为一体。这样，陈家嘴墓地的墓葬总数就已达 33 座。

通过将发掘的 33 座战国古墓与小田溪墓群进行比对发现，二者时代大致相同，文化面貌也完全一致。在陈家嘴片区，除了墓地外还发现了一些那个时期的生活遗址。有人怀疑，两处极有可能是一个大遗址的两个部分，而陈家嘴的墓主则极有可能是小田溪墓群的守陵人。

《华阳国志·巴志》："其先王陵墓多在枳。"

晚期巴文化墓葬类型

晚期巴文化的墓葬可分为冬笋坝类型、李家坝类型和盔甲洞类型。

冬笋坝类型。这一类型的遗存目前发现不多，主要分布在四川盆地东部的偏西部分，大体上是重庆主城区及以西地区，为晚期巴文化分布的西部地区。其典型遗存为重庆九龙坡冬笋坝墓地和四川广元宝轮院墓地。

葬俗为单人葬，可观察到的葬式都为直肢葬。在葬俗中有一个特点，就是将剑、钺、戈、矛等兵器置于死者身边，然后至多又在死者身上置一铜盆，脚部置一铜鍪。即使在棺椁等葬具出现以后，这些随葬品也都按照传统的葬俗习惯放置在棺内。随葬品较为丰富，铜器主要为柳叶形剑、柳叶形矛、钺、虎纹戈、斧、削、印章、鍪（或釜甑分体式）等，陶器主要为釜、圜底罐、豆、壶，另外还有平底罐、盆、盘等。

李家坝类型。这一类型的遗存为 20 世纪 90 年代以来，随着三峡库区大规模地下文物抢救工作的展开而逐渐被人们所认识。现已发现的遗址有十余处，主要分布在四川盆地东部边缘和三峡地区，也就是重庆忠县以东至峡江山地的长江两岸地区。这是晚期巴文化分布的中东部地区。

李家坝遗址的居住区和墓地均位于长江北岸支流小江（澎溪河）边背山面河的台地上，高出洪水期的江面仅数米。墓地规模很大，清理发掘的墓葬多达 300 座，如果再加上临河台地边缘已被冲毁的墓地部分，相信原墓地的墓葬数量会更多。

墓地的墓葬分布密集，墓葬之间的打破、叠压关系较多，即使是同一层位的墓葬相互之间也有打破、叠压关系。这一现象说明，墓地的地表没有能显示墓葬范围的固定标识。

墓坑形制均为长方形竖穴土坑墓。墓坑的长度一般在 2~4 米、宽度在 0.5~2.5 米。墓坑最深的可达 3.5 米，最浅的现仅深数十厘米。根据墓坑和葬具的规模，可将这些墓葬大体上分为大、中、小三型。少量墓葬有二层台。其中，二层台有的仅在头端，有的仅在一侧，有的在两端，有的三边都有二层台。有生土二层台，也有熟土二层台。

墓葬中多数发现有木质葬具的痕迹，也有部分墓葬尤其是小型墓应该没有葬具。有葬具的形制为一棺一椁或一椁。木棺的形制为长方形，板制。在一部分大中型墓中还可见有用白膏泥（或青膏泥）在葬具（木椁）外填塞以保护葬具的习俗。

葬式通常为单人仰身葬，下肢伸直，上肢弯曲。有的一手握住腰间的剑，一手放置胸前或腹上。有的双手交于胸前或腹上。有的一手伸直紧靠身体，一手放置胸前。此外，也有个别的为屈肢葬。

有葬具的墓葬，其随葬品通常放置在葬具（木椁）内，随葬品的陈放位置因器类的不同而各异。剑和镞放在腰间（生前佩带处），矛、斧、戈放置在头部的左右两侧，钺放置在腰侧或头侧，一般的随葬品和殉人放置在足下或头顶上。部分墓葬在墓主的小腿间置有一件铜鍪或其他陶容器或殉人等。棺椁都有的墓葬，则是将铜兵器等置于葬具（木棺）内，而陶器则放置在葬具（木棺）外。有的墓葬中还遗留有人字纹竹编残痕，说明下葬时在尸体和随葬品下还垫有竹席之类的编织物。

部分大中型墓葬中还有殉人，多为1~2人，也有殉葬3人以上的（殉人一般是与陶器等随葬品一起放在墓主脚下或头上，也有放在墓主小腿旁的）。殉人的遗骨一般是堆放在一起的，有的头骨放在肢骨之上，还有的仅见一头骨。这些殉人极可能是作为人牲被杀祭后再放入墓内殉葬。

墓葬随葬品较为丰富，主要是陶器和铜器，另有少量漆器、铁器、玉石器和琉璃器。除个别墓葬未发现随葬品外，绝大多数墓葬都有随葬品，但多寡不一。少的仅有1~2件，多的有17件，一般在3~8件。陶器主要有高领罐、釜、盂、豆、壶，另有簋、瓮、鬲、鼎、敦等，铜器主要有柳叶形剑、柳叶形矛、钺、虎纹戈、斧、鍪等，另有镞、削刀、鼎、勺、壶、杯勺、鐎（jiāo）壶等。其中，随葬兵器的墓主可能为男性，而不随葬兵器的墓主则可能多为女性。

盔甲洞类型。这一类型的遗存集中分布在三峡地区，也就是巴文化分布的最东部地区。这种类型的墓葬都属于崖葬。

由于崖葬高悬在峭壁上，所以很早就广受外界关注（唐代诗人孟郊曾在其诗中对三峡长江两岸的崖葬进行过描述，其后历代对三峡的崖葬也都有所记载）。明代以后，由于人口的流动移徙以及土著居民的锐减，已很少有人知道这些置放在高崖之上的木匣就是木棺（当地民间附会了不少风箱、兵书匣、龙船、敝艇、仙人棺椁、巴人蛮洞等传说）。20世纪60年代初，考古学家们通过实地考察，才认识到这是一种古代的崖葬，并且与巴人有关。

目前，在三峡地区，重庆境内的奉节、巫山、巫溪和湖北境内的巴东、秭归、宜昌等县市都发现有崖葬的遗存。而其中的典型遗存则为奉节盔甲洞崖葬和风箱峡崖葬、巫溪荆竹坝崖葬等。

依据对木棺进行的年代测定，再结合随葬品的年代学分析，综合得出三峡地区崖葬的主要流行年代为战国时期至东汉时期。盔甲洞类型主要是指西汉以前的崖葬。

整个三峡地区进行崖葬的场所，均在面江临河的高崖陡壁上。崖葬大多高出江面 100 米，最高的甚至可以达到 600~700 米（大宁河峡谷中的，比长江三峡中的高度要略低一些，但也在数十米以上）。

根据选择的场地，崖葬又可以分为天然洞穴、崖壁裂罅（xià）、天然岩墩等类型。

天然洞穴型。就是将木棺放置在天然洞穴中。有一棺的，有几棺的，有数具木棺重叠的。在放置木棺的地方，有的还要用石块、木棒等将地面垫平（在盔甲洞中，放棺的平台即是用石块等材料砌平的）。

崖壁裂罅型。就是利用崖壁裂罅的两个侧面凿孔并固定木棒，然后再在木棒上悬空安放木棺（在风箱峡的崖壁裂缝中，以前曾重叠放置有 7 具木棺）。

天然岩墩型。就是将木棺顺着平台，放置在崖壁天然形成的条形岩墩上（在荆竹坝棺木岩，现存的 25 具木棺中，就有 20 多具首尾相接地放置在同一水平面的天然岩墩上。在错开峡棺木阡的崖壁上，凸起的岩墩上原有 10 具木棺。其中，8 具顺着崖壁重叠放置，其余 2 具则被单独平置在平台上）。

盔甲洞类型的葬具［都是用整木刳（kū）凿而成］，又可分为圆形和长方形两种。圆形木棺一般制作比较粗糙，外形就像一根圆木，只是底部比顶部的弧度稍微平一些，以便放在地上。有的木棺的一端或两端还有带耳的穿孔。长方形木棺棺盖的顶面略呈弧形，有的有子母榫（sǔn）与棺身扣合。有的木棺的一端或两端有一圈伸出的外檐，在棺盖和棺身两端的两侧各有一对凿孔。

崖葬通常为仰身直肢葬。死者多是一人一棺。此外，也有两人以上共同安葬在一具木棺内的（在荆竹坝的 18 号木棺就安葬有两个头骨和一些肢骨、躯干骨等。经鉴定，这两个头骨为一男一女两个儿童，男孩 10

岁左右，女孩不超过 13 岁。而在棺木阡，有一具木棺内至少安葬有 7 个头骨。这种葬俗应是同棺合葬的二次葬）。

三峡地区的崖葬，还出现有多人同洞穴合葬的（在宜昌市夷陵区长江北岸新坪棺材岩的一个洞穴中，就放置有 30 多具木棺），极有可能为一种族葬制。

在大宁河等长江支流沿岸的崖葬，凡是可以辨别死者安放方向的，其头部都是朝着河流下游的方向。

由于三峡地区的崖葬没有经过较大规模的清理发掘，所以目前能够见到的随葬品都是各个地方零星发现的。崖葬的随葬品很少，且都放置在葬具内，一般一棺仅数件，有的棺内还没有随葬品。

随葬品主要有陶器、铜器、竹木器和纺织品等。陶器仅见于一些报道，具体的形制特征不详。铜器主要有柳叶形剑、斧、带钩、镯、环、镂空雕花铜鞋等，其中柳叶形剑是最常见的兵器。此外还有漆木梳、陶纺轮、烧料珠、玉雕动物、竹席、纺织物等。

船棺葬

船棺葬，是西南博物院、四川省文物管理委员会（四川省文物考古研究所）在巴县冬笋坝以及宝成铁路文物保护委员会在四川省昭化县宝轮院发现的一种墓葬形式。两处共发现船棺葬计有 26 座（冬笋坝 17 座，宝轮院 9 座）。其中，完整的船棺有 5 具（冬笋坝 1 具，宝轮院 4 具），其他则为有船棺痕迹或由墓坑、葬式及随葬品等推知。

这两处船棺葬，无论是从墓坑的形制、葬具的样式，还是随葬品的种类及其排布的方式来看，大体上都是相同的。而墓葬中的随葬品，则以陶器及铜器为主，间有铁、竹、木、漆器及纺织品的痕迹。

陶器是主要的随葬品，最普遍的是 10 余件，最少的也有七八件，有的甚至多达 20 件。从陶器的质地上看，均为夹砂陶，只是有粗细之分。器类有平底器、圜底器、圜足器、浅身大口器及纺轮等。铜器以兵器及炊爨（cuàn）器为主，其他多为随身用具，如削刀、带钩、印章及钱币等。铁器则为小刀和斧。

在宝轮院的部分墓葬中，还发现有竹、木器及漆器的痕迹，只是都已腐朽净尽，仅能从印在土层上的痕迹推测其大概的形状。在冬笋坝的墓葬中，漆器的痕迹则更为普遍，且有红黑二色，但残腐得更为厉害，甚至都已无法推知其形状……

**冬笋坝
墓葬区**

　　冬笋坝墓葬区位于重庆市九龙坡区铜罐驿镇冬笋坝，地处长江左岸的二级阶地上。全坝长约 2000 米，最宽处约 400 米。以长江经由此地后折向东北之故，遂造成了冬笋坝两面濒江的局面。

　　该遗址于 1954 年实施了第一次发掘（发掘区域长约 70 米，宽约 35 米），同年又进行了第二次发掘（发掘区域长约 100 米，宽约 50 米）。第一次清理墓葬 39 座，第二次清理墓葬 13 座，前后两次总计为 52 座。墓坑基本取西向（有的稍偏南或偏北），头部均正对着长江。

　　在这 52 座墓葬中，船棺得以完整保存或部分保存的有 4 座。可以肯定其为船棺的有 13 座（借由墓坑的形状，坑底两端有约 1 米长的隙地；随葬品的种类、形制与排列以及朽烂棺木的痕迹等来推断），加上前述 4 座，总计为 17 座。此外不能肯定其为船棺的尚有 13 座。其余则为长方形和方形的秦汉墓及东汉砖室墓。

　　1955 年，又对该遗址做了第三次发掘，分前后两期。第一期清理 21 座古墓。第二期又清理出 8 座古墓。两期共清理出 28 座土坑墓，1 座汉砖墓（残）。出土了 300 多件器物（因腐朽严重，有的仅能看出遗痕，却无法取出）。

　　另：

　　冬笋坝前后虽发掘出了 80 多座墓葬，应仍然不及整个墓群的五分之一。其他五分之四，除部分毁于砖瓦厂取土外，仍有部分依然埋于厂房和厂区运动场之下。

**宝轮院
墓葬区**

　　宝轮院墓葬区位于四川省广元市利州区宝轮镇，地处清江河（白龙江支流）的一个三级河阶上，当地人称坪上。河阶东西长约 340 米，南北宽约 140 米，北依横梁子山，其下即是清江河河床。

　　1954 年，在修建宝成铁路时，发现了该处采用独木舟为葬具的墓葬群。因从该处阶地过境的宝成铁路的路基，需自阶地表面下掘 5~6 米，遂把隐身其内的墓葬给显露了出来。本次挖掘，共清理出完整的及半完整的（为工程所挖残者）墓葬 15 座。其中有 9 座为船棺墓，2 座木椁墓，另 4 座葬具不明。

　　另：

　　在宝轮院墓葬区，当时的清理工作仅限于路基区域内所显露的部分墓葬。据推测，在该处路基两旁还应存有此类墓葬，只是因担心影响筑路工程，才未继续探掘。

巴式铜剑

来源：四川昭化宝轮院墓地
年代：战国
藏址：重庆中国三峡博物馆

犀牛错金银铜带钩

来源：四川昭化宝轮院墓地
年代：战国
藏址：重庆中国三峡博物馆

李家坝巴人墓群

李家坝巴人墓群是李家坝遗址的重要组成部分，主要分布在李家坝遗址的Ⅱ区内。东周时期，巴地的青铜文明达到了全盛。在李家坝墓地发掘出的大量东周时期的巴文化墓葬，对研究东周时期青铜文明在巴地的兴起，有着十分积极而重要的意义。

李家坝墓地现存面积约 1 万余平方米，共发掘清理墓葬 310 余座。墓葬分布较为密集，排列大致有序，形制均为无墓道的竖穴土坑墓，有的还在墓穴内填土分层填塞大量的鹅卵石。既有出土物丰富、墓坑宽大的大墓，也有随葬品贫乏、墓坑浅窄的小墓。葬具则有一棺一椁，有椁无棺、有棺无椁及无葬具等多种。有葬具的普遍使用青膏泥，涂抹椁室四壁和墓底。大多数墓葬有随葬品，有同时随葬陶器、铜器的，也有只随葬陶器，甚至无随葬品的。部分墓葬有使用人殉和人牲的。

随葬的陶器多为罐、豆、壶、鍪（móu）、釜等生活用具，铜器大多以剑、矛、钺、戈等兵器为主，个别墓葬也有斧、鍪、壶、鼎等。在李家坝遗址出土的这些器物，不乏融实用性、艺术性和装饰性为一体的珍贵文物，特别是一批巴式青铜兵器，如虎纹铜戈、变形虎纹双胡式铜戈、虎蛇纹短骹（qiāo）铜矛、佩刀人像短骹铜矛、云雷纹长骹铜矛、水鸟纹柳叶形铜剑等。其精美的装饰纹饰、高超的铸造工艺、神秘的图语符号和深刻的文化内涵令人叹为观止。

余家坝墓地

余家坝墓地位于余家坝遗址东部，顺澎溪河而下数十公里即是与其时代相若的李家坝战国遗址和墓地。墓地呈新月状，南北长 410 米，东西宽 170 米，面积约 5 万余平方米。

1992 年，经四川省文物考古所三峡考古队调查，确认为战国时期墓地。其后，山东大学考古系受重庆市文物局委托，对余家坝遗址进行了大规模发掘，共发掘出战国中晚期至西汉时期墓葬 262 座，出土文物计 1339 件。墓葬多有木制葬具，出土器物主要为兵器，少量为生活用器。

在墓地的西南部、中西部、中部偏东及中部偏南等位置有四个相对集中的区域，130 多座战国时期的墓葬区划分明。每个区域的墓葬数量约为 30 个。从墓葬的分布特点来看，疑是一处家族墓地，还极有可能是从李家坝过来的一个分支。从墓葬发掘的随葬器物来看，余家坝墓地并非一般的平民墓地。

余家坝墓葬中一般都随葬有青铜兵器且戈剑矛钺削组合完整。青铜兵器是巴族墓地出土最多的一个器类，以柳叶形剑、弓耳形矛、钺、虎纹戈等为代表。而在巴人的物质文化中，最引人注目的，无疑就是青铜兵器上的各种图形了。

在余家坝遗址出土的大量陶器中，以鼎豆壶等组合最为常见，显然是为仿青铜礼器而制作的，反映了战国时期丧葬文化的变迁（以陶器代替铜器为明器入葬已成为习俗）。

陶器最早出现在旧石器时代晚期。战国是中国青铜文化的鼎盛时期，陶器已经丧失了过去无可替代的地位，青铜礼器和生活、生产用器则成为社会风尚的主流。这一时期的陶器虽然在一定程度上还保持着传统的面貌，但器型、纹样模仿青铜器的做法相当流行。制陶工艺受到发达的铜器、漆器工艺影响，以印纹硬陶为主，对陶表面处理装饰的创新工艺有磨光、轧（yà）亮、铺设漆衣彩绘等。最为流行的装饰是彩绘云雷纹、兽面纹、涡纹，纹饰清新、色彩绚丽。

此外，余家坝墓地还出土有大量精美的玉器和石、贝质装饰品，其中又以玦（jué）、珠、管等最为常见，在珠管上再镶嵌蓝色圆形琉璃片是其显著特点。由于战国时期生产力的发展和社会的变革，商周以来的奴隶制已被封建制所取代。玉器成了封建贵族标榜财富、显示地位或美化生活的一种必需品。

该处墓葬的发现，为进一步了解巴人的生活方式、社会状态乃至巴、楚、蜀、秦之间的相互关系，都提供了极为丰富的实物资料。

另：

在余家坝墓地所发掘的130多座战国墓葬中，除了个别被破坏的墓葬外，均有随葬品。有的随葬品多达20余件，最少的则只有1件。随葬品有铜器、陶器、玉器、漆器和铁器等。在所有的陪葬器物中，最多的是青铜兵器，几乎所有的墓穴内都有，且绝大多数为巴式（在这里，完整的组合为戈剑矛钺削，然而并不是所有的墓穴都配齐了这几种物件，部分墓穴先天存在着一种或两三种的缺失）。在出土的多数兵器上，尚保留着腐朽或炭化的竹木柄、套痕迹，个别长柄上还保留有缠绕着的竹或藤条和色泽鲜艳的红漆。兵器上一般都铸有纹饰或图形。如戈上多铸有虎纹，剑、矛上还见有蛇纹、鹿纹等其他动物纹饰。

虽然在余家坝战国墓葬中，既有巴的（如铜剑、铜矛平面形状多呈柳叶形。剑绝大多数无首，剑身及矛骹之上有虎形纹样和巴地图形文字。戈则个体较大，多为长内、直援、有胡、窄阑，并且在近阑一侧或内部多有生动的虎形花纹。再加上折肩钺、环首削等，即共同构成了巴地青铜兵器的基本组合）、楚的（如浅腹、高足铜鼎及有首剑等。此外，拼合式的木质葬具与葬具下横置垫木的作风，也是楚文化中的常见习俗）

还有秦的（如辫状耳铜鍪、陶鍪等器物）文化因素，但就其总的文化面貌而言，占据主导地位的还是巴文化。

晚期巴文化遗物

晚期巴文化的遗物有陶、铜、铁等器类。

陶器在这一时期，类别分明、内容丰富，尤以釜、罐、盂、豆居多。按其使用情况，分为烹饪（rèn）器、饮食器、盛储器三类。

烹饪器有釜、鍪、甗（yǎn）、甑等。

饮食器有盂、豆、碗、钵、尖底盏等。

盛储器有壶、罍（léi）、瓮、盆、罐等。

青铜器在这一时期达到鼎盛，无论种类和数量都达到了空前的规模。按其使用情况，分为烹饪器、盛储器、饮食器、兵器、乐器、工具、生活用具及杂器八类。

烹饪器有鼎、釜、釜甑、鍪、锅等。鼎固非巴文化所有，只是由于受到外来文化的影响，虽然也有使用，但发现较少。釜甑实为上甑下釜的两件套，本身是可分开使用的。

盛储器有盆、单耳罐、壶、罍、温壶、缶、钫、盘、盒等。

饮食器有豆、杯等。

兵器有戈、矛、钺、斧、剑、弩机、盖弓帽、镞、戚、盔、三角钉、镦（duì）、镈等。戚是一种类似戈一样的武器，但带大武铭的戚却有着特殊的用途，目前共发现两件。三角钉俗称铜蒺藜，用于杀伤骑兵的马蹄。

乐器有编钟、甬钟、钲、錞（chún）于等。

工具有斤、凿、刮刀、锯、小刀、削、鱼钩等。削又称书刀，是当时士大夫和读书人必备的物品，主要是用以刮去竹简或木牍上写错的字，以便重写。

生活用具及杂器有匕、勺、灯台、犀牛灯、带钩、簪、镜、銮铃形器、铃、璜形饰、铺首衔环、印章、权等。上古从器内取食物及汤、酒、水的用具有枓（dǒu）、勺、匕诸器。

铁器从春秋战国到秦汉有个由初步使用到普遍使用的过程，按其使用情况，分为农具、工具、兵器、生活用具四类，有锸（chā）、镰、斧、锛、刀、刮刀、削刀、带钩、臼杵（chǔ）、罐等。

巴人社会

巴国和这一时期的其他列国一样，有着明显的社会等级划分和贫富差异，这也集中地体现在墓葬的规模和随葬品上。

贵族墓葬以涪陵小田溪 M1、涪陵小田溪 M12、云阳平扎营大墓、万州大丘坪 M2 等为代表。这些墓主的随葬品种类丰富，大部分为铜器，其次是陶器、玉器等。铜器多以兵器为主，其次为生活用器及礼器、乐器、车马器。玉器有璧、环、佩、串饰等。陶器有罐、釜、豆等。其余还有鹿角、漆器等。

平民墓葬有船棺葬、狭长形竖穴土坑墓、悬棺葬几种。一般规模较小，随葬品较单一，数量也较少。随葬品有铜兵器、陶炊器等。

巴人尚武善舞，出土的编钟、镈于、钲、铃等乐器反映出以打击乐器为主的特点。而文字的失传使青铜器和印章上的大量符号至今仍未能被解读。

《汉书·地理志》："不忧冻饿，亦亡千金之家。"

经济活动

地处大江大山的巴人，山地农耕与渔猎相结合自然成了他们基本的生存方式，亲水和治水，成了一个问题的两个方面。船、栈道、索桥是他们必需的交通工具，也因此使得有经过神话的土船在他们的传说中出现。不论是土葬还是悬棺葬，独木舟式的船棺所以成为葬具的基本形式，也从另一个侧面反映了船在他们生活中的重要地位。

三峡及其周边地区是我国古代重要的内陆盐产地。对盐业资源的控制和利用，是巴人经济活动中至为重要的支柱，也是其搭建青铜文明的重要经济基础。甚至在今天的汉语口语中，盐巴还是个相当有生命力的词汇。

在晚巴时期，巴人对冶铸工艺的掌握也达到了相当高的水平。云阳旧县坪出土的一批铸范及有关铸造遗物，都反映了战国晚期至西汉初年的冶铸业状况。

另：

三峡工程文物保护工作开展以来，在忠县中坝等地发现了大量西周至战国时代的陶制花边圜底罐（这在我国其他地区的古代遗址中是非常少见的），原因就在于这些东西与当地的盐业生产有着密切的关系。可以毫不夸张地说，花边圜底罐是三峡古代盐业的最有力见证。三峡地区盐泉及盐井分布较广，而中坝是其中的一个重要地点。

北京大学、四川省文物考古研究所和美国加州大学洛杉矶分校联合组织的盐业考古课题组，对忠县花边圜底罐内壁附着物的微量元素进行了检测，通过分析认定其与自贡汉代铁盐锅内的沉淀物以及云阳现代盐厂经生石灰处理后的沉淀物具有基本相同物相。这一结果支持了此前的推测，花边圜底罐是古代用于煮盐的工具。

三峡考古开展的古代盐业研究表明，巴人至少从西周时期就已着手对井盐进行开采加工，这比文献记载最早的李冰广都盐井还早了700余年。

晚期巴文化的消亡

晚期巴文化是中国古代文明的重要组成部分，这一颇具特色的地域性文化在中华文明史上曾经占有重要地位，它的存在也为我们留下了无数珍贵的文化瑰宝。

在考古学上，以晚期巴文化典型器物在特定区域、特定阶段所发生的数量、比例变化为重点进行的分析研究，仅是从量化的角度来考察了三峡地区晚期巴文化的消亡过程。事实上，一种考古学文化的消融演变过程是一个较为复杂的动态过程。

综观三峡地区晚期巴文化的消亡过程，主要来自三个方面因素的重要影响。首先，是国家归于一统。其次，是巴国的衰亡。第三，则是巴人的变迁。

当独立的晚期巴文化消失的时候，新兴的、强大的汉文化却又增添了一种新的地方类型。这一新鲜血液无疑使得中华文化的内涵更加丰富，文化面貌更加统一。

另：

三峡地区晚期巴文化的消亡，是发生在中华文明由多源走向一体，中国由分裂走向统一的历史大潮中。这一地域由边陲（chuí）的文化走廊向中央的统辖要地的转变中，使得晚期巴文化的消亡成为历史的必然。

战国中期以降，巴国在强楚的挤迫下节节败退，其族源主体所崇尚的文化、传统在缺少了来自统治阶层的强力维护的同时，又受到外来文化因素的强力影响，晚期巴文化的消亡也即随之开始。但晚期巴文化并未随着巴国的最后灭亡而立即消失，而是延续了相当长的一段时间。一方面，与秦汉统治者在该地区实行的民族政策有关。另一方面，也是因为深受晚期巴文化影响的民间传统所具有的巨大惯性。一种异质文化在缺少了政权支持的处境下，想要维护其传统是相当困难的，因此随着巴国政权的衰亡，就已确定了晚期巴文化走向消亡的趋势。只是新统治者的特殊政策以及来自民间的传统力量，使这个过程变得较为复杂、缓慢，大大滞后于其政权的灭亡。

在晚期巴文化的消亡过程中，由于连年的战争、被迫的退避，巴人的人口数量和势力范围均出现大幅衰减。当三峡地区的晚期巴文化最后消融于汉文化之时，也是留居在这里的巴人最后完成汉化的时候。

需要明确的是，并不是所有的巴人都伴随着晚期巴文化的消亡而消失了。在巴国起兴衰亡的过程中，有相当数量的巴人四处迁移，伴随着这种迁移，使得这种文化基因在相当长的历史时期中得以延续。可以说，它给多民族的中华大家庭留下的影响至今依然存在。

周边地区相关考古发现

了解巴文化，只着眼于巴国的区域（以重庆为中心）是不够的。

由于受到所处地缘和资源上的诸多影响，于是形成了巴人迁移的特性。在巴人的发展和巴国的壮大过程中，大量带着这些文化基因的人，也在横跨渝鄂川陕湘黔滇的广大的范围内形成了一个广大的泛巴地区。

巴人在其发展过程中，一直都不是独自在奋斗。在同其他族群的交往和斗争中，巴人及其文化既深刻地影响着周边的族群，也受到了来自周边族群的影响。这在巴地的考古中都多有体现，而在周边的文化遗迹中也时有发现。正是依据这个跨区域的考古发现，也让今人更清晰地看清了巴文化沿革的全貌。

罗家坝遗址

罗家坝遗址位于四川省达州市宣汉县普光镇进化村罗家坝，地处渠江二级主流后河左岸的一级阶地上。该遗址三面环水、一面靠山，分布面积约 120 万平方米。文化堆积为 11 层，文化层最深达 2.75 米。

地处巴、蜀、秦、楚交界地的罗家坝遗址，先后已进行过 6 次考古发掘，是 20 世纪末在四川所发现的面积最大、保存最完整、内涵最丰富的巴文化遗址，与成都金沙遗址、古蜀国大型船棺独木棺墓葬遗址一道，被称为继三星堆遗址之后古巴蜀文化的三颗璀璨明珠。

另：

1996 年，由于正赶上三峡考古遗址的抢救性发掘，已获得国家文物局正式批准的罗家坝遗址的发掘工作被一再推迟。

1999 年 9 月，四川省文物考古研究所联合达州地区文管所、宣汉县文管所对罗家坝遗址进行了首次发掘，发掘面积50平方米。清理墓葬6座、灰坑19个、房址1座。出土陶、铜、玉、石、骨、铁器106件（包括一柄巴式剑），陶片2000余件。这次发掘，首次发现了周—商—夏—新时器晚期有明确地层关系的文化层叠压。

2000年，罗家坝遗址考古发掘获评1999年四川省十大文物工作成果。

2001年6月，罗家坝遗址被国务院核定为第五批全国重点文物保护单位。

2003年3月，对罗家坝遗址再次实施了发掘，发掘面积400平方米。清理墓葬32座、灰坑31个、祭祀坑1座（暂定），同时清理出的还有柱洞等房屋基址。出土青铜器、陶器、骨器、铁器、玉石器等600余件，陶片3000余件。在33号大墓内，还出土有青铜礼器、青铜兵器、彩色陶器和印章等。

2007年6月，对罗家坝遗址实施了第三次发掘，发掘面积530平方米。清理墓葬36座、灰坑13座。出土铜器224件（主要有剑、钺、戈、矛、箭镞、刻刀、印章、釜等）、陶器195件（主要是豆、罐、钵、尖底盏、瓮等）和玉、石、骨器近百件。在遗址中，还首次发现双棺合葬墓和三棺合葬墓各1座。

2016年6月，在对罗家坝遗址实施的第四次考古发掘中，发现了一批新石器时代的遗存。

2016年11月，罗家坝遗址被列入国家大遗址保护"十三五"专项规划名单。

2017年11月，罗家坝考古遗址公园暨罗家坝遗址博物馆建设启动。

2017年12月，罗家坝遗址新发现了距今5300年至4500年的新石器时代遗存。

2019—2020年，对罗家坝遗址实施了第五次和第六次发掘，发掘总面积1300平方米。清理墓葬75座（发现了78座）。出土铜器、陶器、玉器、石器等1000余件。不仅发现了一座编号为M83的大中型贵族墓葬，还在其中的8座墓葬中发现有龟甲、鹿角等与占卜、巫术相关的物件（在四川地区发现战国时期的龟甲尚属首次）。此外，在新出土的印章和兵器上还发现了数量较多的巴蜀符号（时间从战国早期延续至西汉）。

2021年2月，罗家坝遗址入选《2020年度全国十大考古新发现入围终评项目名单》。

水陆攻战宴乐纹铜盖豆

来源：四川宣汉罗家坝遗址 33 号墓
年代：战国
藏址：四川省文物考古研究院

该豆带盖，弧腹、矮柄、圈足。全器周身满布错铅纹饰。豆盖捉手上的纹饰，为一人居中，左右两侧各有四兽。盖面铸刻有四组纹饰，主要体现为宴乐的场景。豆腹铸刻有四组纹饰，主要体现为水陆的攻战。圈足上铸刻有两组图案，一组为狩猎，一组为采桑。

涡旋纹夔龙耳铜罍

来源：四川宣汉罗家坝遗址 33 号墓
年代：战国
藏址：四川省文物考古研究院

夔龙纹铜甗

来源：四川宣汉罗家坝遗址 33 号墓
年代：战国
藏址：四川省文物考古研究院

窃曲纹铜敦

来源：四川宣汉罗家坝遗址 33 号墓
年代：战国
藏址：四川省文物考古研究院

蟠虺纹铜鼎

来源：四川宣汉罗家坝遗址 33 号墓
年代：战国
藏址：四川省文物考古研究院

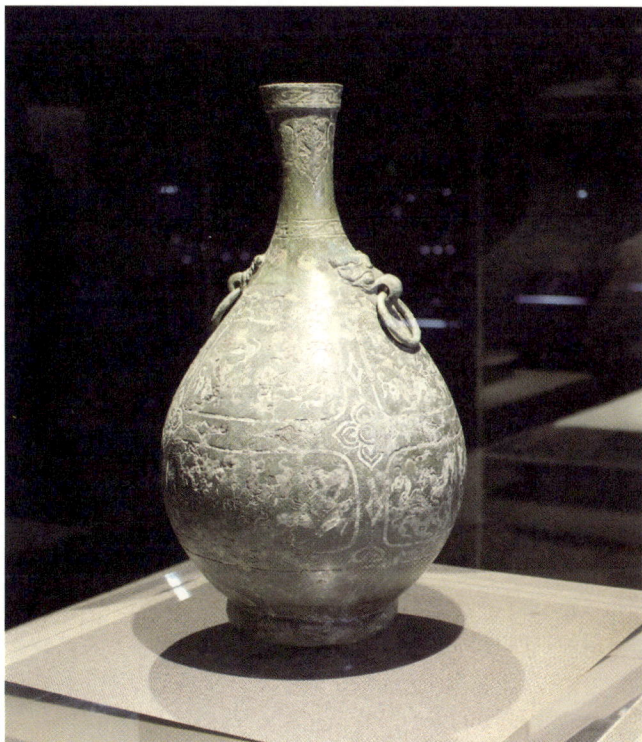

狩猎纹铜壶

来源：四川宣汉罗家坝遗址 2 号墓
年代：战国
藏址：四川省文物考古研究院

该壶侈口方唇、长颈溜肩、鼓腹、圈足。肩部有
两个对称的铺首衔环。环上饰卷云纹。壶身满布
纹饰。口下部为卷云纹。颈中部为四组垂叶纹，
垂叶中有两背向兽纹。颈下部为凹弦纹和卷云纹
组合。腹部有两组由人、虎、鹿组成的狩猎纹。
圈足饰菱格纹。

第二十部分

巴乡拾遗

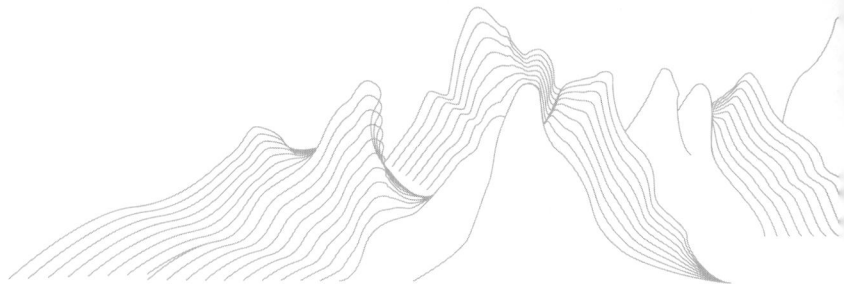

巴人既是一个庞大的族群，也是一个长寿的族群，只是由于文献上的局限，使得他们在世人心目中，始终都是一个谜一样的存在。

　　就算这样，在他们生活过的这片广袤的土地上，还是留下了大量的遗物和遗迹。特殊的文化背景、生产方式、生活习惯、物候现象等，使得他们与中原地区乃至周边地区都有着很大的差异，这些也无一例外地反映到了他们的遗存上。

　　仔细查看、寻访每一处可能的蛛丝马迹，找出它们的同与不同。不为猎奇，不为标新立异，而是为了更好地回顾那段历史，复历史以原貌。

　　另：

　　当然，在本书乃至各攸关博物馆中所呈现的物件，未必都是巴人的遗物，其中不排除有部分是外来品，还有一些也并非就是生活中的实用物品，而是一些专门用于丧葬的明器。

　　虽然这些被选入书中的内容，也只是巴人遗存中极其微小的一部分，但终究还是可以作为实物的参照或参考。通过比对、分析，再层层剥离、思考，了解并体悟巴地的岁月变迁，以及当地人的生活形态。

鱼化石

来源：重庆市四十七中学
年代：侏罗纪
藏址：重庆巴人博物馆

鱼化石

来源：巴南花溪镇红光村皂桷湾
年代：侏罗纪
藏址：重庆巴人博物馆

龟化石

来源：巴南花溪镇红光村皂桷湾
年代：侏罗纪
藏址：重庆巴人博物馆

龟化石

来源：重庆自然博物馆提供
年代：侏罗纪
藏址：重庆巴人博物馆

龟化石

来源：九龙坡马王场采石场
年代：侏罗纪
藏址：重庆巴人博物馆

虎下颌骨化石

来源：关面乡采集
年代：古生代
藏址：开州博物馆

南方典型动物群

　　三峡地区位于北亚热带范围内，温和湿润，雨量充沛，森林、河流与灌丛相嵌，自古以来就是各种动植物栖息的家园与丰富的物种库。

　　动物群的生存、演替与环境的变化历来都是息息相关的，人类也不例外。考古显示，在史前曾有两个非常繁盛的南方典型动物群，即更新世早期的龙骨坡动物群（巫山龙骨坡遗址）与晚更新世末期—全新世的大熊猫—剑齿象动物群（巫山玉米洞、迷宫洞、大石洞等遗址），与人类在这里同行——在同一自然环境中相伴、竞争、相杀。

中国爪蹄兽

来源：巫山龙骨坡遗址
年代：旧石器时代早期（早更新世早期）
藏址：巫山博物馆

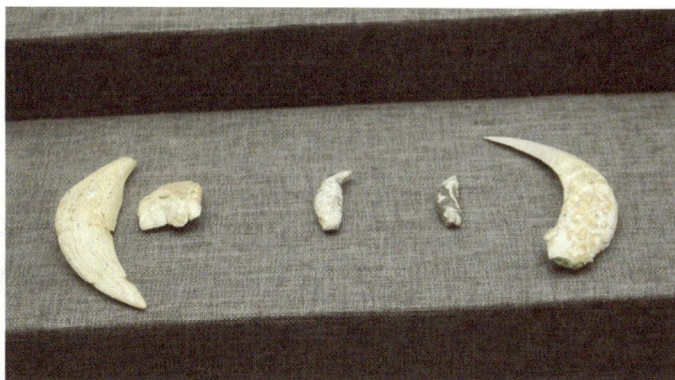

似巴氏似剑齿虎

来源：巫山龙骨坡遗址
年代：旧石器时代早期（早更新世早期）
藏址：巫山博物馆

中国犀

来源：巫山玉米洞遗址
年代：旧石器时代中期
藏址：巫山博物馆

巫山玉米洞位于巫山县庙宇镇小营村7社，地处庙宇盆地南缘峰丛地貌中的一座小山包内。该遗址早在2005年即被发现，经过两次试掘（2005年、2011年）、两次挖掘（2012年、2013年），先后采集骨、牙、角制品数十件，石制品（其器物工业，无论是在器型还是在打制技术方面均具有独一无二的技术特征）近2000件，哺乳动物化石（属种超过30个）近1000件。

通过铀系法对T4探方所作的测定，其绝对年代为距今39万年至8000年。2015年，又在2013年探方基础上发掘出石器和化石1000余件。确认遗址地层堆积比预计更厚，显示其年代可能比之前测定的更早。

华南巨貘

来源：巫山玉米洞遗址
年代：旧石器时代中期
藏址：巫山博物馆

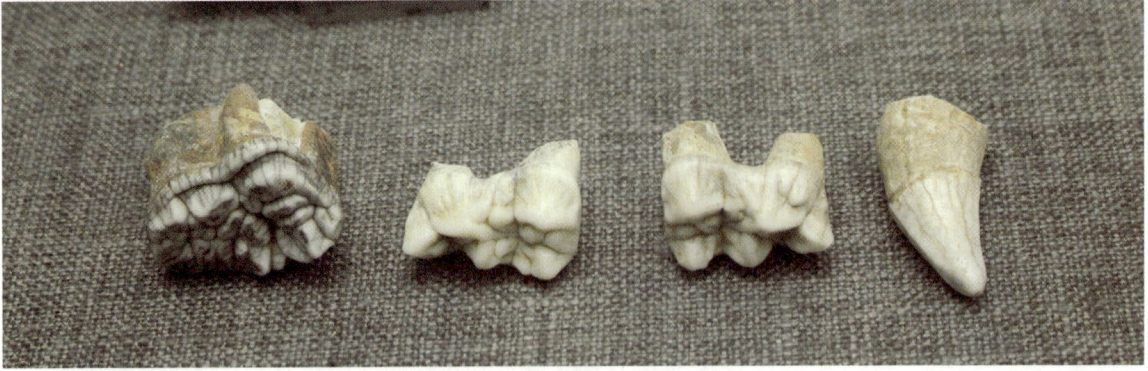

巴氏大熊猫

来源：巫山玉米洞遗址
年代：旧石器时代中期
藏址：巫山博物馆

最后斑鬣狗

来源：巫山玉米洞遗址
年代：旧石器时代中期
藏址：巫山博物馆

梅氏犀

来源：巫山迷宫洞遗址
年代：旧石器时代晚期
藏址：巫山博物馆

巫山迷宫洞位于巫山县抱龙镇马坪村，地处抱龙河边。该遗址于1999年被发现，经过多次发掘，出土了1件晚期智人顶骨、23件石器以及300余件史前动物化石（包括鱼类、爬行类和哺乳动物三类，其中的哺乳动物涉及47个种属）。

经测定，该遗址化石层年代确定为13150±190年前，属于第四纪晚更新世时期。

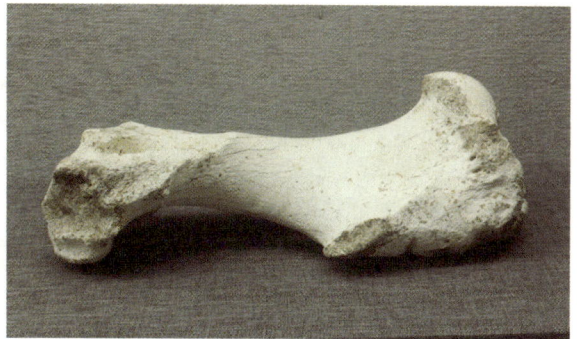

东北马鹿

来源：巫山迷宫洞遗址
年代：旧石器时代晚期
藏址：巫山博物馆

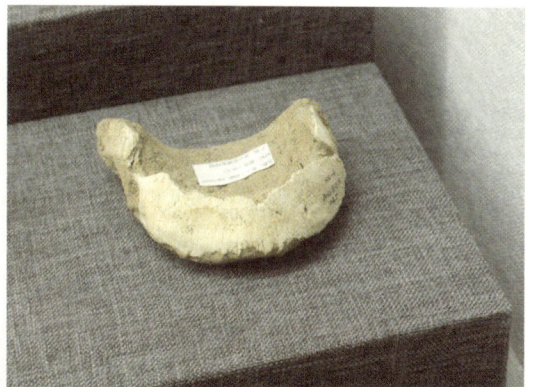

智人

来源：巫山大石洞遗址
年代：旧石器时代晚期
藏址：巫山博物馆

巫山大石洞位于巫山县官渡镇店子村，地处巫山山脉北坡三峡谷地。海拔高程 512 米。该遗址于 2004 年被发现，通过考察（2004 年）、试掘（2006 年）和发掘（2008 年），先后采集到包括晚期智人和哺乳动物的骨骼以及石制品、陶片和烧土等在内的遗物近 200 件。
初步判定年代为旧石器时代与新石器时代过渡阶段，约为 6000 年前的全新世中期。

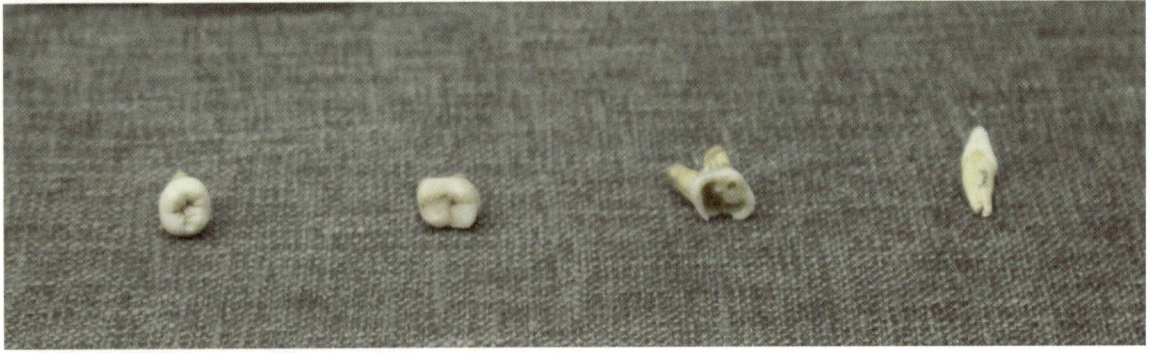

晚期智人

来源：巫山大石洞遗址
年代：旧石器时代晚期
藏址：巫山博物馆

石器系

燧石核

来源：奉节兴隆洞遗址
年代：旧石器时代中期（中更新世晚期）
藏址：夔州博物馆

石核

来源：巫山龙骨坡遗址
年代：旧石器时代早期（早更新世早期）
藏址：巫山博物馆

石片

来源：巫山龙骨坡遗址
年代：旧石器时代早期（早更新世早期）
藏址：重庆中国三峡博物馆

刮削器

来源：巫山龙骨坡遗址
年代：旧石器时代早期（早更新世早期）
藏址：重庆中国三峡博物馆

刮削器

来源：巫山龙骨坡遗址
年代：旧石器时代早期（早更新世早期）
藏址：巫山博物馆

刮削器

来源：奉节兴隆洞遗址
年代：旧石器时代中期（中更新世晚期）
藏址：夔州博物馆

刮削器

来源：云阳大地坪遗址
年代：新石器时代
藏址：云阳博物馆

砍砸器

来源：巫山龙骨坡遗址
年代：旧石器时代早期（早更新世早期）
藏址：巫山博物馆

砍砸器

来源：奉节兴隆洞遗址
年代：旧石器时代中期（中更新世晚期）
藏址：夔州博物馆

砍砸器

来源：云阳大地坪遗址
年代：新石器时代
藏址：云阳博物馆

复刃砍砸器

来源：巫山玉米洞遗址
年代：旧石器时代中期（中更新世晚期）
藏址：巫山博物馆

尖状器

来源：奉节兴隆洞遗址
年代：旧石器时代中期（中更新世晚期）
藏址：夔州博物馆

尖状器

来源：云阳大地坪遗址
年代：新石器时代
藏址：云阳博物馆

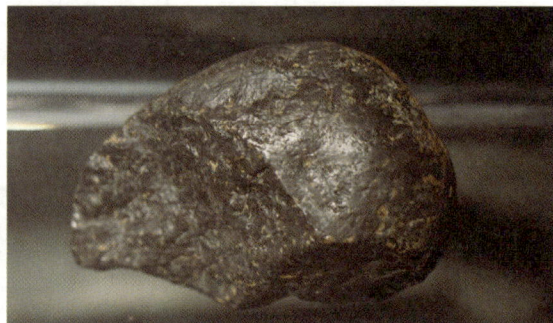

手镐

来源：巫山龙骨坡遗址
年代：旧石器时代早期（早更新世早期）
藏址：重庆中国三峡博物馆

打制石器

来源：万州大周渣子门遗址
年代：旧石器时代
藏址：万州博物馆

渣子门遗址位于大周镇的大周村，是三峡地区发现的早期古人类遗址之一。

打制石器

来源：万州苏和坪遗址
年代：新石器时代
藏址：万州博物馆

打制石器

来源：万州巴豆林遗址
年代：商周
藏址：万州博物馆

研磨器

来源：巫山锁龙遗址
年代：新石器时代
藏址：巫山博物馆

锁龙遗址位于巫山县曲尺乡。1997年、1998年由成都市文物考古研究所对其进行了全面发掘，出土陶、石器、动物骨骼等大量遗物，同时还发现有新石器时代房址等重要遗迹。
锁龙遗址属于新石器时代末期的遗址，对研究巫山地区史前文化面貌和同时期三峡文化关系提供了十分重要的材料。

砺石

来源：丰都玉溪遗址
年代：新石器时代中期
藏址：重庆中国三峡博物馆

磨盘 磨棒

来源：丰都玉溪坪遗址
年代：新石器时代晚期
藏址：重庆中国三峡博物馆

石网坠

来源：云阳大地坪遗址
年代：新石器时代
藏址：云阳博物馆

网坠，是渔网上的一种重要的辅助部件，系于渔网的底部，可使渔网在捕鱼时迅速下沉。小小的网坠，是当时渔业文明的见证。

投网技术是一种个人操作的捕鱼方法。使用者以手掷的方式将事先整理好的渔网抛向目标，渔网在网坠的带动下散开并下沉。稍待片刻，拉起绑缚在渔网中心的线绳，就可以将整张渔网提起。

石网坠

来源：忠县中坝遗址
年代：商
藏址：忠州博物馆

石网坠

来源：奉节毛狗堆遗址
年代：商周
藏址：夔州博物馆

石网坠

来源：忠县中坝遗址
年代：东周
藏址：忠州博物馆

石矛

来源：涪陵蔺市遗址
年代：新石器时代
藏址：涪陵区博物馆

石矛

来源：丰都玉溪坪遗址
年代：新石器时代晚期
藏址：重庆中国三峡博物馆

石镞

来源：丰都玉溪坪遗址
年代：新石器时代晚期
藏址：重庆中国三峡博物馆

石钺

来源：忠县中坝遗址
年代：商
藏址：忠州博物馆

石球

来源：忠县中坝遗址
年代：新石器时代
藏址：忠州博物馆

石球

来源：丰都玉溪遗址
年代：新石器时代中期
藏址：重庆中国三峡博物馆

石球

来源：忠县中坝遗址
年代：商
藏址：忠州博物馆

石球

来源：忠县中坝遗址
年代：东周
藏址：忠州博物馆

石刀

来源：巫山玉米洞遗址
年代：旧石器时代中期（中更新世晚期）
藏址：巫山博物馆

石刀

来源：忠县瓦渣地遗址
年代：新石器时代
藏址：忠州博物馆

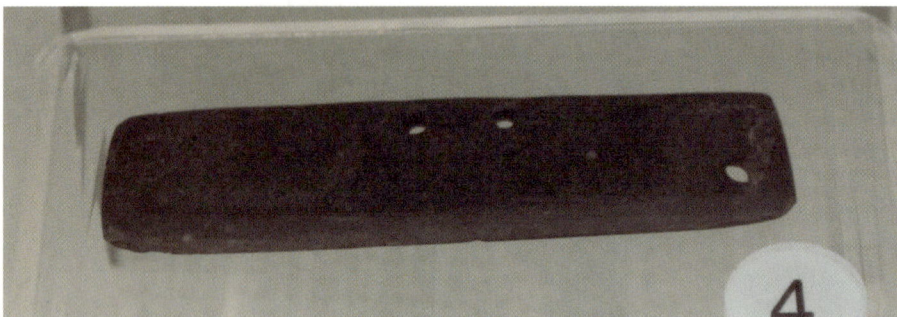

三孔石刀

来源：巫山跳石遗址
年代：新石器时代
藏址：巫山博物馆

跳石遗址位于巫溪县巫峡镇。1997 年、1998—1999 年，南京博物院对其进行了全面发掘，发现有新石器时代末期至夏代的墓葬，出土了石、陶、骨、牙器等众多器物。

该遗址属三峡白庙遗存的重要遗址，是目前确认的白庙遗存分布最西的遗址，对研究这一时期三峡与江汉平原、中原地区的文化关系有重要价值。

大型薄刃石斧

来源：巫山龙骨坡遗址
年代：旧石器时代早期（早更新世早期）
藏址：重庆中国三峡博物馆

石斧、石锛和石凿是新石器时代出土数量最多，分布最广的石制工具。随着时代的发展和技术的进步，其形式进一步分化（器型大小，加工精粗），其功能也更加细化（出现更多器物组合）。

石斧由手斧、薄刃斧演变而来。石斧具有多功能的特性，后来逐渐演变成钺。磨制石斧不仅是生产工具和生活用具，还被当做道具使用，如祭祀等。

《说文解字》："斧，斫也。"

石斧

来源：涪陵陈家嘴遗址
年代：新石器时代
藏址：涪陵区博物馆

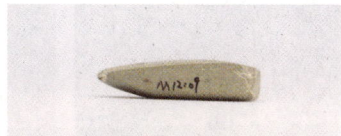

石斧

来源：涪陵蔺市遗址
年代：新石器时代
藏址：涪陵区博物馆

石斧

来源：忠县中坝遗址
年代：新石器时代
藏址：忠州博物馆

石斧

来源：丰都玉溪遗址
年代：新石器时代中期
藏址：重庆中国三峡博物馆

磨制石斧

来源：巫山大溪遗址
年代：新石器时代中期
藏址：重庆中国三峡博物馆

石斧

来源：巫山大溪遗址
年代：新石器时代晚期
藏址：重庆中国三峡博物馆

穿孔石斧

来源：丰都玉溪坪遗址
年代：新石器时代晚期
藏址：重庆中国三峡博物馆

磨制石斧

来源：涪陵小田溪墓地
年代：战国
藏址：重庆中国三峡博物馆

石锛

来源：涪陵陈家嘴遗址
年代：新石器时代
藏址：涪陵区博物馆

石锛

来源：涪陵蔺市遗址
年代：新石器时代
藏址：涪陵区博物馆

石锛

来源：丰都玉溪遗址
年代：新石器时代中期
藏址：重庆中国三峡博物馆

磨制石锛

来源：丰都玉溪坪遗址
年代：新石器时代晚期
藏址：重庆中国三峡博物馆

石凿

来源：丰都玉溪遗址
年代：新石器时代晚期
藏址：重庆中国三峡博物馆

圭形石凿

来源：巫山大溪遗址
年代：新石器时代晚期
藏址：重庆中国三峡博物馆

磨制石铲

来源：奉节老关庙遗址
年代：新石器时代
藏址：夔州博物馆

石铲

来源：巫山大溪遗址
年代：新石器时代中期
藏址：重庆中国三峡博物馆

石铲

来源：丰都玉溪坪遗址
年代：新石器时代晚期
藏址：重庆中国三峡博物馆

石锄

来源：丰都玉溪遗址
年代：新石器时代晚期
藏址：重庆中国三峡博物馆

双肩石锄

来源：丰都玉溪坪遗址
年代：新石器时代晚期
藏址：重庆中国三峡博物馆

石锄

来源：奉节王家湾遗址
年代：商周
藏址：夔州博物馆

石纺轮

来源：忠县中坝遗址
年代：新石器时代
藏址：忠州博物馆

纺轮，是古代纺线的用具，由塼（tuán）盘和塼杆组成。
纺轮也称塼（塼字在甲骨文中，就是根据古人纺纱的姿态
创造出来的象形文字）、瓦、纺专。在纺轮的圆心孔上插
入一支细棒，组合成纺锤。将几条细麻线缠绕在纺锤棒上，
通过纺锤的拉转，将麻线扭成一股，就成了织布用的线。
有人形容纺轮转出了人类文明实不为过。

石镯

来源：巫山大溪遗址
年代：新石器时代晚期
藏址：重庆中国三峡博物馆

石匕

来源：云阳大地坪遗址
年代：新石器时代
藏址：云阳博物馆

石猪

来源：云阳旧县坪遗址
年代：新石器时代
藏址：云阳博物馆

骨器系

骨质手斧

来源：九龙坡白市驿一采石场
年代：旧石器时代中期
藏址：重庆巴人博物馆

该标本于 2002 年在白市驿一采石场开山采石过程中被发现，如今出土地点已被完全破坏。2009 年，重庆巴人博物馆在清理文物库房时被重新发现。

该标本利用东方剑齿象颌骨的一部分打制而成，碳 14 年代测定结果显示距今约 17 万年，是迄今东亚地区发现的，首件利用骨头打制成的手斧，也是全世界发现的首件利用剑齿象颌骨打制的大型铲型工具。

手斧是旧石器早期最具特色的器物之一，历来因被贴上古人类技术与智能发展程度的标签而备受关注。

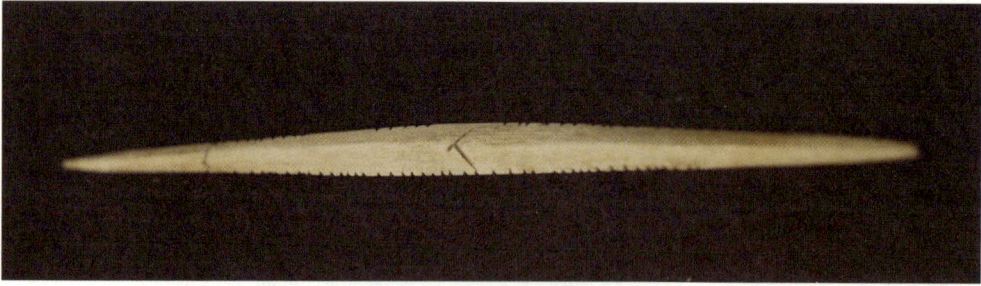

带刻划符号的骨镞

来源：巫山大溪遗址
年代：新石器时代晚期
藏址：重庆中国三峡博物馆

骨器是原始时代一个重要的手工业门类。三峡地区的骨器虽然发现不多，但其加工却具有很高的水准。骨器的加工包括选料、下料、剖料、成型、精修和磨制，有的还要抛光。许多骨器上装饰有精美的花纹，有的还刻划有符号。

骨镞

来源：巫山双堰塘遗址
年代：西周
藏址：巫山博物馆

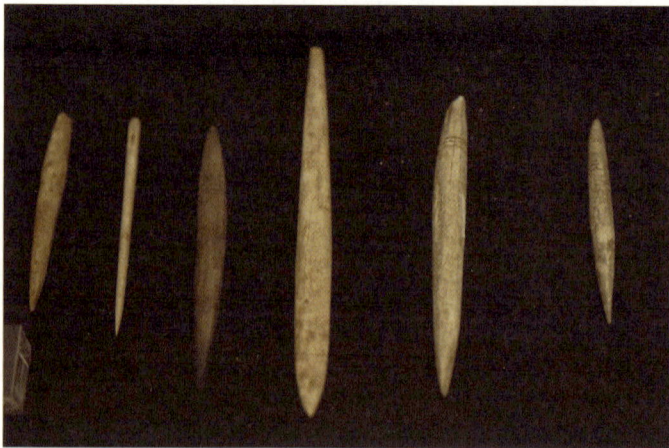

骨针

来源：巫山大溪遗址
年代：新石器时代晚期
藏址：重庆中国三峡博物馆

骨针是一种缝补工具。骨针与现今的针基本相同，有细小的针鼻。

骨锥

来源：丰都玉溪遗址
年代：新石器时代晚期
藏址：重庆中国三峡博物馆

骨锥是一种缝补工具。骨锥较粗大，有的尾端
带有利于捆线的刻槽。

骨匕

来源：巫山大溪遗址
年代：新石器时代晚期
藏址：重庆中国三峡博物馆

骨匕是一种编织工具。可以用来
织渔网，也可以用来织细密的布。

骨铲

来源：巫山大溪遗址
年代：新石器时代晚期
藏址：重庆中国三峡博物馆

鱼形骨铲

来源：巫山大溪遗址
年代：新石器时代晚期
藏址：重庆中国三峡博物馆

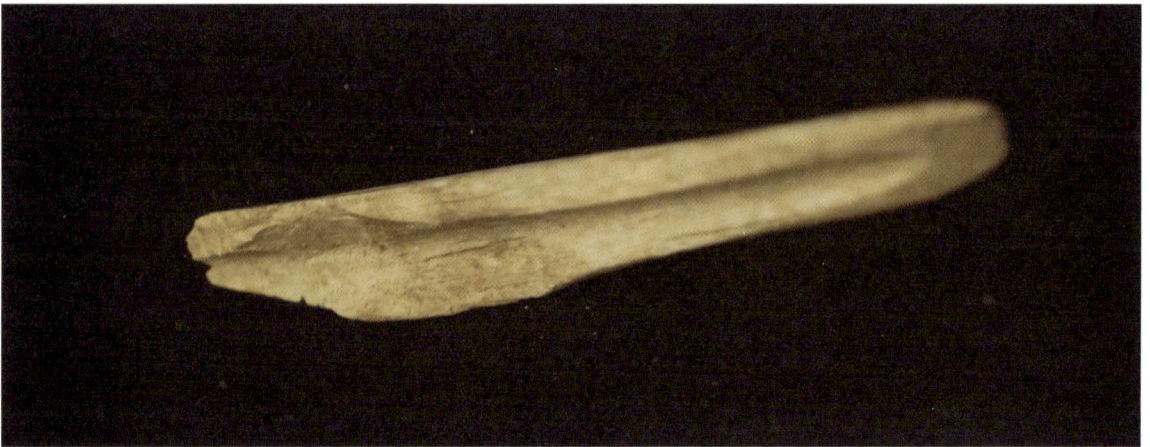

骨笄

来源：丰都玉溪遗址
年代：新石器时代晚期
藏址：重庆中国三峡博物馆

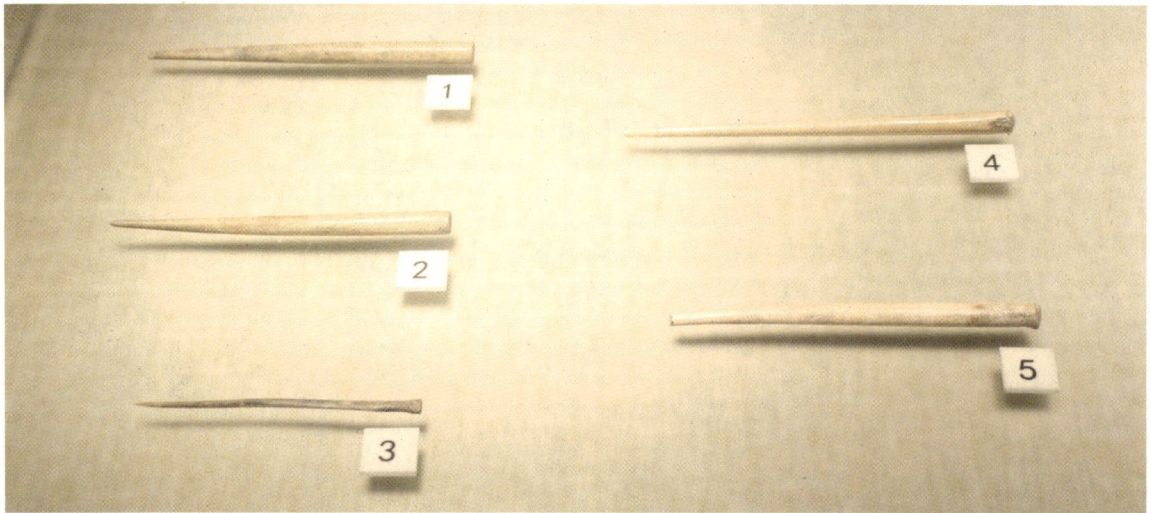

骨笄

来源：忠县中坝遗址　博物馆旧藏
年代：新石器时代—东周
藏址：忠州博物馆

1—4号为中坝遗址出土，5号为博物馆旧藏。4号为新石器，2号为商，1、5号为西周，3号为东周。

骨钏

来源：巫山大溪遗址
年代：新石器时代晚期
藏址：重庆中国三峡博物馆

虎牙

来源：巫山大溪遗址
年代：新石器时代晚期
藏址：重庆中国三峡博物馆

骨鸟

来源：巫山双堰塘遗址
年代：西周
藏址：巫山博物馆

陶范

来源：云阳旧县坪遗址
年代：汉
藏址：云阳博物馆

陶鼎

来源：巫山瓦岗槽墓地
年代：战国
藏址：巫山博物馆

鼎最初是用来烹煮和盛贮肉类的器具。最早的鼎是用黏土烧制的陶鼎，后来才有了铜鼎。
青铜鼎作为我国青铜文化的代表，在古代一直被视为立国重器，是国家和权力的象征。从三代到秦汉延续了两千多年，是最常见也是最神秘的礼器。

陶豆

来源：云阳大地坪遗址
年代：新石器时代
藏址：云阳博物馆

豆是古代的盛食器和礼器。新石器时代晚期开始出现，盛行于商周。
豆作为礼器常与鼎、壶配套使用，构成了一套原始礼器的基本组合，成为随葬用的主要器类。豆的造型类似高足盘，上部呈圆盘状，盘下有柄，柄下有圈足。
《国语·吴语》："王曰：'在孤之侧者，觞酒、豆肉、箪食，未尝敢不分也。'"

陶镂空圈足豆

来源：巫山大溪遗址
年代：新石器时代晚期
藏址：重庆中国三峡博物馆

陶豆

来源：忠县中坝遗址
年代：新石器时代晚期
藏址：重庆中国三峡博物馆

陶豆

来源：忠县中坝遗址
年代：商
藏址：重庆中国三峡博物馆

陶高柄豆

来源：忠县老鸹冲遗址
年代：商
藏址：重庆中国三峡博物馆

陶双耳高柄豆

来源：忠县老鸹冲遗址
年代：商
藏址：重庆中国三峡博物馆

陶豆

来源：涪陵镇安遗址
年代：战国
藏址：涪陵区博物馆

黄褐陶豆

来源：忠县崖脚遗址
年代：战国
藏址：忠州博物馆

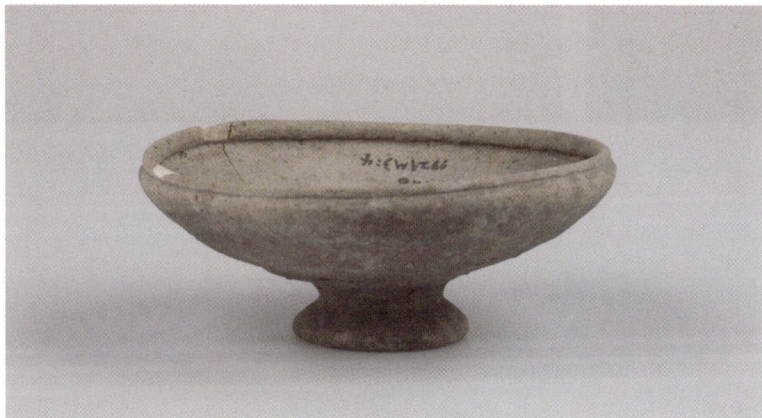

陶豆

来源：涪陵镇安遗址
年代：西汉
藏址：涪陵区博物馆

陶豆

来源：巫山塔坪墓地
年代：西汉
藏址：重庆中国三峡博物馆

陶小口壶

来源：巫山大溪遗址
年代：新石器时代晚期
藏址：重庆中国三峡博物馆

陶壶

来源：忠县老鸹冲遗址
年代：商
藏址：重庆中国三峡博物馆

陶壶

来源：涪陵陈家嘴遗址
年代：战国
藏址：涪陵区博物馆

陶壶

来源：开县余家坝遗址
年代：战国
藏址：开州博物馆

灰陶双系壶

来源：开县余家坝遗址
年代：战国
藏址：开州博物馆

陶瓶

来源：涪陵镇安遗址
年代：战国
藏址：涪陵区博物馆

陶瓠

来源：忠县老鸹冲遗址
年代：商
藏址：重庆中国三峡博物馆

陶罐形盉

来源：云阳大地坪遗址
年代：商
藏址：重庆中国三峡博物馆

陶封口盉

来源：云阳大地坪遗址
年代：商
藏址：重庆中国三峡博物馆

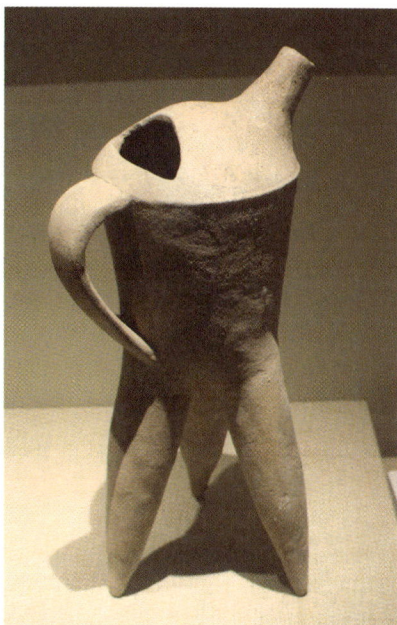

陶盉

来源：忠县中坝遗址
年代：商周
藏址：忠州博物馆

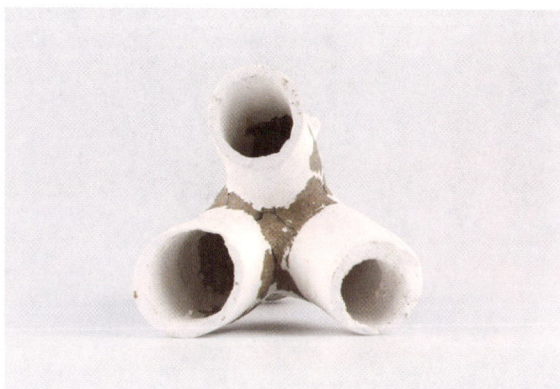

陶盉

来源：涪陵蔺市遗址
年代：商周
藏址：涪陵区博物馆

陶罐

来源：云阳旧县坪遗址
年代：新石器时代
藏址：云阳博物馆

陶罐

来源：云阳大地坪遗址
年代：新石器时代
藏址：云阳博物馆

粗砂陶罐

来源：奉节老关庙遗址
年代：新石器时代
藏址：夔州博物馆

陶戳印纹罐

来源：云阳大地坪遗址
年代：新石器时代
藏址：云阳博物馆

陶弦断绳纹罐

来源：奉节老关庙遗址
年代：新石器时代
藏址：夔州博物馆

彩陶罐

来源：巫山大溪遗址
年代：新石器时代晚期
藏址：重庆中国三峡博物馆

陶圈足罐

来源：巫山大溪遗址
年代：新石器时代晚期
藏址：重庆中国三峡博物馆

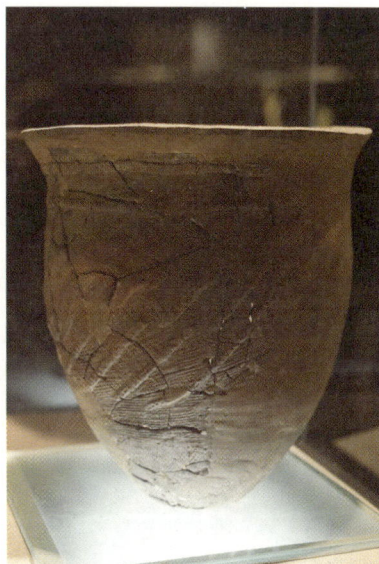

陶折沿大口罐

来源：万州苏和坪遗址
年代：新石器时代晚期
藏址：重庆中国三峡博物馆

陶盘口深腹罐

来源：忠县中坝遗址
年代：新石器时代晚期
藏址：重庆中国三峡博物馆

陶喇叭口高领罐

来源：忠县哨棚嘴遗址
年代：新石器时代晚期
藏址：重庆中国三峡博物馆

陶罐

来源：万州中坝子遗址
年代：夏
藏址：重庆中国三峡博物馆

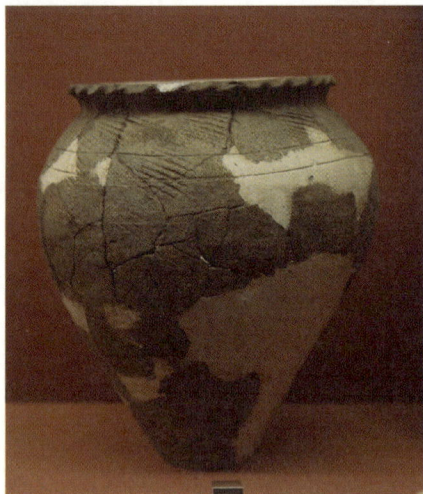

陶花边口罐

来源：万州中坝子遗址
年代：夏
藏址：重庆中国三峡博物馆

陶深腹罐

来源：万州中坝子遗址
年代：夏
藏址：重庆中国三峡博物馆

陶小平底罐

来源：忠县老鸹冲遗址
年代：商
藏址：重庆中国三峡博物馆

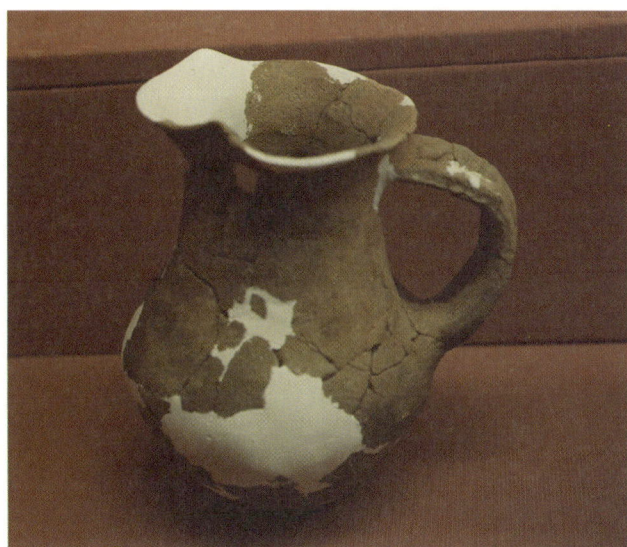

陶单耳罐

来源：忠县老鸹冲遗址
年代：商
藏址：重庆中国三峡博物馆

陶深腹罐

来源：忠县中坝遗址
年代：商
藏址：重庆中国三峡博物馆

陶高领罐

来源：云阳大地坪遗址

年代：商

藏址：重庆中国三峡博物馆

红褐陶小平底罐

来源：忠县花灯坟墓群

年代：商周

藏址：忠州博物馆

陶单耳罐

来源：云阳大地坪遗址

年代：商周

藏址：云阳博物馆

灰陶圈足罐

来源：忠县中坝遗址
年代：周
藏址：忠州博物馆

陶花边深腹罐

来源：忠县中坝遗址
年代：西周
藏址：重庆中国三峡博物馆

陶花边圜底罐

来源：巫山大昌
年代：西周
藏址：重庆中国三峡博物馆

灰陶花边口圜底罐

来源：忠县哨棚嘴遗址
年代：东周
藏址：忠州博物馆

红陶花边口圜底罐

来源：忠县中坝遗址
年代：东周
藏址：忠州博物馆

红陶花边口圜底罐

来源：忠县瓦渣地遗址
年代：东周
藏址：忠州博物馆

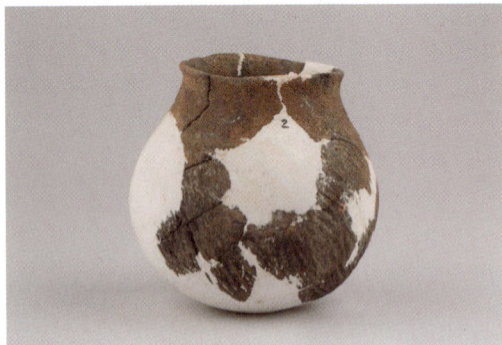

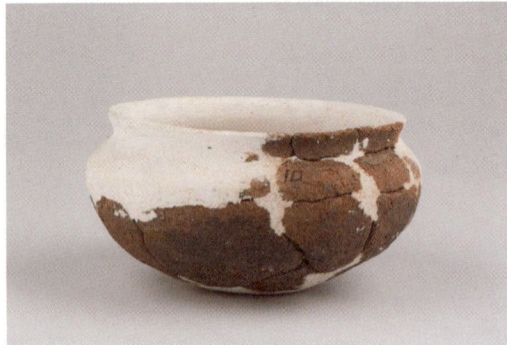

陶罐

来源：涪陵小田溪墓地
年代：战国
藏址：涪陵区博物馆

陶罐

来源：涪陵陈家嘴遗址
年代：战国
藏址：涪陵区博物馆

灰陶罐

来源：涪陵镇安遗址
年代：战国
藏址：涪陵区博物馆

陶圜底罐

来源：奉节营盘包墓群
年代：战国
藏址：夔州博物馆

灰陶绳纹罐

来源：开县余家坝遗址
年代：战国
藏址：开州博物馆

陶长颈罐

来源：巫山塔坪墓地
年代：战国
藏址：重庆中国三峡博物馆

陶平底罐

来源：涪陵镇安遗址
年代：秦
藏址：涪陵区博物馆

陶圜底罐

来源：涪陵镇安遗址
年代：秦
藏址：涪陵区博物馆

红陶带鋬（pàn）罐

来源：忠县崖脚遗址
年代：汉
藏址：忠州博物馆

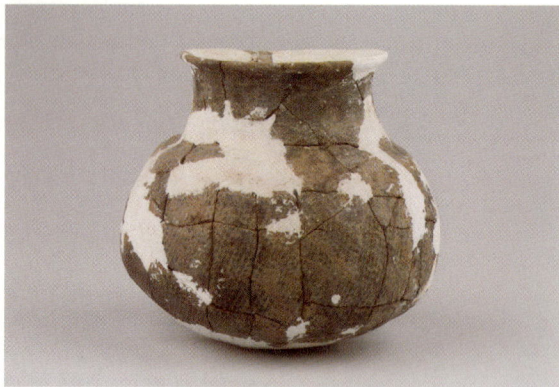

陶罐

来源：涪陵吴家石梁墓群
年代：西汉
藏址：涪陵区博物馆

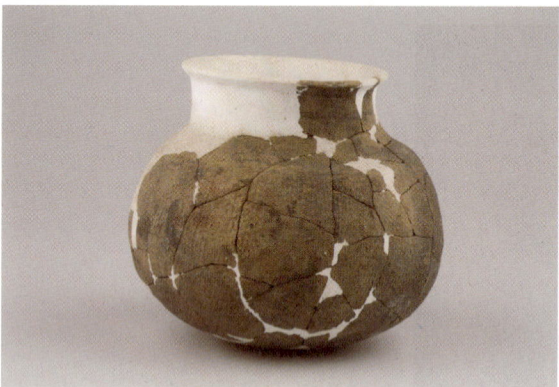

陶圜底罐

来源：涪陵吴家石梁墓群
年代：西汉
藏址：涪陵区博物馆

陶圜底罐

来源：涪陵镇安遗址
年代：西汉
藏址：涪陵区博物馆

陶彩绘罐

来源：涪陵蔺市遗址
年代：西汉
藏址：涪陵区博物馆

彩绘陶罐，在汉代早期是十分流行的随葬品。到了西汉中晚期以后，逐渐为釉陶所取代。

灰陶绳纹瓮

来源：忠县中坝遗址
年代：周
藏址：忠州博物馆

褐陶绳纹小平底缸

来源：忠县哨棚嘴遗址
年代：新石器时代
藏址：忠州博物馆

陶大口缸

来源：万州苏和坪遗址
年代：新石器时代晚期
藏址：重庆中国三峡博物馆

陶大口深腹缸

来源：忠县哨棚嘴遗址
年代：新石器时代晚期
藏址：重庆中国三峡博物馆

陶大口缸

来源：云阳丝栗包遗址
年代：夏
藏址：重庆中国三峡博物馆

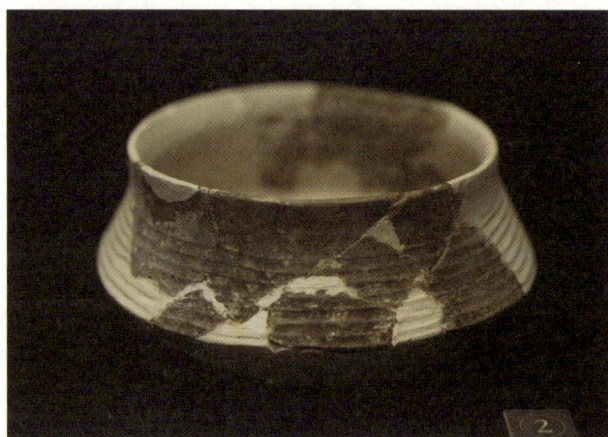

丝栗包遗址位于重庆市云阳新县城城区的西南侧，地处长江北岸边的小台地上。被评为三峡工程重庆库区 2003 年度十项重要考古发现。

遗址内出土有大口缸、厚壁尖底缸、折沿深腹罐、折沿盆、尊形器等新石器时代哨棚嘴文化遗物。该遗址也是商周遗址中复原器物最多的遗址。尤为重要的是，遗址内还发现了大量商周时期的灰坑和房屋遗址。

陶敛口钵

来源：巫山大溪遗址
年代：新石器时代晚期
藏址：重庆中国三峡博物馆

陶折腹钵

来源：忠县哨棚嘴遗址
年代：新石器时代晚期
藏址：重庆中国三峡博物馆

陶钵

来源：万州中坝子遗址
年代：夏
藏址：重庆中国三峡博物馆

陶钵

来源：云阳大地坪遗址
年代：商周
藏址：云阳博物馆

陶钵

来源：涪陵陈家嘴遗址
年代：战国
藏址：涪陵区博物馆

陶折沿平底盆

来源：巫山大溪遗址
年代：新石器时代晚期
藏址：重庆中国三峡博物馆

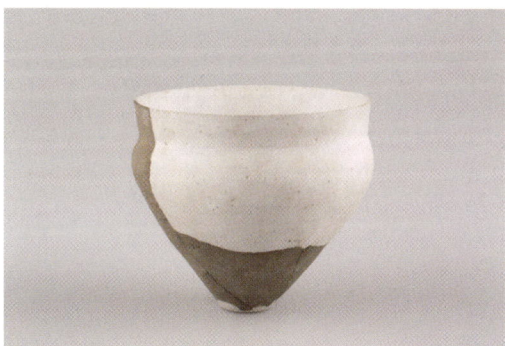

陶小平底盆

来源：涪陵镇安遗址
年代：商
藏址：涪陵区博物馆

陶盆

来源：涪陵小田溪墓地
年代：战国
藏址：重庆中国三峡博物馆

陶盂

来源：涪陵小田溪墓地
年代：战国
藏址：涪陵区博物馆

陶镂空圈足盘

来源：巫山大溪遗址
年代：新石器时代晚期
藏址：重庆中国三峡博物馆

陶盘

来源：忠县中坝遗址
年代：新石器时代晚期
藏址：重庆中国三峡博物馆

陶大圈足盘

来源：忠县中坝遗址
年代：新石器时代晚期
藏址：重庆中国三峡博物馆

陶圈足碗

来源：丰都玉溪遗址
年代：新石器时代中期
藏址：重庆中国三峡博物馆

陶盏

来源：涪陵石沱遗址
年代：商周
藏址：涪陵区博物馆

陶杯

来源：涪陵镇安遗址
年代：商
藏址：涪陵区博物馆

陶双耳高脚杯

来源：忠县老鸹冲遗址
年代：商
藏址：重庆中国三峡博物馆

陶尖底杯

来源：万州中坝子遗址
年代：商
藏址：重庆中国三峡博物馆

陶杯

来源：涪陵石沱遗址
年代：商周
藏址：涪陵区博物馆

红陶尖底杯

来源：忠县瓦渣地遗址
年代：商周
藏址：忠州博物馆

红陶尖底杯

来源：忠县中坝遗址
年代：商周
藏址：忠州博物馆

灰陶尖底杯

来源：忠县㽏井沟遗址
年代：商周
藏址：忠州博物馆

陶尖底杯

来源：云阳大地坪遗址
年代：西周
藏址：云阳博物馆

陶船型杯

来源：丰都石地坝遗址
年代：西周
藏址：重庆中国三峡博物馆

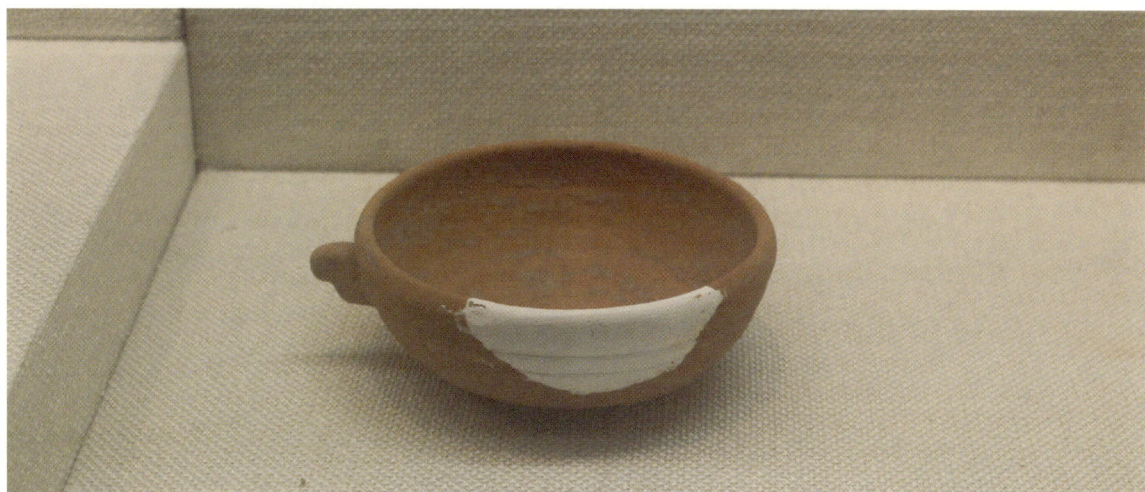

陶匜（yí）

来源：云阳马粪沱墓群
年代：汉
藏址：云阳博物馆

马粪沱墓群位于重庆市云阳县双江镇马沱村，地处长江北岸的坡地上。被评为三峡工程重庆库区 2001 年度十项重要考古发现。

该遗址共清理出战国、秦汉、六朝墓葬 40 座，出土器物主要为铜、陶两类（以陶器为主包括釉陶）。

陶魁

来源：云阳马粪沱墓群
年代：汉
藏址：云阳博物馆

陶簋

来源：巫山大溪遗址
年代：新石器时代晚期
藏址：重庆中国三峡博物馆

陶簋

来源：云阳丝栗包遗址
年代：商
藏址：重庆中国三峡博物馆

陶敦

来源：巫山土城坡墓地
年代：战国
藏址：巫山博物馆

敦，是古代用来盛放黍稷粱稻等饭食的器皿，由鼎、簋结合发展而来。
敦后来逐渐衍变出了盖子，盖子和器身都作半圆球形，上下合在一起成球形，各有三足或圈足，有时可以倒置使用。
敦出现在春秋时期，流行于战国时期，是楚文化中比较有代表性的器物。专就饪食器总体的发展变化而言，与鼎相配套的盛饭器物，西周是簋，春秋是敦，战国后是盒。

陶盒

来源：开县余家坝遗址
年代：战国
藏址：开州博物馆

陶鬲

来源：巫山瓦岗槽墓地
年代：战国
藏址：巫山博物馆

鬲，古代煮饭用的炊具。鬲一般为侈口，有三个中空的足，便于炊煮加热。其器型与鼎相近，区别在于鼎为实心足，鬲为袋形足。

鬲在新石器时代出现，商周时期继续流行，至春秋战国时期消失。

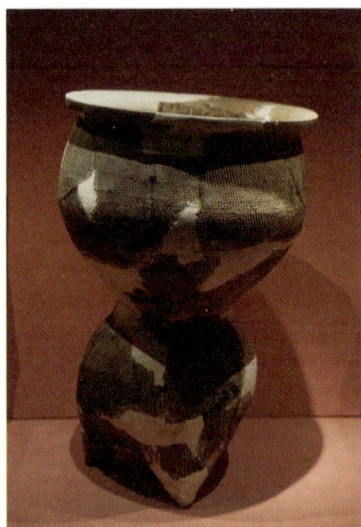

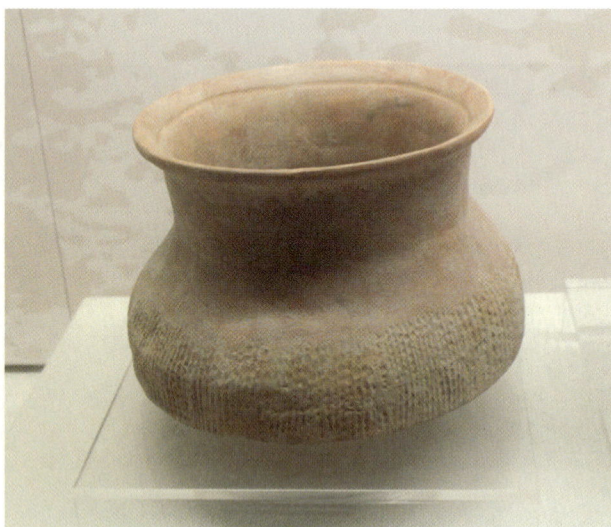

陶瓿

来源：巫山大溪遗址
年代：东周
藏址：重庆中国三峡博物馆

陶釜

来源：云阳旧县坪遗址
年代：新石器时代
藏址：云阳博物馆

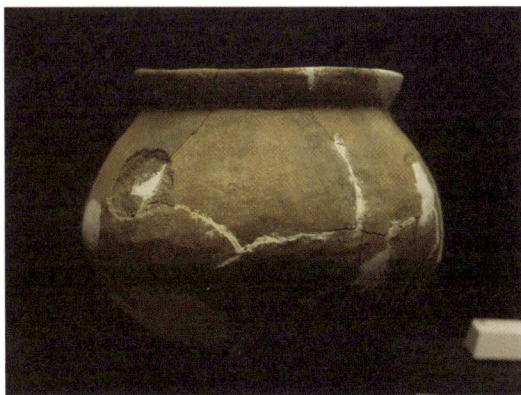

陶釜

来源：巫山大溪遗址
年代：新石器时代晚期
藏址：重庆中国三峡博物馆

陶釜

来源：忠县中坝遗址
年代：商
藏址：重庆中国三峡博物馆

陶釜

来源：开县姚家坝遗址
年代：商周
藏址：开州博物馆

姚家坝遗址位于重庆市开州区赵家街道姚家村。该遗址埋藏有商周、汉、宋和明清等多个时期的丰富文化遗存。

商周遗存是姚家坝遗址的文化主体，分布面积广、文化内涵丰富，其中陶窑的发现，更是填补了该区域早期制陶遗存的空白。此外，在该遗址内还发现了文化堆积普遍在1米以上的宋代遗存，从其规模来看，应为当时的一处集镇。

陶釜

来源：涪陵小田溪墓地
年代：战国
藏址：涪陵区博物馆

圜底釜（包括鍪）是巴人的代表性器物，也是日常生活中不可或缺的炊器。它伴随着薪火走过了陶器岁月，经历了青铜年华，进入了铁器时代……虽然巴国早已消逝在历史的长河中，但巴渝人民执念用釜的传统却始终未变。

陶釜

来源：涪陵陈家嘴遗址
年代：战国
藏址：涪陵区博物馆

陶釜

来源：涪陵镇安遗址
年代：战国
藏址：涪陵区博物馆

灰陶三足釜

来源：忠县㽏井沟遗址
年代：战国
藏址：忠州博物馆

陶釜

来源：涪陵镇安遗址
年代：秦
藏址：涪陵区博物馆

灰陶釜

来源：涪陵吴家石梁墓群
年代：西汉
藏址：涪陵区博物馆

陶鍪

来源：开县余家坝遗址
年代：战国
藏址：开州博物馆

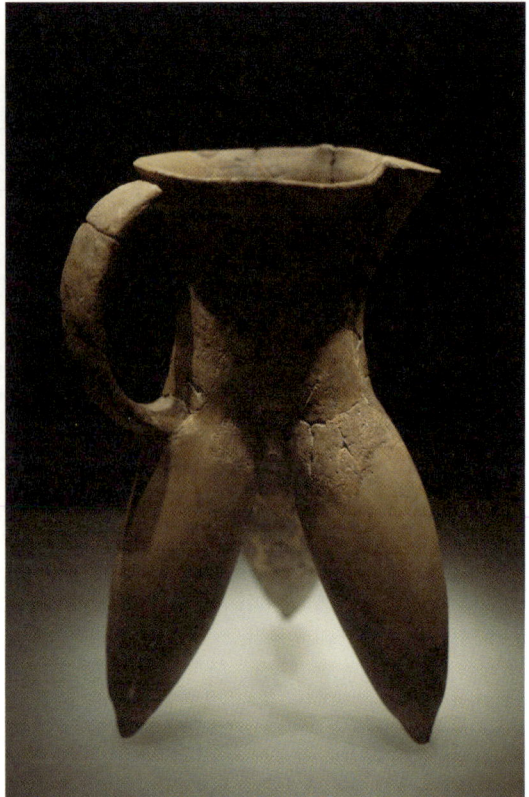

陶鬶

来源：云阳大地坪遗址
年代：夏商
藏址：云阳博物馆

陶鬶

来源：万州中坝子遗址
年代：商
藏址：重庆中国三峡博物馆

陶网坠

来源：涪陵陈家嘴遗址
年代：战国
藏址：涪陵区博物馆

陶网坠

来源：涪陵小田溪墓地
年代：战国
藏址：涪陵区博物馆

灰陶网坠

来源：忠县中坝遗址
年代：商
藏址：忠州博物馆

陶纺轮

来源：巫山大溪遗址
年代：新石器时代晚期
藏址：重庆中国三峡博物馆

陶纺轮

来源：云阳旧县坪遗址
年代：新石器时代
藏址：云阳博物馆

陶纺轮

来源：奉节老关庙遗址
年代：新石器时代
藏址：夔州博物馆

陶纺轮

来源：云阳大地坪遗址
年代：新石器时代
藏址：云阳博物馆

大地坪遗址位于重庆市云阳县盘石镇龙安村，地处长江南岸的三级阶地上。遗址内有大量房屋、窑址、墓葬等文化遗迹和石器、骨器、陶器等文化遗物出土，是一处自哨棚嘴文化时期开始延续数千年（新石器时代至夏、商时期）的远古人类聚落。

在这处完整聚落内出土的一批完整的、成组合的陶器及人工栽培水稻，表明5000多年前的峡江先民已经从岩洞走向江边、谷地，告别了无保障的单一的狩猎捕鱼生活方式，开启了以制陶为主的手工业，开启了种植稻谷的农耕文明，还开始产生了原始的纺织业。

大地坪遗址的发现弥补了三峡库区中段新石器时代人类活动遗迹的空白，对研究三峡库区新石器时代文化具有重要的纽带作用。

陶纺轮

来源：奉节老关庙遗址
年代：新石器时代晚期
藏址：重庆中国三峡博物馆

陶纺轮

来源：涪陵陈家嘴遗址
年代：商周
藏址：涪陵区博物馆

陶纺轮

来源：涪陵蔺市遗址
年代：商周
藏址：涪陵区博物馆

灰陶纺轮

来源：忠县中坝遗址
年代：周
藏址：忠州博物馆

陶纺轮

来源：涪陵陈家嘴遗址
年代：战国
藏址：涪陵区博物馆

陶猪

来源：巫山大溪遗址
年代：新石器时代晚期
藏址：重庆中国三峡博物馆

陶球

来源：巫山大溪遗址
年代：新石器时代晚期
藏址：重庆中国三峡博物馆

陶珠

来源：奉节永安镇遗址
年代：战国
藏址：重庆中国三峡博物馆

陶灯形器

来源：忠县老鸹冲遗址
年代：商
藏址：重庆中国三峡博物馆

陶尖足器

来源：开县姚家坝遗址
年代：商周
藏址：开州博物馆

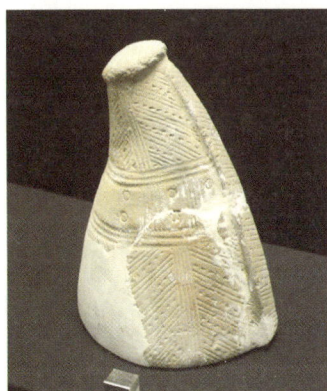

陶支座

来源：巫山大溪遗址
年代：新石器时代晚期
藏址：重庆中国三峡博物馆

陶镂孔器座

来源：万州苏和坪遗址
年代：商
藏址：重庆中国三峡博物馆

陶器盖

来源：巫山大溪遗址
年代：新石器时代晚期
藏址：重庆中国三峡博物馆

陶器盖

来源：忠县哨棚嘴遗址
年代：新石器时代晚期
藏址：重庆中国三峡博物馆

陶鸟头柄

来源：涪陵蔺市遗址
年代：商周
藏址：涪陵区博物馆

陶鸟头柄

来源：涪陵吴家石梁墓群
年代：商周
藏址：涪陵区博物馆

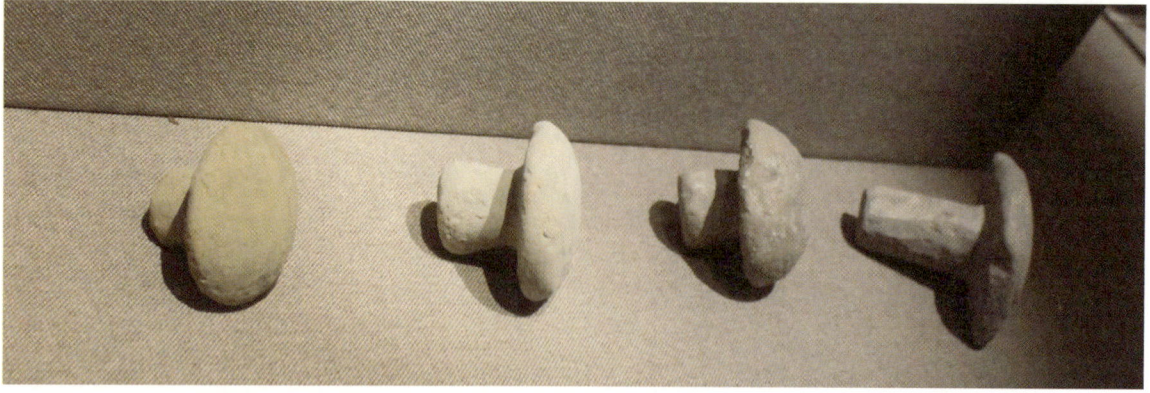

灰陶拍

来源：巴县冬笋坝墓地
年代：战国
藏址：重庆中国三峡博物馆

陶烛台

来源：巫山塔坪墓地
年代：西汉
藏址：重庆中国三峡博物馆

陶博山炉

来源：云阳马粪沱墓群
年代：汉
藏址：云阳博物馆

陶博山炉

来源：云阳佘家嘴遗址
年代：汉
藏址：云阳博物馆

红陶衔珠鸟

来源：丰都秦家院子墓群
年代：东汉
藏址：重庆中国三峡博物馆

该陶鸟双足立地，两翼平伸，昂首展翅，双眼圆睁，右目硕大，口中衔有一珠。通高 16 厘米，长 27 厘米，头上有一大得夸张的圆饼状冠，尾巴和头部的连接部分有缺损。
该陶鸟后被定名为巴渝神鸟。关于它到底是什么鸟，目前有多种推测：一说是精卫鸟；一说是比翼鸟；也有的说是凤凰……

陶耐火砖

来源：云阳旧县坪遗址
年代：汉
藏址：云阳博物馆

陶屋

来源：丰都玉溪坪遗址
年代：商
藏址：重庆中国三峡博物馆

陶仓

来源：巫山塔坪墓地
年代：西汉
藏址：重庆中国三峡博物馆

陶权

来源：云阳马粪沱墓群
年代：汉
藏址：云阳博物馆

陶镇墓兽

来源：巫山九码头工地
年代：汉
藏址：巫山博物馆

汉代镇墓俑包括镇墓人物俑和镇墓兽两类。镇墓俑是为了镇慑鬼怪、保护死者灵魂不受侵扰而设置的一种陪葬品。镇墓人物俑多面貌身形奇特，甚至有些就是头戴面具的巫师形象。镇墓兽又称方相氏。

陶彩绘镇墓兽

来源：巫山九码头工地
年代：汉
藏址：巫山博物馆

陶镇墓兽

来源：巫山巫福公路附近基建工地
年代：汉
藏址：巫山博物馆

陶镇墓兽

来源：巫山巫福公路附近基建工地
年代：东汉
藏址：巫山博物馆

陶操蛇巫师俑

来源：巫山九码头工地
年代：汉
藏址：巫山博物馆

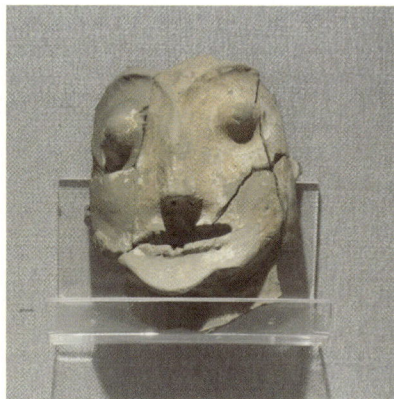

陶面具

来源：巫山水泥厂墓地
年代：汉
藏址：巫山博物馆

巴式铜剑

来源：开县余家坝遗址
年代：战国
藏址：开州博物馆

巴式剑不同于当时列国的有首有格长剑，而多为柳叶形，因此也常被称作柳叶剑。

巴式剑造型精美，做工考究。剑长约为30厘米，有的能达到40~50厘米。最常见的巴式剑为无首、无格、扁茎带穿（剑茎上有圆孔，少则一个，多为两个）的短剑。剑身与剑柄连接处区分明显，剑体上有凸起的从剑柄延伸至剑锋的中脊。剑面斑驳不平，多铸有手心纹（一说为花蒂或蛇头）、虎纹、人头、鸟、鱼等纹饰。

以剑随葬是巴人的一种的风尚。无论是冬笋坝还是昭化宝轮院，抑或是川西平原的大邑、绵竹、蒲江、彭县、什（shí）邡（fāng）、广汉、荥（yíng）经及成都等地均有船棺出土，几乎都用这种柳叶剑随葬。而在峡江地区的悬棺中，有的则是先将剑垫在下面，然后再在剑的上面放置棺木。

巴式铜剑

来源：涪陵陈家嘴遗址
年代：战国
藏址：涪陵区博物馆

巴式铜剑

来源：涪陵镇安遗址
年代：战国
藏址：涪陵区博物馆

巴式铜剑

来源：巴县冬笋坝墓地
年代：战国
藏址：重庆中国三峡博物馆

巴式铜剑

来源：涪陵小田溪墓地
年代：战国
藏址：重庆中国三峡博物馆

鸟纹巴式铜剑

来源：云阳李家坝遗址
年代：战国
藏址：重庆中国三峡博物馆

虎纹巴式铜剑

来源：征集
年代：战国
藏址：重庆中国三峡博物馆

虎纹鎏金巴式铜剑

来源：巴县冬笋坝墓地
年代：战国
藏址：重庆中国三峡博物馆

竹节纹巴式铜剑

来源：云阳李家坝遗址
年代：战国
藏址：重庆中国三峡博物馆

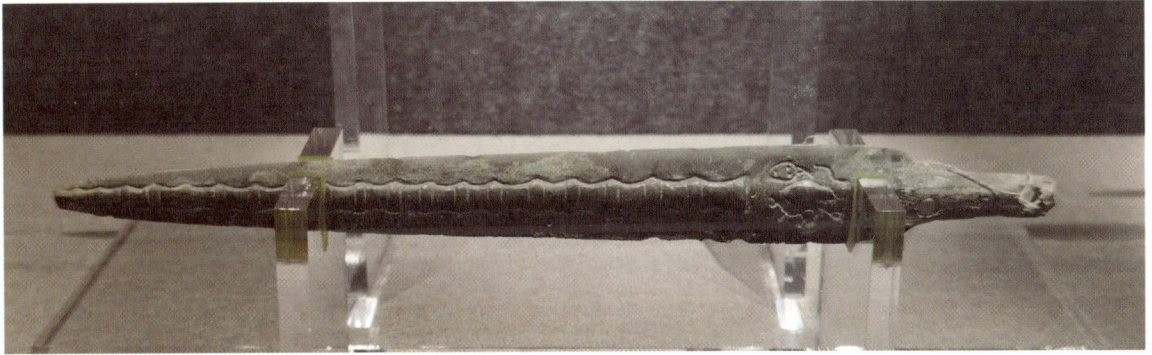

竹节纹巴式铜剑

来源：开县余家坝遗址
年代：战国
藏址：重庆中国三峡博物馆

图语巴式铜剑

来源：巴县冬笋坝墓地
年代：战国
藏址：重庆中国三峡博物馆

兽面纹巴式铜剑

来源：巴县冬笋坝墓地
年代：战国
藏址：重庆中国三峡博物馆

改装巴式铜剑

来源：开县余家坝遗址
年代：战国
藏址：重庆中国三峡博物馆

乳钉云纹格改装巴式铜剑

来源：云阳故陵
年代：战国
藏址：重庆中国三峡博物馆

铜剑

来源：巫山土城坡墓地
年代：战国
藏址：巫山博物馆

楚式铜剑

来源：忠县崖脚遗址
年代：战国
藏址：忠州博物馆

该剑为楚式剑。楚剑剑身中起脊，其断面呈菱形，柱状柄上多有凸箍两道，用以固定夹木与缠缑（gōu），以利握持。

楚式铜剑

来源：博物馆旧藏
年代：战国
藏址：夔州博物馆

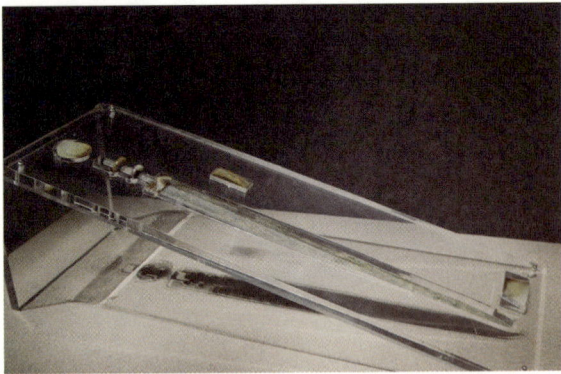

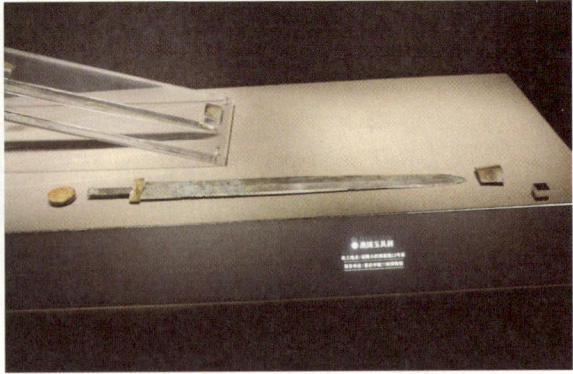

玉具剑

来源：涪陵小田溪墓地 12 号墓
年代：战国
藏址：重庆中国三峡博物馆

玉具剑也称玉头剑，为剑首和剑柄等部位装饰有玉石的金属剑。一套完整的玉具剑包括玉首、玉格、玉璏（zhì）、玉珌（bì）四部分。属于古代佩剑中的装饰剑。
《隋书·礼仪志》："皇太子衮冕……玉具剑，火珠镖首。"
《史记·田叔列传》："将军取舍人中富给者，令具鞍马绛衣玉具剑，欲入奏之。"

云纹镖楚式铜剑

来源：巫山秀峰中学
年代：战国
藏址：重庆中国三峡博物馆

巴式铜剑

来源：涪陵河岸乡八卦村五社李平移交
年代：战国—汉
藏址：涪陵区博物馆

三刃铜殳（shū）

来源：云阳李家坝遗址
年代：战国
藏址：重庆中国三峡博物馆

三棱铜殳

来源：万州仙崖包墓群
年代：西汉
藏址：万州博物馆

铜钺

来源：小田溪征集
年代：战国
藏址：涪陵区博物馆

钺在中原文化中曾是王权的象征。作为礼器，钺出现于商代早期，到了西周晚期基本上就消失了。但作为兵器，直到唐宋时期，钺依然被用作步兵的主要武器，而且还有一个中兴的过程。

钺在巴人手中，主要被用作兵器，造型圆刃亚腰。由于其外形酷似荷包，因此又被称为荷包式钺。

铜钺

来源：涪陵小田溪墓地
年代：战国
藏址：重庆中国三峡博物馆

铜钺

来源：涪陵陈家嘴遗址
年代：战国
藏址：涪陵区博物馆

铜钺

来源：涪陵镇安遗址
年代：战国
藏址：涪陵区博物馆

鱼纹舌形铜钺

来源：巴县冬笋坝墓地
年代：战国
藏址：重庆中国三峡博物馆

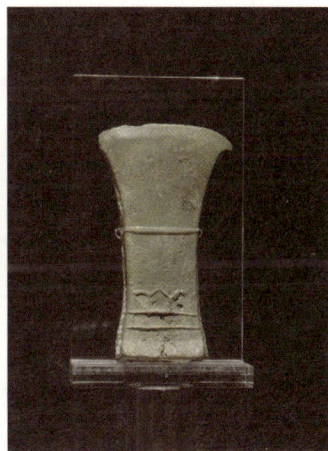

靴形铜钺

来源：涪陵小田溪墓地
年代：战国
藏址：重庆中国三峡博物馆

图语靴形铜钺

来源：云阳李家坝遗址
年代：战国
藏址：重庆中国三峡博物馆

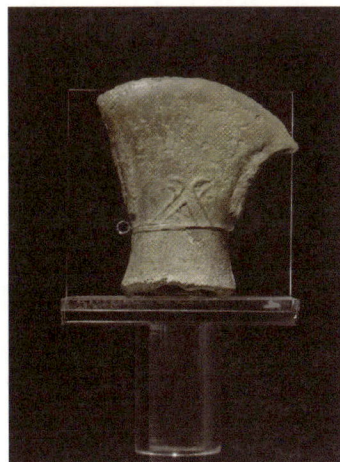

靴形铜钺

来源：南岸马鞍山
年代：西汉
藏址：重庆中国三峡博物馆

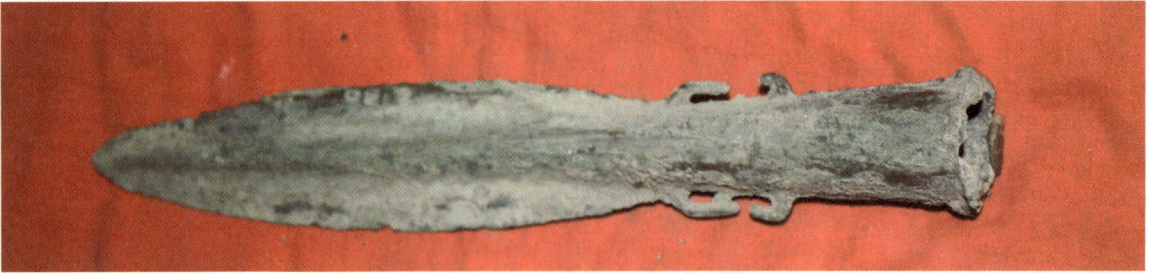

铜矛

来源：涪陵小田溪墓地
年代：战国
藏址：涪陵区博物馆

矛，长柄，有刃，是古代用来刺杀的进攻性武器。矛的历史久远，其最原始的形态是前端修尖用于狩猎的木棒。其后，
人们用石头、兽骨制成矛头，以增强杀伤力。奴隶社会已开始使用以铜铸造的矛头。直到汉代，铜矛头才逐渐为钢铁
矛头所取代。

短骹（qiāo）弓耳铜矛是巴人的特色兵器。多为弧形窄刃，刺身呈柳叶状。圆弧形脊，中空至尖。加上柲（bì）后长
度为 2~3 米。

铜矛

来源：涪陵镇安遗址
年代：战国
藏址：涪陵区博物馆

铜矛

来源：县废旧仓库征集
年代：战国
藏址：涪陵区博物馆

铜矛

来源：云阳李家坝遗址
年代：战国
藏址：重庆中国三峡博物馆

虎纹铜矛

来源：开县余家坝遗址
年代：战国
藏址：重庆中国三峡博物馆

图语铜矛

来源：巴县冬笋坝墓地
年代：战国
藏址：重庆中国三峡博物馆

图语铜矛

来源：云阳李家坝遗址
年代：战国
藏址：重庆中国三峡博物馆

该矛的骹部及刺身双面均装饰有图案。骹部一面为手心纹，一面则为一套从上
至下似洞穴、老虎、神像、羽人建鼓的组合纹饰。

铜矛

来源：开县余家坝
年代：战国
藏址：重庆中国三峡博物馆

长颈铜矛

来源：巴县冬笋坝墓地
年代：战国
藏址：重庆中国三峡博物馆

铜矛

来源：巫山古坟包墓地
年代：汉
藏址：巫山博物馆

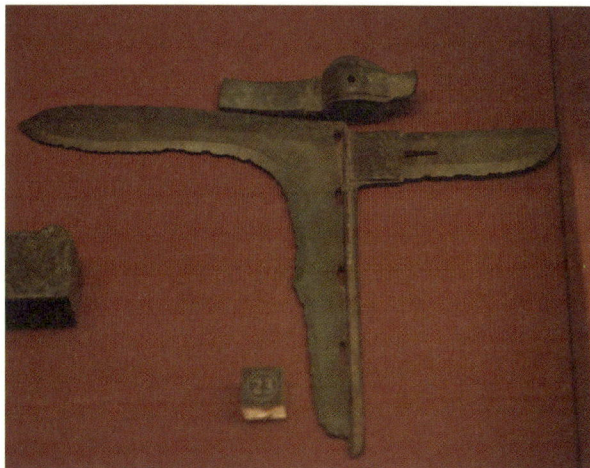

铜戈

来源：云阳李家坝遗址
年代：战国
藏址：重庆中国三峡博物馆

戈出现的年代很早，在4000年前的二里头文化和凌家滩文化时期的墓葬中就有玉戈出土。
戈的形态为长柄的前端有一内向的横刃，以钩和啄为主要施袭手段，是中国古代典型的进攻型武器。在古代，战车上的车右主要以戈与敌人作白刃战。从秦代开始，戈逐渐为戟和矛所替代。
巴人的青铜戈有单翼胡、双翼胡、带后齿、饰虎纹等特点。

虎纹铜戈

来源：云阳李家坝遗址
年代：战国
藏址：重庆中国三峡博物馆

虎纹铜戈

来源：开县余家坝遗址
年代：战国
藏址：重庆中国三峡博物馆

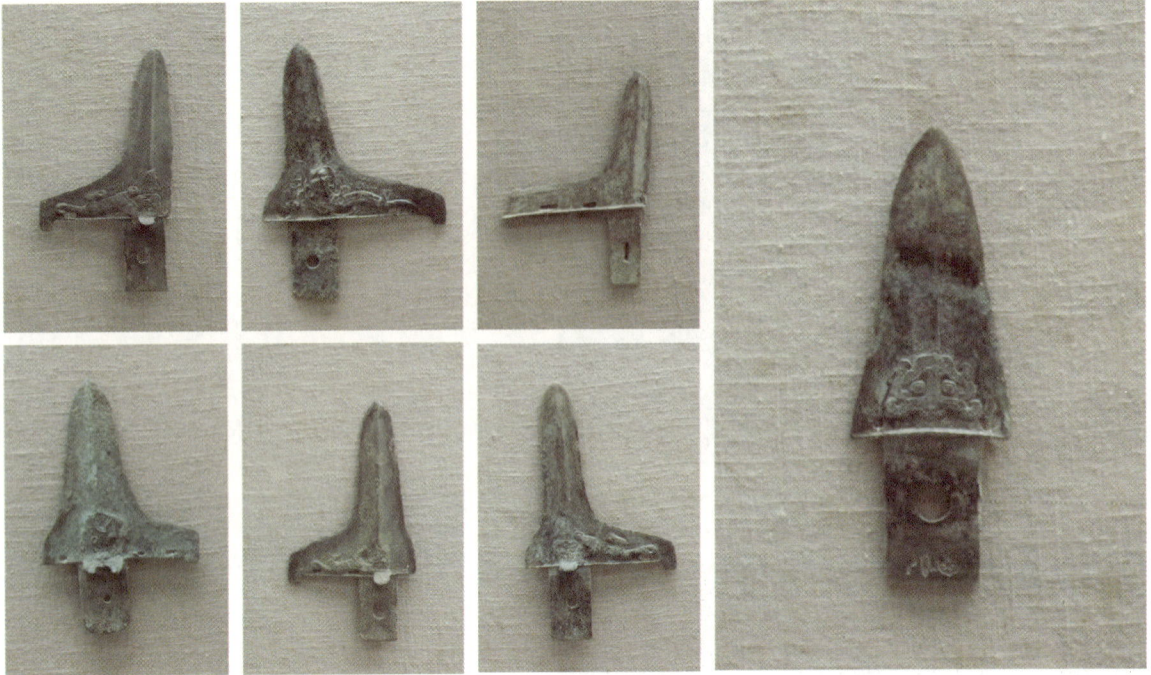

虎纹铜戈

来源：开县余家坝遗址
年代：战国
藏址：开州博物馆

虎纹铜戈

来源：征集
年代：战国
藏址：重庆中国三峡博物馆

虎纹三穿铜戈

来源：云阳李家坝遗址
年代：战国
藏址：云阳博物馆

蟠螭纹铜戈

来源：征集
年代：战国
藏址：重庆中国三峡博物馆

蟠螭纹铜戈

来源：开县余家坝遗址
年代：战国
藏址：重庆中国三峡博物馆

蟠螭纹鸟纹铜戈

来源：开县余家坝遗址
年代：战国
藏址：重庆中国三峡博物馆

符号龙纹铜戈

来源：巫山秀峰中学
年代：战国
藏址：重庆中国三峡博物馆

图语铜戈

来源：开县余家坝遗址
年代：战国
藏址：重庆中国三峡博物院

二十六年蜀守武造铜戈

来源：涪陵小田溪墓地
年代：战国
藏址：四川博物院

该戈的内上刻有极为细小、短浅的"二十六年蜀守武造"铭文。关于制造时间，一说秦昭王二十六年，一说秦始皇二十六年。

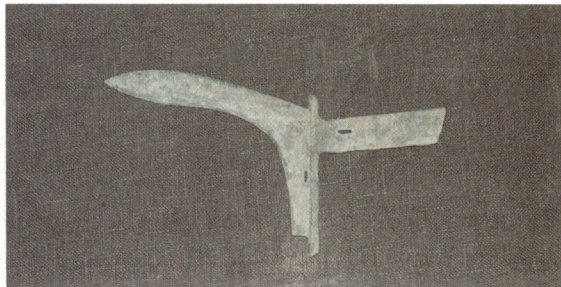

铜戈

来源：巫山高唐观墓群
年代：汉
藏址：巫山博物馆

铜戣

来源：征集
年代：战国
藏址：重庆中国三峡博物馆

戣，也称为戳，援部较宽，呈等腰三角形。属于戈的变形
兵器。商周时期流行于四川等西部地区。

铜戟

来源：涪陵小田溪墓地
年代：战国
藏址：重庆中国三峡博物馆

铜弩机

来源：涪陵小田溪墓地
年代：战国
藏址：重庆中国三峡博物馆

弩，一种利用机械力量射箭的弓，也被称作窝弓、十字弓。弩由弓、弩臂和弩机三个部分构成，弓横装于弩臂前端，弩机则安装于弩臂的后部。弩臂用以承弓、撑弦，并供使用者托持，弩机则用以扣弦、发射。在整个弩的构造上，弩机无疑是它的最核心部分。

弩曾是巴人的独门利器。

《华阳国志·巴志》："秦昭襄王时，白虎为害，自秦、蜀、巴、汉患之。秦王乃重募国中：'有能煞虎者，邑万家，金帛称之。'于是夷朐忍廖仲药、何射虎、秦晴等乃作白竹弩于高楼上，射虎，中头三节。"

铜弩机

来源：巫山大溪村墓群
年代：汉
藏址：巫山博物馆

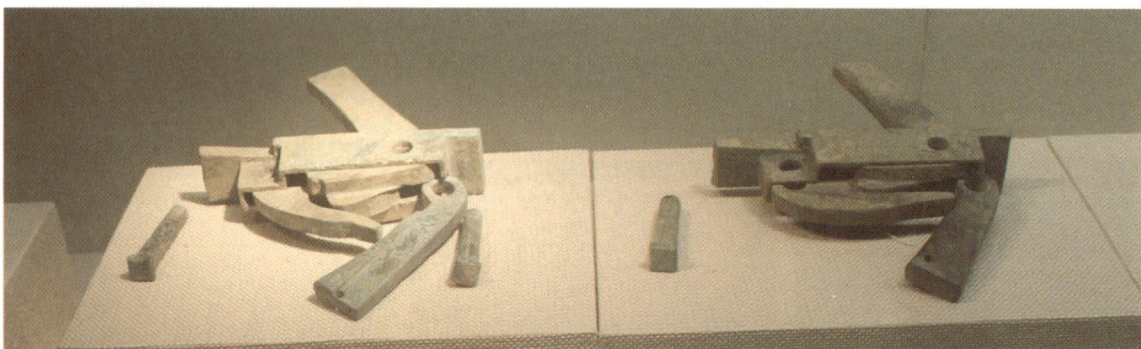

铜弩机

来源：云阳旧县坪遗址
年代：汉
藏址：云阳博物馆

旧县坪遗址（又称汉代朐忍县城遗址，为汉、晋朐忍县县治故址），位于重庆市云阳县双江镇建民村。被评为三峡工程重庆库区 2001 年度十项重要考古发现，并入选 2004 年度全国十大考古新发现候选名单。

该遗址是我国考古发掘史上第一个全面发掘的县级城镇遗址，为学术界研究汉代南方地区市镇规模、形制、功能等问题提供了典型材料。

铜弩机

来源：巫山江东嘴遗址
年代：西晋
藏址：巫山博物馆

铜箭镞

来源：巫山双堰塘遗址
年代：西周
藏址：巫山博物馆

箭镞又称箭头。为了能使箭镞牢牢地固定在箭杆上，镞的后部逐渐加长成为铤（dìng）。

商代到战国初，箭镞多为双翼镞，部分还有倒刺。双翼镞又分为实心圆铤式和空心銎（qióng）式（或称空心有銎式）。实心圆铤式是将箭镞插入空心箭杆进行固定，空心銎式是将箭杆直接插入箭镞尾部的孔中进行固定。中原地区通常采用实心圆铤式，游牧民族通常采用空心銎式。巴人的箭镞为实心圆铤式。

春秋末期，为了提高杀伤力，箭镞也由简单的单片型发展成了三棱型或倒钩型。三翼镞即是在镞头上分出三翼，断面则为向内凹三角形。

《考工记·冶氏》："冶氏为杀矢，刃长寸，围寸，铤十之，重三垸。"

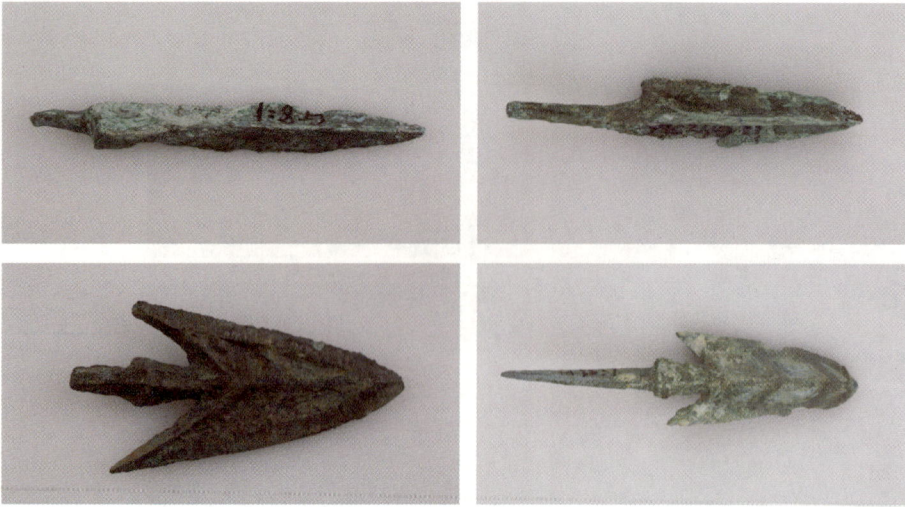

铜箭镞

来源：涪陵陈家嘴遗址
年代：战国
藏址：涪陵区博物馆

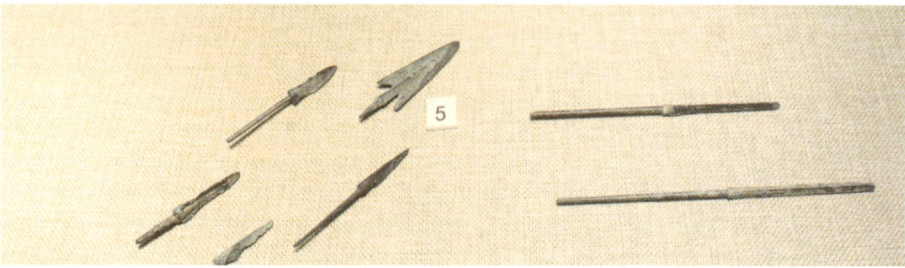

铜箭镞

来源：忠县中坝遗址
年代：战国
藏址：忠州博物馆

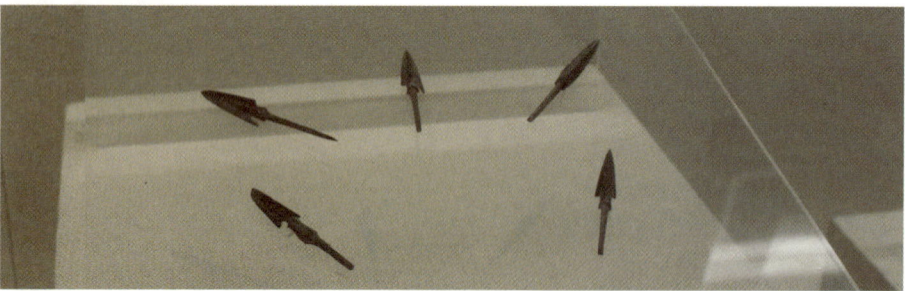

铜箭镞

来源：云阳李家坝遗址
年代：战国
藏址：云阳博物馆

铜箭镞

来源：云阳旧县坪遗址
年代：汉
藏址：云阳博物馆

铜胄

来源：涪陵小田溪墓地 12 号墓
年代：战国
藏址：重庆中国三峡博物馆

胄，是古代作战时用于保护头部的盔形护具。我国考古发现的先秦时期铜胄，主要集中在秦岭淮河以北，一是中原地区，二是北方长城一带。出土铜胄的墓葬等级较高，一般的小型墓葬均无铜胄出土。

该胄的整体风格十分简洁，未见纹饰且打磨较为光滑。胄呈圆锥形、薄壁、范铸，范缝位于胄的正中。顶部无管无钮，前无面门后无开口，也没有护耳和护颈。近顶处有多组对称的方形镂孔。底有折沿，折沿上等距分布着长方形小穿孔。重庆涪陵小田溪战国墓群中共发掘出七件铜胄，均与其他地区出土的铜胄有着明显的区别。

以铜胄、玉具剑、玉组佩、车马器等为代表的中原色彩浓厚的器物，出现在巴族的高等级墓葬中，表明当时的巴人已从制度和心理层面上接受了中原地区的物质与精神文化。而器物上的差异，也反映出其在逐渐向中原王朝的礼制社会体系靠拢的同时，还保持着一定的地方文化特征。

小田溪铜胄的发现，不仅为探究铜胄在西南地区的产生和发展提供了宝贵的资料，而且为探讨中原地区的文化因素在巴地的传播提供了有力的佐证。

《后汉书·南蛮西南夷列传》："及秦惠王并巴中，以巴氏为蛮夷君长，世尚秦女……"

铜鼎

来源：巫山塔坪墓地
年代：战国
藏址：重庆中国三峡博物馆

铜鼎

来源：云阳李家坝遗址
年代：战国
藏址：云阳博物馆

铜鼎

来源：奉节永安镇遗址
年代：战国
藏址：夔州博物馆

铜鼎

来源：开县余家坝遗址
年代：战国
藏址：开州博物馆

铜鼎

来源：涪陵小田溪墓地
年代：战国
藏址：重庆市文化遗产研究院

铜鼎

来源：涪陵蔺市遗址
年代：西汉
藏址：涪陵区博物馆

环钮盖铜鼎

来源：巫山西坪四队
年代：汉
藏址：巫山博物馆

铜豆

来源：涪陵小田溪墓地
年代：战国
藏址：涪陵区博物馆

铜俎豆夹

来源：涪陵小田溪墓地 12 号墓
年代：战国
藏址：重庆中国三峡博物馆

这是一组餐具套装，计有1俎8豆2夹子，共11件。常见的俎形似几案，而这种类似灯台的俎则仅在小田溪墓地出土两件，且均出土自最高等级的墓葬（1号墓、12号墓）中。

该俎的上部为圆台，台的底部挂有五个小钩。台面中央有两道内凹且大小套合的大圆芯，外围则均匀分布有四个内凹的小圆芯。俎的下部为一圆盘形底座，通过一实心十三面体俎柱与顶部的圆台相连，底座下有三只壸（kǔn）门矮支脚。豆为矮柄圈足（豆不仅用来盛放食物，还借以体现使用者的身份）。夹子形同镊子。

战国时期，当时的中原在饮食文化中盛行着分餐制的习俗。这套组合，既体现了巴人上层社会在餐饮和祭祀上向中原王朝的靠拢，也反映了在器物的造型和使用上依然葆有着自身的地域特色的特点。

《礼记·曲礼》："羹之有菜者用梜，其无菜者不用梜。"
《礼记·礼器》："天子之豆二十有六，诸公十有六，诸侯十有二，上大夫八，下大夫六。"
《仪礼·士丧礼》："祝先出，酒、豆、笾、俎序从，降自西阶。"
《周礼·天官·醢人》："馈食之豆：其实葵菹、蠃醢、脾析、蠯醢、蜃、蚳醢、豚拍、鱼醢。"

铜俎

来源：涪陵小田溪墓地1号墓
年代：战国
藏址：四川博物院

该铜俎出土时搭配有四豆。
商周时期，王室贵族在礼仪活动中常会用到铜俎（承托器），它往往与铜豆（盛食器）形成固定搭配。
《周礼·天官·醢人》："醢人，掌四豆之实。"

三羊铜尊

来源：巫山大宁河河道采集
年代：商
藏址：重庆中国三峡博物馆

该尊通高42.8厘米，敞口、束颈、折肩、弧腹、高圈足。器身以云雷纹为地，主纹为夔纹和饕餮纹，肩上饰三羊头、三鸟凫。
三羊尊是重庆地区迄今所见年代最早的一件大型青铜容器，在研究古代巴人的矿冶技术、文化进程以及与商文化的关系等方面具有重要学术价值。

雁形鎏金铜尊

来源：巫山水泥厂墓地
年代：西汉
藏址：重庆中国三峡博物馆

该尊长45厘米、高39厘米。腹部中空，背上有盖。雁呈卧姿、长颈，身上的羽毛采用阴刻线刻画，精美异常。起初，雁形尊是通体鎏金的，随着岁月的流逝，附着在其表面的鎏金已然褪去，显露出青铜锈迹斑斑的沧桑。

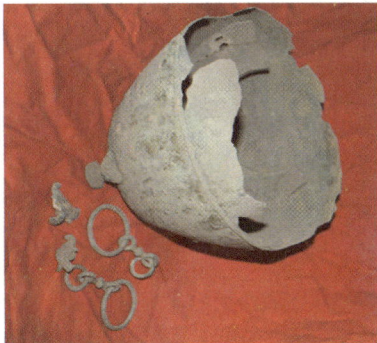

铜罍

来源：涪陵小田溪墓地
年代：战国
藏址：涪陵区博物馆

罍和壶是巴人常用的酒器。

虎纹铜缶

来源：涪陵小田溪墓地
年代：战国
藏址：四川博物院

该铜缶球腹、隆盖、矮圈足。盖顶对称立有四个环形捉手。肩部对称附有四个环形耳。腹部则饰有虎纹。缶在古文字中亦作瓺，为盛水或酒的器皿，也可作为乐器使用。
《说文解字》："缶，瓦器。所以盛酒浆，秦人鼓之以节歌。"
《史记·廉颇蔺相如列传》："秦王怒，不许。于是相如前进瓺，因跪请秦王。秦王不肯击瓺。"

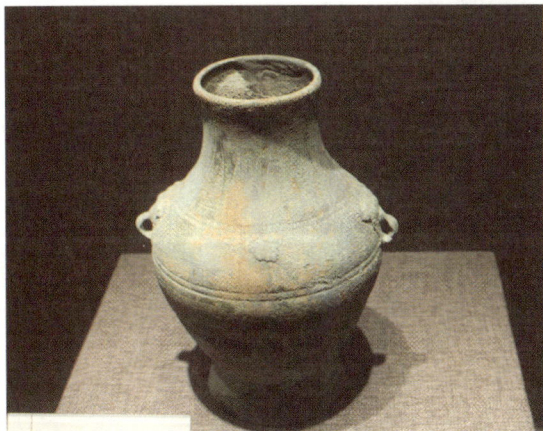

弦纹铜钟

来源：巫山高塘六组
年代：汉
藏址：巫山博物馆

钟，为一种盛器。所以称钟，以中空受物若孕，似被下种之故。钟与壶，两者为同形异名之器，汉代钟与壶往往互称。
《说文解字》："钟，酒器也。"
《孔丛子·儒服》："尧、舜千钟，孔子百觚……"

蟠螭纹提梁铜壶

来源：云阳李家坝遗址
年代：战国
藏址：重庆中国三峡博物馆

壶，是长颈容器的统称，起初用于盛酒，后来作为盥（guàn）器。壶使用的年代较长，式样也很多，有圆形、方形、弧形、扁圆形、八角形等。
《诗经·大雅·韩奕》："韩侯出祖，出宿于屠。显父饯之，清酒百壶。"

兽面纹错银铜壶

来源：南岸广阳坝
年代：战国
藏址：重庆中国三峡博物馆

错金、错银是巴人上层社会生活、祭祀用器中常使用的一种精美制作工艺。所谓错金、错银，就是先在青铜器表面预先錾（zàn）刻出图案所需的凹槽，然后嵌入金银丝、片，捶打牢固，再用蜡石将其打磨光滑，达到突出图案和铭文的装饰效果。

凤鸟纹错银铜壶

来源：涪陵小田溪墓地 12 号墓
年代：战国
藏址：重庆中国三峡博物馆

该壶通高 65 厘米。带盖。全器遍施错银工艺，主体纹饰为变形凤鸟纹及变体蟠螭纹。壶盖为子母口，斜直沿，盖顶对称立有四个鸟首向外的鸟形捉手。壶身侈口，方唇，溜肩，弧腹，圈足。肩部有两个对称的铺首衔环。

蒜头铜壶

来源：巴县冬笋坝墓地
年代：秦
藏址：重庆中国三峡博物馆

蒜头壶，亦称温壶，系温酒之器。其特征为蒜头小口，长颈，圆腹。东汉时期的温壶壶腹比西汉时期的丰满，蒜头呈扁圆形。有的温壶在壶颈、肩部堆塑有人物、虎、龙等纹饰。

蒜头铜壶

来源：巫山圣泉
年代：汉
藏址：巫山博物馆

该壶通高 31 厘米、口径 3.4 厘米、腹径 19.1 厘米、足径 11 厘米。圆口、长颈、扁球腹、矮圈足，口径一周制作成蒜瓣形，颈部装饰有一凸起的弦纹，通体素面。

蒜头扁铜壶

来源：征集
年代：汉
藏址：巫山博物馆

提梁铜壶

来源：巫山秀峰刘家湾
年代：汉
藏址：巫山博物馆

三钮盖铜壶

来源：巫山秀峰二队
年代：汉
藏址：巫山博物馆

该壶通高 21 厘米、口径 6.8 厘米、腹径 13 厘米、底径 8.8 厘米。壶盖上有三个兽形提钮，双肩两侧各安有一活环，圆球形腹部从上到下几乎等距刻有三处凸起的弦纹。

铜镶壶

来源：巫山瓦岗槽墓地
年代：汉
藏址：巫山博物馆

铜壶

来源：涪陵镇安遗址
年代：西汉
藏址：涪陵区博物馆

铜壶

来源：巫山土城坡墓地
年代：东汉
藏址：巫山博物馆

铜壶

来源：开县竹溪镇红华崖墓
年代：东汉
藏址：开州博物馆

提梁铜壶

来源：开县汉丰街道双河墓地
年代：东汉
藏址：开州博物馆

铜钫

来源：涪陵点易居委针织厂墓群
年代：西汉
藏址：涪陵区博物馆

钫，又名方壶。钫的最大特征，是在对其进行横切时，横切面都是方形的。

方形的壶，最早出现于西周，流行于战国至秦汉时期，东汉中期以后基本消失。方壶在战国以前叫壶，汉代始有专名钫。

《说文解字》："钫，方钟也。"

铜钫

来源：易家坝征集
年代：西汉
藏址：涪陵区博物馆

错银铜钫

来源：南岸区大兴场
年代：西汉
藏址：重庆中国三峡博物馆

铜盉

来源：涪陵点易居委针织厂墓群
年代：西汉
藏址：涪陵区博物馆

盉，是古人用来调酒的器具。改进后的盉则可以直接放在炭火上加热。青铜盉出现在商代早期，盛行于商代晚期和西周，直到春秋战国。盉的形状很多，通常为圆口，深腹，三足或四足，前有流，后有鋬，带盖，鋬与盖之间有锁链相连接。

铜卮

来源：云阳李家坝遗址
年代：战国
藏址：云阳博物馆

铜卮

来源：征集
年代：汉
藏址：巫山博物馆

铜盖杯

来源：云阳李家坝遗址
年代：战国
藏址：云阳博物馆

铜釜

来源：涪陵小田溪墓地
年代：战国
藏址：涪陵区博物馆

辫索纹双耳铜釜

来源：涪陵小田溪墓地
年代：战国
藏址：重庆中国三峡博物馆

辫索纹双耳铜釜

来源：云阳李家坝遗址
年代：战国
藏址：云阳博物馆

双耳铜釜

来源：云阳李家坝遗址
年代：汉
藏址：云阳博物馆

带柄铜釜

来源：博物馆旧藏
年代：汉
藏址：夔州博物馆

凸弦纹双耳铜釜

来源：博物馆旧藏
年代：汉
藏址：夔州博物馆

龙首柄铜釜

来源：博物馆旧藏
年代：汉
藏址：夔州博物馆

宜王侯双鱼纹铜釜

来源：博物馆旧藏
年代：汉
藏址：夔州博物馆

铜釜甑

来源：开县竹溪镇红华崖墓
年代：东汉
藏址：开州博物馆

铜釜甑

来源：涪陵小田溪墓地
年代：战国
藏址：重庆中国三峡博物馆

釜甑、釜、鍪，是巴人最常用的炊具，无论贵族还是平民都在使用。它们有个共同的特征，就是底部均为圜底，这跟巴人生活的环境有着莫大的关系。在这里，地面多起伏不平，三足器无法立足，平底器也不容易找到平衡。只有圜底器，随便借助几个石块就能解决问题。

当然，王室贵族与普通百姓在饮食文化上是不尽相同的。上层社会更多地使用釜甑组合作为炊器，意味着这一阶层所食用的食品多是蒸制的，食物类型也更加多样化。

铜鍪

来源：涪陵陈家嘴遗址
年代：战国
藏址：涪陵区博物馆

鍪，是一种炊食器。釜之小者曰鍪。敛口束颈，口有唇缘，鼓腹圆底，肩部有环形耳。流行于战国并沿用至汉代早期。通常与鍪搭配使用的是青铜勺。古人在饮酒时，通常会先用一个长柄的勺，将酒从器皿中舀出，倒进杯或觚等饮酒器中饮用。

此外，由于古代士兵戴的胄与鍪很相似，因此习惯上又将胄称为兜鍪。

铜鍪

来源：开县余家坝遗址
年代：战国
藏址：开州博物馆

余家坝遗址出土有大量的铜鍪，底部均有烟炱（tái）痕迹，为实用器。

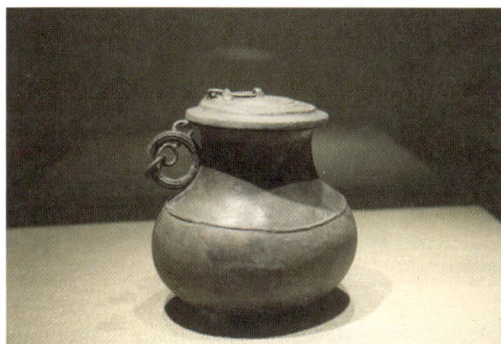

带盖铜鍪

来源：涪陵小田溪墓地
年代：战国
藏址：重庆中国三峡博物馆

该铜鍪口径 12 厘米，通高 20.5 厘米。单耳，带盖，侈口，束颈，鼓腹，圜底。鍪盖上设有一钮一提环。辫索耳与盖钮间借助铜链相连。盖顶中心刻有一组符号，符号外围饰有一圈卷云纹、连珠纹，壶盖边沿处亦刻有三个符号。鍪身肩部饰有一周凸弦纹，口沿下刻有一组符号。

辫索纹双耳铜鍪

来源：云阳李家坝遗址
年代：战国
藏址：云阳博物馆

铜勺

来源：涪陵小田溪墓地
年代：战国
藏址：涪陵区博物馆

铜勺

来源：涪陵小田溪墓地
年代：战国
藏址：重庆中国三峡博物馆

球形铜勺

来源：云阳李家坝遗址
年代：战国
藏址：云阳博物馆

铜匙

来源：云阳李家坝遗址
年代：战国
藏址：云阳博物馆

铜钵

来源：博物馆旧藏
年代：汉
藏址：夔州博物馆

圈足铜碗

来源：巫山移民局工地
年代：东汉
藏址：巫山博物馆

凸弦纹铜簋

来源：博物馆旧藏
年代：汉
藏址：夔州博物馆

高圈足铜盆

来源：公安局移交
年代：汉
藏址：巫山博物馆

铜鉴

来源：巫山烟厂
年代：汉
藏址：巫山博物馆

铜鉴

来源：巫山土城坡墓地
年代：汉
藏址：巫山博物馆

素面铜盘

来源：巫山西坪
年代：汉
藏址：巫山博物馆

铜盘，在古代是一种盛水器。铜盘常与另一种水器铜匜共同使用。因是水器，所以盘内多装饰有与水有关的动物纹样。铜盘作为一种礼器，通常是在宴前饭后行沃盥之礼时使用的。使用时，由一人持匜从上向下倒水，铜盘则被用于在下方接取使用过的脏水。

此外，在战国时期，盂与盘类似，也是用来盛装液体的器皿。

《礼记·内则》："进盥，少者奉盘，长者奉水，请沃盥，盥卒授巾。"

柿蒂云纹铜盘

来源：开县竹溪镇红华崖墓
年代：东汉
藏址：开州博物馆

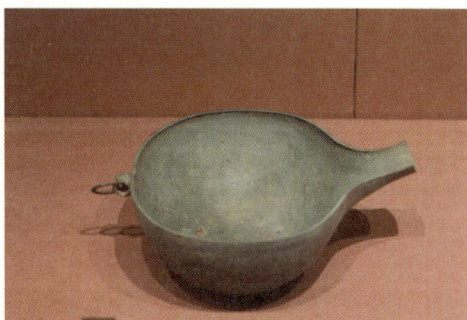

铜匜

来源：云阳李家坝遗址
年代：战国
藏址：重庆中国三峡博物馆

铜匜

来源：奉节永安镇遗址
年代：战国
藏址：夔州博物馆

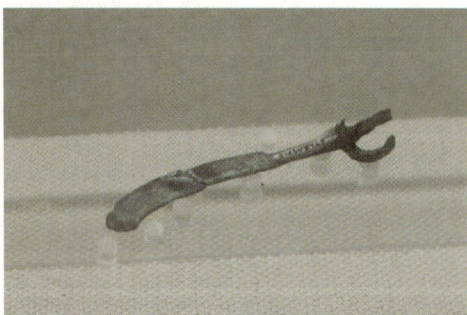

铜削

来源：云阳李家坝遗址
年代：战国
藏址：云阳博物馆

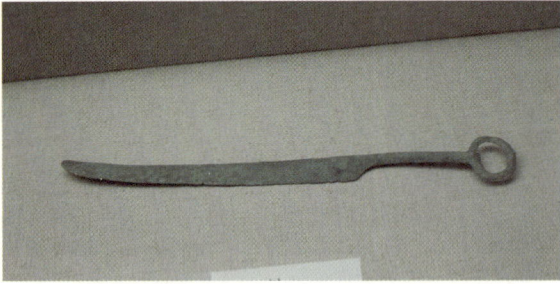

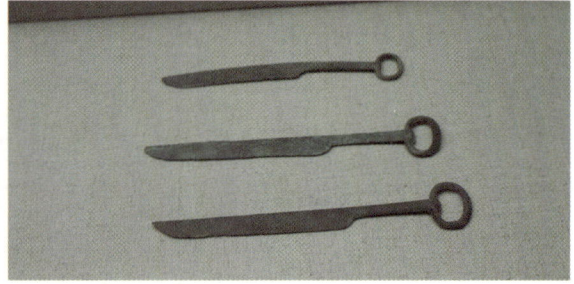

铜削

来源：开县余家坝遗址
年代：战国
藏址：开州博物馆

鎏金盘蛇环首铜削

来源：忠县崖脚遗址
年代：战国
藏址：忠州博物馆

鎏金环首铜削

来源：巫山土城坡墓地
年代：东汉
藏址：巫山博物馆

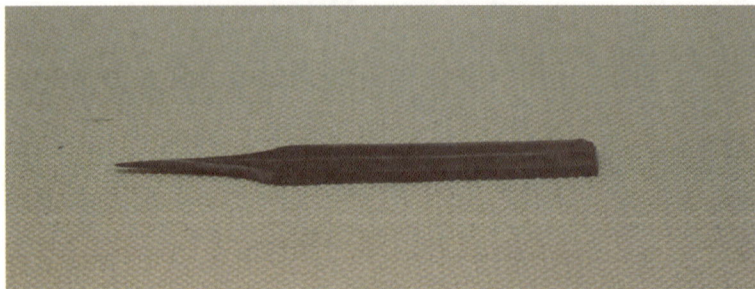

铜雕刻器

来源：云阳李家坝遗址
年代：战国
藏址：云阳博物馆

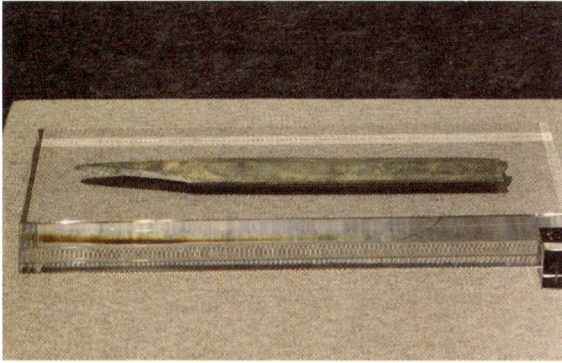

铜刻刀

来源：征集
年代：战国
藏址：重庆中国三峡博物馆

铜鱼钩

来源：忠县中坝遗址
年代：商
藏址：忠州博物馆

铜鱼钩

来源：巫山双堰塘遗址
年代：西周
藏址：巫山博物馆

铜鱼钩

来源：奉节新浦遗址
年代：东周
藏址：夔州博物馆

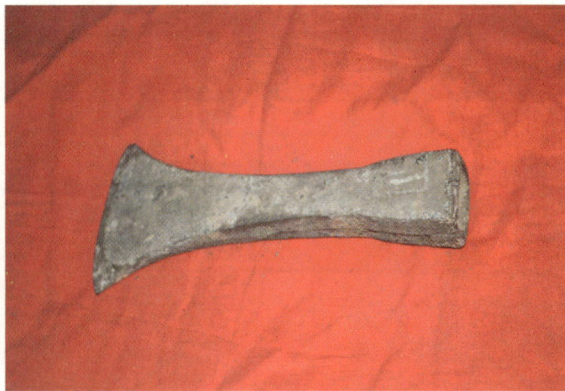

铜斤

来源：涪陵小田溪墓地
年代：战国
藏址：涪陵区博物馆

铜斤

来源：涪陵小田溪墓地
年代：战国
藏址：重庆中国三峡博物馆

铜斤

来源：奉节永安镇墓地
年代：战国
藏址：重庆中国三峡博物馆

鎏金铜斤

来源：云阳李家坝遗址
年代：战国
藏址：云阳博物馆

鱼纹铜斤

来源：征集
年代：战国
藏址：重庆中国三峡博物馆

铜斧

来源：云阳李家坝遗址
年代：战国
藏址：重庆中国三峡博物馆

铜斧

来源：奉节永安镇遗址
年代：战国
藏址：重庆中国三峡博物馆

铜斧

来源：开县余家坝遗址
年代：战国
藏址：开州博物馆

铜斧

来源：征集
年代：战国
藏址：重庆中国三峡博物馆

铜凿

来源：奉节永安镇遗址
年代：战国
藏址：重庆中国三峡博物馆

铜凿

来源：征集
年代：汉
藏址：重庆中国三峡博物馆

铜箕

来源：奉节永安镇遗址
年代：战国
藏址：夔州博物馆

铜盒

来源：涪陵小田溪墓地
年代：战国
藏址：重庆中国三峡博物馆

铜镜

来源：涪陵蔺市遗址
年代：战国
藏址：涪陵区博物馆

铜镜是古人的日常生活用品，一般呈圆形，正面光洁可鉴，背面有钮有穿，可供穿系或安放支架。

铜镜虽然自战国时代即已开始盛行，可是直到西汉末期，铜镜才开始慢慢地走向民间，成为人们不可缺少的生活用具。作为我国铜镜发展的重要时期，汉代铜镜在制作形式和表现手法上相较前代都有了很大的发展。到了明清时期，随着近代玻璃的产生，铜镜才逐渐淡出了历史舞台。

商代、西周和春秋时期的铜镜，后世都有零星的发现。而在甘肃齐家文化墓葬中出土的一面小型铜镜，距今已有4000多年历史，应是目前所知最早的。

铜镜

来源：涪陵镇安遗址
年代：战国
藏址：涪陵区博物馆

铜镜

来源：涪陵小田溪墓地
年代：战国
藏址：重庆中国三峡博物馆

卷草菱纹铜镜

来源：忠县新田湾墓群
年代：战国
藏址：忠州博物馆

长宜子孙铜镜

来源：云阳张家嘴墓群
年代：汉
藏址：云阳博物馆

生肖八卦铜镜

来源：开县温泉镇窖藏
年代：宋
藏址：开州博物馆

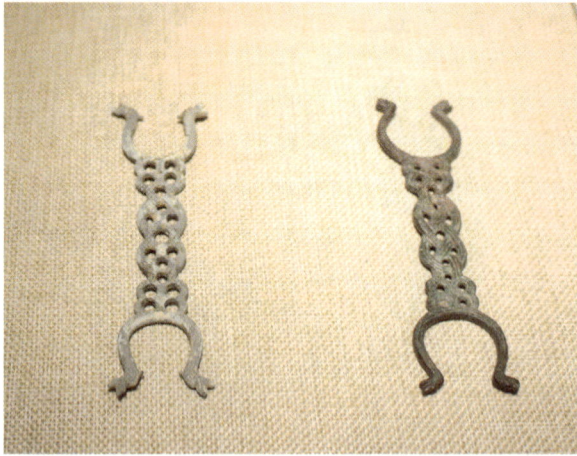

铜镜支架

来源：忠县将军村墓群
年代：东汉
藏址：忠州博物馆

铜镜作为古人整理仪容的生活必备品，使用方式有手执、悬挂和置于案上三种。第三种则需要把镜架与铜镜组合在一起配套使用。

该镜架为长条状，一端卡到镜钮内，另一端与镜子下缘共同形成三点支撑。

铜樵斗

来源：云阳佘家嘴遗址
年代：汉
藏址：云阳博物馆

立人铜灯

来源：奉节永安镇遗址
年代：西汉
藏址：重庆中国三峡博物馆

铜吊灯

来源：开县汉丰街道双河墓地
年代：汉
藏址：开州博物馆

铜羊灯

来源：巫山龙洞一队
年代：汉
藏址：巫山博物馆

铜羊灯

来源：忠县瞀井沟遗址
年代：东汉
藏址：忠州博物馆

羊灯是辘（lù）轳（lu）灯（自铭行灯）的一种，汉代常见灯具样式之一。因其作羊形（古代羊与祥通用），故名羊灯。

该灯的羊躯干为一油槽，背部设有一可以活动的带钮盖。使用时，将灯盖上翻，即为灯盘，盘心内有短锥用来挂置灯捻。不用时，只需扣合灯盘，灯火就会自行熄灭。

铜灯

来源：征集
年代：东汉
藏址：开州博物馆

该灯灯身为一圆桶，上部接二分之一圆拱形顶，顶端设有一母栓。灯盏为半球形，其中一半比另一半略小，在外底中部出有一子栓。母、子栓皆有穿。将上下两部分套合后，在相互贯通的穿中插入销钉。向下翻转时，灯盏略小的部分正好套入灯身的二分之一圆拱形顶内。灯身下附三蹄足，侧向有一单耳。

三枝铜灯

来源：忠县新田湾墓群
年代：东汉
藏址：忠州博物馆

多枝灯是汉代灯具中较为珍贵的一类，多出土于高等级墓葬中。该三枝灯由灯座、灯柱、曲枝、灯盘彼此套接而成，为三峡地区出土的珍品。该灯整体形如花树，在镂空喇叭形底座上，连有一承托着铜环的飞鸟。环内铸有一四肢伸张作奋力托举状的熊人造型。环上立一笔直灯柱，左右各连一曲枝，灯盘随之错落分布。

铜玄武灯座

来源：开县竹溪镇红华崖墓
年代：东汉
藏址：开州博物馆

该灯座为龟形。铜龟四足撑地，口衔耳杯。在龟背龟甲图案的外缘勾画有裙边状花纹。一蛇昂首盘绕于龟身。龟背上出有一短柱，中有穿通于龟腹。龟身侧面亦有一短柱，中亦有穿。

铜熏炉盖

来源：奉节永安镇遗址
年代：战国
藏址：重庆中国三峡博物馆

铜熏炉盖

来源：奉节永安镇遗址
年代：战国
藏址：夔州博物馆

铜博山炉

来源：巫山苏家坡烟厂
年代：汉
藏址：巫山博物馆

铜镯

来源：万州大坪墓群
年代：战国
藏址：万州博物馆

铜铃铛 铜环

来源：云阳平扎营墓群
年代：战国
藏址：重庆中国三峡博物馆

铜銮铃

来源：涪陵小田溪墓地
年代：战国
藏址：重庆中国三峡博物馆

铜铃

来源：万州大坪墓群
年代：战国
藏址：万州博物馆

铜铃

来源：忠县邓家沱遗址
年代：战国
藏址：忠州博物馆

铜铃

来源：忠县老鸹冲遗址
年代：战国
藏址：忠州博物馆

铜凤鸟（复制品）

来源：巫山土城坡墓地
年代：汉
藏址：巫山博物馆

在巴人遗物中，与凤鸟有关的图案及物件并不鲜见。凤鸟在巴地的出现，当与楚人西渐有着不解之缘。

铜铺首衔环

来源：涪陵小田溪墓地
年代：战国
藏址：重庆中国三峡博物馆

铜镈

来源：云阳李家坝遗址
年代：战国
藏址：云阳博物馆

铜镈

来源：万州下中村遗址
年代：战国
藏址：万州博物馆

铜镦

来源：万州下中村遗址
年代：战国
藏址：万州博物馆

铜軎（wèi）

来源：涪陵小田溪墓地
年代：战国
藏址：重庆中国三峡博物馆

铜軎是古代车上的青铜制部件。略呈长筒形，套在车轴两端。其上和轴端有一横穿的孔，插入略呈条形的部件辖，使軎固定在轴端不致脱落。
古代车马上的饰物品类繁多，有轭、軎、辖、銮铃、当卢、马衔、马镳等。

铜车轴饰

来源：奉节永安镇遗址
年代：战国
藏址：重庆中国三峡博物馆

铜饰件

来源：涪陵小田溪墓地
年代：战国
藏址：涪陵区博物馆

铜饰件

来源：涪陵镇安遗址
年代：战国
藏址：重庆中国三峡博物馆

铜件

来源：小田溪征集
年代：战国
藏址：涪陵区博物馆

铜编钟首

来源：小田溪征集
年代：战国
藏址：涪陵区博物馆

桥形铜饰件

来源：涪陵陈家嘴遗址
年代：战国
藏址：涪陵区博物馆

桥形铜饰件

来源：巴县冬笋坝墓地
年代：战国
藏址：重庆中国三峡博物馆

卷云纹璜形铜饰件

来源：云阳李家坝遗址
年代：战国
藏址：云阳博物馆

铜带钩

来源：小田溪征集
年代：战国
藏址：涪陵区博物馆

带钩，是古代贵族和文人武士系腰带的挂钩，相当于今天的腰带扣。带钩古称犀比，用青铜铸造，也有用黄金、白银、铁、玉等制造的。

带钩起源于西周，在战国、秦汉时使用相当普遍。人们使用带钩，不仅是日常所需，更是身份和地位的象征，尤其是王公贵族、社会名流们所用之带钩，不但甚为精美，而且具有很高的艺术价值。

铜带钩

来源：鹤凤滩征集
年代：战国
藏址：涪陵区博物馆

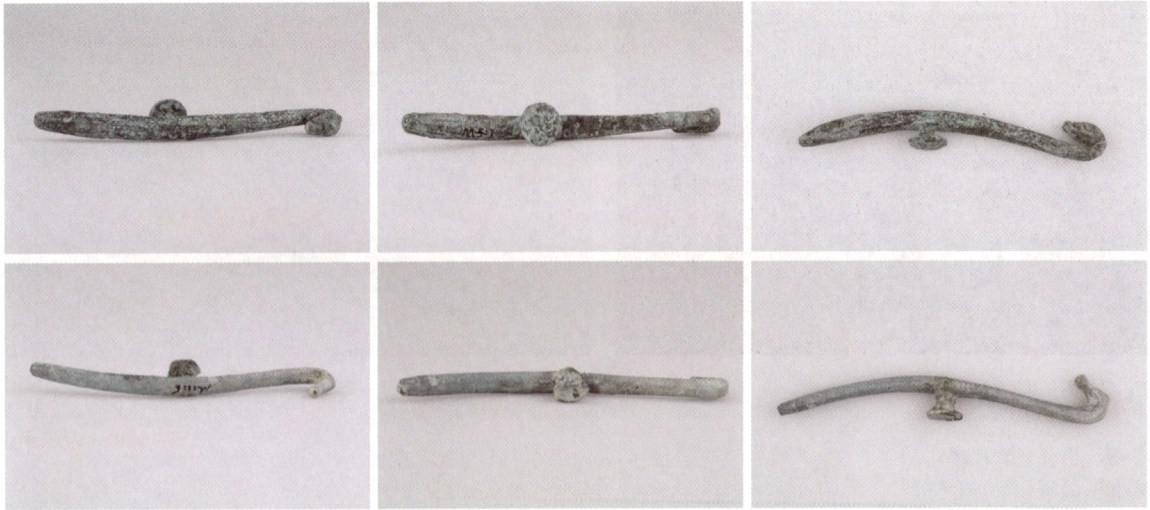

铜带钩

来源：涪陵陈家嘴遗址
年代：战国
藏址：涪陵区博物馆

铜带钩

来源：云阳李家坝遗址
年代：战国
藏址：云阳博物馆

铜带钩

来源：万州大坪墓群
年代：战国
藏址：万州博物馆

蛇形铜带钩

来源：涪陵小田溪墓地
年代：战国
藏址：重庆中国三峡博物馆

虎形铜带钩

来源：涪陵博物馆旧藏
年代：西汉
藏址：重庆中国三峡博物馆

虎形铜带钩

来源：征集
年代：汉
藏址：巫山博物馆

双龙纹铜带钩

来源：云阳李家坝遗址
年代：战国
藏址：重庆中国三峡博物馆

龙形嵌玉铜带钩

来源：涪陵小田溪墓地
年代：战国
藏址：重庆中国三峡博物馆

鸭形嵌玉铜带钩

来源：巫山高唐观遗址
年代：西汉
藏址：重庆中国三峡博物馆

铜印章

来源：巴县冬笋坝墓地
年代：战国
藏址：重庆中国三峡博物馆

印章是政治关系的凭证和经济交往的信物，是显示一个人身份的标记，是区分人们等级的徽识。民皆有印，民皆用印，是在特定时代背景下的产物。因为人人皆要从事政治、经济活动，都需要印章作凭证或信物。

引起人们开始重视对巴人印章研究的，是巴县冬笋坝巴人古印的发掘出土。巴人在频繁的政治往来和商贸交易过程中，印章起到了明确等级，显示名分，辨别族群的重要作用。

《通典》："秦以前民皆佩绶，金、玉、银、铜、犀、象为方寸玺，各从所好。"

铜印章

来源：涪陵陈家嘴遗址
年代：战国
藏址：涪陵区博物馆

铜印章

来源：涪陵镇安遗址
年代：战国
藏址：涪陵区博物馆

铜印章

来源：万州大坪墓群
年代：战国
藏址：重庆中国三峡博物馆

铜印章

来源：涪陵镇安遗址
年代：西汉
藏址：涪陵区博物馆

巴人乐器

礼、乐制度是中国奴隶制社会的基本制度之一，乐中之器，规有定制。

巴人文化遗址中出土的乐器，有钟、镈于、钲、铃等，反映出巴人乐器以打击乐器为主的特点。

钟

钟，中国古代传统的打击乐器，形略扁圆而中空。起源于商代。在古代，钟不仅是乐器，还是象征地位和权力的礼器。

钟分为特钟和编钟两种。单独悬架使用的大钟叫特钟；由若干个大小不同的钟有次序地悬挂在木架上编成一组或几组的则叫编钟。编钟兴起于西周，盛行于春秋战国直至秦汉。编钟的大小多少依贵族的地位、等级而定，即所谓其功大者其乐备。

《王孙遗者钟》（铭文）："隹正月初吉，丁亥，王孙遗者，择其吉金，自作和钟……用享以孝，于我皇且文考……阑阑和钟，用匽以喜。用乐嘉宾、父兄及我朋友。"

《乐书》："古者编钟大小异制，有倍十二律而为二十四者，大架所用也；有合十二律四清而为十六者，中架所用也；有倍七音而为十四者，小架所用也。"

编钟

来源：涪陵小田溪墓地 1 号墓
年代：战国
藏址：四川博物院

涪陵小田溪出土的编钟，是我国田野考古中最早发现的一套完整编钟。该套编钟共有 14 枚钮钟，大小依次递减。最大者高 27.5 厘米，铣间 19.5 厘米，于宽 14.3 厘米；最小者高 14.6 厘米，铣间 6.5 厘米，于宽 5.4 厘米。长方形鼻钮，两铣下垂，口部齐平。舞部饰云纹、雷纹，篆带饰涡纹，鼓面饰蟠虺（huǐ）纹。篆带上下及两篆间各有涡纹钟乳，分四区三层，共 36 枚。甬、横饰三角纹与涡纹。舞部及枚间有剔凿的槽，有的透空。其中 8 个钮钟的钲、于、铣部有错金纹饰。

甬钟

来源：奉节永安镇遗址
年代：战国
藏址：重庆中国三峡博物馆

夔纹钮钟

来源：征集
年代：战国
藏址：重庆中国三峡博物馆

錞于

錞于是古代的打击乐器，既可作为军乐器，也可用于祭祀、宴享场合。它是巴文化中最具特色的青铜乐器。通常情况下，錞于与钲（形似钟而狭长，有长柄可执，口向上以物击之而鸣）是连同使用的，用以节制军中士卒进退，为军礼所必需的两种乐器。

錞于本是东夷文化的典型器物，自东周以降直到汉代，在巴蜀地区被广泛使用，并得到改进。由于在巴、蜀、楚故地发现的錞于，其挂钮皆为虎形，故又称其为虎钮錞于。

虎钮錞于，形近桶形，圜如碓头，大上小下，顶部中央铸有虎形钮，仰头张口，倨牙翘尾。使用时，以绳系于虎钮，悬挂于架上，敲击使其发声。

《国语·晋语》："是故伐备钟鼓，声其罪也；战以镦于、丁宁，儆其民也。"

《南史·始兴简王鉴传》："时有广汉什邡人段祖，以镦于献鉴，古礼器也。高三尺六寸六分，围二尺四寸，圆如筒，铜色黑如漆，甚薄，上有铜马，以绳县马，令去地尺余，灌之以水，又以器盛水于下，以芒茎当心跪注淳于，以手振芒，则声如雷，清响良久乃绝。古所以节乐也。"

《周书·斛斯徵传》："又乐有镦于者，近代绝无此器，或有自蜀得之，皆莫之识。徵见之曰：'此镦于也。'众弗之信。徵遂依干宝周礼注以芒筒捋之，其声极振，众乃叹服。"

《南齐书·祥瑞志》："建元元年十月，涪陵郡蛮民田健所住岩间，常留云气，有声响澈若龙吟，求之积岁，莫有见者。去四月二十七日，岩数里夜忽有双光，至明往，获古钟一枚，又有一器名淳于，蛮人以为神物，奉祠之。"

《容斋续笔》："淳熙十四年，澧州慈利县周郂王墓旁五里山摧，盖古冢也。其中藏器物甚多，予甥余玠宰是邑，得一镦，高一尺三寸……虎钮高一寸二分，阔寸一分，并尾长五寸五分，重十三斤。绍熙三年，予仲子签书峡州判官，于长杨县又得其一，甚大，高二尺，上径长一尺六分，阔一尺四寸二分，下口长径九寸五分，阔八寸，虎钮高二寸五分，足阔三寸四分，并尾长一尺，重三十五斤……后复得一枚，与大者无小异，自峡来……"

虎钮镦于

来源：万州区甘宁镇甘宁水库
年代：战国
藏址：重庆中国三峡博物馆

该镦于通高 68 厘米，重 30 公斤，造型敦厚，有镦于王之誉。1989 年夏，于红旗水库泄洪道巨石缝中被发现。
镦于上部的钮作虎形，虎腿勾画以漩纹，在虎形钮周围的托盘内则分布着五组符号：椎髻人面、羽人击鼓与独木舟、鱼与勾连云纹、手心纹、神鸟与柿蒂纹。

虎钮錞于

来源：涪陵小田溪墓地
年代：战国
藏址：重庆中国三峡博物馆

虎钮錞于

来源：巫山铜鼓乡
年代：战国
藏址：巫山博物馆

铜钲

来源：涪陵小田溪墓地 12 号墓
年代：战国
藏址：重庆中国三峡博物馆

钲又称执钟，既可用于军乐，也可在祭祀、宴享场合使用。钲不能独立演奏完整乐曲，须与其他乐器（如鼓等）配合使用。《诗经·小雅·采芑》："方叔率止，钲人伐鼓，陈师鞠旅。"

铭文图语铜钲

来源：涪陵小田溪墓地
年代：战国
藏址：四川博物院

该钲柄为八棱形，衡部饰圆涡纹，钲身横截面作椭圆形，两铣（xiǎn）侈出成犄角状。钲身的一面饰有符号，在符号的左右又篆有两个王字。

铜铎

来源：忠县崖脚遗址
年代：战国
藏址：忠州博物馆

铎为中国古代铜制打击乐器。柄短而呈方形。其形制略
近于甬钟，但比甬钟为小。根据体腔内有舌和无舌分作
两类。

有舌者可摇击发声。舌又分铜制与木制两种。铜舌者为
金铎，木舌者为木铎。盛行于春秋至汉代。多用于军旅，
亦用于宣布政教法令。

铜马

来源：云阳杨沙墓群
年代：汉
藏址：云阳博物馆

鎏金铜牌

来源：巫山水泥厂墓地
年代：西汉
藏址：重庆中国三峡博物馆

双鱼纹君宜子孙铭文铜洗

来源：博物馆旧藏
年代：汉
藏址：夔州博物馆

洗在古代是日常盥洗用具，就像今天的脸盆。最早出现在战国晚期，汉代最为流行。

富贵昌宜侯王双鱼纹铜洗

来源：博物馆旧藏
年代：汉
藏址：夔州博物馆

富贵昌宜侯王铜洗

来源：开县竹溪镇红华崖墓
年代：东汉
藏址：开州博物馆

该洗敞口、束颈、折腹、平底。内底中心模印有富贵昌宜侯王六字铭文，两侧又各模印有一鱼纹，首尾相错。

铜案 铜耳杯

来源：开县竹溪镇红华崖墓
年代：东汉
藏址：开州博物馆

铁器系

铁锸

来源：征集
年代：战国
藏址：重庆中国三峡博物馆

铁铍

来源：万州大丘坪墓群
年代：东汉
藏址：万州博物馆

铁剑

来源：万州武陵墓群
年代：东汉
藏址：万州博物馆

铁箭镞

来源：奉节白帝城遗址
年代：南宋
藏址：夔州博物馆

弓箭是古代常用的兵器。射术为六艺之一，是贵族男子必备的技能。在战国时期，巴国的武备中即有弓、箭、箭匣等。考古发现以箭镞最为丰富，其形制也较多，主要有双翼、三翼与三棱三类。从战国后期开始，三棱矢镞改成铁铤铜镞。汉代时，铜镞逐渐为铁镞所取代。

铁蒺藜

来源：奉节白帝城遗址
年代：南宋
藏址：夔州博物馆

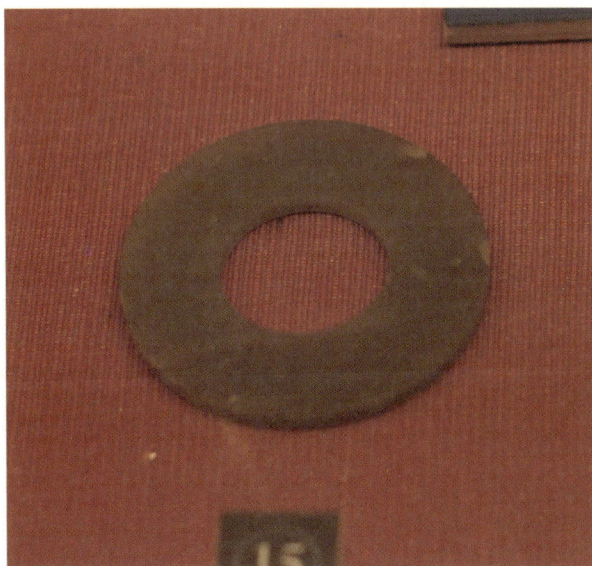

玉器系

玉璧

来源：云阳平扎营墓群
年代：战国
藏址：重庆中国三峡博物馆

在人类文明的发展进程中，人们或以玉为灵媒沟通人神、或以玉作防腐材料随葬死者、或以玉有五德而随身佩戴。从玉器的制作和使用上，可以折射出当时社会的经济水平、艺术审美观念，进而反映出古代社会的政治、宗教等制度的发展与变迁。

重庆地区巴人墓葬中的随葬品以陶器、青铜兵器为大宗，以玉器随葬的则较为罕见。在巴县冬笋坝、涪陵小田溪、云阳李家坝、开县余家坝、万州余家河、万州曾家溪、忠县老鸹冲、忠县崖脚等地出土有玉璧、玉璜、玉觽（xī）、玉佩、玉蜻蜓眼、玉环、玉玦、玉扁珠、玉方珠、玉圆柱珠、玉鸟、玉桃形饰、玉管……此外还有少量的绿松石等。

玉璧

来源：奉节永安镇遗址
年代：战国
藏址：重庆中国三峡博物馆

玉璧

来源：巫山土城坡墓地
年代：战国
藏址：巫山博物馆

玉璧

来源：忠县石匣子墓地
年代：战国
藏址：忠州博物馆

谷纹青玉璧

来源：涪陵小田溪墓地 12 号墓
年代：战国
藏址：重庆中国三峡博物馆

该玉璧为青玉质，两面饰谷纹。

玉佩

来源：奉节永安镇遗址
年代：战国
藏址：重庆中国三峡博物馆

玉环

来源：涪陵小田溪墓地 12 号墓
年代：战国
藏址：重庆中国三峡博物馆

玉环

来源：巫山高唐观墓地
年代：汉
藏址：巫山博物馆

玉玦

来源：开县余家坝遗址
年代：战国
藏址：开州博物馆

玉管

来源：涪陵小田溪墓地 12 号墓
年代：战国
藏址：重庆中国三峡博物馆

玉璜

来源：巫山古城遗址
年代：新石器时代
藏址：巫山博物馆

玉璜为弧形片状。是中国最古老的玉器形制之一。

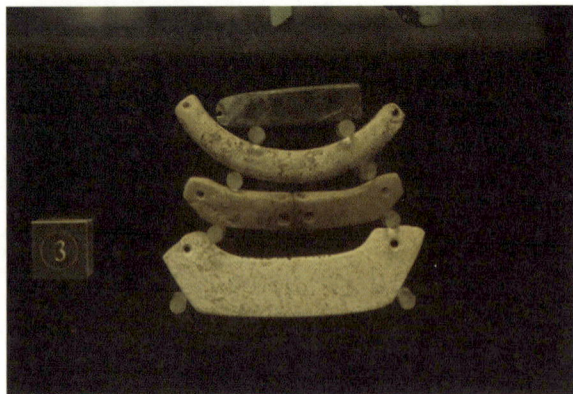

玉璜

来源：巫山大溪遗址
年代：新石器时代晚期
藏址：重庆中国三峡博物馆

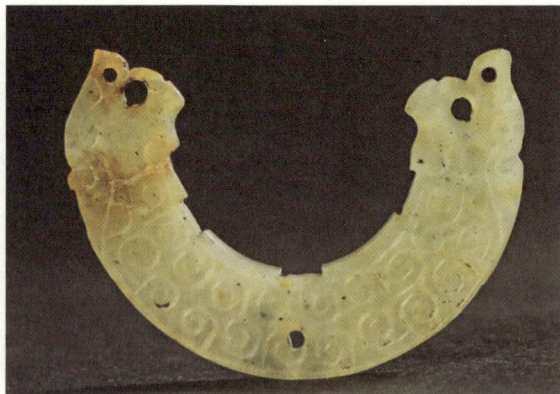

玉璜

来源：涪陵小田溪墓地 12 号墓
年代：战国
藏址：重庆中国三峡博物馆

该玉璜为白玉质，黄色微瑕。两端为兽头，两面饰云雷纹。

龙形玉璜

来源：涪陵小田溪墓地 12 号墓
年代：战国
藏址：重庆中国三峡博物馆

鸟形玉饰

来源：涪陵小田溪墓地 12 号墓
年代：战国
藏址：重庆中国三峡博物馆

夔龙形玉饰

来源：奉节永安镇遗址
年代：西汉
藏址：夔州博物馆

玉璲

来源：巫山水泥厂墓地
年代：西汉
藏址：重庆中国三峡博物馆

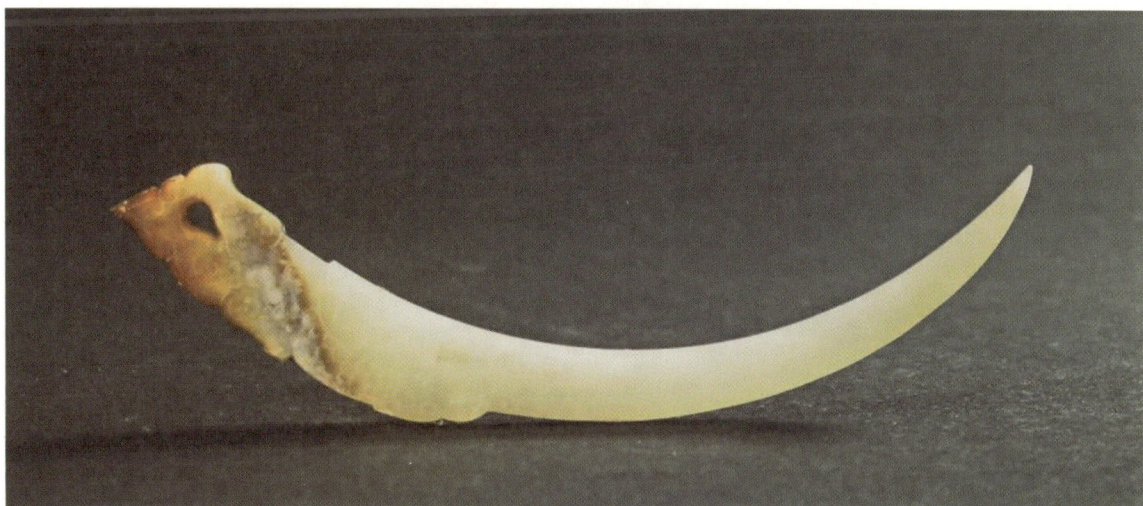

玉觿

来源：涪陵小田溪墓地 12 号墓
年代：战国
藏址：重庆中国三峡博物馆

觿是一种微曲的锥形器。起初因被用以解结而成为随身携带的工具，多为骨制。随着玉质觿的出现，则常被作为随身佩饰使用。

该玉觿为月牙状，白玉质，黄色微瑕。上端阴刻龙首，尾部尖翘。

玉组佩

来源：涪陵小田溪墓地 12 号墓
年代：战国
藏址：重庆中国三峡博物馆 重庆市文化遗产研究院

该套组佩系四仰璜组佩，为巴文化区首次发现的一套完整玉组佩。其构件包括玉璧、玉珩、玉环、玉璜、玉珠、玉管、玛瑙、蜻蜓眼、桃形玉饰、玉鸟形牙饰、双龙形玉饰等。

甲贝系

贝饰

来源：巫山大溪遗址
年代：新石器时代晚期
藏址：重庆中国三峡博物馆

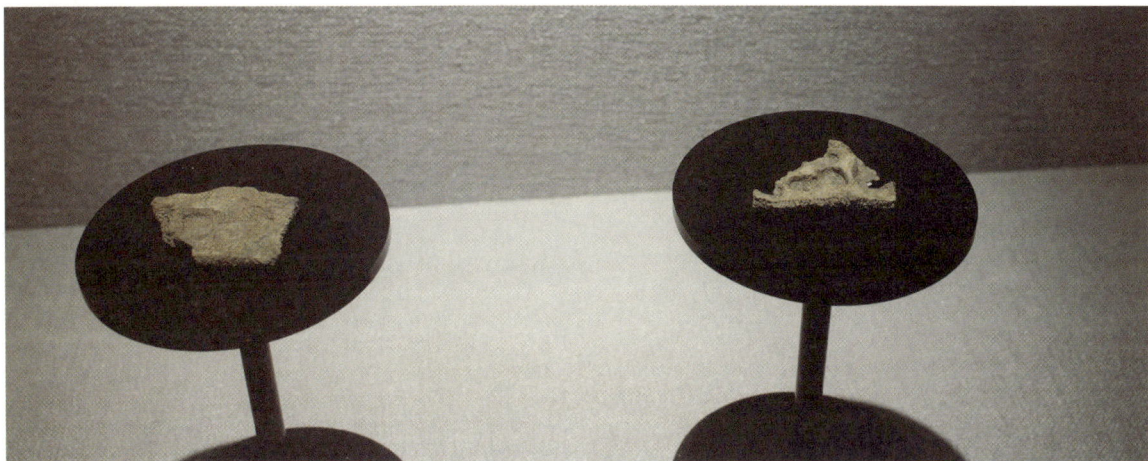

卜甲

来源：巫山培石遗址
年代：东周
藏址：巫山博物馆

其 他

水晶珠

来源：云阳平扎营墓群
年代：战国
藏址：重庆中国三峡博物馆

竹席

来源：忠县崖脚遗址
年代：战国
藏址：忠州博物馆

令牌 令钟 卦

来源：捐赠
年代：清
藏址：巫山博物馆

第二十一部分

询根理脉

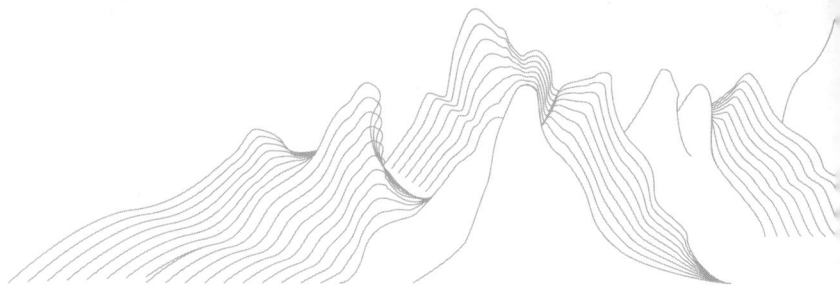

要解密巴人，就不能忽略《山海经》一书。在前人留下的史料中，当以《山海经》为最早。抓住了《山海经》，就等同拿到了破解开巴人起源之迷的钥匙。

此后，《竹书纪年》《世本》《左传》《华阳国志》《后汉书》《水经注》，再到《路史》《蜀鉴》等，都在不断地记录着巴人的点点滴滴。

当然，在十九世纪二十年代以及其后，以考古为依托的不断推展的巴文化研究，更为今人了解巴人及其文化的发展历程提供了强大的助力。

千古奇书

《山海经》历来被视作巫觋、方士之书。该书不仅奇，而且全，是一部当之无愧的百科全书。该书叙事风格独特——图文相辅，相互印证。书中既记录有众多地理方物，如山川、道里、民俗、物产、医药、祭祀、巫术等，还保存有不少脍炙人口的神话传说和寓言故事，如夸父逐日、女娲补天、精卫填海、大禹治水等。

《山海经》原本共有 22 篇，现仅存 18 篇，其余篇章早已遗佚。其中山经 5 篇，海外经 4 篇，海内经 5 篇，大荒经 4 篇。《山经》以四方山川为纲，记述内容包括草木、鸟兽、神话、宗教等。依南、西、北、东、中的方位次序分篇，每篇又分若干节。《海外经》主要记载海外的奇异风貌。《海内经》主要记载海内的神奇事物，是《山海经》地理状况的总结。《大荒经》主要记载与女娲、黄帝和大禹等有关的许多重要神话资料。

《山海经》是汉文化的源头，可以毫不夸张地说，它是华夏民族文化之源、文化之根、文化之本。

方兴未艾

巴人重新走进人们的视野，已是在 19 世纪 20 年代了。自巴蜀文化这一概念被学者提出以来，迄今已有 80 余年了。而对巴文化的研究可大致分为三个阶段——初始阶段（20 世纪 30、40 年代），发展阶段（20 世纪 50 年代初至 70 年代末）和高潮阶段（20 世纪 80 年代初至今）。

在巴文化研究的早期，因考古发现资料较少，学者们主要凭借古典文献资料来研究和论证，基本上是巴蜀不分。

1954 年，随着重庆巴县冬笋坝和四川昭化宝轮院两地发掘出土的墓葬遗存，被冯汉骥等学者推断为与战国—秦汉时期的巴人有关，巴文化及其研究才开始从巴蜀文化中被分离出来。

早期的巴文化研究，比较知名的有吴志华在《史学杂志》第一期发表的《古代巴蜀史考略》（1930）和卫聚贤在《学术月刊》上发表的《巴蜀文化》（1941）。

文化大革命结束后，在学界掀起了一个研究巴人的高潮，四川人民出版社还为之出了系列丛书，有童恩正的《古代的巴蜀》（1979）、徐中舒的《论巴蜀文化》（1981）、蒙文通的《巴蜀史迹论述》（1981）、顾颉（xié）刚的《巴蜀与中原的关系》（1981）和任乃强的《四川上古史新探》（1985）等。与此同时，一些研究巴人的专著也产生了，有董其祥的《巴史新考》（1983）和《巴史新考续编》（1993）、庄燕和的

《古代巴史的几个问题》（1988）、周集云的《巴族史探微》（1989）、管维良的《巴族史》（1996）和段渝的《政治结构与文化模式：巴蜀古代文明研究》（1999）等。

进入 21 世纪后，关于巴文化的研究愈发更上层楼，有李学勤的《巴史的几个问题》、沈长云的《论姬姓巴国的建立与其土著的族属等有关问题》、刘豫川的《巴蜀符号印章的初步研究》、张之恒的《巴渝文化的起源和发展》、王川平的《三峡文化特质与三峡人文精神》、智荣的《巴文化与巴蜀文化》等学术论文和杨铭的《土家族与古代巴人》（2002）、王颖的《巴人之谜》（2004）、曾超的《巴人的尚武精神》（2005）、白九江的《巴人寻根：巴人·巴国·巴文化》（2007）、李禹阶的《三峡考古与多学科研究》（2007）、应骥的《巴人源流及其文化》（2007）、朱世学的《三峡考古与巴文化研究》（2009）、杨华的《巴文化考古研究》（2009）、余西云的《巴史——以三峡考古为证》（2010）、管维良的《巴蜀符号》（2011）、高文麒的《川渝巴蜀文化》（2013）等学术专著。

而所有这些巴文化研究成果，既离不开文献的记载，更离不开考古学成果的支持。今后，随着国家文化的大兴及文博工作的发展，必将会有更多的人力物力被投射到这个局向上来，因此巴文化领域的研究和创新工作也将会更值得期待。

雨后春笋

巴文化的相关学术研究组织都是在 20 世纪 90 年代和 21 世纪初才陆续建立的，主要有重庆巴文化研究会、重庆中国三峡博物馆、重庆市文化遗产研究院、恩施州巴文化研究会、重庆师范大学三峡文化与社会发展研究院和湖北省三峡文化研究会等。其学术活动和所出版的书籍、刊物等，或直接或间接都涉及了巴文化的研究。

有感于巴文化学术组织建设的相对滞后，相关专家学者们多方奔走呼吁，终于在 1993 年成立了重庆巴文化研究会，并首次在西南师范大学举办了真正意义上的巴文化研究会（时称巴渝文化研究会）。2002 年 8 月，湖北省恩施土家族苗族自治州也成立了恩施州巴文化研究会。

此后，在重庆、湖北、四川等地的一些高等院校里，也陆续建立起了研究中心、研究院、研究所等，如西南大学建立了西南大学历史地理研究所，重庆师范大学建立了三峡文化与社会发展研究院，长江师范学院建立了乌江流域社会经济文化研究中心，重庆三峡学院建立了三峡库区可持续发展研究中心，湖北民族学院建立了南方少数民族研究中心，三峡大学建立了三峡文化与经济社会发展研究中心、文化部民间文艺发展中心武陵地区研究中心、土家族研究中心等。与之相关的，还有重庆市历史地理学会、重庆市历史学会、重庆市博物馆学会、湖北省三峡文化研究会等。

拆墙建桥

随着在泛巴地区考古工作的不断推进和发展，特别是三峡考古工程的实施，考古工作者已对成千上万个遗址或墓地进行了考古发掘，出土了大批具有浓厚巴文化特色的器物，如重庆境内的巴县冬笋坝，涪陵小田溪，忠县中坝、哨棚嘴、瓦渣地，万州苏和坪、涪溪口，奉节老官庙，巫山魏家梁子；湖北境内的香石炉、路家河、中堡岛、朝天嘴；陕西境内的宝鸡茹沟、竹园村、弓鱼国以及四川境内的宣汉罗家坝、城固宝山等。

目前，各地都加大了对巴文化遗址和出土器物的保护利用力度。如在重庆建立起了专题博物馆和综合性博物馆。而在川东北五市（巴中、广元、南充、广安、达州），为了保护传承利用巴文化资源，其更是联手建立起了巴文化资源保护合作及成果共享机制和跨区域考古调查和发掘合作机制。

资源形态

巴人在得天独厚的自然环境下，经过数千年生息繁衍，逐渐形成了具有独特民族性、地域性的巴文化。

巴文化的物质资源形态可以用辉煌灿烂来形容。如发达的巴人盐业、垄断的巴人丹砂、神奇的巴人船棺、别样的巴人青铜器、精美的巴人漆器、精巧的巴人玉器、清纯的巴乡清酒、独特的巴人建筑、四通八达的古道……

巴文化的精神资源形态可用绚丽多彩来形容。如神秘的巴人图腾、生动的巴人歌舞、丰富的巴人曲艺、独特的巴人习俗……

文化业态

如今,在泛巴地区,与巴文化相关联的文化交流、经贸洽谈、旅游观光、学术研讨、群众文艺等产业活动正被如火如荼地开展起来,巴文化旅游资源的开发利用也已初见成效。

首先，是对原生态资源的开发和利用。如重庆将三峡大峡谷、巫山龙骨坡遗址、乌江画廊等作为长江旅游的重点景区建设，湖北则把清江巴人故里、建始野三河人类起源地、恩施大峡谷纳入了鄂西生态文化旅游圈体系。

其次，是积极推动巴文化主题项目的建设。如重庆九龙坡区已建成国家级文化产业示范基地巴国城、巴文化专题博物馆，重庆巴南区已建成集巴人艺、巴人礼、巴人乐、巴人情、巴人宴五大文化项目为一体的巴文化电影公园，四川达州宣汉则正在建设罗家坝巴文化遗址公园。此外，各地还建有巴文化广场、长廊、艺术墙等。

再次，是利用巴文化资源打造产业节庆会展活动。如重庆的文化艺术节，四川巴中等地的巴人文化艺术节，湖北巴东的中国三峡纤夫节以及恩施的中国土家摆手舞文化旅游节等。

最后，是推出以巴文化为主题的文艺品（如《巴国魂》《巴蔓子》《巴渝舞》《下里巴人》《巴歌渝舞》等）和工艺品（如陶器、漆器、青铜器、民俗服饰等）。

无价之宝

拥有数千年历史的巴文化是中华优秀传统文化的重要组成部分，历史悠久，内涵丰富。它是巴人在建设家园的奋斗历程中所形成的独特精神基因和人格标识，是开展的精神活动、形成的理性思维和积淀的文化成果。

忠（于国家讲忠诚）信（于社会讲信用）勇（于征战讲勇武）义（于朋友讲情义）是巴文化的价值核心，这一精神内核也最终外化为巴渝儿女的质直好义、豪放率真、开放包容的人格特质。巴文化中那忠勇勤敏干净质朴的心性冶炼、价值追求和使命担当，必将汇入培养和践行社会主义核心价值观的时代大潮之中，为新时代思想道德建设提供价值范式。

另：

文化既是凝聚人心的精神纽带，又是增进民生福祉的关键因素。要想更好地弘扬传统文化，推动巴文化的传承、创新和发展，以便让其更好地服务于大众，服务于时代，不仅需要有意识，还需要有新思维、新思路，并需要充分利用新创意和新手段。

比如，积极构建巴文化思想文化体系、认知识别体系、文脉传承体系、遗产保护体系、文创研发体系、艺术生产体系，为推动新时代经济社会发展提供思想保障。同时，汇集多学科、多专业，设立巴文化研究数据库、云平台，推动巴文化数字化建设。

比如，形成具有现代文化旅游、影视演艺、音乐视听、动漫游戏、书画收藏、民间工艺、非遗生产性保护等文化创意产业体系。以丰富的巴文化作为素材底本，创作出一系列有温度、有深度、有内涵的文化艺术精品，为新时代新大众提供优质丰富的精神食粮。

再比如，积极拓展产业资源配置，激活创意生产，为巴文化的场景再现、历史体验、心灵感悟、认知深化，营造旅游休闲、演艺观赏、视听娱乐、阅读学习、虚拟成像、竞技游艺、美食品鉴等产品生产与服务环境，立足重庆、放眼周边、协调发展、跨界融合、搭建平台，全景推动将巴文化产业做大做优做强，为新时代文化软实力攀升提供硬支撑。

第二十二部分

攻关场馆

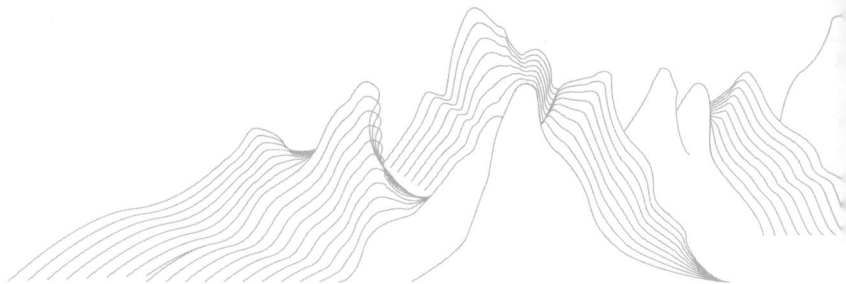

在数千年的风雨历程中，顽强的巴人创造了属于自己的文明。然而史料的匮乏等诸多方面的原因，以至于在过去的很长一段时期，巴人始终都是一个谜一样的存在。伴随着考古发现，这个用战争书写了整个历史的民族，才逐渐被揭开神秘的面纱，跨越时空的长河，走进大众视野。

学术界对巴文化的关注，虽然可以追溯到20世纪30年代，但进展甚微。直到50年代以后，随着巴蜀地区相关考古工作的进展，尤其是三峡文物保护工程中丰富的巴文化实物资料的出现，才使得巴文化整体研究更加系统、深入，进而推动了对巴文化面貌和巴文化谱系的认识。其后，顺应文博工作的发展以及为了满足人们了解过去和追寻先人脚步的需要，在重庆乃至泛巴地区，也兴建起了数量众多的与巴人文化相关的博物馆。

在这些场馆中，虽然兴立的主题和侧重点不尽相同，但透过博物馆中所保存和展示的那些传世故物，依然可见、可证那些曾经的过往……，有机会不妨去走一走、看一看，了解不一样的风情，不一样的巴文化。

重庆巴人博物馆

重庆巴人博物馆（建筑外形为仿古城楼）坐落于重庆市九龙坡区九龙园区巴国城正中，紧邻巴国城生态公园，并与国家文化产业示范基地——巴国城文化休闲旅游仿古一条街融为一体。2006 年 10 月经重庆市文化广电新闻出版局批准成立，2007 年 4 月全面向社会开放。

该博物馆是目前国内唯一一座集中展示巴人、巴国、巴文化的主题博物馆。博物馆的布展陈列以考古发掘为依据、文献记载为支撑、科学真实为原则、生动通俗为目标，集历史性、趣味性、艺术性与参与性为一体。

博物馆设有 7 个展区：第一展区为远古的传说与巴人的起源；第二展区为巴人神秘的信仰与崇拜；第三、四展区为巴人的经济活动和人文精神展示；第五展区为巴国的灭亡；第六展区为巴人与土家族；第七展区为观众感受体验区。

博物馆自成立以来，先后获得了重庆市科普基地、重庆市九龙坡区爱国主义教育基地等多项授牌。作为重要的科普基地和爱国主义教育基地，作为九龙坡区对外文化交流的平台，博物馆在展示巴文化、保护地方文物资源和接待服务中外游客等方面，都出色地发挥了窗口和桥梁的作用。

九龙坡区沿革

九龙坡区，地处重庆市西南部，是长江和嘉陵江环抱的重庆渝中半岛的重要组成部分，为重庆主城九区之一。

早在 100 万年前，就已有先民在这里生息繁衍。而到了 17 万年前，生活在这里的人们更是燃点起了一堆堆文明的篝火……

先秦时期，今天的九龙坡区境为巴子国江州属地。

秦汉时期，为巴郡江州县属地。

南齐永明五年（487 年），改江州县为垫江县，区境为垫江县属地。

北周武成三年（561 年），撤垫江县、枳县置巴县，区境为巴县属地。

隋、唐至北宋末，为渝州所属巴县地。

北宋末至南宋初，为恭州所属巴县地。

南宋淳熙十六年（1189 年），为重庆府所属巴县地。

元明清时期，为巴县属地。

民国二十八年（1939 年），为重庆市第八区（1939 年，重庆市下设 12 个区）属地。

民国三十年（1941年），为石桥铺直辖镇和巴县属地。

民国三十一年（1942年），改石桥铺直辖镇为重庆市第十七区（1942年，重庆市下设17个区外加1个水上区），辖石桥铺、歇台子、九龙铺和鹤皋岩四镇，区境部分地方属巴县。

1950年10月，合并第八区和第十七区（1946年，重庆市下设18个区）为重庆市第四区。

1952年11月，九龙坡区全境归入重庆市第四区。

1955年10月，第四区定名为九龙坡区。九龙坡区自此得名。

另：

对于九龙坡这一名称的由来，历来说法不一。一说与当地的九龙滩有关；一说与当地的地形有关；一说与一次媒体报道的一时手误有关（有说书人绘声绘色地讲，是新华日报记者在报道重庆谈判时，误将九龙铺机场写成了九龙坡机场所致）。

重庆中国三峡博物馆（重庆博物馆）

重庆中国三峡博物馆，又名重庆博物馆，位于重庆市渝中区人民路236号（重庆人民广场西侧，重庆人民大礼堂正对面）。

博物馆前身为1951年3月成立的西南博物院，1955年6月更名为重庆市博物馆，2000年9月经国务院办公厅批准成立重庆中国三峡博物馆，并加挂重庆博物馆馆名，新馆于2005年6月18日正式对外开放。

该博物馆全馆现由重庆中国三峡博物馆、白鹤梁水下博物馆、宋庆龄旧居陈列馆、涂山窑遗址和三峡文物科技保护基地（国家文物局、国家工信部授牌的首个国家文物保护装备产业基地）五个馆舍组成，荟萃了各类文物17万余件，为首批国家一级博物馆、中央地方共建国家级博物馆。

其主馆重庆中国三峡博物馆，占地面积3万平方米，建筑面积45098平方米，展厅面积20858平方米。设有4个基本陈列、6个专题陈列、1个360度全周电影、1个半景画陈列、1个观众实践中心和3个临时展览。

渝中区沿革

渝中区，地处长江、嘉陵江包夹地带，由于两江环抱，形似半岛，又称渝中半岛，为重庆主城九区之一。

周朝时，今天的渝中区地属巴子国江州，同时也是巴国国都所在地。

公元前316年，秦置巴郡，属巴郡江州县，为巴郡和江州县治所所在地。

从汉代始，区境又先后属江州县、垫江县、巴县，历为郡、州、路、府、省、县治所所在地。

1929 年，国民政府在巴县城区设立重庆市，今天的渝中区则成了重庆市的辖区之一（自此开始，这里便一直是重庆市政府所在地。在抗日战争时期，这里更是成为中华民国战时首都以及中共中央南方局、八路军重庆办事处所在地）。

1935 年，重庆市下设 5 个区，第一至第四区在今天的渝中区境内。

1939 年，重庆市下设 12 个区，第一至第八区在区境内。

1942 年，重庆市下设 17 个区外加 1 个水上区，第一至第八区在区境内，同时还包括水上区的一部分。

1946 年，重庆市下设 18 个区，第一至第八区仍在区境内。

1950 年 6 月，重庆市人民政府将此前的第一至第七区统一命名为第一区。

1955 年 11 月，改第一区称市中区，为中共中央西南局、西南军政（行政）委员会、西南军区所在地，这里同时也一直是重庆市党、政、军领导机关所在地。

1995 年 3 月，市中区方才被更名为渝中区。

涪陵区博物馆

涪陵区博物馆坐落在重庆市涪陵区兴华中路 72 号，占地 11 亩，公用房建筑面积 4929 平方米，于 2000 年 1 月 10 日正式对外开放。馆藏文物藏品近万件。

博物馆设有综述厅、白鹤梁厅、战国青铜器厅、商周陶器厅和汉代文物厅五个展厅。

值得一提的是，该博物馆曾参加过小田溪巴人墓群，镇安、石沱商周遗址和蔺市新石器至商周遗址等大型考古发掘。

涪陵区沿革

涪陵区位于长江和乌江的交汇之处，地处重庆市中部、三峡库区腹地。涪陵古称枳，以枳为名应与当时该地盛产枳这种植物有关。

秦昭襄王三十年（公元前 277 年）置枳县（属巴郡），为区境内置县之始。北周武帝保定四年（564 年），在原枳地设立了涪陵镇。隋开皇十三年（593 年），将汉平县（今重庆市武隆县白马镇治所）移于该镇，并依涪陵之名将汉平县改为涪陵县。

1997 年 3 月 14 日，原四川省涪陵市、万县市、黔江地区并入新成立的重庆直辖市。1997 年 12 月 20 日，经中共中央办公厅和国务院办公厅批准，撤销原地级涪陵市和枳城区、李渡区，设立重庆市涪陵区。

作为重庆市辖区的涪陵区，为长江经济带、乌江干流开发区、武陵山扶贫开发区的结合部，是重庆市一小时经济圈核心城市、渝东南部中心城市、成渝经济区东部中心城市。

另：

对于涪陵一词的由来，有人认为是借用了今天的彭水县的古地名，也有人认为是"以乌江古称涪水、巴国王陵多在此"之故而得名。

巫山博物馆

巫山博物馆位于巫山县高唐街道平湖西路 369 号，地处长江三峡巫峡与大宁河小三峡交汇处。该博物馆于 2009 年 9 月开工建设，2012 年 12 月 1 日正式对外开放。总占地面积 8334 平方米，总建筑面积 13300 平方米。馆内藏有上自 200 多万年前的旧石器时代下至明清时期的各类文物 4 万余件，其中珍贵文物 1000 余件。

博物馆设有 1 个基本陈列（巫山巫水巫文化）、2 个专题陈列（长河遗珍和灵山毓秀）和 1 个临时展览。

巫山县沿革

巫山县处于三峡库区腹心，地跨长江巫峡两岸，东邻湖北巴东，南连湖北建始，西抵奉节，北依巫溪，素有渝东北门户之称。是三峡中的一颗璀璨明珠。

春秋时，今天的巫山县地属庸国鱼邑，后属巴国。战国时，属楚国巫郡。

秦昭襄王三十年（公元前 277 年），置巫县。

东汉建安十五年（210 年），析巫县北境置北井县。

蜀汉章武二年（222 年），县境属吴国宜都郡。

东吴永安三年（260 年），分宜都郡置建平郡，治巫县。

西晋泰始四年（268 年），属巴东郡。

隋开皇三年（583 年），改巫山县，属建平郡。

清康熙九年（1670 年），大昌县归入巫山县。

1949 年 12 月 17 日，成立四川省巫山县人民政府。

1951 年 3 月，析出湖北省建始县铜鼓乡，归入巫山县官渡区。

1961 年 3 月，析出龙溪公社所属上安、下安、双河三个大队的山地 1784.5 亩，水田 342.3 亩，划归巫溪县。也正是在这时候，才形成了今天的巫山县。

1997 年 6 月 28 日，巫山县划归重庆直辖市。

另：

滔滔长江水，巍巍大巫山。古往今来，巫山以它那悠久深厚的历史文化，优美独特的自然风光，吸引着世人目光，招迎着四海宾朋。

在这里，大巫山既是一个空间上的地理概念，也是一个时间上文化概念。空间上，大巫山以连绵起伏的巫山山脉为主体，北起大巴山南麓，南至清江北岸支流上游的分水岭地区，西为四川盆地，东为长江中下游平原。长江自西向东横切而过，形成著名的三峡——瞿塘峡、巫峡、西陵峡。时间上，大巫山文化代表了自旧石器时代早期开始形成发展至今的一条深厚的文化沉积带。

作为大巫山文化的核心分布区域，巫山县不但是人类萌芽期、童年期原始文化的高峰期——龙骨坡文化与巫文化的发源地，也是长江流域巴文化、蜀文化与楚文化的碰撞带、融汇区。战争和交流，既折射着巴楚错综复杂，彼此消长，互为友敌的历史，也演绎着东西文化夹击下巫山文明的不断成长。

这里，巫山秀出，宁河逶迤，云雾飘渺，古迹绵延。二百万年的巫山人在这里高扬起亚洲人类的旗帜，五千年前的大溪人在这片土地上创造了辉煌的文化……这里，扼巴蜀，控荆楚，历来是古代巴楚兵争之地和文化交流的重要通道。

这里是长江文明的华彩乐章，这里是巫文化的发源地和核心区。巫山神女守望着这方热土，留下了人世间的大美传奇。

有人说，行到巫山必有诗。从宋玉高唐、神女二赋中令人遐思无限的巫山云雨的描述，再到郦道元《水经注》中抗峰岷峨，偕岭衡疑对巫山巨丽之美的赞誉，都给这里增添了无穷的魅力。

巫溪县博物馆

巫溪县博物馆位于巫溪县柏杨街道文景路 17 号。该馆始建于 2017 年 6 月，占地面积 1230 平方米，总建筑面积 2770 平方米，展厅面积 1618 平方米。于 2018 年 1 月起向社会公众免费开放。馆藏文物展品 191 件 / 套、5464 件，其中一级文物 1 件，二级文物 2 件，三级文物 40 件。

镇馆之宝为战国木剑、战国铜甬钟、战国木棺、明画像砖。

馆内设 3 个主题展厅（生态巫溪、文化巫溪、红色巫溪）和 1 个临展厅，另有学术厅和青少年教育中心。

巫溪县沿革

巫溪，在很早以前地属巫咸国。战国时，楚置巫郡。秦昭襄王三十年（前 277 年），秦遣蜀守张若伐楚，取巫郡，改名巫县。东汉建安十五年（210 年），刘备领荆州牧，为了充分利用这里的盐业资源，将巫县北境分出置北井县。

北井立县后，先后更名有史宁郡、永昌郡、大宁监、大宁州、大宁县。民国三年（1914 年），因与山西大宁县同名，故将之更名为巫溪县。

另：

巫溪，作为中国巫文化最早的发源地，曾凭借宝源山天然盐泉之资、大宁河舟楫之利，创造了利分秦楚域，泽沛汉唐年，一泉流白玉，万里走黄金的辉煌。

山水炳灵，蕴含丰富遗产。巫溪盐泉是三峡地区最早发现的也是唯一一处地表盐泉。盐曾让巫溪富庶一方，也曾让巫溪饱受兵燹（xiǎn）之灾，可谓多少往来事，均与盐有关。

世载其英，凸显灿烂文化。早在新石器时代，巫文化即开始萌芽。巫文化渗透并影响了中原文化，丰富并推动了华夏文明的成长。

巍巍大巴山横亘绵延，悠悠大宁河贯穿其中。沧海桑田造就自然形胜，物华天宝孕育海量宝藏。徜徉巫溪文明的长河，以景仰为舟，敬畏为桨，想象为帆，方能感受到巫咸古国上古盐都的独特魅力。

云阳博物馆

云阳博物馆，位于重庆市云阳县两江广场西侧市民活动中心一楼。该馆成立于 2012 年 9 月。建筑面积 6021 平方米，展厅面积 3447 平方米。馆内藏品共计 22685 件，标本 10 万件，其中珍贵文物 508 件。

馆内设有朐（qú）忍流芳与三峡移民两项陈列。

云阳县沿革

云阳县位于重庆市东北部，是三峡库区生态经济区沿江经济走廊承东启西、南引北联的重要枢纽。

东周赧（nǎn）王元年（前 314 年），秦在朐忍（云阳古称朐忍）之地建朐忍县，属巴郡，是为当地建县之始。

东汉兴平二年（195年），属永宁郡；建安六年（201年），属巴东郡；建安二十一年（216年），改隶固陵郡。

蜀汉章武元年（221年），属巴东郡。

北周天和三年（568年），更名为云安。

隋开皇三年（583年），属信州；大业三年（607年），属巴东郡。

唐武德元年（618年），复隶信州；武德二年（619年），改隶夔州；天宝元年（742年），废夔州置云安郡，后废云安郡复夔州；贞元元年（785年），于云安盐场设云安监。

宋开宝六年（973年），云安县升云安军，领云安县、云安监；熙宁四年（1071年），撤云安监，置安义县；熙宁八年（1075年），撤安义县，并入云安县；后废云安军、云安县。

元至元十五年（1278年），复置云安军；至元二十年（1283年），因省县入军、军改为州，又以其地两山夹江，四时多云，而邑当山水之阳，故更名为云阳州，属夔州路。

明洪武六年（1373年），州降为县，始为云阳县，属夔州；洪武九年（1376年），隶重庆府；洪武十四年（1381年），属夔州府。其后清袭明制。

1935年，实行新县制，隶四川省第九行政督察区万县专员公署。

1949年12月16日，成立云阳县人民政府，隶万县地区专员公署；1955年1月，更名为云阳县人民委员会；1955年5月，属万县专员公署；1969年10月，更称云阳县革命委员会，隶万县地区革命委员会；1981年4月，恢复云阳县人民政府称谓，属万县地区行政公署；1992年12月，改属万县市；1997年6月18日，改由万州移民开发区代管；2000年7月14日，直属重庆市管辖。

另：

云阳历史悠久，远在201万~204万年前，巫山猿人就在包括云阳境域的三峡地区生存；数十万年前，云阳已有先民生存繁衍；新石器时代晚期，云阳先民开始了有组织的渔猎和农耕活动；夏商周及战国时期，云阳县境成为巴人的重要聚居地之一。以李家坝巴人墓葬为代表的大量巴人遗存的发掘，揭开了巴文化的神秘面纱。

在几千年的岁月沉淀中，云阳先民留下了丰富的历史遗存。云阳拥有列入《全国文物分布图》的古建筑、古遗址、古墓葬、石刻造像等文物 145 处，先后发掘了李家坝、明月坝、旧县坪、杨沙墓群、马粪沱墓群、大地坪、张家嘴墓群等重要遗址，出土了青铜器、石器、玉器、钱币等文物五万余件。其中，旧县坪遗址出土的石戈范、竹木简牍、汉巴郡朐忍令景云碑、蟾蜍柱础等文物十分珍贵。

云阳还是三峡著名的盐都之一。汉初，云阳境内开凿了第一口盐井，成为中国最古老的井盐开发地之一。特殊优越的地质环境为云阳盐业发展奠定了基础。

自汉代开始，盐业经济一直是云阳经济的主体，全方位地影响着云阳各时期的发展，见证了云阳城镇的繁荣与兴替。汉武帝元封元年（前110 年），朐忍县始设盐官。唐贞元元年（785 年），云安盐场设云安监，以收盐课。宋开宝六年（973 年），云安县升云安军，领云安县、云安监。云盐开始运销外省，并曾一度运济成都。明初，云阳成为四川重要产盐区之一。清代，云盐工艺革新，产量不断提高，并运销奉节、湖北省恩施、利川、宣恩、建始、鹤峰等省内外 15 个厅州县。清咸丰三年（1853 年），太平军建都南京，淮盐不能上运湘鄂，清廷饬令川盐济楚，给了川盐以广阔的两湖市场，也给云盐的急剧发展带来了契机。清朝末年和民国初年，云安盐场成为四川仅次于自贡的第二大盐场，与乐山、犍为、南阆同为四川五大盐场之一。抗日战争爆发后，川盐第二次济楚，大量食盐运销湖南、湖北，云阳盐业经济再度兴旺繁荣起来。

20 世纪 80 年代，波澜壮阔的三峡百万大移民又为云阳写下了新的历史篇章。云阳移民工作成绩卓著，赢得了百万移民看云阳的赞誉。后移民时期，云阳人民紧抓历史机遇，发扬舍家为国、艰苦创业、永争第一的移民精神，重建家园，一个环境优美、欣欣向荣的新云阳宛若一颗美丽的明珠，镶嵌在三峡库区。

明月坝遗址

明月坝遗址位于重庆市云阳县高阳镇走马村，地处长江北侧支流澎溪河南岸的明月坝台地上，总面积约 15 万平方米。

明月坝遗址于 1992 年被发现，1994 年进行了小规模试掘，2000—2003 年展开大规模发掘。该遗址是目前我国最完整、最全面发掘的唐宋市镇遗址。出土遗物丰富、保存完好，为研究川东地区唐宋时期市镇经济的发展提供了重要的史料，被评为三峡工程重庆库区 2001 年度十项重要考古发现。

另：

2006 年底，随着三峡工程蓄水，被业界专家们誉为中国第二大唐城的明月坝遗址永沉水底。而经过数年艰辛抢救发掘出来的大量文物，将继续成为研究这里灿烂文明的佐证。

重庆三峡移民纪念馆（重庆市万州区博物馆）

重庆三峡移民纪念馆（重庆市万州区博物馆）坐落于万州区江南新区南滨路 1561 号。博物馆紧邻江南新区市民广场、滨江公园，背靠翠屏山，与万州老城隔江相望。馆舍建筑外观造型独特，宛若一块嶙峋的巨石耸立在长江岸边。

万州区博物馆为 1984 年经四川省人民政府批准成立的地方综合性博物馆，原名重庆三峡博物馆。1999 年 10 月改名为万州区博物馆。2016 年搬迁至万州区江南新区市民广场旁的三峡移民纪念馆并与之合并运行。

（合并前的）三峡移民纪念馆，其前身为 1984 年成立的四川省万县地区博物馆，1992 年更名为中国四川省三峡博物馆，1998 年更名为重庆三峡博物馆，2000 年更名为重庆市万州区博物馆，2016 年方才更名为现在的名称并保留了重庆市万州区博物馆的牌子，即重庆三峡移民纪念馆（重庆市万州区博物馆）。

重庆三峡移民纪念馆（重庆市万州区博物馆）为全国唯一为纪念三峡百万大移民而修建的专题馆。该馆占地面积 50 亩，建筑面积 15062 平方米，展区面积 7000 平方米。馆藏文物达 23472 件（套），其中珍贵文物 546 件（套），一级文物 13 件（套）。常设展览有《伟大壮举·辉煌历程》《万川汇流》和《盐井沟古象》等。

万州区沿革

万州地处长江中上游结合部、三峡库区腹心，因万川毕汇、万商云集而得名。万州北接开县，东邻云阳县，西连梁平县，南界湖北利川，历为渝东、陕南、鄂西、湘西、黔东北的物资集散地和水陆交通枢纽，水道上距重庆市主城区 327 公里，下至湖北宜昌 320 公里，是重庆与宜昌之间最大的城市和港口，也是长江十大港口之一。

万州古称羊渠、南浦、万川、万州、万县等。万州称谓始于唐贞观八年（634 年），明洪武六年（1373 年）改称万县。

中华人民共和国成立后设置四川省万县地区行政公署，1992 年经国务院批准撤地设市（地级市），辖龙宝、天城、五桥 3 区和开县、梁平、忠县、云阳、奉节、巫山、巫溪、城口8县。1996年9月划归原重庆市代管。1998年国务院撤销万县市及所辖龙宝区、天城区、五桥区，设立重庆市万县区（正地级），旋更名为重庆市万州区，辖原龙宝、天城、五桥区域，原万县市所辖梁平、城口、开县、忠县、云阳、奉节、巫山、巫溪8县划归重庆直管。

另：

万州是一座老城。从夏商周开始，历史上的各个时期对万州都有文字记载。而大周渣子门、武陵少儿嘴等旧石器时代遗址和涪溪口、麻柳沱、密溪沟、苏和坪、大地嘴、黄柏溪、聚鱼沱等众多新石器时代遗址，则进一步证明了人类在万州活动的久远。正是在这片沃土上繁衍生息的古代先民，伴随着激荡的江水和呼啸的山风，逐步迈向了文明。

万州又是一座新城。在三峡水利工程蓄水后，万州旧城区便陆续沉入水下。胜利路、一马路、二马路、三马路、环城路、民主路、十七码头、老万安大桥……都只剩下了一个个名字和万州人脑海里的记忆。

夔州博物馆

夔州博物馆位于奉节县夔门街道诗城东路83号，跻身于夔州古建筑群内。该馆南临长江，北靠渝巴路，西起宝塔坪客运码头，东至谭家沟桥。2019年，被公布为国家AAAA级景区。

博物馆占地面积37000平方米，建地面积5500平方米，展览面积8000平方米。馆藏文物2万余件，其中珍贵文物数百件。

另：

占地55.4亩的夔州古建筑群，是奉节县三峡文物保护成果的集中展示地。群内除开新建的夔州博物馆主展馆外，还有原址保护的耀奎塔；迁复建的地面文物建筑依斗门、开济门及夔州府城墙、永安宫；复建的鲍公馆及石室、观音洞等。

奉节县沿革

奉节，古称鱼邑、鱼复、永安、人复。唐贞观二十三年（649年），为旌表诸葛亮奉命托孤，临大节而不可夺的品质，改名奉节县，沿用至今。又因有夔门雄踞，世称夔州。

奉节，历史悠久。13万年前，兴隆洞的奉节人创造出了最原始的雕刻艺术品；鱼腹浦遗址出土的迄今重庆地区最古老的陶片，证明了三峡人早在8000年前，就已迈出了走向文明的脚步；老关庙文化是峡江西部

（瞿塘峡以西）地区最早命名的新石器时代考古学文化，则向世人诉说着，在 4000 年前，这里已在不经意间，成了当地人类躲避洪灾的福地洞天。

奉节，巴楚津喉。从战国至明清，先后建立过扞（hàn）关、江关、白帝城、夔州都督府、夔州路、瞿塘关等军事堡垒性质的重镇。公孙述建白帝城，刘备托孤永安宫，宋人抗击蒙军……无数英雄人物留下了他们的足迹。

奉节，诗赋胜地。李白、杜甫、白居易、刘禹锡、王十朋、陆游等历代众多著名诗人在此或游历、或为官、或寓居……留下了上万首诗作，同时也为奉节赢得了诗城的美誉。

开州博物馆

开州博物馆位于重庆市开州区汉丰街道滨湖中路（市民广场北面）。2011 年 7 月正式开工建设，2013 年 1 月正式对外开放。该馆建筑面积 4200 平方米，其中展厅面积 2000 平方米，文物保护技术面积 200 平方米，库房面积 500 平方米。博物馆现收藏有文物 7000 余件，其中国家珍贵文物 520 件。

馆内设有基本陈列《锦绣开州》和专题陈列《弄潮开州人》等。

开州区沿革

开州区位于重庆东部，北依巴山，南近长江，地形复杂，地势南高北低。气候温和，四季分明，降水充沛，土地肥沃，资源丰富，素有金开县之称。仰赖大自然对这片土地的丰厚馈赠，早在史前时期，这里就成了先民们的繁衍生息之地，并在这里过着耕织渔猎的祥和而宁静的生活。

开州古属梁州之域。西周，属庸国。东周春秋时期，属巴国。秦汉属巴郡朐忍县地。

汉建安二十一年（216 年），蜀先主刘备划朐忍西部地，以汉土丰盛为名置汉丰县。治所在开州故城南郊（汉丰古镇南 2 里处）。开启了开州置县的历史。

唐武德元年（618 年），开州正式得名。开州治所亦迁徙至开州故城（今汉丰街道盛山社区）并开始筑城。

明洪武六年（1373 年），降州为县，开县之名自此开始。

中华人民共和国成立后，开县属四川省所辖。

1997 年 3 月，重庆直辖后，开县始属重庆市所辖。

2016 年 6 月 8 日，国务院批复同意撤销开县，设立重庆市开州区。

另：

1000 多年来，这座城池承载了开州先民所有的文明习俗和生活变迁……2007 年 11 月 15 日，随着三峡库区清库的最后一爆，这座经历了 1800 年沧桑巨变，承载着无数帅乡儿女梦想和希冀的千年古城，带着舍小家顾大家的情怀陨落在了历史的长河中。

而今淹没了古城的水流声潺潺依旧，涵咏着悠远、融汇着沧桑，更缠绵着千百年来无尽的回味……

一方山水一方人，一方风物一方情。在四十余年改革开放的大潮中，数十万敢为人先的开州人活跃在全国各地各行各业，更使得金开州之名举国瞩目、声名远播……

《开县志》："汉中之郡，盛山所理，水陆所辖，货殖所萃。当禹贡之荒落，巴封之徼地。面毗卢之苍翠，枕盛山之巍峨，彭溪带其右，清水环其左，雄峙巴国，冠冕夔巫。"

忠州博物馆

忠州博物馆位于重庆市忠县白公街道白公路 28 号。该馆坐北朝南，背后是郁郁葱葱的西山，前面是奔流不息的长江，右边紧邻白公祠，左边是一路相隔的居民区。2018 年春节前夕，历时 4 年多建设的博物馆正式免费对外开放（2 月 10 日试运行首日，即接待了近万人）。

博物馆占地 36 亩，建筑面积 15000 平方米，展厅面积 4200 平方米，藏品库 1800 平方米。馆内现有藏品 13874 件 / 套、珍贵文物 504 件 / 套。展馆常设展陈以忠义之魂·大地史书为主题，包括人文忠州、忠义忠州、多彩忠州三大版块。

忠县沿革

作为巴文化主要发源地之一的忠州，在周时即为巴国地。秦时属巴郡。汉承秦制，置临江县（今忠县、垫江、石柱），属巴郡（下辖江州、临江、枳、阆中、垫江、朐忍、安汉、宕（dàng）渠、鱼复、充国、涪陵十一县）。西魏设临州。

唐贞观八年（634 年），太宗皇帝因感临州虽地处巴地边缘，却涌现出巴蔓子、严颜等忠信之士，遂昭告天下，赐名忠州，忠州自是得名。天下至德，莫大乎忠。忠州也是中国历史上唯一以忠字命名的州县。唐玄宗天宝元年（742 年），更名南宾郡。唐肃宗乾元元年（758 年），恢复忠州旧称。

......

清雍正十二年（1734年），升忠州为直隶州。

1913年，改忠州为忠县。1914年忠县归属四川省东川道。

1997年3月14日，经八届全国人大五次会议审议批准，忠县隶属重庆市。

另：

在遥远的史前文明时期，忠州就有了人类活动的迹象，而早期的人类活动则呈现出因盐而聚的特点。由于忠州地处峡江腹地，山多水急，谷深林密，自然条件不太适合早期农业的发展。先民们因地制宜，拓展出以渔猎为主，兼有耕织的生产生活方式。中坝等遗址发现了大量的各种鱼类在内的动物骨骼遗存，数量巨大，种类繁多。鱼钩、网坠、石斧、石镞等用于捕鱼、狩猎的工具也大量存在，表明忠州先民以捕鱼作为获取肉食的主要方式，同时也进行狩猎活动和动物驯养。

新石器时代晚期，在忠州这片沃土上，一部延续了五千载的大地史书，翻开了它不朽的篇章。从5000年前开始，忠州的先民们因采集盐卤，聚集在了瞀井河的两岸。正是处在这方山水之间的这方人群，依靠他们自身的勤劳和智慧，创造出了独特的制盐方法，逐渐形成了面貌独特的中坝文化。其后，还是借助这个天然舞台，更是上演了一幕又一幕的历史大剧……

忠州，这座因盐而兴的临江古邑，成就了人类陶器制盐的千古传奇，也成就了这方沃土的富厚悠长。

忠州，这座地处峡江的文化名城，在巴风楚雨、秦风汉韵、晋风唐姿……的浸润交融中，孕育出了这座城市文化的多彩多姿。

历史是一座城市沉淀的记忆。五千年悠悠岁月，成就了忠州深厚丰富的物质文化遗存，同时也留下了灿烂多彩的非物质文化遗产。

如今，承载着五千年灿烂文明，传承着忠义精神的忠州，正砥砺奋进，再上征程。

《太平寰宇记》："以地边巴徼，意怀忠信为名。"

《忠州直隶州志》："唐贞观八年，以曼子、严颜故，改名忠州。"

《旧唐书·地理志》："贞观八年，改临州为忠州。天宝元年，改为南宾郡。乾元元年，复为忠州。"

**老鸹冲
墓群**

老鸹冲墓群位于重庆市忠县涂井乡友谊村四社，地处长江北岸的沿江台地上。墓群分布范围较广，总面积约 7 万余平方米。

从 2000 年 3 月开始，重庆市文物考古所受重庆市文化局三峡办委托，开始对老鸹冲遗址进行大规模发掘。到 2001 年，共发掘清理出墓葬 34 座，其中有 9 座为战国晚期竖穴土坑墓（一说 8 座为战国末期到两汉早期）。2003 年，在 3000 平方米的范围内又发现并清理出了 52 座战国晚期至西汉中期的竖穴土坑墓（一说 53 座，其中商周时期土坑墓 2 座，西汉早期为主的土坑墓 48 座，东汉砖室墓 3 座）。这 61 座竖穴土坑墓（全部为木椁（guǒ）墓，葬具多数为一棺一椁，都有用来摆放随葬品的头箱。出土遗物以陶器为主，常见的组合为罐、豆，壶、鼎等）间距相近，排列整齐有序，且墓向均与长江的走向平行，应该是在统一规划下进行的。

该墓群跨越了从战国晚期到东汉末年前后约 450 年的全部历史时期，完整地反映了这一时期忠州乃至峡江地区的文化面貌和演变情况，反映了峡江地区融入汉文化的进程，填补了峡江地区秦、西汉考古材料的空缺。同时，这批土坑墓的布局也为探讨当时的家族墓地提供了重要资料。

此外，在古墓地的西北边缘还发现了一些纵向排列的楚墓，并有青膏泥和椁底垫木。墓中多见漆器，随葬品较丰富的墓葬中还有陶壶、豆等。

另：

三峡重庆库区 2003 年度十项重要考古发现除了老鸹冲墓群外，还有巫山人民医院遗址、魏家梁子遗址、丝栗包遗址、琵琶洲山包墓地、胡家包墓地、大丘坪墓群、奉节对县宋墓、永安镇遗址和庙背后冶炼遗址。

附 录

　　有人觉得，文博只是文博人的工作，这是一个误区。文博其实是我们每个人的工作。

　　有好的资源可资利用，是每个做文博的人都梦寐以求的。而要做好文博则不仅要擅于利用资源，还应会做文化，这也对文博工作的从业者提出了非常高的要求。正所谓，预则立不预则废，对于文博工作来说，更是如此。

　　而文博工作中的利器，除了文化，还有创意。对于从事文博工作的人来说，随时都要使自己保持脑洞大开，不但要肯做，而且还要肯想，时不时地就要来上一回头脑风暴。事情主动做和被迫做，其效果是大不相同的。唯有主动，点子和想法才会层出不穷，不绝如江河。

　　利用传统文化做文创，有大有小，又可大可小。小可以是一个物件，一个创意，一个点子；大则可以是一个项目，一项工程，一桩产业。小的方面，既可以开动脑筋自行开发，也可以集思广益，向社会征集创意。作为个人，完全可以根据自身和资源情况，因时、因地、因人、因势制宜。大的方面，则需要整合和调动社会资源。而想担纲文化传承的中坚和传播的扛旗者，则必须立足当下，综观全局，放眼未来。

　　拿巴文化来说，其中就有着很多不错的选项和议题（虚拟世界的存在，其好处在于，就算不在其位，就算没有地盘，就算没有资源，都不妨碍随时随地来上一回虚拟的现实），随文附上《关于巴文化创意产业发展的建议》（节录），权作是替巴文化的发展建言献策抛砖引玉吧！

创建巴文化文创产品商店——打造博物馆的另一个展厅

自 2015 年 3 月 20 日《博物馆条例》颁布施行以来，2016 年 4 月 27 日，国务院常务会议又进一步指出，推动文化创意产品开发，对弘扬优秀文化，传承中华文明，推进经济社会协调发展，具有重要意义。

随着时代的发展，担负着传播文化职责的博物馆，还应致力于深度挖掘文物内涵，让博物馆更引人入胜，以不断满足群众越来越高的审美需求。

博物馆文创产品商店，通常被形象地称作博物馆的最后一个展厅。而文创产品的精彩程度，一定程度上也决定着观众能够从多大程度上了解博物馆文化。走进寻常百姓家的博物馆文创产品，无疑是传播文化，让文物火起来的重要使者。

博物馆文创产品的开发顺应社会发展的需要，不仅对博物馆的文化传播和教育推广起到巨大的作用，而且给博物馆增添了新的活力，吸引更多的人到博物馆参观，拉近了博物馆与公众的距离，同时也带动了博物馆自身经济的快速发展。

博物馆运营者应借助机遇，积极多方筹措，加强域内外博物馆馆际合作，实现文博、科普和非遗等多业务融合；借力整合域内外相关资源，以组织系列文创展和文创设计大赛等方式，向社会借脑、借力；协调庙会、景区、物流和互联网等，促成本部文创产品的多维投送。唯有构建一个能让更多的单位和个人参与其中的合作平台，才能形成设计、研发、生产、营销的产业一条龙，才能让古老独特的巴文化在文旅工作中真正实现水乳交融，才能让巴文化文创大放异彩，才能让公众有更多的机会感受巴文化的无穷魅力……

没有文创的文博是没有出路的。积极推进博物馆的文创工作是形势使然，也是博物馆事业发展的必然。既然早做晚做，早晚得做，那就越早越好。积极行动起来，未来时不我待，未来却更值得期待。

另：

正是通过自身的努力加之来自社会各界的多方助力，重庆的一些博物馆在这个方面已取得了一个不错的开局。如九龙坡区已面向公众开放的 7 家博物馆，就有 4 家在《九龙坡区博物馆规划建设方案》和《关于促进非国有博物馆发展的意见》等系列文件的鼓励和引导下，同时结合自身馆藏文物开展了系列文化创意产品研发工作。而占据了天时地利人和的重庆中国三峡博物馆，则不仅搞出了琳琅满目的文创大卖场，还推出了一票难求的文博系列讲座……这些博物馆成果的取得，既离不开自身的努力，更是托了这个时代的福。

关于巴文化创意产业发展的建议（节录）

重庆作为巴文化的重要发祥地及巴人的重要聚居地，域内不仅有着极为丰富的巴文化资源，同时还拥有着像巴国城、铜罐驿古镇这样的重要的巴文化文创基地。以巴文化为主题打造的博物馆、巴国城和有着千年古镇、千年水驿、千年橘乡等美誉的铜罐驿古镇，更为巴文化的发展提供了广阔的延展空间。

2017年1月，中共中央办公厅、国务院办公厅印发了《关于实施中华优秀传统文化传承发展工程的意见》，这是知识经济时代来临的一个信号，也是巴文化发展的一个大机遇。如何让巴文化这朵奇花在这春风里怒放，是每一个喜爱巴文化的人，都应认真思考的一个问题。

一、巴文化的历史意义和当代价值

拥有悠久历史的巴文化吸收其他各种优秀文化元素，不断得以丰富、传承、发展，巴人在建设家园奋斗中开展的精神活动、形成的理性思维、积淀的文化成果，是我们实现"两个一百年"奋斗目标的精神基因和独特的精神标识。

（一）深入巴文化研究，为新时代经济社会发展提供思想保障。中国特色社会主义文化，源自中华民族五千多年文明历史所孕育的优秀传统文化，植根于中国特色社会主义伟大实践。巴文化是中华优秀传统文化的重要组成部分，历史悠久，内涵丰富，迫切需要汇集多学科多专业深入研究，建设巴文化研究数据库、云平台，构建巴文化特有的思想文化体系、认知识别体系、文脉传承体系、遗产保护体系、文创研发体系、艺术生产体系，为推动新时代经济社会发展提供思想保障。

（二）弘扬巴文化精神，为新时代思想道德建设提供价值范式。巴文化所体现出来的"忠勇信义"核心价值，于国家讲忠诚，于征战讲勇武，于社会讲信用，于朋友讲情义。其核心价值内核外化为巴渝儿女的质直好义、豪放率真、开放包容的精神基因，巴人忠诚干净担当的心性冶炼和价值追求，必将汇入培养和践行社会主义核心价值观的时代大潮之中，溅起一朵朵更加大善大美大勇的浪花。

（三）创作巴文化作品，为新时代群众需求提供丰富精神食粮。文化既是凝聚人心的精神纽带，又是增进民生福祉的关键因素。以巴人赋予我们的开放包容和勇敢坚毅，以巴地丰富的文艺素材，创造出一系列有温度、有深度诸如电影、电视剧、戏曲、舞蹈、诗歌等文艺精品力作，不断满足新时代下人民对美好生活的需求，让人们精神生活更丰富。

（四）发展巴文化产业，为新时代文化软实力攀升提供硬支撑。努力拓展产业资源配置空间，激活创意生产能量，为巴文化的场景再现、历史体验、心灵感悟、认知深化，营造旅游休闲、演艺观赏、视听娱乐、阅读学习、虚拟成像、竞技游艺、美食消费等产品生产与服务环境，形成具有现代文化旅游、影视演艺、音乐视听、动漫游戏、书画收藏、民间工艺、非遗生产性保护等文化创意产业体系，搭建立足巴地、放眼全球、跨界融合、协调发展的研发创新平台、产权交易平台、金融支持平台、资源共享平台、科技支持平台、贸易物流平台、品牌营销平台，推动巴文化产业做强做优做大，为增强新时代文化软实力提供硬支撑。

二、巴文化创意产业发展的指导思想和基本原则

指导思想：

深入贯彻落实党的十九大精神，以习近平新时代中国特色社会主义思想为指导，坚定文化自信，推进文化创新发展、繁荣兴盛，紧紧围绕文化强市、强区战略目标，坚持中国特色社会主义文化发展道路，坚持把社会效益放在首位、社会效益和经济效益相统一，以满足人民日益增长的美好生活需要为出发点和落脚点，以供给侧结构性改革为主线，壮大市场主体，创新生产机制，鼓励创新创造，促进融合发展，培育新型业态，改善服务环境，完善政策保障，在产业结构优化升级、城市核心功能增强中体现文化创意产业新作为，进一步提升城市的经济创新力、产业竞争力和文化软实力，解决好城市发展中的不平衡不充分问题，为建设全新魅力的人文之城提供强大的产业条件。

基本原则：

（一）坚持政府主导、市场主体的原则。充分发挥政府、市场在巴文化创意产业发展的作用，加强政府组织引导、协调推动职能；更加注重运用市场机制，充分调动市场主体的积极性，引导各类资本进入文化创意产业，优化营商环境，激发市场活力和社会创造力。鼓励各区积极引进龙头企业落户，对设立地区总部、板块业务总部、研发中心、实验室、技术研究院等给予政策支持。

（二）坚持保护为主、适当开发的原则。以保护传统文化和文化遗产为前提，合理把握开发速度、程度和规模，使资源保护利用动态化、活态化，实现传统文化与区域文化事业、文化产业有机统一，不断展现巴文化的丰富内涵，并激发起内生活力，更好满足人民群众的精神文化需要。

（三）坚持协调发展、融合发展的原则。坚持文化发展与经济、政治、社会和生态文明建设一体规划、协调发展。将巴文化与旅游、商业和科技、金融等深度融合，探索创新文旅体农商融合发展新业态，丰富和完善区域产业体系，推动区域经济社会转型升级。

（四）坚持突出特色、多元发展的原则。以展示巴人厚重历史文化、特色风土人情为主线，充分发挥本地区文化资源禀赋优势，鼓励、支持和引导文化创意特色、多元发展，形成特色鲜明、优势互补的文化旅游发展新态势。

三、巴文化创意产业发展路径及对策

巴文化要保持持续活力和独特魅力，必须不断赋予新时代内容和表达方式，必须沿着创造性转化和创新性发展的路径，与现代人们生活有机结合、与社会主义精神文明建设相结合、与基层文化建设相结合、与区域人文教育相结合、与当代文艺创作相结合、与地方经济发展相结合，以物化产品或动态过程加以外化，被现代人们欣赏、感受、接纳，充分发挥其内在潜能体现出符合新时代需要的价值，实现历史与现实的完美结合。

巴文化创意产业发展要坚持高起点、高标准规划，将巴文化保护传承、开发利用与现代文化创意产业体系、市场体系构建有机结合，积极推动文化创意产业与工业、农业、商贸、旅游、体育和科技、金融的深度融合，实现巴文化创意产业新型文化业态的培育和发展，实现社会效益与经济效益相统一，推动区域文化产业整体实力和竞争力提升。

（一）依托巴国城建设艺术品交易园区

秉承"只做第一，不做一流"理念，启动实施"4个高地、4个引领、5个一"的"445"工程，全面构建"巴文化艺术高地、艺术品交易园区"新兴业态，真正让国家级文化产业基地名副其实，实现社会效益、经济效益双赢。

1.打造4大高地，实现4大引领。

首先，打造巴文化研究高地，引领巴文化学术发展。充分利用已成立的巴文化研究协会或高规格新成立巴文化研究会，落实2~4名专职人员、聘请5~8名知名专家，加大对巴文化整理、归纳、阐释，联合渝、鄂、川、陕等泛巴地区各类研究机构，整合学术人才、学术成果资源，大范围、小规模、点对点定期或不定期举办各类型的巴文化研讨活动，在重要刊物、媒体上公开发表学术研究成果，重要学术成果可以召开新闻发布会，引领巴文化学术研究加快发展。

其次，打造巴文化展示高地，引领巴文化根植民众。充分利用巴国城大广场、巴人博物馆小广场、巴国城公园、巴国城墙壁及LED大屏幕等载体，综合运用雕塑、壁画、浮雕、喷绘、摄影、动漫、VR/AR等手段，全面生动还原展示巴人、巴国、巴文化，精心组织策划一个高水准展览进学校、进企业、进街道、进社区，在渝、鄂、川、陕等地开展巡展、联展活动，引领巴文化走进百姓、根植民众。

再次，打造巴文化艺术高地，引领巴文化创新性传承。激励创作、鼓励演出、繁荣市场，推动巴文化演艺创作从"高原"走向"高峰"。引进高水准艺术创作公司，坚持大制作与小创作、阳春白雪与下里巴人相结合，充分挖掘巴舞、巴乐、巴曲、神话、诗作等艺术资源元素，以及巴人生产生活中的幽洞为庐、结草而居的习性，开疆拓土、建功立业的血性，伐鼓祭祀、叫啸兴哀的礼俗，忠勇信义、豪放包容的气节，崇尚鬼神、厚死薄生的心理机制，能歌善舞、敢爱敢恨的生存表现等，真正创作一批浸润巴文化汁液的巴舞、巴剧、曲艺、歌曲、

文学、影视等艺术作品，如大制作的歌舞剧（也可是系列剧）《巴国映像》《巴国神韵》，以及小制作的相声、小品、鼓书、快板、坠子、杂技、戏曲、民间舞蹈、民间音乐等。艺术再现巴人生存史、奋斗史、爱情史，精心打磨一批兼具世界眼光、中国气派、民族精神、百姓情怀、地域特色与个性风采的一流精品，开展定期驻演、国内外巡演活动，引领巴文化创新性传承。

最后，打造巴文化创意产业高地，引领巴文化创造性转化。充分利用巴人图语、纹饰符号，入驻公司成体系开发陶器、木器、石器、竹器、玉器、丝帛、金银铜铁器等巴文化创意衍生品，让巴人咂酒、巴将军酒、夏布、文房四宝、印章、茶具、川鼎等成为大众生产生活用品，从而形成展示展销集市，产生聚集区效应，让巴文化深度嵌入民众生产生活，走入寻常百姓家。打造西部最大艺术品交易区，形成规模效应，引领巴文化创造性转化。

2. 推动实施五个一工程。

首先，升级提档打造巴人博物馆。补充完善巴文化遗产精品收藏、整理、研究，不断丰富提升藏品数量和质量，综合利用 AR/VR、动漫、实景制作、3D 虚拟展厅、3D 打印、水晶球幕等声、光、电现代科技手段改设展陈方式，通过织布、酿酒、歌舞、演奏、射击、制陶等互动项目，全面升级打造巴人博物馆，切实增强科技感、体验感、参与性、互动性，联合组织泛巴地区开展"巴国遗梦"为主题的文物精品联展、巡展及借展活动，以及以巴人博物馆为核心的"博物馆之夜"及巴文化讲堂活动。将巴人博物馆建成真正意义的巴文化集大成者。

其次，打造一个巴文化主题体验公园。将巴国城生态公园建成一个大型的巴文化主题景区。以巴文化为线索，通过对现有存量建筑的功能植入、景观小品的提升改造及主题活动的设置，打造巫蛮部落、五姓选王、巴人远迁、盐水女神、英魂化虎核心项目，融自然观光、文化体验、休闲游乐于一体，实现文化与健康疗养、休闲度假、体育运动、健康餐饮等融合发展。如设置五姓选王、廪君带领部族迁徙、盐水女神像等巴人文化景观，举办祭祀天地、祭祀祖先等文娱活动，设置占卜、观星、巫医等多种创意体验馆，规划设置比武校场，设置射箭、投剑等游戏项目以及雕画特色独木舟湖上泛游。设置关山度，打造户外素质拓展园。设置户外巴王横刀、巴人木桩、软梯、悬空攀爬等趣味闯关项目。打造巴文化主题精品酒店。打造战鼓文化主题长廊，举办战鼓等演绎活动，规划音乐歌舞广场表演古巴人踢踏之歌。

再次，打造一条艺术品交易街区。以文兴街、以街招商、以商带旅、以旅促销，全新打造全市最大的艺术品交易街区。利用现有闲置仿古街集中整合全市艺术品市场资源要素，建立线上线下销售模式，重点培育在线艺术品展示、交易、拍卖、定制等新业态。引进国际知名艺术机构、拍卖公司和艺术博览会，建立完善艺术品创作、生产、交易产业链。采取前店后作坊模式构建巴文化作坊群落，开设成人、儿童现场互动工场，形成展示展销巴文化衍生品交易区。争取各大攸关博物馆支持，引入全市所有博物馆衍生品进行集中展示展销，形成全市博物馆衍生品展示交易区。引入民俗收藏家协会，形成集中展示展销民俗收藏品展示交易区。争取邮政重庆公司支持，形成全市最大的纪念钱币、邮票展示交易区。引导川美师生、黄桷坪艺术园区工艺美术品生产创作机构入街布点，形成全市最大工艺美术品展示交易区。引入古玩收藏机构，推进第三方鉴定评估平台建设，植入藏品保险、质押、分期、退换、投资、众筹等金融模式，定期开展艺术品交流交易、藏宝鉴宝活动，建立全市最大古玩展示交易区。

从次，建设一个巴文化演出剧场。在现有巴国城广场基础上，增建一个巴文化艺术的露天剧场，支持鼓励社会资本新建剧场和演艺空间。实现天天有节目、周周有演出、月月有戏看，举办一年一次巴文化节庆活动。做大做强各具特色的驻场品牌，鼓励发展具有文化旅游特色的演艺产品，支持商业综合体引进创新演艺项目。广场四周搭建相对固定摊位，将特色街的全部功能进行延伸链接。巴国城街区所有门柱、店面、招幌、环境小品、街道空间界面、软质装饰及街旗等设施设备全部植入巴文化符号，营造巴文化艺术浓厚氛围。

最后，规划一座巴文化创意产业孵化楼宇。规划打造九龙坡区文化演艺产业、创意产业中心。利用现有闲置楼宇，引进从事艺术创作、艺术品设计开发的龙头公司，建立产业链上游端。再由其吸附一定数量的产业关联公司入驻，形成从创作设计、制作生产到展示销售的闭合产业链条。开展重大题材艺术创作生产，打造优秀演艺作品的驻演经典版和国际国内巡演版。完成实现上述巴文化艺术高地、创意产业高地的全部规划目标任务。

（二）依托铜罐驿古镇建设巴文化创意产业重镇

按照"1+5"总体规划，即以 1 个古镇为核心，以打造实景剧场、室内游乐场、巴民居群落、巴文化动漫游戏实景、巴文化生态果园 5 个项目为依托，充分利用古镇周边江岸、溪流、滩涂、沟壑、山体、荒坡、林地等资源空间，深度挖掘铜罐驿千年古镇及水驿道历史文化资源，打造集吃、住、行、游、玩、购于一体的，穿巴服、行巴礼、用巴币、看巴剧、吃巴宴、住巴居、购巴物、打巴游戏、玩巴游乐场的巴文化创意产业重镇，做大做强巴文化创意产业。

1.扩建铜罐驿古街。

充分利用铜罐驿古镇历史文化遗存，在不改变原有街区风貌的基础上修旧如旧复活古街，同时向古街两端各延长 100 米、两边各延长 50 米，增大古街体量容量，以仿川东青瓦白墙的古建筑风格兴建一批具有巴人特色的吊脚楼。打造巴文化好吃街。充分发挥巴渝饮食文化影响大、知名度高，品种繁多、做工精细、色香味俱全的特点。引进荟萃名牌老字号的巴渝名小吃，如巴国布衣、巴国渔夫火锅、巴国鼎罐牛肉、重庆巴将军火锅、巴国口福、俏巴渝、巴国鸡煲、巴国御蜀小面馆、巴国小厨、虞君茶馆、白鹭原茶艺馆、井杨子茶艺馆……打造出名副其实的巴国名片，同时将巴国城艺术街模式植入此街。

2.巴文化实景演艺剧场。

在规划允许条件下在江岸打造巴文化大型实景剧场。以巴鱼或巴船为主题实景造型，融入巴人图腾、卷草纹等巴文化元素，坚持高起点、大制作，利用灯光将水面、山体、古镇、古树等实景幻化为剧情场景，将其打造为知名文化旅游景点。定期驻演、巡演入驻巴国城的艺术创作公司生产的各种剧目。

3.大型室内游乐场。

在古街后面坡顶位置兴建打造一座有别于传统类型的大型室内游乐场，以室内游乐项目为主导，融合传统巴文化与现代时尚、前卫技术元素，打造一个一年四季不受天气影响的巴文化主题乐园，成为重庆市科技娱乐产业的一个技术展示窗口，通过项目示范辐射全国乐园承建市场。规划建设环漫4D科技影城、云端摩天轮、世界上最"快"的过山车、黑暗乘骑、魔幻剧场、引力空间、44号病院、虚拟过山车、草原猎手、深海潜艇、十级狂风、地球保卫战、VR时代、蹦床乐园、互动剧场等100余项极具超前游乐体验的项目，让游客在体验全新科技魅力的同时，感受巴文化的博大深沉。

4.巴人民居酒店群落。

规划在铜罐驿古镇相邻山体上建造巴人民居酒店群落。整个群落由星罗棋布且巧妙借助山体、沟壑，相机排列于山体间的巴文化主题民居酒店组成。各民居酒店间阡陌交通，错落有致，相互辉映，浑然一体。酒店外观为巴渝吊脚楼风格，内部软装则选取系列巴文化元素作为主题。

5.巴文化动漫游戏实景。

建设巴文化动漫游戏电竞赛事场馆及特色体验馆，大力发展动漫游戏电竞产业。鼓励扶持社会资本利用巴文化神话、经典民间故事进行动漫创作、精品游戏开发，建设动漫游戏电竞会展平台，加快品牌建设和衍生品市场开发，打造完整生态圈，为国内著名电竞企业落户扎根营造良好环境。如引进手游开发设计公司入驻，专门开发一款与王者荣耀同模式的"巴国战事"手游，实行线上发售。在整个古镇规划面积范围内，科学合理布局动漫游戏实地景观，在每个景观内部设置可供客人现场游戏的空间，充分利用节假日、周末、寒暑假期开展比赛、交易、直播、培训等产业活动。

6.巴文化生态果园。

精选一个距离古镇较近的果园，运用农业科学技术手段对部分果树加以嫁接改造，并在果园内植入巴文化小品景观雕塑，引导游人观光采果旅游。

四、巴文化产业发展保障机制

首先，加强组织领导。成立市级文化工作领导小组，统筹领导全市文化发展工作，并将巴文化产业化发展作为重要工作内容优先推进。领导小组下设办公室在市文化和旅游发展委员会，由市文化和旅游发展委员会负责日常工作，并积极争取上级部门支持。完善工作联动机制，建立联席会议制度，促进跨部门协同攻坚。相关部门及区县镇街要高度重视和积极推动，行业主管部门要切实履行好统筹协调和业务指导工作职能。

其次，加强政策支持。建立巴文化产业重点项目库，纳入全市重大项目管理，策划一批、储备一批、实施一批。加快建设政府资金引导、社会资本参与的文化产业创新创业投资母基金，完善文化创意产业"补、贷、投、保"联动机制，鼓励金融机构创新文化创意金融产品和服务。对入驻巴国城、铜罐驿古镇的巴文化产业企业，采取"一企一策""一事一议"予以支持。落实税费减免、社会保险费补贴等优惠政策，降低小微文化创意企业成本。强化人才支撑，设立重庆巴文化保护与产业化专业研究咨询机构，成立专家咨询委员会，建立重庆巴文化及其产业发展工作专家库。

再次，构建共享合作机制。积极与四川、湖北、陕西等泛巴地区有关单位沟通，建立巴文化联谊会，在调查发掘、保护传承、项目推进、品牌打造等方面建立共享合作机制，争取共同开展文物修复保护，抱团开展非遗项目整体申报，推动巴文化常态化研究，共同合作攻关，推动巴文化创造性转化、创新性发展。

最后，强化舆论宣传。传统媒体与现代媒体相结合，大力宣传有关巴文化及相关项目建设情况，营造良好舆论环境和社会氛围。利用各种节会、活动，为巴文化发展制造新闻热点，发现新闻话题。深度策划自媒体宣传营销方案，推提炼广告语和推介口号，以文化名人为宣传大使广而告之，推动巴文化走出重庆、走进全国、走向世界。

后 记

　　巴文化是重庆的根性文化。处于祖国西南山地的巴人先民是中华民族的源头之一,他们所创造的巴文化,是中华优秀传统文化的一个重要组成部分。重庆所处的巴渝大地,是巴文化的重要发祥地,自古以来,重庆人生产生活中所体现的人文精神就被深深地打上了巴文化的烙印。

　　推动重庆巴文化创意产业发展,配合文旅融合,加快实施乡村振兴,是深入学习贯彻党的十九大会议精神和对习近平总书记在十九大报告中向全党全国人民发出的"坚定文化自信,推动社会主义文化繁荣兴盛"的伟大号召的积极响应,也是贯彻落实《市委办公厅、市政府办公厅印发〈关于推进中华优秀传统文化传承发展工程的实施方案〉的通知》(渝委办发〔2017〕37号)精神,加快推动我市中华优秀传统文化传承发展工作,激发中华优秀传统文化的生机和活力,引导广大市民增强文化自觉、坚定文化自信,为建设全新魅力的人文之城提供多元助力的重要举措。

　　重庆作为巴文化传承的中坚,在中国特色社会主义新时代,理应以推动文化大发展大繁荣为己任,以大国蓝图下中国梦为总愿景,抢抓机遇,敢于担当,勇于作为。

2017 年 10 月

鸣　谢

随着经济的发展，物质的富足，人们也开始越发重视对精神层面的修炼，而这其中一项重要的内容便是寻根，并逐步形成了一种独特的文化现象。由于历史上人口的流动迁徙，如今寻根问祖更成了寻常百姓颇具热度的时尚。对巴文化的探讨，也是一种寻根，只是学者们更加高瞻远瞩，展现出更加宽广的胸襟与深厚的情怀。（《左传》："太上有立德，其次有立功，其次有立言，传之久远，此之谓不朽。"）

围绕巴文化的寻根之旅，也就是针对巴文化开展的系统研究工作，从来都不是一个人的战斗，也不可能是一个人的战斗。有缘成为其中的一员，为巴文化的正向解读和我国地方特色文化的宣传奉献绵力，是很值得庆幸和骄傲的事情。

感谢重庆这方培育了古老而神秘的巴文化的热土。正是在这里，让我有了这份激情、灵感和动力。就在这本书即将脱稿之际，另一本与巴文化相关的书籍也已被提上了日程。

感谢九龙坡区文化和旅游发展委员会、重庆巴人博物馆，在这个平台上，使我有机会接触到这方面的文献、著述和佐证实物，更重要的是，在这个环境里有很多与之相关的有着很高学术修养的良师益友。正是在这样的学习和交往过程中，经过不断的碰撞，才有了今天的斩获。该书的出版发行，得到了上海双心实业有限公司、北洋咨询集团以及重庆龙力巴国城文化旅游发展有限公司的倾情赞助。

感谢恩师苏大椿先生为本书题字，感谢鲜于煌先生为本书赐序，感谢黄万波先生为本书提出结构性建议并提供部分图片资料，感谢赵微微女士、张楚航先生、王斌先生、蒋文援先生、王天澜先生、彭斌先生、陈仪平先生、胡荣华先生、唐国庆先生、孙治刚先生、李冰先生等为本书的付梓所给予的大力支持和帮助。

同时，还要感谢那些知名的、不知名的，认识的和不认识的专家学者以及那些为本书的撰写提供了帮助的人们。文化的研究与传播从来不是某个人或某几个人的事业，这是一个集体的事业和大众的事业。本书在撰写过程中，笔者翻阅了大量的资料和文献并抓住一切可能的机会进行实地考察……也只有经历过这种经历，才能真切体会到文化研究的艰巨和艰辛。借此机会，谨以此书向那些从事巴文化研究笔耕不辍的专家学者、餐风饮露奋战在野外的考古工作者，以及那些兢兢业业不辞辛劳的巴文化传播者们致敬！

初晓冬

2021 年 6 月

个人专著

［1］胡朴安.中华全国风俗志［M］.上海：广益书局，1923.

［2］冯汉骥.四川船棺葬发掘报告［M］.北京：文物出版社，1960.

［3］郭沫若.中国史稿（第一册）［M］.北京：人民出版社，1976.

［4］童恩正.古代的巴蜀［M］.成都：四川人民出版社，1979.

［5］马非百.秦集史［M］.北京：中华书局，1980.

［6］顾颉刚.论巴蜀与中原的关系［M］.成都：四川人民出版社，1981.

［7］蒙文通.巴蜀古史论述［M］.成都：四川人民出版社，1981.

［8］徐中舒.论巴蜀文化［M］.成都：四川人民出版社，1982.

［9］董其祥.巴史新考［M］.重庆：重庆出版社，1983.

［10］邓少琴.巴蜀史迹探索［M］.成都：四川人民出版社，1983.

［11］龚煦春.四川郡县志［M］.成都：成都古籍书局，1983.

［12］蒲孝荣.四川政区沿革与治地今释［M］.成都：四川人民出版社，1986.

［13］任乃强.四川上古史新探［M］.成都：四川人民出版社，1986.

［14］庄燕和.古代巴史中的几个问题［M］.重庆：重庆出版社，1988.

［15］杨昌鑫.土家族风俗志［M］.北京：中央民族学院出版社，1989.

［16］周集云.巴族史探微［M］.成都：四川省社会科学院出版社，1989.

［17］林春.长江西陵峡远古文化初探［M］.武汉：武汉大学出版社，1990.

［18］林春.葛洲坝工程文物考古成果汇编［M］.武汉：武汉大学出版社，1990.

［19］陈明芳.中国悬棺葬［M］.重庆：重庆出版社，1992.

［20］董其祥.巴史新考续编［M］.重庆：重庆出版社，1993.

［21］唐明哲，覃柏林.湘北土家族探秘［M］.香港：香港凤凰出版公司，1993.

［22］管维良.巴族史［M］.成都：天地出版社，1996.

［23］彭万廷.巴楚文化研究［M］.北京：中国三峡出版社，1997.

［24］李伯谦.中国青铜文化结构体系研究［M］.北京：科学出版社，1998.

［25］段渝.政治结构与文化模式——巴蜀古代文明研究［M］.上海：学林出版社，1999.

［26］孙华.四川盆地的青铜时代［M］.北京：科学出版社，2000.

［27］邓少琴.巴人的图腾——兼谈图腾的并存［M］.成都：巴蜀书社，2001.

［28］邓少琴.邓少琴西南民族史地论文集［M］.成都：巴蜀书社，2001.

［29］鲜于煌.诗圣杜甫三峡诗新论［M］.重庆：重庆出版社，2001.

［30］杨铭.土家族与古代巴人［M］.重庆：重庆出版社，2002.

［31］徐光冀.永不逝落的文明：三峡文物抢救纪实［M］.济南：山东画报出版社，2003.

［32］杨华.三峡先秦考古文化［M］.武汉：武汉出版社，2003.

［33］王善才.清江考古［M］.北京：科学出版社，2004.

［34］王影.巴人之谜［M］.北京：华夏出版社，2004.

［35］黎小龙.巴蜀文化暨三峡考古学术研讨会文集［M］.重庆：西南师范大学出版，2006.

［36］黄万波，侯亚梅，徐自强.龙骨坡：200万年前的山寨［M］.北京：中华书局，2006.

［37］鲜于煌.白居易在三峡——忠州［M］.北京：作家出版社，2006.

［38］曾超.巴人尚武精神研究［M］.北京：中国教育文化出版社，2006.

［39］白九江.巴人寻根［M］.重庆：重庆出版社，2007.

［40］白九江.巴盐与盐巴［M］.重庆：重庆出版社，2007.

［41］管维良.三峡巴文化考古［M］.北京：中国言实出版社，2009.

［42］杨华.巴文化考古研究［M］.北京：中国言实出版社，2009.

［43］朱世学.三峡考古与巴文化研究［M］.北京：科学出版社，2009.

［44］管维良.巴蜀符号［M］.重庆：重庆出版社，2010.

［45］余西云.巴史——以三峡考古为证［M］.北京：科学出版社，2010.

［46］袁文革，杨华.巴人巴国巴文化［M］.北京：文物出版社，2013.

期刊论文

［1］吴志华.古代巴蜀史考略［J］.史学杂志，1930（1）.

［2］徐中舒．殷周之际史迹之检讨［J］．国立中央研究院历史语言研究所集刊第七本第二分，1936.

［3］卫聚贤．巴蜀文化［J］．说文月刊（巴蜀文化专号），1941，3（4）.

［4］潘光旦．湘西北的"土家"与古代巴人［J］．中国民族问题研究集刊，1955（4）.

［5］沈仲常，王家祐．记四川巴县冬笋坝出土的古印及古货币［J］．考古通讯，1955（6）.

［6］徐中舒．巴蜀文化初论［J］．四川大学学报：社会科学版，1959（2）.

［7］徐中舒．禹鼎的年代及其相关问题［J］．考古学报，1959（3）.

［8］童恩正．记瞿塘峡盔甲洞发现的巴人文物［J］．考古，1962（5）.

［9］徐中舒．四川涪陵小田溪出土的虎钮錞于［J］．文物，1974（5）.

［10］李复华．四川郫县红光公社出土战国铜器［J］．文物，1976（10）.

［11］童恩正，龚廷万．从四川两件铜戈上的铭文看秦灭巴蜀后统一文字的进步措施［J］．文物，1976（7）.

［12］王宇信．试论殷墟五号墓的"妇好"［J］．考古学报，1977（2）.

［13］彭静中．古代巴蜀铜器文字试释［J］．四川大学学报丛刊，1980（5）.

［14］熊传新．湘西土家族出土遗物与巴人的关系［J］．西南师范大学学报：人文社会科学版，1980（4）.

［15］罗开玉．秦在巴蜀地区的经济管理制度试析——说青川秦牍、"成亭"漆器印文和蜀戈铭文［J］．四川师范大学学报：社会科学版，1982（4）.

［16］林向．川东峡江地区的崖葬［J］．民族学研究：第四辑，1982.

［17］琦羊．古代的重庆［J］．重庆师范学院学报：哲学社会科学版，1982（1）.

［18］秦学圣．荆竹坝M18号崖棺两具尸骨的鉴定［J］．民族学研究：第四辑，1982.

［19］刘弘．巴蜀图像符号中所见螳螂为"獽"之图腾考［J］．四川文物，1987（4）.

［20］张勋僚．古代巴人的起源及其与蜀人、僚人的关系［J］．南方民族考古，1987（1）.

［21］李伯谦．论文化因素分析方法［J］．中国文物报，1988.

［22］陈德安，罗亚平．广汉三星堆遗址发掘获重大成果［J］．中国文物报，1989.

［23］何元粲．"巴蜀印章"与古代商旅［J］．四川文物，1990（2）.

［24］管维良．南方文明之源——巫巴山地［J］．重庆师院学报：哲学社会科学版，1992（1）.

［25］尹盛平 . 略伦巴文化与巴族的迁徙 ［J］. 文博，1992（5）.

［26］宁荣章 . 轰动世界的 "巫山人" ［J］. 四川文物，1993.

［27］孙华 . 试论广汉三星堆遗址的分期 ［J］. 南方民族考古，1993.

［28］郑绪滔 . 什邡船棺葬出土一枚 "十方雄王" 印章 ［J］. 四川文物，1994（5）.

［29］冯广宏，王家祐 . 什邡巴蜀印文考义 ［J］. 四川文物，1996（3）.

［30］钱玉趾 . 什邡船棺葬出土方形王印考 ［J］. 文物，1996（10）.

［31］高文 . 巴蜀铜印浅析 ［J］. 四川文物，1999（4）.

［32］管维良 . 大巫山盐泉与巴族兴衰 ［J］. 四川三峡学院学报，1999（3）（4）.

［33］赵宾福 . 重庆峡江地区的四种新石器文化 ［J］. 文物，2004（8）.

［34］杨权喜 . 论西陵峡古代日用炊器 ［J］. 华中师范大学学报：人文社会科学版，2005（4）.

［35］孙华 . 渝东地区新发现的新石器晚期文化——忠县哨棚嘴遗址的发掘 ［J］. 中国三峡建设：
水文化，2008（4）.

［36］白九江 . 巴文化西播与楚文化西渐 ［J］. 重庆社会科学，2009（10）.

［37］童恩正 . 巴名称的由来 ［J］. 重庆读本，2009.

［38］郑若葵 . 解读巫山双堰塘遗址：寻觅巴人的聚落 ［J］. 中国三峡：水文化，2009（3）.

［39］王静 . 汉水上游巴文化遗存的考古发现与研究[J]. 三峡论坛：三峡文学·理论版，2014(2).

考古报告

［1］四川省文物管理委员会 . 成都羊子山第172号墓发掘报告 ［J］. 考古学报，1956（5）.

［2］湖南博物馆 . 湖南常德德山楚墓发掘报告 ［J］. 考古，1963（9）.

［3］四川省博物馆，重庆市博物馆，涪陵县文化馆 . 四川涪陵地区小田溪战国土坑墓清理简报
［J］. 文物，1974（5）.

［4］湖北省博物馆 . 宜昌前坪战国两汉墓 ［J］. 考古学报，1976（2）.

［5］四川省博物馆，新都县文物管理所 . 四川新都战国木椁墓 ［J］. 文物，1981（6）.

［6］四川省博物馆，青川县文化馆 . 青川县出土秦更修田律木牍——四川青川县战国墓发掘简
报 ［J］. 文物，1982（1）.

［7］四川大学历史系考古专业崖葬科研小组．四川巫溪荆竹坝崖葬调查清理简报［J］．考古与文物，1984（6）．

［8］四川省文物管理委员会，涪陵地区文化局．四川涪陵小田溪四座战国墓［J］．考古，1985（1）．

［9］四川省文物管理委员会，蒲江县文物管理所．蒲江县战国土坑墓［J］．文物，1985（5）．

［10］湖北省宜昌地区博物馆，四川大学历史系考古专业．宜昌中堡岛新石器时代遗址［J］．考古学报，1987（1）．

［11］四川省文管会，大邑县文化馆．四川大邑县五龙乡土坑墓清理简报［J］．考古，1987（7）．

［12］国家文物局三峡考古队．湖北宜昌中堡岛遗址发掘简报［J］．文物，1989（2）．

［13］宜昌博物馆，秭归屈原纪念馆．秭归下尾子遗址发掘简报［J］．江汉考古，1994（1）．

［14］中国社会科学院考古研究所长江三峡考古工作队．湖北宜昌白庙遗址1993年发掘简报［J］．江汉考古，1994（1）．

［15］中国社会科学院考古研究所长江三峡考古工作队．四川巫山县魏家梁子遗址的发掘［J］．考古，1996（8）．

［16］湖北省文物考古研究所．1985—1986三峡坝区三斗坪遗址发掘简报［J］．江汉考古，1999（2）．

［17］湖北省文物考古研究所．湖北宜昌县上磨垴周代遗址的发掘简报［J］．考古，2000（8）．

［18］成都市文物考古研究所．成都市商业街船棺、独木棺墓葬发掘简报［J］．文物，2002（11）．

［19］湖北省文物考古研究所．湖北秭归大沙坝遗址发掘报告［J］．考古学报，2005（3）．

辅助典籍

［1］《白虎通义》（二册）（【东汉】班固撰，陈立疏证）（商务印书馆1940年版）

［2］《白居易诗选》（王志清撰）（商务印书馆2016年版）

［3］《百家汇评本〈史记〉》（上下册）（【汉】司马迁著，张大可辑评）（商务印书馆2020年版）

［4］《百衲本汉书》（全二册）（【汉】班固撰，【唐】颜师古注）（国家图书馆出版社2014年版）

［5］《白氏长庆集》（精装三册）（【唐】白居易撰）（文学古籍刊行社1955年版）

［6］《抱朴子内篇》（【晋】葛洪著，赵玉玲注译）（中州古籍出版社 2016 年版）

［7］《北史》（全十册）（【唐】李延寿撰）（中华书局 1974 年版）

［8］《博物志怪》（全四册）（【晋】张华，【晋】干宝，【唐】牛僧孺著）（中华书局 2020 年版）

［9］《彩色图解山海经》（【汉】刘向、刘歆编，思履主编）（中国华侨出版社 2015 年版）

［10］《楚辞·赏》（【战国】屈原著，梁振华编著）（新世界出版社 2018 年版）

［11］《楚辞天问笺》（【清】丁晏撰，黄灵庚点校）（上海古籍出版社 2018 年版）

［12］《春秋左传》（上下册）（【春秋】孔子、左丘明著）（北方文艺出版社 2016 年版）

［13］《辞海》（缩印本）（辞海编辑委员会编）（上海辞书出版社 1990 年版）

［14］《读史方舆纪要》（【清】顾祖禹）（上海书店出版社 1998 年版）

［15］《杜诗详注：典藏本》（全八册）（【唐】杜甫著，【清】仇兆鳌注）（中华书局 2015 年版）

［16］《二十二子》（上海古籍出版社 1986 年版）

［17］《风俗通义校注》（全二册）（【汉】应劭撰，王利器校注）（中华书局 1981 年版）

［18］《古今图书集成：博物汇编·禽虫典》（【清】陈梦雷主编）（中华书局 1934 年版）

［19］《国语》（全二册）（上海师范学院古籍整理组校点）（上海古籍出版社 1978 年版）

［20］《国语》（陈桐生译）（中华书局 2014 年版）

［21］《合川县志》（合川市地方志编纂委员会编著）（四川人民出版社 1995 年版）

［22］《后汉书》（全六册）（【南朝宋】范晔撰，【唐】李贤等注）（崇文书局 2016 年版）

［23］《华阳国志》（【晋】常璩撰）（齐鲁书社 2010 年版）

［24］《淮南子》（【汉】刘安著，【汉】许慎注，陈广忠校点）（上海古籍出版社 2016 年版）

［25］《甲骨文合集》（郭沫若主编，中国社会科学历史研究所编）（中华书局 1982 年版）

［26］《晋书》（全十册）（【唐】房玄龄等撰）（中华书局 1974 年版）

［27］《旧唐书》（【后晋】刘昫等撰）（中华书局 1975 年版）

［28］《考工记》（【清】孙诒让撰，邹其昌整理）（人民出版社 2020 年版）

［29］《孔丛子译注》（白冶钢译注）（上海三联书店 2018 年版）

［30］《括地志辑校》（【唐】李泰等著，贺次君辑校）（中华书局 1980 年版）

［31］《礼记》（全二册）（钱兴奇译注）（江苏人民出版社 2019 年版）

［32］《李白诗选》（【唐】李白著）（广陵书社 2019 年版）

［33］《论衡校释》（全二册）（黄晖撰）（中华书局 2018 年版）

［34］《论语》（钱逊解读）（国家图书馆出版社 2017 年版）

［35］《吕氏春秋》（【战国】吕不韦等编著，夏华等编译）（万卷出版公司 2020 年版）

［36］《蛮书校注》（【唐】樊绰撰，向达校注）（中华书局 2018 年版）

［37］《名医别录》（辑校本）（【梁】陶弘景集，尚志钧辑校）（人民卫生出版社 1986 年版）

［38］《明本华阳国志》（全三册）（【晋】常璩撰）（国家图书馆出版社 2018 年版）

［39］《南齐书》（全三册）（【梁】萧子显撰）（中华书局 2017 年版）

［40］《南史》（全六册）（【唐】李延寿撰）（中华书局 1975 年版）

［41］《七国考》（【明】董说撰）（中华书局 1956 年版）

［42］《全汉文》（【清】严可均辑，任雪芳审定）（商务印书馆 1999 年版）

［43］《全上古三代秦汉三国六朝文》（全四册）（【清】严可均校辑）（中华书局 1958 年版）

［44］《全唐诗》（全二十五册）（【清】彭定求等编）（中华书局 1960 年版）

［45］《容斋续笔》（【宋】洪迈著）（商务印书馆 2019 年版）

［46］《三国志》（全五册）（【晋】陈寿撰，【宋】裴松之注）（中华书局 1982 年版）

［47］《三国志》（全二册）（【晋】陈寿撰，【南朝宋】裴松之注）（上海古籍出版社 2016 年版）

［48］《三峡诗词大观》（侯长栩主编）（重庆出版社 2006 年版）

［49］《山谷诗集注》（全二册）（【宋】黄庭坚著，【宋】任渊、史容、史季温注，黄宝华
　　　点校）（上海古籍出版社 2003 年版）

［50］《山海经校注》（袁珂校注）（上海古籍出版社 1980 年版）

［51］《尚书》（顾迁译注）（中华书局 2016 年版）

［52］《邵氏闻见后录》（【宋】邵博撰，刘德权、李剑雄点校）（中华书局 1983 年版）

［53］《诗经·楚辞》（【春秋】孔丘编、【战国】屈原著，丽波、潘尧注译）（天地出版社
　　　2019 年版）

［54］《史记：图文珍藏本》（全二册）（【汉】司马迁撰）（岳麓书社 2017 年版）

［55］《世本》（【东汉】宋衷注）（时代文艺出版社 2008 年版）

［56］《释名：附音序、笔画索引》（【汉】刘熙撰）（中华书局 2016 年版）

［57］《十三经注疏》（上下册）（【清】阮元校刻）（中华书局 1980 年版）

［58］《蜀中广记》（全二册）（【明】曹学佺撰，杨世文校点）（上海古籍出版社 2020 年版）

［59］《蜀中名胜记》（【明】曹学佺著，刘知渐点校）（重庆出版社 1984 年版）

［60］《睡虎地秦墓竹简》（睡虎地秦墓竹简整理小组编）（文物出版社 1978 年版）

［61］《水经注》（【北魏】郦道元著）（商务印书馆 1933 年版）

［62］《水经注》（【北魏】郦道元著，谭家健注析）（中州古籍出版社 2019 年版）

［63］《说文解字》（【汉】许慎撰，【宋】徐铉校定）（中华书局 1963 年版）

［64］《说文解字：大字本》（全 2 册）（【汉】许慎撰，【宋】徐铉校定）（中华书局 2017 年版）

［65］《四川通志》（精装本全四册）（巴蜀书社 1984 年版）

［66］《宋本世说新语》（全五册）（【南朝宋】刘义庆撰，【南朝梁】刘孝标注）（国家图
书馆出版社 2017 年版）

［67］《宋史》（全四十册）（【元】脱脱等撰）（中华书局 1985 年版）

［68］《隋书》（全六册）（【唐】魏征等撰）（中华书局 2019 年版）

［69］《太平广记》（全十册）（李昉等编）（中华书局 1961 年版）

［70］《唐音癸籖》（【明】胡震亨著）（上海古籍出版社 1981 年版）

［71］《陶渊明集》（逯钦立校注）（中华书局 1979 年版）

［72］《通典》（【唐】杜佑撰）（中华书局 1984 年版）

［73］《图解茶经》（文若愚主编）（中国华侨出版社 2017 年版）

［74］《魏书》（全八册）（【北齐】魏收撰）（中华书局 2017 年版）

［75］《文选》（全六册）（张启成等译注）（中华书局 2019 年版）

［76］《文选》（全六册）（【南朝梁】萧统编，【唐】李善注）（上海古籍出版社 2019 年版）

［77］《吴越春秋》（张觉、尤婷婷、杨晶导读注释）（岳麓书社 2020 年版）

［78］《小屯南地甲骨考释》（姚孝遂、肖丁合著）（中华书局 1985 年版）

［79］《新唐书》（简体字本二十四史）（【宋】欧阳修、宋祁撰）（中华书局 2016 年版）

［80］《仪礼》（尚学峰译注）（江苏人民出版社 2019 年版）

［81］《逸周书集训校释》（朱右曾著）（商务印书馆 1940 年版）

［82］《殷契粹编》（郭沫若著，中国科学院考古研究所编辑）（科学出版社 1965 年版）

［83］《殷墟小屯村中村南甲骨刻辞类纂》（李霜洁编著）（中华书局2017年版）

［84］《舆地纪胜》（全八册）（【宋】王象之撰）（中华书局1992年版）

［85］《舆地纪胜校点》（全十册）（【宋】王象之原著，李勇先校点）（四川大学出版社2005年版）

［86］《元和郡县图志》（全二册）（【唐】李吉甫撰，贺次君点校）（中华书局1983年版）

［87］《元一统志》（全二册）（【元】孛兰肹等撰，赵万里校辑）（中华书局1966年版）

［88］《〈乐书〉点校》（全2册）（【北宋】陈旸撰，张国强点校）（中州古籍出版社2019年版）

［89］《云阳县志》（云阳县志编纂委员会编纂）（四川人民出版社1999年版）

［90］《战国策》（全三册）（【西汉】刘向集录）（上海古籍出版社1978年版）

［91］《战国策》（全二册）（【西汉】刘向集录，谦德书院注译）（团结出版社2018年版）

［92］《长江三峡诗集》（上下册）（谭成夔编著）（巴蜀书社2018年版）

［93］《中国地方志集成》（四川府县志辑）（巴蜀书社1992年版）

［94］《中国三峡竹枝词》（王广福等编注）（重庆出版社2005年版）

［95］《周敦颐集》（【宋】周敦颐撰，梁绍辉、徐荪铭等校点）（岳麓书社2007年版）

［96］《周礼述注》（【清】李光坡著，陈忠义点校）（商务印书馆2019年版）

［97］《周书》（全三册）（【唐】令狐德棻等撰）（中华书局1971年版）

［98］《资治通鉴》（全二十册）（【宋】司马光编著，【元】胡三省音注，标点资治通鉴小组校点）（中华书局1956年版）

［99］《竹书纪年》（古本整理版本）（时代文艺出版社2008年版）

其他资料

［1］《重庆简史和沿革》（重庆地方史资料组1981年编印）

［2］《中国考古学年鉴（1987）》（中国考古学会编）（文物出版社1988年版）

［3］《中国考古学年鉴（1988）》（中国考古学会编）（文物出版社1989年版）

［4］《四川考古报告集》（四川省文物考古研究所编）（文物出版社1998年版）

［5］《三峡考古之发现》（国家文物局三峡工程文物保护领导小组湖北工作站编）（湖北科学

技术出版社 1998 年版）

［6］《重庆库区考古报告集（1997 卷）》（重庆市文物局、重庆市移民局编）（科学出版社
2001 年版）

［7］《宜昌路家河——长江三峡考古发掘报告》（长江水利委员会编著）（科学出版社 2002 年版）

［8］《重庆库区考古报告集（1998 卷）》（重庆市文物局、重庆市移民局编）（科学出版社
2003 年版）

［9］《重庆·2001 三峡文物保护学术研讨会论文集》（重庆市文物局、重庆市移民局编）（科
学出版社 2003 年版）

［10］《重庆库区考古报告集（1999 卷）》（重庆市文物局、重庆市移民局编）（科学出版社
2006 年版）